『해동역사』
「예문지」의
문헌학적 연구

KB192406

『해동역사』「예문지」의 문헌학적 연구

김려화 지음

學古房

책머리에

이 책은 조선 후기 학자 한치윤(韓致奫, 1765~1814)이 편찬한 『해동역사』(海東繹史) 「예문지」(藝文志)를 문헌학적으로 연구한 결과이다. 본래 박사학위 논문으로 작성되었으나, 독자 여러분의 이해를 돕고자 논문 형식을 벗어나 저서로서의 의미를 부여하고, 주요 내용을 간략히 소개하기 위해 이 글을 작성하게 되었다. 이 책을 통해 독자 여러분께서 『해동역사』 「예문지」에 담긴 한치윤의 학문적 깊이와 문화 교류사적 의미를 새롭게 발견하시기를 바란다.

『해동역사』는 한국 고대사부터 조선시대 중엽까지의 역사를 다룬 책으로, 특히 「예문지」는 문헌 목록과 편찬자의 고증을 담고 있어 학술적으로 중요한 가치를 지닌다. 저자는 이 책에서 「예문지」의 분류 체계, 기술 방식, 원전 인용 방식 등을 심층적으로 분석하고, 이를 통해 한치윤의 학문적 성과와 「예문지」의 의의를 밝히고자 노력했다.

이 책은 크게 세 부분으로 나뉜다.

첫 번째 부분은 예비적 고찰인데 우선 『해동역사』의 두 가지 필사본에 대해 고찰하고, 학술사 속에서의 문헌 간

영향 관계라는 측면에서 『해동역사』의 편찬 배경을 밝혔다. 조선 후기 사찬사서 편찬 상황, 국내외 학술적 영향 관계 등을 분석하여 『해동역사』 탄생의 맥락을 밝혔다. 특히 청나라 마숙(馬驌)의 『역사』(繹史)와 일본 마쓰시타 겐린(松下見林)의 『이칭일본전』(異稱日本傳)과의 연관성을 탐색했다.

두 번째 부분은 『해동역사』의 일부인 「예문지」 부분에 대한 집중적인 고찰이다. 이 부분의 연구는 「예문지」에 대한 표면과 이면에 대한 탐색 두 가지로 구분된다. 우선 분류체계와 기술방식을 살핀 다음, 그것을 바탕으로 200여 종의 중국과 일본 원전 문헌과 비교함으로써 편찬자 한치윤이 사용했던 집록 방법과 그 의미를 해명하였다.

한치윤은 『해동역사』 「예문지」 편찬 시 명청 시대, 특히 주이준(朱彝尊)과 왕사정(王士禎)의 저술을 중심으로 다양한 판본의 원전을 활용하고, 전재, 재인용, 이합법(離合法) 등의 방식을 통해 지식과 정보를 확장하며 자국의 문화를 부각하려 했으며, 외국 문헌에 대한 객관적 수용과 선별적 취사라는 복합적인 태도를 보이며 타자의 시선을 의식하는 집록 양상을 보였다.

세 번째 부분에서는 문화교류사 측면에서 『해동역사』 「예문지」의 의의를 고찰하였다. 『해동역사』 「예문지」는 창의적이며 독특한 편찬방식을 활용하여, 전통적인 예문지를 계승하고 나아가 독창적인 면모를 보여주었다. 그리고 외국과 자국의 다양한 자료를 수집하여 편집함으로써 조선 문화사를 풍부하게 하였는데, 이 역시 중요한 의미를 지닌다. 특히 타자의 시선을 중시하는 측면에서 한국과 중국의 예문지 편찬사와 양국의 문화교류사에서 중요한 위치를 차지하고 있다고 평가할 수 있다.

이 책이 출간되기까지 많은 분들의 도움을 받았다. 먼저 박사 과정 기간 동안 아낌없는 지도와 격려를 보내주신 서울대학교 여러 선생님께 깊이 감사드린다. 특히 저의 은사이신 이종묵 교수님과 박희병 교수님께 각별한 감사의 마음을 전한다. 서울대학교에서 유학을 했던 시간은 제 인생에서 가장 소중한 시기였으며, 그곳에서 만난 선후배들의 도움은 학문적 여정을 지속하는 데 큰 힘이 되었다. 또한 늘 저를 믿고 지지해 준 사랑하는 가족들에게도 진심으로 감사드린다.

마지막으로 이 책의 출간을 위해 애써 주신 학고방 출판사 조연순 팀장님께 특별한 감사를 드린다. 세심한 편집과 따뜻한 격려 덕분에 이 책이 세상에 나올 수 있었다. 보내주신 도움과 응원에 힘입어 이 책이 더욱 빛나도록 노력하겠다.

저자 김려화

2024년 7월 29일

목차

제 1 장

서론

본고는 18세기 말부터 19세기 초까지 활동했던 사학가 한치윤(韓致奫, 1765~1814)이 편찬한 『해동역사』(海東繹史) 중의 「예문지」(藝文志) 부분을 연구대상으로 삼아 문헌학적 시각에서 그 분류체제와 기술방식 그리고 집록(輯錄) 양상을 집중적으로 고찰함으로써 지금까지 제대로 밝혀진 바 없는 『해동역사』「예문지」의 편찬 상 특징과 그 의미를 규명하는 것을 목표로 한다.

『해동역사』는 한치윤이 1799년에 연행을 다녀온 후 10여 년에 걸쳐 편찬한 조선역사서이다. 그는 생전에 이 책의 70권까지를 편찬하였는데 일반적으로 이 70권을 『해동역사』의 원편(原編)라고도 한다. 1820년에 그의 장자 한진국(韓鎭國, 1788~1857)은 이 『해동역사』의 원편을 중국 문인에게 소개한 바 있다고 한다. 하지만 이 원편의 내용은 사실 한치윤이 목표로 한 완질(完帙)의 내용을 모두 담은 것이 아니어서 그의 사후에 조카인 한진서(韓鎭書, 1777~?)가 속편인 「지리고」(地理考) 15권을 편찬하였다. 그리하여 마침내 1823년 총 85권의 『해동역사』가 완성되어 세상에 전해지게 되었다. 이 책은 자국의 역사를 보완하려는 취지에서 540여 종이 넘는 방대한 중국과 일본의 서적들 가운데서 한국과 관련된 내용을 채록하여 재편집한 것이 특징이다. 그리고 그 속에는 일부 내용에 대한 편찬자의 고증도 함께 들어 있다.

『해동역사』 85권은 필사본 형태로 전해졌다가 20세기 초에 연활자본으로 간행되었다. 1909년에 설립된 조선고서간행회(朝鮮古書刊行會)에서 1916년까지 '조선군서대계(朝鮮群書大系)'라는 총서를 지속적으로 편찬하여 간행하였는데 당시 출간된 고전은 47종 137책이다. 이 가운데 『해동역사』와 『해동역사속』(海東繹史續)은 1911년에 3책으로 출간되었다.[1] 그리고 1910년에 설립된 학술단체인 조선광문회(朝鮮光文會)에서 한국의 고전을 보존하고 전파하려는 목적으로 180

여 종의 고전의 간행을 계획하였는데, 어려운 시대적 상황 속에 결국 20여 종밖에 간행하지 못하였다.[2)] 이때 간행된 20여 종의 고전도서 중, 『해동역사』는 원편과 속편으로 나뉘어 간행되었다. 『해동역사』 원편 70권은 5책으로 간행되었는데 제1책부터 제4책까지는 1912년에 간행되었고, 제5책과 『해동역사속』 15권 1책은 1913년에 간행되었다. 조선광문회에서 간행한 『해동역사』는 교감, 교정을 거치지 않고 단지 최남선(崔南善) 소장 필사본을 그대로 연활자로 출판한 것이다. 이 판본은 중국에까지 전해졌다.[3)]

---

1) 朝鮮古書刊行會에서 간행한 총서 '朝鮮群書大系'에 수록한 고전을 간행연대순으로 정리하면 다음과 같다: 1909년에 『三國史記』를 간행하였다. 1910년에 『八域志』, 『東國郡縣沿革表』, 『四郡志』, 『京都雜志』, 『北漢志』, 『東京雜記』, 『朝鮮美術大觀』 등을 간행하였고 1911년에 『破閑集』, 『補閑集』, 『益齋集』, 『雅言覺非』, 『東人詩話』, 『渤海考』, 『北輿要選』, 『北塞記略』, 『高麗古都徵』, 『高麗都經』, 『龍飛御天歌』, 『中京誌』, 『江華府誌』, 『海東繹史』, 『海東繹史續』 등을 간행하였다. 『大東野乘』는 1909년부터 1911년까지 3년에 걸쳐 간행하였다. 1912년에 『紀年兒覽』, 『新增東國輿地勝覽』, 『東國通鑑』을 간행하였고 1913년에 『大典會通』, 『通文館志』, 『懲毖錄』, 『東國李相國集』, 『新朝鮮及新滿洲』 등을 간행하였다. 『燃藜室記述』은 1912년부터 1913년까지 2년에 걸쳐 간행하였다. 1914년에 『海東名臣錄』, 『東文選』, 『稼齋燕行錄』, 『海行摠載』 등을 간행하였고 1915년에 『三隱集』, 『東史綱目』, 『東寰錄』, 『芝峯類說』, 『星湖僿說類選』, 『退溪集』 등을 간행하였으며 1916년에 『南漢志』, 『三峯集』, 『欽定滿洲源流考』, 『重訂南漢志』를 간행하였다.

2) 필자의 조사에 따르면 朝鮮廣文會에서 1911년에 『東國兵鑑』, 『海東名將傳』, 『東國通鑑』, 『熱河日記』, 『東國歲時記』, 『洌陽歲時記』 등 고전서적을 간행하였고, 1912년에 『碁譜』, 『海東續小學』, 『海東繹史』(70권5책 중 1-4책), 『道理表』, 『雅言覺非』(권1-3), 『黨議通略』, 『擇里志』 등을 간행하였으며 1913년에 『尙書補傳』, 『林忠愍公實記』, 『海東繹史』(제5책과 『海東繹史續』 15권1책), 『東京雜記』(일명 『東京通誌』 권1-3), 『山經表』(일명 『山水經』), 『訓蒙字會』 등을 간행하였고 1914년에 『中京誌』, 『三國史記』, 『燃藜室記述』(1912~1915), 『經世遺表』, 『大東韻府群玉』(권1-9, 1913~1914) 등을 간행하였다.

조선고서간행회와 조선광문회에서 간행한 『해동역사』는 모두 저본으로 삼았던 필사본을 단순히 활자화하여 간행하였기 때문에 필사본 속의 오류들도 그대로 답습했다. 현재 필사본 형태의 『해동역사』는 국립중앙도서관 소장본과 서울대 규장각 소장본 두 가지가 있다.

현대에 들어와서 1973년 경인문화사(景仁文化社)에서 조선광문회 연활자본 『해동역사』를 다시 간행하였다. 그리고 1996년부터 민족문화추진회 주도로 국립중앙도서관 소장본인 『해동역사』 필사본을 저본으로 삼아 국역 사업을 진행하였는데, 2004년에 전선용이 역주(譯註)한 『국역 해동역사』 8집이 간행되었다. 이 국역본에 국립중앙도서관 소장 필사본을 영인하여 함께 수록하였고 오자(誤字)와 탈자(脫字)도 교감하였다.[4] 국역본 『해동역사』의 간행은 관련 연구에 큰 참조가 되었다.

한편 『해동역사』의 간행과 번역 사업과 함께 이에 대한 학계의 연구도 1960년대부터 시작되었다.[5] 『해동역사』에 주목하고 그것을 본격적으로 연구하기 시작한 사람은 황원구(黃元九)이다. 1962년 그는 「한치윤의 사학사상 - 『해동역사』를 中心으로」[6]에서 한치윤의 증손 한일동

---

3) 현재 중국국가도서관에 조선광문회에서 간행한 『해동역사』가 소장되어 있는 것이 확인된다.

4) 민족문화추진회의 주도 하에 정선용 선생은 8년에 걸쳐 국역 작업을 진행하였다. 그는 『해동역사』의 편찬에 이용한 原典과 對校하는 작업을 먼저 수행하지 못한 것을 첫 번째 아쉬운 점으로 꼽았다.(정선용, 「해제」, 『국역 해동역사』 9(색인), 민족문화추진회, 2004, 1~29면)

5) 가장 최근의 『해동역사』에 대한 연구사를 정리한 것으로는 김태영의 「韓致奫의 『海東繹史』 연구」(『실학시대의 역사학 연구』, 사람의 무늬, 2015, 366~370면)가 있다. 본고에서는 그의 연구사 정리를 참고하되 다소 보충을 하며 일부 선행연구에 대해 조금 다른 시각에서 연구사를 재검토하고자 한다.

6) 黃元九, 「韓致奫의 사학사상 - 『海東繹史』를 中心으로」, 『인문과학』 72, 연세대

(韓日東)이 쓴 「옥유당한공행장」(玉蕤堂韓公行狀)을 처음으로 소개하면서 한치윤의 생애를 밝혔으며 『해동역사』 속의 정문기사(正文紀事) 뒤에 붙어 있는 안설(按說)에 인용된 서목(書目)을 정리하였다. 그리고 그는 이 논문에서 한치윤의 사학사상을 '자기중심적이고 실증주의적인 새로운 사관에 입각하여 역사편찬의 질적인 전환을 하는 데 공이 있었다'고 평가하였다. 이 논문에서 발굴한 한치윤의 행장은 그 이후 한치윤을 연구하는 중요한 자료가 되었고 또한 한치윤이 실증주의적 사학사상을 견지했다는 관점도 그 후 연구자들에게 수용되었다. 그리고 수년이 지난 후 황원구는 「실학파의 사학이론」[7]이라는 논문과 경인문화사에서 간행된 『해동역사』의 해제[8]를 통해 이전의 연구를 보완하였다. 특히 「실학파의 사학이론」에서 그는 한치윤이 외국 사료의 수집과 편찬을 통해 한국 역사의 상한선을 더 연장시켰고 왕실 중심의 역사서술을 문화 전반까지 확장시켰다고 평가했다.

1982년 진단학회(震檀學會)에서 『해동역사』를 집중적으로 검토하는 한국고전심포지엄을 개최하였다. 그 심포지엄에서 황원구는 「『해동역사』의 문화사적 이해」[9]를, 이태진은 「『해동역사』의 학술사적 검토」[10]를 발표하였다. 『진단학보』(震檀學報)에 수록된 이 두 논문 뒤에는 당시 토론자의 토론문도 함께 수록하여 『해동역사』에 대한 당시의 연구 관점과 연구 성과를 온전히 보여주었다. 황원구는 『해동역사』가 동아시아적 차원에서 한국사와 한국문화사의 특질을 서술하려 했다고

학교 인문과학 연구소, 1962, 339~361면.

7) 황원구, 「실학파의 사학이론」, 『延世論叢』 7, 1970.

8) 황원구, 「『해동역사』 해제」, 『해동역사』, 景仁文化社, 1973.

9) 황원구, 「『해동역사』의 문화사적 이해」, 『진단학보』 53·54합호, 1982.

10) 이태진, 「『해동역사』의 학술사적 검토」, 『진단학보』 53·54합호, 1982.

평가했다. 이태진은 『해동역사』가 실학의 학풍을 반영하여 외국 문헌을 활용해 자국사(自國史)를 실증적으로 정리하였다고 평가했다. 또한 체제에 대해서는 『해동역사』가 기전체(紀傳體) 통사(通史)의 성격을 지니고 있는 것으로 보았다.

그 후 한영우가 「『해동역사』의 연구」[11]와 「한국의 역사가 한치윤」[12]을 통해 『해동역사』의 성격과 한치윤의 학문에 대해 종합적으로 검토하였다. 그는 『해동역사』를 통해 한치윤의 학술적 성격을 '박학고증주의(博學考據主義)'로 규정하고 『해동역사』를 북학의 이용후생의 관점에서 쓴 백과사전적 유서(類書) 성격의 저술로 평가하였다. 그리고 이 책 속의 역사적 서술은 민족문화의 폭을 확대하는 성과를 거두었고 특히 서민문화의 정리는 중요한 성과라고 지적하였다.

이상과 같이, 1960년대에 시작된 『해동역사』 연구는 1990년대에 그쳐서 『해동역사』의 문화사·학술사적 위치에 비해 소략한 편이라고 할 수 있다. 최근에 김태영이 『해동역사』의 내용적 특징에 대해 재조명하는 시도를 하였지만,[13] 선행연구와 마찬가지로 사학 분야에서 거시적인 시각으로 고찰을 수행한 것이다. 그러나 김태영의 논의는 『해동역사』를 다시 주목하고 재검토해야 할 필요성과 중요성을 환기시켰다.

한편 『해동역사』에 대한 서지학과 문헌정보학적 접근도 있었다. 김종천은 『해동역사』 「예문지」의 '경적(經籍)' 부분을 대상으로 그 구성과 분류 상황을 설명하였다.[14] 그리고 김봉희와 최보람은 『동국통감』

---

11) 한영우, 「『해동역사』의 연구」, 『학국학보』 38, 1985.
12) 한영우, 「한국의 역사가 韓致奫」, 『한국사 시민강좌』 7, 1990.
13) 김태영(2015), 앞의 논문.
14) 김종천, 「해동역사 예문지 연구-특히 經籍을 중심으로」, 중앙대학교 대학원 도서관학과 석사학위논문, 1980.

(東國通鑑), 『동사강목』(東史綱目), 『해동역사』 세 역사서의 기술길이와 기술방법에 대한 비교를 통해 이 세 역사서를 상호 보완하여 연구하면 한국사의 객관적 인식에 많은 도움이 될 것이라 주장하였다.15) 선행연구에서는 논의의 근거를 주로 『해동역사』의 형태상 고찰에 두었는데, 『해동역사』의 구체적인 내용, 특히 편찬자들이 진행한 고증작업의 성격에 대한 자세한 검토는 이루어지지 않았다.

흔히 한치윤의 『해동역사』를 이긍익(李肯翊, 1736~1806)의 『연려실기술』(燃藜室記述), 안정복(安鼎福, 1712~1791)의 『동사강목』과 함께 '조선후기 3대 사서(史書)'라고 일컫는다. 『해동역사』가 이처럼 역사와 문화사에서 중요한 위치를 지니고 있는 자료임에도 불구하고 관련연구가 풍부하지 못했던 점은 아쉬울 수밖에 없다. 1990년대 이후 『해동역사』에 대한 연구는 거의 진전된 바가 없으며 간혹 언급되더라도 그것이 실증사료(實證史料)로 부분적으로 인용되는 경우에 불과했다.16)

원전과의 대조 없이 『해동역사』 그 자체만으로도 편찬자의 주관적 의도를 파악하고 평가할 수는 있지만 그것은 한계가 있다고 생각한다. 『해동역사』는 매우 특이한 역사서이다. 본문을 구성한 기사(紀事)들 가운데 안설을 제외하면 모두 편찬자가 직접 서술한 글이 아니라 다른 책에서 인용한 것이다. 원래 역사서 편찬은 수많은 사료에 의존하여 편찬하는 것이 관례이기는 하지만 대체로 편찬자 개인의 언어 구사

---

15) 김봉희·최보람, 「조선조 역사서의 평가를 위한 비교연구-『東國通鑑』, 『東史綱目』, 『海東繹史』를 중심으로」, 『사회과학연구논총』 12, 2004.

16) 김종복, 「조선후기 실학자들의 발해사 연구」, 『한국고대사연구』 62, 한국고대사학회, 2001; 조인성, 「실학자들의 한국고대사 연구의 의의」, 『한국고대사연구』 62, 한국고대사학회, 2001.

방식에 의해 역사 서술을 이어간다. 그러나 『해동역사』는 주로 관련 자료를 '집록'하는 방식을 통해 역사 서술을 구성하였다. 이는 편찬자 개인의 언어를 사용한 것이 아니라 대상 자료의 언어서술을 선택적으로 인용하여 기록하는 방식이다. 그리고 기록한 내용에 대해 어느 자료에서 채록했는지를 일일이 밝혀놓았다. 이처럼 독특한 형식을 갖춘 역사서에 대해 연구하려면 역사학뿐만 아니라 문헌학 내지 목록학, 문학, 철학 등 다양한 시각의 조명이 필요하다.

또한 인용한 원전의 기록과 대조하지 않고 단지 텍스트 자체만 검토한다면, 연구의 기본 자료로서 『해동역사』가 제공하는 연구의 범위는 텍스트의 편차(編次)와 체제, 참고서 목록 등에 한정될 수밖에 없다. 『해동역사』의 실체에 더 가깝게 다가가려면 그가 인용한 원전, 즉 중국과 일본 서적과 대조하는 작업도 함께 수행하여야 한다. 편찬자 한치윤이 어떤 방식으로 원전을 인용하고 『해동역사』를 편찬했는지를 밝혀야 한치윤의 사학사상과 『해동역사』의 학술사적 가치를 온전히 평가할 수 있다고 생각한다.

이에 본고는 기존 선행연구의 주된 역사학적 시각을 전환하여, 문헌학적 시각에서 『해동역사』를 조명하고자 한다. 본고의 관심은 문헌학 시각으로 볼 때 『해동역사』의 편찬 특징이 무엇인지에 있다. 이러한 문제의식 하에 필자는 85권으로 구성된 『해동역사』 중 가장 많은 분량을 차지하고 있는 「예문지」 18권에 주목하게 되었다.

본고는 『해동역사』 「예문지」를 세 부분으로 나누어 고찰하고자 한다. 첫 번째 부분은 예비적 고찰로, 우선 문헌적 영향관계의 측면에서 『해동역사』의 편찬 배경을 밝히고 그 성격을 규명하고자 한다. 두 번째 부분에서는 『해동역사』 「예문지」를 집중적으로 고찰한다. 세 번째 부분에서는 문화교류사 측면에서 『해동역사』 「예문지」의 의의를 밝히는 것이다. 이에 본고는 다음과 같은 순서로 논의를 진행하려고 한다.

제2장에서는 편찬 배경을 밝힐 것인데 우선 조선후기 사찬사서(私撰史書)라는 서적의 성격에 주목하여 관련된 선행연구들을 통해 조선후기 사찬사서의 편찬 상황과 특징을 정리하고 이를 『해동역사』의 중요한 편찬 배경 중의 하나로 들고자 한다. 그리고 문헌적 영향관계의 측면에서 보면 『해동역사』에 가장 크게 영향을 끼쳤던 저술이 두 가지가 있다. 하나는 중국 청나라 초기 문인 마숙(馬驌)의 『역사』(繹史)이고 다른 하나는 일본 마쓰시타 겐린(松下見林)의 『이칭일본전』(異稱日本傳)이다. 이 장에서는 『해동역사』와 이 두 가지 서적과의 연관성을 고찰할 것이다. 편찬 배경에 대한 고찰을 통해 「예문지」의 편찬 특징을 보다 효율적으로 밝힐 수 있기를 기대한다.

제3장에서는 우선 『해동역사』 「예문지」의 분류 체제와 기본 내용에 대해 고찰하고자 한다. 특히 전통적인 예문지와의 비교를 통해 『해동역사』 「예문지」의 분류 체제의 특징을 밝히고자 한다. 이어서 제2절과 제3절에서 『해동역사』 「예문지」의 기술방식에 대해 고찰하고자 한다. 이 부분에서는 조목(條目), 제요(提要), 안설, 협주(夾註) 네 가지 체계 구성 요소에 따라 각각 서목과 서화를 수록한 부분, 한시와 외교문서를 수록한 부분의 기술방식을 고찰하고자 한다. 이 장에서 밝힌 『해동역사』 「예문지」의 내용과 형식적 특징은 제4장에서 그 집록(輯錄) 양상을 살피는 데 중요한 근거가 될 것이다.

제4장에서는 원전과의 대조를 통해 『해동역사』 「예문지」의 원전 집록 양상을 밝히고자 한다. 제1절에서는 먼저 집록 대상으로 삼은 원전의 특징에 대해 고찰하고자 한다. 본격적인 원전 대조에 앞서 우선 대조할 원전의 판본을 정하여야 한다. 이에 일정한 기준에 따라 한치윤이 참조했을 가능성이 있는 판본들을 조사하고자 한다. 그리고 인용횟

수에 대한 조사를 통해 『해동역사』「예문지」에서 가장 많이 참조했던 서적들을 밝히고 아울러 이러한 서적들의 특징을 밝히고자 한다.

그 다음으로 특정한 집록 방법의 사용과 분류체계에 따라 원전의 활용상황에 대한 고찰을 진행하고 이 작업을 통해 청대 학술에 대한 한치윤의 수용상황을 알아보고자 한다. 구체적으로 말하자면 전재(轉載) 집록 방법의 활용과 전문서적의 사용을 통해 청나라 학술을 수용한 상황을 확인하는 것이다. 이어 제3절에서는 재인용과 같은 집록 방법의 활용을 고찰하고 그러한 방법의 사용 목적이 지식정보를 확대하는 데 있었다는 것을 밝히고자 한다. 제4절에서는 '이합법(離合法)'과 같은 집록 방법의 활용을 통해 『해동역사』「예문지」에서 자국문화를 부각하려는 의도가 있었음을 구체적으로 살피고자 한다. 제5절에서는 『해동역사』「예문지」에서 편찬자가 어떠한 생각으로 어떠한 사료 선택 기준을 적용하였는지에 대해 고찰할 것이다.

마지막으로 제5장에서는 『해동역사』「예문지」의 문화교류사적 성과와 한계가 무엇인지를 밝히고자 한다. 이 부분은 주로 다음과 같은 순서로 기술할 것이다. 먼저 한치윤과 같은 시대에 활동했던 문인들의 평가와 언급을 통해 한치윤의 개인적 성향과 『해동역사』의 가치를 재조명하고자 한다. 그리고 『해동역사』「예문지」의 창안적인 면모를 문화교류사에 입각하여 평가할 것인데 주로 외국문헌에 수록된 자국 기록을 이용하여 역사서를 편찬한 측면과 청대 학술을 수용한 측면 두 가지 측면에서 논의하고자 한다.

본고는 국립중앙도서관에 소장된 『해동역사』 필사본(이하 '국도본'으로 약칭)과 서울대학교 규장각에 소장된 필사본(이하 '규장각본'으로 약칭)을 기본 텍스트로 삼겠다. 그리고 기존에 간행된 두 가지 연활자본은 비록 교감의 과정을 거치지 않은 것으로 보이지만 각각 저본으로 삼았던 필사본이 다르기 때문에 이들을 보조 자료로 활용하도록 하겠다.

국도본은 『해동역사』 70권과 『해동역사속』 15권 두 부분으로 구성되어 있다. 「예문지」 부분만 보면 국도본이 규장각본보다 상대적으로 정교하게 필사된 것으로 보인다. 간인(刊印)에 쓰인 한자의 대표자를 비교적 많이 사용하고 있다. 또 구두점이 표시되어 있지만 오독된 곳이 많다. 그리고 국도본에는 유득공의 서문이 빠져 있고 『해동역사속』에는 '김정희인(金正喜印)'이 찍혀 있는 것이 확인된다. 이 국도본은 『해동역사』의 원고본으로 알려져 있는데 「예문지」 부분만 대상으로 규장각본과 대조한 결과, 규장각본이 더욱 온전한 것으로 확인되었다.

규장각본은 26책 71권으로 되어 있는데 「지리고」 부분이 없다. 국도본과 비교하면 규장각본은 필사한 글자체가 정교하지 못하다. 간인에 쓰인 한자는 당시의 '간체자'를 비교적 많이 사용하고 있다. 그리고 구두점을 찍지 않았다. 간혹 '아들 진국(鎭國)과 조카 진서(鎭書)가 삼가하여 교정하였다(男鎭國姪鎭書謹校)'라는 글이 보인다. 이를 통해 한치윤의 아들과 조카 모두 『해동역사』의 교정 작업에 참여했음을 알 수 있다.

「예문지」 부분을 대조한 결과, 내용상으로 규장각본이 더욱 온전한 것으로 확인되었지만 사실 두 필사본 모두 많은 오류들을 안고 있다. 「예문지」 18권 가운데 분량이 비교적 많은 권43에 대한 대조결과를 예로 들면 다음 〈표 1〉과 같다.

〈표 1〉『海東繹史』 권43, 「藝文志」 2의 對照表[17]

순번[18]	국도본	규장각본	原典	비고
권43-9	(출처 표기 없음)	**『通志』「藝文略」**	**『通志』「藝文略」**	
권43-15	因方孝*儒*, 而其文克勤	因方孝*儒*, 而其父克勤	**因方孝孺, 而其父克勤**	*
권43-15	夢周猶*和*贈官易名	**夢周猶知贈官易名**	**夢周猶知贈官易名**	*
권43-16	正*獻*大夫臣鄭*鄭*麟趾奉勅撰	**正憲大夫臣鄭麟趾奉勅撰**	**正憲大夫臣鄭麟趾奉勅撰**	*
권43-17	及方伎官者	**及方伎宦者**	**及方伎宦者**	*
	辛碩*祖*	辛碩*祖*	辛碩祖	*
	吳昌伯	**吳伯昌**	**吳伯昌**	
권43-23	並Ⅴ系圖以進	**幷世系圖以進**	**幷世系圖以進**	
권43-26	又忠肅王世*宗*	**又忠肅王世家**	**又忠肅王世家**	*
	安軸	**安軸**	**安軸**	*
권43-29	命李仁復編修『古*文*錄』	**命李仁復編修「古今錄」**	**命李仁復編修「古今錄」**	
권43-31	申叔舟『海東諸國*紀*』	申叔舟『海東諸國*紀*』	**申叔舟「海東諸國記」**	*
권43-33	李承寧司*儀*	李承寧司*儀*	**李承寧司議**	*
	純誠佐理功*名*嘉善大夫	**純誠佐理功臣嘉善大夫**	**純誠佐理功臣嘉善大夫**	*
권43-36	**高麗恭讓王王瑤**	高麗恭愍王王瑤	**高麗恭讓王王瑤**	
	乃其臣子之*事*	乃其臣子之*事*	**乃其臣子之詞**	*
	又間附史臣論斷及年歷圖*於*書	又間附史臣論斷及年歷圖*於*書	**又間附史臣論斷及年歷圖等書**	*
	故其國中兩行之	故其國中*而*行之	**故其國中兩行之**	
	稱爲良吏	**稱爲良史**	**稱爲良史**	
	讀別事外國傳者	**讀別史外國傳者**	**讀別史外國傳者**	*
권43-41	申叔舟『海東諸國*紀*』	申叔舟『海東諸國*紀*』	**申叔舟「海東諸國記」**	*
권43-42	**往時亡友鍾廣漢**	往時亡友鐘廣漢	**往時亡友鍾廣漢**	
	申叔舟『海東諸國*紀*』	申叔舟『海東諸國*紀*』	**申叔舟「海東諸國記」**	*

17) 틀린 부분은 *기울어진 글자체로* 표시해둔다. 그리고 빠진 글자가 있는 곳은 ‘V’로 표시해둔다. 민족문화추진회가 간행한 번역본에서 이미 訂正한 것은 ‘비고’란에 ‘*’로 표시한다.

순번[18]	국도본	규장각본	原典	비고
	因取以補廣*海*遺書	**因取以補廣漢遺書**	**因取以補廣漢遺書**	
권43-44	**日本代序**	日本代*書*	**日本代序**	
권43-46	**略序世系源委**	略序世系*原*委	**略序世系源委**	
권43-52	高麗使來貢本國地理*國*	高麗使來貢本國地*里*圖	**高麗使來貢本國地理圖**	*
권43-57	**然遺聞瑣事**	然遺聞∨∨	**然遺聞瑣事**	
권43-63	*譏*論	*譏*論	**議論**	*
	今按伊*洛*波消息以下	**今按伊路波消息以下**	**今按伊路波消息以下**	*
권43-79	**高麗『博學記』**	高麗『博*士*記』	**高麗『博學記』**	
권43-73	金富軾『奉*使*語錄』	金富軾『奉*使*語錄』	**金富軾『奉仕語錄』**	
권43-90	**且以永其傳焉**	且以永其傳矣	**且以永其傳焉**	
	∨求之中國	**皆求之中國**	**皆求之中國**	
권43-94	以南醫而顯于關*東*	**以南醫而顯于關中**	**以南醫而顯于關中**	
권43-97	李勣*代*高麗	**李勣伐高麗**	**李勣伐高麗**	*
	(출처 표기 없음)	**「唐書」**	**「唐書」**	
권43-100	高*餅*	**高駢**	**高駢**	*
권43-105	西上*新*咏	**西上雜咏**	**西上雜咏**	*
권43-106	神宗製詩∨館伴畢仲行	**神宗製詩賜館伴畢仲行**	**神宗製詩賜館伴畢仲行**	
권43-108	(해당 기록이 없음)	『宋*人*紀事』	『宋詩紀事』	*
권43-112	詳見「人物*傳*」	**詳見「人物考」**	**詳見「人物考」**	
권43-120	按『海東藝文考』*云*	**按『海東藝文考』**	**按『海東藝文考』**	
	皇明文華殿*太*學士張*溥*	皇明文華殿大學士張*博*	**皇明文華殿大學士張博**	
권43-129	『東文選』一百三十卷	**『東文選』百三十卷**	**『東文選』百三十卷**	
	申叔舟題日本僧壽藺詩軸七∨古詩	**申叔舟題日本僧壽藺詩軸七言古詩**	**申叔舟題日本僧壽藺詩軸七言古詩**	
권43-131	與夫隣境之情形	**與夫隣境之情形**	**與夫隣境之情形**	*
	又賜∨御製三詩	**又賜以御製三詩**	**又賜以御製三詩**	
	*寶*錄未之載	**實錄未之載**	**實錄未之載**	*
권43-132	轇轕宇*寅*近之*語辭*	**轇轕宇宙近之辭語**	**轇轕宇宙近之辭語**	
	非小*揖*益也	**非小損益也**	**非小損益也**	

순번[18]	국도본	규장각본	原典	비고
	斥斥東國臣	**斥斥東國臣**	**斥斥東國臣**	*
	焉知地相殊	**焉知地尙殊**	**焉知地尙(相)殊**	
권43-133	權近到本∨書	**權近到本國書**	**權近到本國書**	
권43-136	『靜*居正*詩話』	**『靜志居詩話』**	**『靜志居詩話』**	
권43-145	∨請環山之作	**乞請環山之作**	**乞請環山之作**	
권43-152	琮弟琛*灝*軒	琮弟琛*灝*軒	**琮弟琛頤軒**	*

그리고 『해동역사』 「예문지」 부분에서 두 필사본에 나타난 내용상의 차이점에 대해 다음과 같은 사례를 들을 수 있다. (1) 권47에 수록한 박이량(朴寅亮)의 한시 작품에 관한 내용은 규장각본이 상대적으로 자세하다. 이에 해당 기록에 대해서는 규장각본을 따르기로 한다. (2) 규장각본의 권47에 수록된 이자량(李資諒)의 한시는 국도본에서는 보이지 않는데, 필사 과정에서 생긴 오류로 보인다. 이에 이 부분의 내용은 규장각본을 따르기로 한다. (3) 권47-89에 이첨(李詹)의 「잡영」(雜詠)라는 시의 시구를 기록하였는데 인용한 원전을 밝히지 않았다. 이 점에 대해 두 필사본 모두 같은 문제를 안고 있다. 필자가 조사한 바에 따르면 그 출처는 『명시종』(明詩綜)이었다. 이 역시 필사과정에서 생긴 실수로 생각된다.

사실 이 두 가지 필사본의 「예문지」 부분에서 모두 적지 않은 오류와 차이점이 발견된다. 때문에 이 두 판본 모두 『해동역사』의 원고본이 아닌 전사본(傳寫本)으로 판단할 수 있다. 그리고 『해동역사』 전서를 놓고 볼 때도 「예문지」 부분처럼 두 필사본에서 적지 않은 차이점

18) 논의의 편의를 고려하고 또한 본고에서 인용한 원문의 위치를 보다 명확하게 밝히기 위해 『海東繹史』 「藝文志」에 실린 기사를 모두 '卷次-순번' 식으로 표기하기로 한다.

이 발견되리라는 것을 예측할 수 있다. 오류를 모두 수정하고 내용을 완전하게 한 정고본(定稿本)에 가장 가까운 정본(定本)을 만드는 것도 『해동역사』 연구 작업의 일환이라고 생각한다. 일단 본고에서는 온전한 내용을 갖춘 『해동역사』「예문지」와 그런 온전한 텍스트를 가지고 원전과 대조하는 작업을 기반으로 삼아 논의를 진행해야 하기 때문에 이 두 가지 필사본의 대교와 연활자본의 참고를 통해 본고만의 정교한 『해동역사』「예문지」의 정본을 구성하고 그것을 기본 연구텍스트로 삼는다.

제2장

『海東繹史』 편찬의 문헌적 배경

한치윤(韓致奫)은 청주(淸州) 한씨(韓氏)로, 자는 대연(大淵)이고 호는 옥유당(玉蕤堂)이다. 그는 영조 41년(1765)에 서울 남부의 나동(羅洞)에서 통덕랑(通德郎) 한원도(韓元道)와 고령(高靈) 신씨(申氏) 사이의 둘째 아들로 태어났다. 어려서부터 글에 능하여 젊을 때 시문에 뛰어나다는 큰 명성을 얻었다. 정조 13년(1789)에 25세의 나이로 진사에 급제하였다.

청주 한씨는 조선 초기의 훈구파 명문이었고 광해군 때까지 현달한 인물들이 연이어 배출된 집안이었다. 그러다 인조반정 이후 남인 계열로 편입되면서 다시 재상급 고위 관직을 지낸 인물이 나오지 않았다. 대체로 17세기부터 청주 한씨는 가세가 기울기 시작하였으며 비교적 낮은 관직에만 머물다가 한치윤의 아버지 한원도에 이르러서는 벼슬길이 끊어졌다. 나중에 한치윤의 아들 한진상(韓鎭象, 1805~?)[1]이 동지돈녕부사(同知敦寧府事)가 되자 1887년에 삼대추증(三代追贈)의 원칙에 따라 한치윤에게 가선대부(嘉善大夫) 호조참판(戶曹參判) 겸 동지의금부사(同知義禁府事)가 증직되었다.

젊은 나이에 문명이 높았던 한치윤은 진사시에 합격하긴 하였지만 남인들이 정치무대에서 힘을 잃은 상황이라 벼슬길에 진출하기 어려웠다. 게다가 형인 한치규(韓致圭)가 네 살배기 조카 한진서(韓鎭書, 1777~?)를 남기고 세상을 떠났기에 한치윤은 조카를 돌보는 책임을 떠맡게 되었다. 점점 몰락해 가던 가세가 더욱 어려워진 상황에서 한치윤은 과거를 포기하고 독서와 학문에 전념하였다.[2]

---

1) 『承政院日記』, 高宗 22년(1885) 3월 15일 기사에서 한진상이 고종 21년에 80세의 나이로 과거를 응시했다는 진술이 확인된다.

2) 한치윤의 생애와 관련된 내용들은 대부분 그의 증손인 韓日東이 쓴 「玉蕤堂韓公行狀」과 『淸州韓氏世譜』를 통해 밝혀낸 것이다. 黃元九는 「韓致奫의 史學思想

1799년에 한치윤은 족형 한치응(韓致應, 1760~1824)[3]을 따라 연행을 다녀왔다. 이 연행은 한치윤의 학문과 사상에 있어 중요한 전환점으로 평가된다. 그는 귀국하고 얼마 뒤에 『해동역사』 편찬을 시작하였고 1814년 세상을 떠날 때까지 오직 이 일에만 전력하였기 때문이다. 유득공(柳得恭), 김정희(金正喜)를 비롯한 몇몇 문인들과 친분이 있었던 것 외에 한치윤의 생애에 대해서는 알려진 것이 많지 않다. 『해동역사』 외에도 『연행일기』(燕行日記)를 비롯한 많은 저술들을 남겼다고 하지만 지금은 전하지 않으므로 구체적 행적이나 학문적 경향을 파악하기가 어렵다. 따라서 이를 통해 『해동역사』의 편찬 배경을 밝히기는 쉽지 않다.

또한 『해동역사』에는 한치윤이 지은 서문이나 그가 작성한 범례가 없기 때문에 편찬자가 어떠한 의도로 외국의 자료를 발췌하는 독특한 편찬 방식을 선택하고 또 이 책의 체제를 구상했는지 직접적으로 살펴볼 수는 없다. 일부 선행연구에서는 유득공과 한진서가 지은 서문을 통해 『해동역사』의 편찬 동기에 대해 살펴보기도 하였다.[4] 이 두 편의

-海東繹史를 中心으로」(延世大學校 人文科學硏究所, 『人文科學』, 1962, 339~361면)에서 「玉蕤堂韓公行狀」을 부록으로 수록하여 처음으로 학계에 소개하였다. 이 행장은 원래 前 朝鮮史編修會의 「朝鮮史」 稿本(通卷2613, 第5編, 第811冊)에 수록된 것을 校訂하여 활자화한 것이다. 이후 한치윤에 관한 논문에서 그의 생애에 대한 소개는 대체로 황원구의 논문을 바탕으로 하였다. 그러다가 韓永愚는 「韓致奫」(『한국시민강좌』 7, 일조각, 1990, 157~175면)에서 한치윤의 생애에 대해 그 이전의 선행연구에서 거의 언급하지 않았던 家系, 黨色, 교유를 짚어보아 한치윤에 대한 이해를 심화할 수 있는 기반을 마련하였다.

3) 韓致應은 竹欄詩社의 일원으로 활동하였던 인물로 시문에 뛰어났다고 한다. 그가 한치윤의 묘지명을 지었다고 하는데 현재 이 묘지명은 확인할 수 없다.

4) 서문을 통해 『해동역사』의 편찬 동기를 밝힌 연구는 황원구(1962), 한영우(1990)등이 있다.

서문은 공통적으로 한치윤이 그간의 조선의 역사서가 소략하여 객관적인 징거(徵據)가 없음을 항상 안타까워했고 그래서 자국의 역사에 대해 기록한 기사가 있을 것으로 생각되는 중국과 일본 문헌을 조사하였으며 이것이 『해동역사』의 편찬 동기였다고 밝히고 있다.

조선에서 역사서를 편찬할 때는 중국의 역사서를 참고하는 것이 관례였다. 비록 『해동역사』는 조선의 다른 역사서에 비해 중국을 비롯한 외국 자료에 대한 의존도가 상당히 높지만, 징거가 될 만한 자료를 수집하여 자국사 서술을 시도한 동기는 역사서 찬술에 있어서 보편성이 지닌다고 본다. 따라서 이러한 편찬 동기는 『해동역사』를 한층 더 깊게 이해할 수 있는 이 텍스트만의 편찬 배경으로 삼기에는 부족하다고 본다.

일반적으로 조선시대의 역사서 편찬 배경에 대해서는 개인과 사회, 현실과 역사, 국내외 학술 조류 등 다양한 시각에서 설명할 수 있다. 『해동역사』의 편찬 배경을 파악할 수 있는 한치윤과 직접적인 관련이 있는 자료가 충분하지 않기 때문에 본고는 시각을 전환하여 이 책을 탄생시키게 한 학술적 배경, 특히 그중에서도 문헌적 배경을 주목하고자 한다.

1. 조선후기의 私撰史書

조선후기에는 전대처럼 『고려사』(高麗史, 1451)나 『동국통감』(東國通鑑, 1485) 같은 국가적인 차원에서 진행한 국사편찬 사업이 없었다. 그 시대와 부합하는 역사서술은 개개인들의 작업을 통해 이루어졌으며 관찬사서(官撰史書) 대신 다양한 사찬사서(私撰史書)가 등장하였다. 사찬사서의 출현은 조선후기 사학사의 중요한 특징으로 지적받아

왔다. 여기서 말하는 '조선후기의 사찬사서'는 넓은 의미에서 17세기부터 19세기 말까지 조선의 개개인이 편찬한 역사서를 가리킨다. 그 가운데 비록 왕명을 받아 편찬 작업을 진행하였으나 한 개인의 힘으로 이루어진 역사서술이라면 역시 '조선후기의 사찬사서'라는 범주에 속하는 것으로 보겠다. 또한 외국의 역사를 대상으로 한 역사서라 하더라도 편찬자가 조선인이라면 '조선후기의 사찬사서'로 보겠다. 그리고 독립된 서적이 아니라 문집에 수록된 역사 저술도 사찬사서로 간주하겠다. 이와 같은 범주에 따라 조선후기의 사찬사서를 정리하면 다음 〈표 2-1〉과 같다.

〈표 2-1〉 조선후기의 私撰史書[5)]

편찬자	출신/대표 관직	서명	체재	편성시기	권수	기술시대
吳澐 (1540~1617)	1566년 문과급제/ 春秋館編修官·檢知中樞府事	『東史纂要』	紀傳體	1606·1609·1614	8권	檀君~高麗末
韓百謙 (1552~1615)	1579년 생원시 합격/ 中部參奉·宣陵參奉	『東國地理誌』	地誌	1614~1615	1권	上古~고려말
沈光世 (1577~1624)	1601년 병과급제/ 禮曹佐郎·扶安縣監	『海東樂府』	樂府體	1617	1권	古代~朝鮮
鄭逑 (1543~1620)	1563년 향시 합격, 薦擧/ 刑曹參判·大司憲	『歷代紀年』	年表	1602~1615	3권	단군~光海君
鄭克後 (1577~1658)	薦擧/ 童蒙敎官·宣陵參奉	『帝王歷年通攷』	年表	1577~1658	1권	단군~고려

5) '〈표 2-2〉 조선후기의 私撰史書'는 한영우의 『朝鮮後期史學史研究』(一志社, 1989)에 실린 「부록: 朝鮮後期 主要 史書」(448~449면), 孫衛國의 『大明旗號與小中華意識』(北京: 商務印書館, 2007)에 실린 〈表6 朝鮮王朝所修中國史書簡表〉(258~261면) 등에서 정리한 조선후기 史書 목록과 李圭景의 『五洲衍文長箋散稿』 「經史篇」4에서 언급한 조선시대의 사서(고전간행회본 권50~51) 그리고 일부 관련 선행연구를 종합하여 재정리한 것이다.

편찬자	출신/대표 관직	서명	체재	편성시기	권수	기술시대
趙挺 (1551~?)	1583년 문과급제/ 吏曹判書·左議政	『東史補遺』	編年體	약1630	4권	단군~ 고려말
申翊聖 (1588~1644)	揀擇(東陽尉)/ 五衛都摠府副摠管	『東史補編』 (일명『皇極經世東史補編』)	年表 외	1644	9권	
柳馨遠 (1622~1673)	1654년 진사시 합격/ 재야 학자	『東國輿地誌』	地誌	1656	13권	단군~ 고려말
		『歷史東國可考』		1665 (不存)		
		「東史怪說辯」 (『磻溪雜藁』에 수록)		1665		
		「東史綱目條例」(일명「東史綱目凡例」, 『磻溪雜藁』에 수록)	凡例	1665		
洪汝河 (1620~1674)	1654년 문과급제/ 司諫院正言·司諫院司諫	『彙纂麗史』	紀傳體	약1640	48권	고려
		『東國通鑑提綱』	綱目體	1672	13권	단군~ 고려말
俞棨 (1607~1664)	1633년 문과급제/ 吏曹參判·弘文校理	『麗史提綱』	綱目體	1667	23권	고려
許穆 (1595~1682)	遺逸 薦擧/ 靖陵參奉·右議政	『東史』 (『記言』에 수록)	紀傳體	1667·1673 ·1677	5권	단군~ 고려
北崖老人 (성명과 생몰년 미상)	미상	『揆園史話』	紀傳體	1675	1책	상고~ 단군
權以生 (미상)	미상	『史要聚選』	紀傳體	1679	9권	반고 시대 ~명·永樂
李榘 (1613~1654)	재야 학자	『看史剩語』 (『活齋集』에 수록)	簡評體	약1737	2권	春秋~明代
李世龜	1673년 진사시 합격,	「東國三韓四郡		1690년대		단군~

편찬자	출신/대표 관직	서명	체재	편성시기	권수	기술시대
(1646~1700)	천거/書筵官·領議政	古今疆域說」(『養窩集』에 수록)				三國
李時善 (1625~1715)	제수/護軍	『歷代史選』			35권	삼황오제~명대
南九萬 (1629~1711)	1656년 문과 급제/正言·領議政	「東史辨證」(『藥泉集』에 수록)		1690년대		단군, 기자
洪萬宗 (1643~1725)	1675년 진사시 합격/副司正·재야 학자	『東國歷代總目』	總目體	1705	2권	단군~朝鮮顯宗
朴泰輔 (1654~1689)	1677년 문과장원/ 禮曹佐郎	『周書國編』	紀傳體	1676	10권	춘추시대
林象德 (1683~1719)	1706년 문과장원/吏曹正郎	『東史會綱』	綱目體	1711	27권	단군~고려말
李瀷 (1682~1764)	재야 학자	『星湖僿說』의 「經史門」	雜錄	1720~1750	10권	
李震興 (1693~)	1728년 진사시 합격/재야 학자	『掾曹龜鑑』		1777刊·1848刊	3권	향리의 역사
池光翰 (1695~1756)	미상/재야 학자	『池氏鴻史』	紀傳體	1690	17권	盤古 시대~明代
柳光翼 (1713~1780)	천거/昌陵參奉·知禮縣監	『楓巖輯話』	紀事本末體	英祖代	13권	삼한~朝鮮肅宗
		『東史編年』	編年體	(不存)	84권	
申景濬 (1712~1781)	1754년 문과 급제/正言·濟州牧使	『疆界考』	地誌	1756	4권	단군~조선
		『東國文獻備考』의 「輿地考」	地誌	1770		단군~조선
安鼎福 (1712~1791)	蔭敍/萬寧殿參奉·衛率·재야 학자	『東史綱目』	綱目體	1759·1778	20권	단군~고려말
		『列朝通紀』	編年體	1767	25권6)	조선
		『史鑑』	紀傳體	1763	8권	상고~三代
徐命膺	1754년 문과 급제/	『箕子外紀』	紀傳體	1776	3권	箕子朝鮮

편찬자	출신/대표 관직	서명	체재	편성시기	권수	기술시대
(1716~1787)	大提學·奉朝賀					
李萬運 (1723~1797)	蔭敍/尙瑞院直長·假承旨	『紀年兒覽』	年表	1778	8권	단군~고려말
		『增補東國文獻備考』의 「輿地考」	地誌	1782~1796		단군~조선
李種徽 (1731~1797)	1771년 진사시 급제, 蔭敍/玉果縣監·公州判官	『東事』(『修山集』에 수록)	紀傳體		4권	단군~고려
李德懋 (1741~1793)	정유절목/檢書官	『磊磊落落書』	傳記		10권	明末淸初
柳得恭 (1749~1807)	정유절목/檢書官	『渤海考』		1784	1권	渤海, 四郡
		『四郡志』				
魏道僩 (미상)	미상	『東史撮要』	編年體	1794	3권	단군~朝鮮純祖
李肯翊 (1736~1806)	재야 학자	『燃藜室記述』	紀事本末體	1797	59권	단군~조선
丁若鏞 (1762~1836)	1789년 문과 급제/刑曹參議·재야 학자	『我邦疆域考』	地誌	1811·1833	4권	조선
韓致奫 (1765~1814)	1789년 진사시 합격/재야 학자	『海東繹史』	紀傳體 외	1814·1823	85권	고조선~조선
洪奭周 (1774~1842)	1795년 문과 급제/兩館大提學·吏曹判書	『渤海世家』(『淵泉集』에 수록)	紀傳體	1820년대		발해
		『續史略翼箋』	編年體	1857	21권	明·洪武~永曆
洪敬謨 (1774~1851)	1816년 문과 급제/大司憲·兵曹判書	『叢史』·『東史辨疑』		高宗代	1권	단군~삼국
		『大東掌攷』·『歷代考』	編年體	憲宗代	13책	단군~고려말
李源益 (1761~?)	1801년 생원시 합격/재야 학자	『東史約』	編年體	哲宗代		
趙熙龍 (1789~1866)	1813년 문과 급제/五衛將	『壺山外記』	列傳體	1844	1책	중인의 역사

편찬자	출신/대표 관직	서명	체재	편성시기	권수	기술시대
李恒老 (1792~1868)	1808년 泮試 합격, 제수, 천거/經筵官	『宋元華東史合編綱目』	綱目體	1852~1864	33권	宋, 元, 高麗
大邱 儒林		『葵史』		1859刊	2권	서얼의 역사
沈大允 (1806~1872)	재야 학자	『東史』				
		『全史』	編年體		58책	後漢~明
劉在健 (哲宗代)		『里鄕見聞錄』	列傳體	1862	10권	平民의 역사
朴周鍾 (1813~1887)	여러 번 향시 합격/재야 학자	『東國通志』	地誌	1868	24권	단군~조선
李慶民 (1814~1883)	미상/僉知中樞府事	『熙朝軼事』	列傳體	1866	1책	人物의 略傳
朴周大 (1836~1912)		『歷代史統』(일명 『歷代史要』)	綱目體		75권	堯舜~明·永樂
安鍾和 (1860~1924)	1894년 문과 급제/中樞院議官	『東史聚要』	紀傳體	1878	5권	단군~고려말
		『東史節要』	紀傳體	1904		단군~고려말
		『國朝人物志』	列傳體	1909	3책	名臣의 略傳
미상		『古史八考』	綱目體	18세기말 추정7)	10권	三皇五帝~明
미상		『宋史提要』	編年體		6책	宋
미상		『宋朝史詳節』	編年體		10권	遼, 宋, 元

6) 『順菴先生文集』 권27, 「順菴先生年譜」에는 "四十三年丁亥, 先生五十六歲… 始草『列朝通紀』, 裒輯國朝故事及文集野乘諸書, 編年而成之, 書凡二十五卷"라고 하여 『列朝通紀』는 25권으로 구성되어 있다고 밝혔다. 현재 이 책의 이본은 국립중앙도서관, 규장각, 장서각 소장본이 있는데 국립중앙도서관본은 초고본으로 26책이고 규장각본은 修補本으로 28권이며 장서각본은 14권이다.

7) 현재 이 책의 필사본은 한국학중앙연구원 장서각에 소장되어 있는데 朴元陽(1804~

위의 표를 통해 17세기 초기부터 19세기 말기까지 조선의 사찬사서가 지속적으로 편찬되었던 사실을 알 수 있다. 역사서를 편찬했던 지식인들 가운데는 벼슬을 한 사람도 있었지만 재야의 학자도 있었다. 자국사를 대상으로 한 저술도 있지만 중국이나 일본의 역사를 다룬 저술도 상당히 눈에 띄며, 후기에 갈수록 특정한 집단이나 인물을 대상으로 쓴 역사서도 출현하였다. 그리고 이들 저술은 주로 기전체, 강목체, 편년체와 같은 전형적인 사서 체재를 채택하였다.[8)]

선행연구에서 지적한 조선후기 사찬사서의 전반적인 특징은 크게 세 가지로 정리할 수 있다. 첫째, 조선이 겪은 왜란·호란과 중국이 겪은 명청(明淸) 교체, 이 두 가지 역사적 사건은 조선후기 사찬사서 편찬의 자극과 계기가 되었다. 전자는 조선 지식인들로 하여금 자국사 수립의 필요성을 더욱 강하게 인식하게 하였으며 후자는 이들로 하여금 중화문명의 정통을 이어받아 명나라 역사를 정리해야 한다는 사명감을 갖게 하였다. 이 점은 조선후기 역사서 편찬의 중요한 사상적 배경으로 언급되어 왔다.[9)] 그리고 이러한 맥락에서 조선후기의 사서들은 '동사(東史)' 계열과 '중국사' 계열로 구분할 수 있다.

둘째, 이 시기에 들어와서 조선의 사상계에는 '경사일치(經史一致)'의 인식에서 벗어나 역사학을 독립적인 학문으로 발전시켰다. 특히

1884)의 장서인이 찍혀 있다.

8) 〈표 2-1〉에서 제시한 사서 외에 편찬시기가 조선후기로 보이는 『本紀通覽』, 『靑史紀要』, 『震旦通紀』, 『東史寶鑑』, 『東國記異』, 『東史遺記』 등도 있는데 관련 정보가 확인되지 않아 표에서 생략하기로 한다.

9) 한영우, 「조선시대 사서를 통해 본 상고사 이해」, 『계간경향』 여름호, 1987; 孫衛國(2007); 정구복, 「조선후기 사학사의 성격」, 한국사학사학보, 2007; 崔溶澈, 「조선후기 中華사상과 華西학파의 『華東綱目』의 간행」, 『중국학논총』 54, 고려대학교 중국학연구소, 2016 등.

자국사에 대하여 독자성을 강조한 점이 편찬자들의 중요한 인식임을 확인할 수 있다.[10)]

따라서 역사 연구방법에서 사료에 대한 비판, 서술의 객관화와 체계화에 대한 추구, 연구범주의 확대 등과 같은 변화들이 확인된다. 바로 이 점들을 조선후기 사찬사서의 세 번째 특징으로 꼽을 수 있다. 즉 조선후기의 사학(史學)은 전대보다 역사를 과학적으로 해석하려는 경향이 뚜렷하며 그것이 특히 실증적 방법의 발달로 나타났다는 것이다.[11)] 이 점과 관련하여 가장 주목받은 것은 실학자들이 이룬 역사학 성과이다. 실학자들은 전통전인 화이관(華夷觀)에서 탈피하여 자국사를 중시하였고 특히 자료 수집과 사실의 고증 측면에서 자국사 서술을 체계화 하였다.[12)]

이러한 특징들이 한치윤이 편찬한 『해동역사』에도 어느 정도 반영되었으므로, 조선후기의 사찬사서 편찬이 『해동역사』를 탄생시켰던 중요한 배경이라는 점은 여러 선행연구에서 밝혀진 바이다. 그런데 이러한 설명은 사상적 측면에 치중되어 있기 때문에, 아직까지 언급된 바가 없었던 조선후기 사찬사서의 문헌적 특징에 대해 조금 부연하고

---

10) 鄭在薰, 「조선후기 史書에 나타난 中華主義와 民族主義」, 『韓國實學硏究』 8, 2004, 302면.

11) 한영우, 『朝鮮後期史學史硏究』, 一志社, 1989, 2면.

12) 조인성, 「실학자들의 한국 고대사 연구의 의의-김정희의 진흥왕 순수비 연구를 중심으로」, 『실학자들의 한국 고대사 인식』, 2012, 3면. 한편 이우성, 「이조후기 근기학파에 있어서의 정토론의 전개」, 『역사학보』 31, 1966; 황원구, 「실팍하의 사학이론」, 『연세논총』, 1970; 이만열, 「17, 18세기의 사서와 고대사인식」, 『한국사연구』 10, 1974 등 논문에는 '화이론의 탈피'와 관련된 '조선의 정통론'도 조선후기 사서 편찬과 중요한 관련성을 지니고 있음을 지적하였다. 즉 이러한 사상적 변화는 곧 조선후기 사서 편찬의 종래와 다른 역사인식, 연구방법, 체계화 양상을 통해 확인된다는 것이다.

자 한다.

〈표 2-1〉에서 제시한 조선후기 사찬사서를 보면 절반 이상의 사찬사서들이 규모가 그리 크지 않다. 이는 한 사람의 힘으로 편찬되는 사찬사서의 한계로 설명된다. 그러나 이것이 절대적인 것은 아니다. 홍여하의 『휘찬려사』(彙纂麗史) 48권, 이시선의 『역대사선』(歷代史選) 35권, 안정복의 『열조통기』(列朝通紀) 25권, 이긍익의 『연려실기술』(燃藜室記述) 59권, 한치윤의 『해동역사』 85권, 심대윤의 『전사』 58책, 박주대의 『역대사통』(歷代史統) 75권 등은 모두 방대한 규모를 자랑한다. 이 가운데 특히 『해동역사』는 분량이 가장 많다.

한편, 조선의 역사서술이지만 중국의 문헌 자료를 적극적으로 활용하는 모습이 보인다. 특히 실학자들이 중국의 역사기록과 자국의 역사기록을 비교하고 종합하면서 신사(信史)를 추구하는 양상이 확인된다. 물론 조선의 사학자들은 오래전부터 중국에서 이루어진 역사서술에 늘 주목하여 왔다. 특히 중국 문헌 속에 기록된 조선과 관련된 내용에 대해 더욱 주의 깊게 살펴보았는데, 조선후기의 사찬사서에서는 이러한 기록들을 연구대상으로 삼아 집중적으로 다루는 모습을 포착할 수 있다. 예컨대 안정복(安鼎福)이 유형원(柳馨遠)의 유고를 정리하면서 그가 『역사동국가고』(歷史東國可考)라는 책을 편찬했다는 사실을 밝혔다.

> [선생 44세 때.] 『역사동국가고』를 편찬하였다. 그 뒤에 "『사기』, 『한서』와 그 이후 나온 역대의 역사저술 그리고 『통전』, 『통고』 등 책에 붙인 동국과 관련된 기록을 취하여 모아서 수록하였는데 참고에 대비한 것이다. 북방 오랑캐와 왜인(倭人)들은 땅이 이어졌거나 가까우니, 그들과 관련된 기록 가운데 참고할 것이 있으면 역시 함께 수록하였다"라고 하였다.

[先生四十四歲] 編『歷史東國可考』. 題後曰:"自『史記』,『漢書』以下, 歷代史傳及『通典』,『通考』等書, 取東國所付者, 聚錄之, 以備參考. 北夷倭人, 土地連近, 事或有相考者, 則亦仍幷載之."13)

유형원의 연보(年譜)에 적힌 위의 글을 따르면, 그는 44세 되던 1665년에 『역사동국가고』를 편찬하였다. 이 책은 훗날 참고하고자 자국에 대한 언급이 담겨 있는 중국의 사서와 유서의 기록을 모아 엮은 것이라고 한다. 이 책은 현전하지는 않지만 조선에서 외국 자료를 이용하여 자국의 역사를 서술했던 가장 이른 시기의 사찬사서라는 것이 상당한 의미를 갖는다.

그리고 유형원보다 조금 뒷시대의 『성호사설』(星湖僿說)에서는 중국 문헌 속의 조선 관련 기록을 인용하여 「경사문」(經史門)14)을 이루었는데, 해당 조항 가운데 다음과 같은 사례들을 들 수 있다.

〈표 2-2〉『星湖僿說』「經史門」에서 중국 문헌을 인용한 사례

수록 위치	조항 제목	인용한 중국문헌	인용 내용
『성호사설』 권18, 「경사문」	「高麗貢獻」	『文昌雜錄』	송나라 元豊 3년에 고려가 사신 柳洪과 朴寅亮을 보내어 조공했던 기록
『성호사설』	「高麗同姓	『宛委編』	고려왕이 왕녀를 형제나 종족에게 시집

13) 安鼎福, 『磻溪雜藁』, 「磻溪先生年譜」.

14) 李瀷의 『星湖僿說』은 17세기 조선의 대표적인 類書로 인식되어 왔지만 최근에 이르러 이것을 재인식하려는 시도가 있었다. 심경호의 「성호의 僿說과 지식 구축 방식(1)·(2)」(『民族文化』 49·50, 한국고전번역원, 2017)에서는 이 책의 성격을 '雜考의 漫錄'으로 규정하였다. 『성호사설』의 성격은 그것에 담긴 방대하고 다양한 내용 때문에 복잡한 면이 있음이 분명하다. 그리고 한영우(1989)는 『성호사설』 속의 「경사문」을 사찬사서로 보았다. 본고는 『성호사설』의 복잡한 성격을 감안하고 선행 연구를 수용하여 「경사문」을 사찬사서로 간주하겠다.

수록 위치	조항 제목	인용한 중국문헌	인용 내용
권18, 「경사문」	昏」		을 보내는 것과 관련된 기록
『성호사설』 권19, 「경사문」	「駕洛伽耶」	『文獻通考』	'倭條'와 '新羅條'의 칭호관련 기록
『성호사설』 권21, 「경사문」	「渤海」	『稗海』	扶餘는 東夷 중에 있다고 하는 기록
『성호사설』 권22, 「경사문」	「新羅眞德」	『文獻通考』	신라의 왕녀 眞德이 唐太宗의 葬事에 참여했다는 기록

사실 『성호사설』에서는 「경사문」뿐만 다른 부분에서도 중국 문헌의 조선 관련 기록을 인용하는 사례를 확인할 수 있다. 이 책에는 모두 340종의 중국 문헌을 인용하였다.[15] 〈표 2-2〉의 사례를 감안하면 『성호사설』 전체에서 인용한 중국 문헌의 기록 가운데 조선에 관한 내용들이 분명히 어느 정도 있었을 것이다.

18세기에 들어서서 사학자들은 중국 문헌 속의 조선 관련 기록에 대해 지속적인 관심을 가졌으며, 인용과 같은 일반적인 학적 행위를 넘어 특정한 주제에 대해 나름 자신들의 고증과 견해도 함께 실었다. 예컨대 안정복의 『동사강목』(東史綱目)은 18종의 중국서적에서 조선 관련 기록을 채록하여 해당 연조(年條)에 수록하였다.[16] 이것으로 해당 사실(史實)을 국내와 국외 양측에서 조명할 수 있게 되었다. 그리고

15) 손계영은 「『星湖僿說』의 형성 배경과 인용서목 분석」(『한국도서관·정보학회지』 47, 한국도서관·정보학회, 2016)에서 『星湖僿說』에는 443종 문헌을 인용하였는데 그 가운데 국내 문헌이 103종이고 중국 문헌이 340종인 것으로 밝혔다.

16) 『東史綱目』의 「採據書目」에는 『史記』, 『漢書』, 『後漢書』, 『三國志』, 『南史』, 『北史』, 『隋書』, 『唐書』, 『通鑑前編』, 『資治通鑑』, 『資治通鑑綱目』, 『宋元綱目』, 『通典』, 『文獻通考』, 『皇朝通紀』, 『吾學編』, 『盛京通志』, 『竹書紀年』 총 18종 중국서적을 제시하였다.

안정복은 이러한 국내외의 기록을 종합하여 안설(按說)을 통해 자신의 소견을 밝혔다.[17] 유득공(柳得恭)도 중국 문헌을 적극적으로 활용하여 『발해고』(渤海考)를 편찬하였다.

이덕무(李德懋)에 이르러 이러한 관심은 더욱 확대되고 심화되었다. 이덕무는 중국 문헌을 이용하여 명나라 유민(遺民)의 전기인 『뇌뢰낙락서』(磊磊落落書)를 편찬한 것에서 보듯 중국 문헌 속의 자국과 관련된 다양한 내용에 대해 큰 관심을 가졌다. 예를 들어 그는 『앙엽기』(盎葉記)의 「중국 사람들이 기록한 우리나라의 고사(華人記東事)」에서 조선과 관련된 내용을 담은 중국 문헌들을 정리한 바 있다. 그리하여 18세기 말에 이르러 한치윤은 전대 학자들이 이룬 이와 같은 성과를 계승하고 나아가 그것을 극대화하였다. 그는 당시 자신이 조사할 수 있는 모든 외국문헌을 망라하여 조선 관련 기록을 수집하였다. 그렇게 수집한 자료들을 일정한 체계에 따라 『해동역사』로 편성하였다.

흔히 한치윤의 『해동역사』를 안정복의 『동사강목』과 이긍익(李肯翊)의 『연려실기술』(燃藜室記述)과 함께 조선후기 '삼대사서(三大史書)'라고 부른다. 안정복은 1759년에 20권으로 구성된 『동사강목』의 초고를 완성하였다. 이 책은 단군조선부터 고려왕조까지의 역사를 서술한 강목체 통사이다. 제1권은 서술의 기본방향을 제시한 내용이고 제2권부터 제18권은 본편(本編)에 해당한 부분인데 편년강목체(編年綱目體)로 기술되어 있다. 그리고 마지막 2권은 부록이다. 편찬자는 권수(卷首)의 「본례」(本例)를 통해, 이 책은 주자(朱子)의 『자치통감강목』(資治通鑑綱目)의 범례를 바탕으로 조선의 역사를 서술한 것임을

---

17) 『東史綱目』에서 본국과 중국의 문헌을 비교하여 밝힌 史實考證과 地理考證 결과에 대해 한영우(1989), 320~341면에서 자세히 정리하였다.

밝혔다. 『동사강목』의 체제를 간단히 제시하면 다음과 같다.

卷首(제1권): 「題東史篇目」, 「自序」, 「目錄」, 「凡例」, 「採據書目」, 「史論諸儒姓氏」, 「圖」;
本編(제2~18권): 第一(上·下)~第十七(上·下)
附錄(제19~20권): 上(考異, 怪說辨證, 雜說), 下(地理考, 疆域沿革考正, 分野考)

『동사강목』의 「본편」은 고조선, 마한, 삼국, 통일신라, 고려 시대 순으로 역사를 서술하였는데, 고대사를 비교적 간략하게 다루고 하대로 갈수록 상세하게 기록하였다. 특히 고려시대의 역사를 서술한 부분이 절반 이상을 차지하고 있다. 이에 비해 『해동역사』는 삼국 이전의 역사, 즉 상고사에 대한 기록이 상당히 풍부하다. 다만 신라에 대해서는 『해동역사』가 매우 간략하게 기술한 반면 『동사강목』은 상세하게 다루고 있다.

『연려실기술』의 가장 큰 특징은 '야사'라는 성격에 있다. 총 57권으로 구성된 이 책은 조선 개국부터 숙종시대까지 300여 년의 역사를 주로 기사본말체로 서술하였다. 이 책의 체제를 간단히 제시하면 다음과 같다.

「義例」
제1권~제38권: 太祖朝故事本末(권1); 太祖朝故事本末, 定宗朝故事本末, 太宗朝故事本末(권2); 世宗祖故事本末(권3); 文宗朝故事本末, 端宗朝故事本末(권4); 世祖朝故事本末(권5); 睿宗朝故事本末, 成宗朝故事本末, 燕山朝故事本末(권6); 中宗朝故事本末(권7~권9); 仁宗朝故事本末(권9); 明宗朝故事本末(권10~권11); 宣祖朝故事本

末(권12～권18); 廢主光海君故事本末(권19～권21); 元宗故事本末(권22); 仁祖朝故事本末(권23～권29); 孝宗朝故事本末(권30); 顯宗朝故事本末(권31); 肅宗朝故事本末(권32～권38);

별집 제1권～제19권: 國朝典故(권1); 祀典典故(권1～권4); 事大典故(권5); 官職典故(권6～권10); 政教典故(권11～권13); 文藝典故(권14); 天文典故(권15); 地理典故(권16); 邊圉典故(권17～권18); 歷代典故(권19).

「별집」 부분의 '문예전고', '천문전고', '진리전고' 등과 같은 항목은 『해동역사』의 「예문지」, 「성력지」, 「지리고」 등의 설정과 유사해 보인다. 그러나 『연려실기술』은 기본 참고문헌이 모두 조선 문헌이라는 점에서 『해동역사』와 구별된다. 즉 두 책의 정보원이 다르다는 것이다.

이처럼 선행연구에서 이미 지적하였듯이, 『해동역사』의 구성으로 볼 때 이 책은 역사 연구에 있어서 조선의 사서와 상호보완적인 관계를 지니기 때문에 같이 참조하여야 한다.[18] 이러한 견해를 감안하면, 조선 역사서와의 연관성이라는 관점에서 볼 때 『해동역사』는 '보사(補史)'적 성격이 강하다고 본다.

2. 馬驌의 『繹史』

그런데 한치윤이 왜 자신이 편찬한 이 책을 '해동역사'라고 명명하였을까? '역사(繹史)'는 구체적으로 어떠한 의미를 지니고 있었을까? 한치윤보다 조금 후대에 활동했던 이규경(李圭景, 1788～1863)은 『해

18) 김봉희, 최보람, 「조선조 역사서의 평가를 위한 비교-『東國通鑑』, 『東史綱目』, 『海東繹史』를 중심으로」, 『사회과학연구논총』 12, 이화사회과학원, 2004.

동역사』가 청나라의 역사학자인 마숙(馬驌, 1620~1673)의 『역사』(繹史)를 본떠 지은 것이라고 하였다.[19] 그리고 초기 선행연구에서도 한치윤이 편찬 방법과 편찬 정신의 측면에서 마숙의 『역사』를 모방했다는 추측을 한 바 있다.[20] 하지만 이러한 견해와 반대되는 의견도 제기되었다. 즉 『해동역사』의 기사 배열 방식과 '지(志)' 부분의 서술 비중이 『역사』와 큰 차이가 있기 때문에 두 책의 관련성을 '모방'으로 규명할 수 없다는 의견이다.[21] 그러다 조금 뒤의 연구에서는 『해동역사』가 명칭만 『역사』를 모방하였을 뿐 체재(體裁) 상으로는 전혀 다르기 때문에, '역사'라는 단어를 서명에 넣은 것은 19세기 초기 한·중 양국의 학인(學人)들 사이에 유행했던 새 명칭을 사용한 것이라고 추측하였다. 즉 한치윤은 마숙이 평생 역사서만 편찬했고 또 고증학적인 방법으로 『역사』를 저술했다는 점에 주목하여 그 서명을 차용했을 것이라는 추정이다.[22] 최근의 연구에서는 두 책의 제목에서 유사성을 찾을 수는 있지만 구성 체제나 서술 내용의 중심이 완전히 다르기 때문에 『해동역사』와 『역사』 자체는 별다른 연관성이 없다고 밝혔다.[23]

상술한 『해동역사』와 『역사』의 연관성에 관한 쟁점은 '명칭', '편찬

---

19) 李圭景, 『五洲衍文長箋散稿』 권50, 「經史篇」 4, 「史籍類」 1, 「東國諸家史類」, "『海東繹史』, 韓致奫撰, 倣馬驌『繹史』."

20) 黃元九, 「韓致奫의 史學思想-『海東繹史』를 중심으로」, 『人文科學』, 延世大學校人文科學研究所, 1962, 345~347면. 그리고 황원구는 「實學派의 史學理論」(『東亞細亞史研究』, 一潮閣, 1976, 177면)과 「海東繹史의 文化史的 理解」(『震檀學報』 53, 1982, 245면)에서도 한치윤이 馬驌의 『繹史』의 史體와 편찬방법을 모방하여 『海東繹史』를 편찬했다는 관점을 밝혔다.

21) 李泰鎭, 「海東繹史의 學術史的 검토」, 『震檀學報』 53, 1982, 231~232면.

22) 한영우, 「海東繹史의 研究」, 『韓國學報』 38, 1985, 145~147면; 한영우, 「韓致奫」, 『한국사 시민강좌』 7, 일조각, 1990, 164면.

23) 김태영(2015), 앞의 논문, 361~366면.

방법', '체제' 세 가지로 정리된다. 『해동역사』가 『역사』의 명칭을 차용한 점에 대해서는 모두 인정했지만, 두 책의 편찬 방법에서 확인되는 유사성과 체제에서 드러나는 차이점이 서명을 차용한 의도에 대해 대립되는 견해를 발생시켰다. 이에 본고는 위와 같은 선행연구들의 견해를 염두에 두면서 중국 쪽의 『역사』 관련 선행연구를 참고하여 한치윤의 『해동역사』와 마숙의 『역사』의 연관성에 대해 조금 더 따져보고자 한다.

마숙의 자는 완사(宛斯)이고 호는 남신재주인(攬茝齋主人)이며 산동(山東) 추평(鄒平) 사람이다. 1644년 명나라가 멸망할 때 마숙은 이미 스무 살이 넘었으나 그에게서는 강렬한 반청의식(反淸意識)이 보이지 않는다. 1646년 그는 청나라에서 실행한 과거에 응시하여 그 이듬해 거인(擧人)이 되었다. 그러나 산동 지역에서 반청운동이 빈발하며 추평에서도 충돌이 일어나게 되자, 더 이상 학업에 전념하기 어려워진 마숙은 강남의 항주(杭州)로 피신하였다. 그리고 순치 16년(1659)에 진사에 급제한 후 마숙은 줄곧 경성에서 관료문인으로 지냈는데, 집에서 보낸 시간이 많아 역사서 편찬에 상당히 몰두하였다. 그러다 강희 6년(1667)에 회안부(淮安府) 추관(推官)으로 임명되었고 나중에 영벽지현(靈璧知縣)을 역임하였다. 그는 52세가 되는 해에 임기 중에 세상을 떠났다.

마숙은 어렸을 적부터 역사에 관심이 많았다. 그는 진사에 급제하기 전인 순치 6년(1649)에 편년체(編年體) 『좌씨춘추』(左氏春秋)를 기사본말체(紀事本末體)로 다시 편찬하였다. 그 결과 『좌전사위』(左傳事緯)라는, 경서(經書)와 사서(史書)의 성격을 겸비한 저술을 탄생시켰다. 『좌전사위』에서 이룬 성과를 바탕으로 마숙은 37살 때부터 『역사』를 편찬하기 시작하였고 10여 년에 걸쳐 이 책을 완성하였다. 이러한 사실은 34세 무렵부터 『해동역사』를 편찬하기 시작한 한치윤이 10여 년에 걸쳐 『해동역사』의 원편(原編)을 완성한 것을 연상케 하는데, 두 사람이 모두 사서 편찬에 지대한 열정과 정력을 쏟았음을 알 수 있다.

『역사』를 완성한 후 마숙은 당시 저명한 역사학자 이청(李淸, ?~?)에게 서문을 써달라고 부탁하였다. 현전하는 『역사』는 이청이 쓴 서문으로 시작되며 그 뒤에 마숙이 작성한 「징언」(徵言)이 붙어 있다. 마숙은 이 「징언」을 통해 이 책의 편찬 목적, 체제와 구성, 사료 선택의 기준 등을 밝혔다. 「징언」은 다음과 같은 말로 시작된다.

> 대개 역사 문헌은 방대하기 때문에 관련이 있는 것을 한데 묶고 번거로운 내용을 잘라버리는 것이 중요하나, 여러 다른 설에 대해서는 마땅히 모두 나열하여 살펴볼 수 있게 갖추어야 한다. 숙(驌)은 어려서부터 육예(六藝)의 문장을 배웠고 백가(百家)의 설을 오래도록 암송하였지만 그것에 통달하지 못하였고 문득문득 잊어버리곤 하였다. 그러나 『좌씨춘추』에 심취하여 고질병에 걸린 것처럼 이 책을 좋아하였다. 이에 『좌씨춘추』의 편년체(編年體)를 서사체(敍事體)로 바꾸었다. (백 개의 편목으로 구성하였는데 각각 논설을 덧붙였다.) 변례(辯例)와 도보(圖譜) 같은 새로운 체재를 만들어냈으며 옛 문헌의 틀린 것을 바로잡고 여러 번 수정하여 책으로 편성하였다. 못난 책이었으나 동인들이 좋게 봐주었다. (변례 3권, 도표 1권, 수필 1권, 명씨보 1권.) 이러한 방식을 미루어 넓혀서 삼대(三代) 이래의 여러 책을 취합하여 주(周)나라, 진(秦)나라 이전의 일을 모아 『역사』로 편찬하였다.
>
> 原夫載籍浩博, 貴約束以刈其煩, 群言異同, 宜臚陳以觀其備. 驌少習六藝之文, 長誦百家之說, 未能淹貫, 輒復遺忘. 頃於『左氏春秋』, 篤嗜成癖. 爰以敍事易編年,(篇目一百, 各附以論.) 辯例圖譜, 悉出新裁, 讎正舊失, 數易槀而成書. 謬爲同志所欣賞矣.(辯例三卷, 圖表一卷, 隨筆一卷, 名氏譜一卷.) 庸復推而廣之, 取三代以來諸書, 彙集周秦已上事, 譔爲『繹史』.[24]

마숙은 『좌씨춘추』를 기사본말체(紀事本末體)로 바꾸어 『좌전사위』를 편찬하였다. 그가 『좌전사위』를 편찬했던 의도는 『좌씨춘추』를 읽고 "문득문득 잊어버리곤 하였다"는 문제를 개선하여 쉽게 읽고 기억할 수 있는 좌전을 만들기 위한 것이었다. 그리하여 『좌전사위』는 사건을 개괄하는 제목 아래에 사건을 기술하는 방식으로 전개된다. 그리고 하나의 사건을 서술한 끝에 '논증(論證)'을 덧붙여 고증이나 사료(史料)를 취사(取捨)한 정황 혹은 사건과 관련된 편찬자의 소견을 밝혔다. 또한 도표를 비롯한 여러 장치들을 도입하여 『좌씨춘추』의 내용을 다시 정리하여 새로운 역사서를 편성하였다. 이러한 작업을 통해 참신한 역사서 체제를 창안하였고 동인들의 호평도 받았다. 그래서 마숙은 『좌전사위』를 편찬했던 성공적 경험을 바탕으로 『역사』를 편찬하였던 것이다.

『역사』는 『좌전사위』보다 더 다양한 기술방식으로 더 오랜 역사를 다룬 책이다. 이 책을 편찬한 배경으로는 『좌전사위』가 중요한 역할을 하였지만, 직접적인 동기는 무엇보다도 「징언」의 첫 부분에서 밝힌 것처럼 역사 문헌의 "여러 다른 설에 대해서는 마땅히 모두 나열하여 살펴볼 수 있게 갖추어야 한다"는 데 있다고 생각된다. 즉 다양한 문헌에 산재된 역사 기록을 쉽게 살펴볼 수 있도록 일정한 체계에 따라 다시 정리하는 것이 『역사』 편찬의 일차적인 목적이다. 그러므로 사료를 정리하고 보존하는 것이 『역사』의 주요 편찬 목적이었다고 할 수 있다.

유득공 역시 『해동역사』의 서문에서 사료를 보존하여 정리한다는 맥락에서 한치윤의 편찬 작업의 의의를 평가하였다.

---

24) 馬驌, 『繹史』, 王雲五 主編, 『國學基本叢書』, 臺灣商務印書館, 1968, 1면.

우리나라의 역사서는 무릇 몇 종이 있다. 이른바 고기(古記)라 하는 것들은 모두가 승도들의 황당한 이야기라서 사대부들이 말하지 않는 것이 마땅하다. 김부식(金富軾)이 지은 『삼국사기』(三國史記)에 대해 사람들은 소략하여 볼 만하지 않다고 허물하지만, 명산(名山)의 석실(石室)에 보관되어 있는 자료가 하나도 없었으니 김부식인들 어떻게 할 수 있었겠는가? 그렇다면 오로지 정인지(鄭麟趾)가 지은 『고려사』(高麗史)가 있을 뿐이다. 고려 이전의 역사에 대해서는 무엇을 보고 상고할 수 있었겠는가? 이에 내가 일찍이 중국 이십일사(二十一史)의 동국전(東國傳)을 발췌하여 중복된 부분을 삭제하고 주석과 변증을 가하고자 하였다. 그리고 이를 『삼국사기』, 『고려사』 두 책과 서로 참조하여 읽으면 징험(徵驗)하는 데 도움이 될 수 있을 것 같았다. 허둥지둥하다가 결국 이루지 못하였으나 그런 생각은 항상 가슴속에 맴돌고 있었다. 나의 벗인 상사(上舍) 한 대연(韓大淵)은 (…) 정사(正史) 이외의 문헌까지 두루 섭렵하였다. 우리 동국 수천 년의 사실에 대해 경전(經傳)으로부터 패관야설(稗官野說)에 이르기까지 여기저기 흩어져 있는 자료들을 최대한 찾아내어 베꼈다. (…)

우리나라 사람들이 혹 말하기를 우리나라의 역사서는 평양(平壤)에 있던 것은 이적(李勣)에게 모두 불탔으며 전주(全州)에 있던 것은 견훤(甄萱)이 패하면서 모두 불에 탔다고 한다. 그러나 이 역시 근거 없는 말이다. 우리나라에 어찌 사적(史籍)이 있었던가? 기자(箕子)의 시대는 당우(唐虞)부터 위만(衛滿) 이전에 해당하는데 이는 역사를 쓰지 않는 시대에 속한다. 그리고 한(漢)나라 400년 동안에는 내복(內服)의 나라였으니, 낙랑 태수가 어찌 사관(史官)을 둘 수 있었겠는가? 이 때문에 일사(佚事)와 이문(異聞)은 반드시 중국 쪽에서 구한 다음에야 얻을 수 있는 것이다. (…) 다행히 대연이 지은 책이 지금 또 이루어졌는데 내용이 풍부하여 없는 것이 없다. (…)

東史, 凡幾種哉. 所謂古記, 都是緇流荒誕之說, 士大夫不言, 可也. 金富軾『三國史』, 人咎其脫略不足觀, 而名山石室, 茫無所藏, 雖金富軾, 亦且奈何? 然則唯有鄭麟趾『高麗史』而已. 高麗以前何從而鏡考乎? 余甞欲取二十一史東國傳, 刪其重複, 以注以辨. 與『三國』､『高麗』二史相依而行, 則庶或有資於徵信. 卒卒未遂, 亦未嘗不去來于胸中. 吾友韓大淵上舍, … 汎濫乎正史之外. 我東國數千年事實, 自經傳以至叢稗, 在在散見者, 幾盡搜剔抄寫. …

東人或言東方史籍在平壤者, 焚於李勣, 其在完山者, 又焚於甄萱之敗. 此亦無稽之談, 東方豈有史籍? 箕聖之世, 斯可以斷自唐虞、衛滿以前, 屬之不修春秋. 漢四百年自是內服, 樂浪太守焉得立史官哉? 此所以佚事異聞, 必求諸中國然後可得也. … 幸而大淵之書, 今又成矣. 富哉無所不有. …[25]

유득공은 자국의 역사서가 소략하다는 사실을 개탄하였는데, 특히 고려 이전의 역사를 상고할 자료가 없다는 것을 지적하였다. 이 때문에 자신이 일찍이 중국 정사에 기록된 '동국전'만을 뽑아 재편집하는 작업을 하려고 하였다. 유득공의 이런 의도는 우선 자국 관련 역사자료를 보존하고 정리하는 데 있다고 보인다. 그는 조선의 역사서에서 빠졌거나 알려지지 않은 일사와 이문을 필시 중국의 문헌에서 찾아야 할 필요성도 역설하였다. 유득공 본인은 중국 문헌 속의 '동국전'을 이용하여 역사서를 편찬하는 일을 실천하지 못했지만 한치윤이 광범위하게 자료를 수집하여 『해동역사』를 편찬한 사실이 위안이 되었던 듯하다.

유득공은 상기 인용문에서 『해동역사』의 사료적 의의를 강조하고 있다. 『해동역사』에 수록된 기록들은 조선 사서에서 확인하기 어려운 역사 기록들이어서 조선의 역사서와 대조하면서 읽으면 징신(徵信)하는 데 도움이 될 수 있기 때문이다. 유득공이 긍정적으로 평가한 『해동역사』의 사료적 가치는 마숙이 『역사』를 편찬함으로써 삼대의 역사

25) 「海東繹史序」, 『海東繹史』, 景仁文化社, 1974, 1면.

자료를 보존하여 정리한 점과 상통한다. 요컨대 다루려는 역사의 관련 자료를 수집·정리하고 역사서의 형태로 보존했다는 것은 『역사』와 『해동역사』의 공통된 목표이자 학술적 가치이다.

마숙이 쓴 「징언」은 『역사』의 편찬 목적을 밝힌 후 이어서 이 책의 체제와 구성을 소개하였다. 160권으로 구성된 『역사』는 다음과 같이 크게 다섯 부분으로 나눌 수 있다.

(1) 太古 (권1~권10): 三皇·五帝에 관한 기록
(2) 三代 (권11~권30): 夏·商·周 삼대에 관한 기록
(3) 春秋 (권31~권100): 춘추시대에 관한 기록
(4) 戰國 (권101~권150): 춘추시대 이후부터 秦나라 멸망까지의 관련 기록
(5) 外錄 (권151~권160): 天官, 地理志, 名物制度 등에 관한 기록

마숙은 "역사사건을 기술함에 있어서는 그 전말(顚末)을 상세히 기록하고, 인물을 기술함에 있어서는 그 시종(始終)을 갖추어 기록"(紀事則詳其顚末, 紀人則備其始終)"[26]한다는 원칙에 따라 책을 편찬하였다. 『역사』에서 이러한 기술원칙을 엄수하고 있다는 것은 특히 제1부 '태고(太古)'부터 제4부 '전국(戰國)'까지의 내용에서 잘 드러난다. 이 부분의 제목은 주로 역사사건으로 명명하였다. 일례로 『역사』의 가장 큰 비중을 차지하고 있는 세 번째 부분 '춘추(春秋)'의 일부만 제시하면 다음과 같다.

『繹史』 권31, 「春秋」 第一, 「魯隱公攝位」
『繹史』 권32, 「春秋」 第二, 「鄭莊公克段入許」

---

26) 馬驌, 『繹史』, 王雲五 主編, 『國學基本叢書』, 臺灣商務印書館, 1968, 1면.

『繹史』 권33, 「春秋」 第三, 「衛州吁宣姜之亂」
『繹史』 권34, 「春秋」 第四, 「宋殤公閔公之弒」
『繹史』 권35, 「春秋」 第五, 「桓王伐鄭」
(…)
『繹史』 권95, 「春秋」 第六十五, 「孔門諸子言行」(1~4)
『繹史』 권96, 「春秋」 第六十六, 「越滅吳」
『繹史』 권97, 「春秋」 第六十七, 「王朝交書」
『繹史』 권98, 「春秋」 第六十八, 「小國交書」
『繹史』 권99, 「春秋」 第六十九, 「春秋雜記」
『繹史』 권100, 「春秋」 第七十, 「春秋遺事」

상기 내용을 통해 '춘추'에서 주로 정치적 사건을 제목으로 삼고 있으며 간혹 제자백가의 생애, 학설을 비롯한 항목도 설정하였음을 알 수 있다. 또한 기록을 최대한 망라하려는 취지에서 제99권과 제100권에 「춘추잡기」와 「춘추유사」와 같은 항목도 설정하였다. 『역사』의 제1부부터 제4부까지는 모두 이와 같은 사건 중심적 체제에 따라 구성되었다. 이는 바로 '기사본말체'가 『역사』의 주요 체재(體裁)로 지목되었던 이유이다.[27] 그러나 『해동역사』에는 구체적인 역사사건을 중심으로 한 기술이 뚜렷하게 나타나지 않는다.[28] 『해동역사』의 체제는 다음과 같이 정리할 수 있다.

『海東繹史』 「序文」(柳得恭)
『海東繹史』 「引用書目」
【권1~권16】 「世紀」1~16: 東夷總記, 檀君朝鮮, 箕子朝鮮, 衛滿朝鮮,

---

27) 『四庫全書』 「史部」 3에서는 『繹史』를 '紀事本末類'로 분류하였다.
28) 다만 『해동역사』의 「交聘志」「通日本始末」과 「本朝備禦考」의 「驅倭始末」, 「北憂始末」은 紀事本末體의 서술 방식을 취하고 있는 것으로 보인다.

三韓, 濊, 貊, 夫餘, 沃沮, 四郡事實, 高句麗(1~3), 百濟, 新羅, 渤海, 高麗(1~4), 諸小國

【권17】「星曆志」: 星野, 測候, 曆, 徵應

【권18~권21】「禮志」1~4: 祭禮, 朝禮, 燕禮, 婚禮, 學禮, 賓禮, 儀物, 喪禮

【권22】「樂志」: 樂制, 樂器, 樂歌, 樂舞

【권23】「兵志」: 兵制, 兵器, 馬政

【권24】「刑志」: 刑制

【권25】「食貨志」: 田制, 農桑, 賦稅, 俸祿, 倉庫, 權量, 債貸, 市易, 互市, 錢貨

【권26~27】「物産志」1~2: 金玉珠石類, 布帛類, 穀類, 草類, 花類, 菜類, 果類, 竹木類, 禽類, 獸類, 魚類, 蟲類, 文房類, 玩好類

【권28】「風俗志」: 雜俗, 方言

【권29】「宮室志」: 城闕, 民居, 附錄(器用)

【권30~31】「宮氏志」: 官制(1~2), 民族

【권32】「釋志」: 釋敎, 寺刹, 名僧, 附錄(道敎)

【권33~41】「交聘志」1~9: 朝貢(1~4), 上國使(1~2), 迎送, 象胥, 館待, 班次, 宴饗, 正朔, 東國, 年號, 貢道, 海道, 師行海路, 通日本海路, 漂流, 通日本始末

【권42~59】「藝文志」1~18: 經籍(1~4), 書法, 碑刻, 畵, 本國詩, 中國詩, 本國文, 中國文, 雜綴

【권60】「肅愼氏考」

【권61~66】「本朝備禦考」1~6: 驅倭始末(1~5), 建州事實, 北憂始末

【권67~70】「人物考」1~4

【續編 권1~15】「地理考」1~15: 序文(韓鎭書), 古今疆域圖, 古今地分沿革表, 朝鮮, 濊, 貊, 沃沮, 三韓, 四郡, 夫餘, 挹婁, 高句麗, 新羅, 百濟, 渤海, 高麗(1~2), 本朝, 山水(1~3)

『해동역사』는 크게 '세기(世紀)', '지(志)', '고(考)'의 세 부분으로 구성되어 있음을 알 수 있다. 이 가운데 '지(志)'와 '고(考)'에 문화

분야의 다양한 정보를 수록하고 있으며 이것이 전서에서 압도적인 비중을 차지하고 있다. 체제상의 이러한 특징이 『해동역사』를 조선역사의 다각적인 면모를 이해하고 연구하는 데 유용한 자료로 활용될 수 있도록 한다는 점은 이미 선행연구에서 지적된 바이다. 『해동역사』를 앞서 살펴보았던 『역사』와 비교하면 이 두 책이 체제와 내용 측면에서 매우 다르다는 것을 알 수 있다. 그러나 『해동역사』의 '지'와 '고' 부분에서 『역사』의 '외록' 부분과 내용을 비슷하게 설정한 것이 확인된다.

〈표 2-3〉『繹史』「外錄」과 『海東繹史』의 유사한 항목 설정

馬驌, 『繹史』「外錄」		韓致奫, 『海東繹史』	
권151	「天官書」	「星曆志」의 星野, 測候	【권17】
권152	「律呂通考」	「樂志」	【권22】
권153	「月令」	「星曆志」의 曆	【권17】
권154	「洪範五行傳」(上·下)	「星曆志」의 徵應	【권17】
권155	「地理志」	「地理考」	【續編 권1~15】
권156	「詩譜」	「藝文志」의 本國詩, 中國詩	【권47~51】
권157	「食貨志」	「食貨志」	【권25】
권158	「考工記」	「宮室志」의 附錄(器用)	【권29】
권159	「名物訓詁」(上·下)	「物産志」	【권26~27】
권160	「古今人表」	「人物考」	【권67~70】

〈표 2-3〉의 좌측은 『역사』의 「외록」에 수록된 항목들이고 우측은 『해동역사』에 설정된 항목들인데, 양쪽의 항목들은 내용상 서로 유사하다. 이처럼 『해동역사』와 『역사』 두 책이 체제상 연관성이 있는데, 두 책의 관계를 따져본다면 『해동역사』가 『역사』의 문화 관련 항목 설정을 확대하고 세분한 것이라 볼 수 있다.

마숙은 「징언」에서 『역사』의 기술원칙을 밝힌 후 이어서 사료 취사(取捨)의 원칙과 상황에 대해서도 설명하였다. 기술 원칙과 사료 취사

원칙을 서술한 내용은 모두 정문과 같은 크기의 글자체로 적었는데 그 사이에 작은 글자체로 『역사』에서 채록한 서목을 나열하였다. 여기서 제시한 인용 서목은 200여 종이 되는데 사실 정문 속에 껴놓은 협주(夾註)에서 인용한 문헌까지 계산하면 300여 종에 이른다.[29) 『역사』의 인용 서목은 편찬자의 사료 취사 원칙에 따라 자연스럽게 분류되었다. 예를 들어 마숙은 "경전 그리고 자부(子部)와 사부(史部)의 문헌 가운데 현전하는 것을 모두 채록하여 기재하였다(經傳子史文獻攸存者, 靡不畢載)"라고 하면서 그 뒤에 『주역』(周易), 『상서』(尙書), 『모시』(毛詩) 등으로부터 이 경우에 속하는 서적 34종을 작은 글자체로 제시하였다. 이어서 "상술한 책들은 모두 온전하게 전해져 있어 이들에 대해 사건을 채록하거나 아니면 문장을 채록하였으며 그대로 전문을 수록하거나 일부만 절취하여 베꼈다(以上全書具在, 或取其事, 或取其文, 或全錄, 或節鈔)"라고 하여 이 서적들에 대한 구체적인 채록 방법도 밝혔다. 또 "옛사람에 의탁한 위서(僞書)에 대해서는 단지 중요한 내용만 간단하게 취했을 뿐이다(附託全僞者, 僅存要略而已)"라고 하고 이 서술 끝에 협주로 『삼분』(三墳), 『육도』(六韜), 『항창자』(亢倉子)를 비롯한 6종 자료를 수록하면서 이 경우에 해당하는 문헌들은 "대개 근래의 사람들이 옛사람의 이름을 빌려 의탁하여 쓴 것인데 허황한 말로 부질없는 설을 내놓아 천박하고 맞지 않으니 일단 한두 조(條)만 발췌하였다(皆近代之人, 依名附託, 鑿空立論, 淺膚不倫, 姑存一二)"라는 설명도 덧붙였다.

『해동역사』 역시 인용서목을 제시하였는데, 제시 방식은 『역사』와

29) 王記錄, 「『繹史』的價値和馬驌的史學思想」, 『淮北煤炭師範學院學報(哲學社會科學版)』 29, 2008, 2면.

차이가 있다. 한치윤은 유득공이 지은 서문 뒤에 '해동역사의 인용서목(海東繹史引用書目)'이라는 제목으로 이 책에서 참조했던 중국 서적 523종을 먼저 기록하고 그 다음에 일본 서적 22종을 나열하였다. 중국책의 배열순서는 대개 경사자집(經史子集)의 순으로 하였다. 한치윤은 마숙과는 달리 이 방대한 서적들을 인용한 원칙을 밝히지 않았다. 그러나 그가 마숙의 「징언」을 보고 거기에 적힌 사료 취사 원칙을 중요하게 참고했지 않았을까라는 추측을 해볼 수 있다. 적어도 인용서목을 서문의 뒤, 정문의 앞에 실었다는 점은 『역사』와 『해동역사』의 연관성을 입증하는 데 유효할 것이다.

마숙이 『역사』를 통해 사서의 새로운 체례(體例)를 창안했다는 것은 높은 평가를 받아 왔다. 『역사』는 진나라가 멸망하기 이전의 중국의 역사를 다루고 있는 통사(通史)인데 그 이전의 중국 역사서와 비교하면 이 책은 상당히 독특한 기술방식을 채용하고 있다. 근래의 중국학자들은 『역사』의 체례를 '신종합체(新綜合體)'라 규명하였다.[30] 『역사』는 대략 절반 이상의 내용을 '기사본말체'로 서술하였는데, 그밖에 편년체, 학안체(學案體) 서술 방식도 충분히 활용하였고 또한 상당 수량의 세계도(世系圖)와 연표(年表)를 삽입하였다.

『사고전서총목』(四庫全書總目)에서도 『역사』의 창의적인 가치를 높이 평가하였다.[31] 양계초(梁啓超) 역시 『역사』의 창조적 학술 가치

---

30) 『繹史』에 관한 다수 논문에서 이 책의 서술 체례를 '新綜合體'로 규명하였다. 陳其泰, 「近三百年歷史編撰上的一種重要趨勢--自馬驌至梁啓超對新綜合體的探索」, 『史學研究』, 1984 (2)와 「略論馬驌的史學成就」, 『史學月刊』, 1985 (2); 王記錄, 위의 논문; 肖夏, 「『繹史』研究」, 河南師範大學 석사학위논문, 2014 등.

31) 『四庫全書總目』 권49, 「史部」 5, 「『繹史』一百六十卷」: "國朝馬驌撰. 驌有『左傳事緯』, 已著錄. 是編纂錄開辟至秦末之事. 首爲「世系圖」、「年表」, 不入卷數. 次「太古」十卷, 次「三代」二十卷, 次「春秋」七十卷, 次「戰國」五十卷, 次「別錄」

를 충분히 인정하고 이 책이 문화사의 '추형(雛形)'을 갖춰졌다고 평가하였다.[32] 양계초는 마숙이 활용했던 이른바 '신종합체' 역사 서술방식은 풍부한 내용을 체계적으로 담을 수 있기 때문에 문화사 서술을 감당할 수 있다고 보았던 것이다. 일찍이 고염무(顧炎武, 1613~1682)가 마숙의 『역사』를 보고 "반드시 전할 가작(佳作)"라고 하였는데[33] 바로 이러한 이유에서였다고 생각된다.

한치윤이 창의적인 역사서 체제를 구축한 것은 마숙과 상통하는 면이 있다. 『해동역사』의 '세기' 부분은 기전체(紀傳體) 사서의 '본기(本紀)' 혹은 '세가(世家)'에 해당되고 '지' 역시 기전체 사서의 필수 설정이다. 그러나 '고'는 기전체 사서의 전형적인 체례가 아니다. 『해동역사』의 '고' 부분에는 숙신씨고(肅愼氏考), 본조비어고(本朝備禦考), 인물고(人物考), 지리고(地理考) 등 네 부로 구성되어 있는데 '고'라는 명칭을 사용하는 것은 이 네 가지 항목을 형식상 '지'나 '열전'에 넣기 어려운 점이 있어 편의상 붙여진 것으로 보인다.[34] '고' 체례를 사용한

十卷. 仿袁樞「紀事本末」之例, 每一事各立標題, 詳其始末. 惟樞書排纂年月, 熔鑄成篇. 此書則惟篇末論斷, 出驌自作. 其事跡皆博引古籍, 排比先後, 各冠本書之名. 其相類之事則隨文附註, 或有異同訛舛, 以及依托附會者, 並於條下疏通辨證. 與朱彝尊『日下舊聞』義例相同. 其「別錄」則一爲「天官」, 二爲「律呂通考」, 三爲「月令」, 四爲「洪範五行傳」, 五爲「地理誌」, 六爲「詩譜」, 七爲「食貨誌」, 八爲「考工記」, 九爲「名物訓詁」, 十爲「古今人表」. 蓋以當諸史之表誌, 其九篇亦薈稡諸書之文, 惟「古今人表」則全仍『漢書』之舊. 以所括時代與『漢書』不相應, 而與此書相應也. 雖其疏漏抵牾, 間亦不免, 而蒐羅繁富, 詞必有徵, 實非羅泌『路史』、胡宏『皇王大紀』所可及. 且**史例六家, 古無此式. 與袁樞所撰均可謂卓然特創, 自爲一家之體者矣**."

32) 梁啓超는 『中國近三百年學術史』(北京: 商務印書館, 2011, 273면)에서 『繹史』에 대해 "其體例之別創, 確有足多者. 蓋彼稍具文化史之雛形"라고 평가하였다.

33) 陳東, 「馬驌史學試評」, 『齊魯學刊』, 1996 (4), 55면.

34) 전선용, 「해제」, 『국역 해동역사』 9(색인), 민족문화추진회, 1~29면.

대표적인 문헌은 송원(宋元) 시대 마단림(馬端臨: 1254~1323)의 『문헌통고』(文獻通考)이다. 이 책은 '문(文)', '헌(獻)', '고'라는 특정한 서술 체계를 갖추어 편찬된 것인데 '고' 부분은 대개 안설 형식을 취하고 있다. 안설을 통해 마단림은 일부 문헌의 원류(源流)를 탐구하고 해당 문제에 대해 자신의 의견을 밝혔으며 잘못된 기록을 바로잡기도 하였다. 요컨대 『문헌통고』의 '고' 부분의 특색과 가치는 고증적 성과를 거두었다는 데 있다.35) 『해동역사』「예문지」의 '고' 부분의 내용 역시

---

35) 『문헌통고』의 '고' 부분에는 약 1000조에 이르는 안설이 실려 있다. 이들 안설은 높은 학술적 가치를 지닌 馬端臨의 역사사상을 보여주는 중요한 자료로 학계의 관심을 받고 있다. 『문헌통고』 속의 안설에 대해서는 楊寄林의 연구가 가장 선행되었다. 그는 「『文獻通考·經籍考』馬氏按語初探」(山西: 『晉陽學刊』 第50期, 1988(5), 75~78면)에서 『문헌통고』의 「경적고」부분에 수록한 안어 52조에 대해 '斷眞僞', '定是非', '究異同', '辨姸媸', '存疑義'와 같은 5개 종류로 분류하였다. 그리고 안어의 내용에 대해 주로 문화전적과 학술유파를 겨냥한 것이라고 하며 전통 유가사상이 주된 편찬사상이라고 밝혔다. 그 후 曹金發과 董杰은 「試析『文獻通考·經籍考』中的按語--兼與楊寄林先生商榷」(徐州: 『中國鑛業大學學報(社會科學版)』, 2008(4), 104~108면)에서 『문헌통고』「경적고」 속의 안어에 대해 다시 '溯源探流類', '解釋說明類', '評價議論類', '存疑待考類', '考證辨析類', '綜合類' 6가지로 정리하여 고찰하였다. 고찰을 통해 그들은 마단림의 편찬태도를 엄격하고 신중하며 비판적 정신과 實事求是적 학문태도를 겸비한 동시에 儒家를 존숭하는 사상을 보여주었다고 평가하였다. 한편 王端明의 『馬端臨評傳』(南京: 南京大學出版社, 2001)에도 안어에 대해 여러 번 언급하였고 鄧瑞의 『馬端臨「文獻通考」』(太原: 山西古籍出版社, 2003)에도 안어를 통해 마단림의 사상을 논한 부분이 있다. 그리고 胡士萃의 「『文獻通考·樂考』引書及按語研究」(石家莊: 河北師範大學 석사학위논문, 2015)에서는 「악고」부분의 안설을 '質疑待考類', '辨僞類', '評述類' 3가지로 분류하여 집중적으로 고찰하였는데 마단림의 禮樂관념에는 宋儒들의 영향이 깊었다고 밝혔다. 이처럼 『문헌통고』 속의 안설에 대해 연구는 계속 이어지는 추세를 보인다. 본고는 중국 측의 문헌 속의 안설에 대한 집중적 고찰하는 연구 경향을 감안하여 제3장에서 『해동역사』「예문지」에 실린 안설을 논의의 대상으로 삼을 것이다.

고증적 성격이 강하다. 예를 들어 15권의 분량을 차지하는 「지리고」 가운데 고조선에서부터 조선에 이르기까지 역대의 강역을 고증한 내용이 13권이나 실려 있다.[36] 이렇게 보면 『해동역사』는 기전체 사서 체재와 유서의 기술 방식을 결합하는 동시에 도표[37]와 같은 기술 장치도 종합적으로 활용했던 것이다.

그 밖에 편찬자가 직접 작성한 서발문과 범례가 없다는 것도 이 책의 특색이라는 견해가 있다. 서문과 범례를 붙이지 않은 것은 이 책이 명분(名分)을 추구한 역사서가 아님을 명시하였기 때문이다.[38] 요컨대 『해동역사』의 체례는 종래의 역사서 체례와 구별되는 독자적인 면모를 지니고 있다. 그리고 이러한 독창성은 한치윤이 마숙의 『역사』로부터 자극을 받아 촉발되었을 가능성이 있다.

한편 체재에 대한 창안 외에 『역사』와 『해동역사』에서는 또 한 가지 공통점이 발견되는데 바로 실사구시적 학문 자세이다. 『역사』와 『해동역사』에는 모두 편찬자의 고증 내용을 실려 있다. 이는 두 책의 관계를 논했던 선행연구에서 모두 지적한 바이다. 다만 조금만 더 부연설명을 하자면 『역사』에서는 주로 정문에 삽입한 협주와 편말의 '논증'을 통해 편찬자의 고증 작업을 보여주었는데 『해동역사』에서는 협주와 수많은 안설을 통해 그것을 보여주었다. 그리고 협주의 내용을 보면 『역사』와 『해동역사』에서 모두 편찬자가 직접 작성한 내용이 아닌 기타 문헌에서 인용한 내용을 협주로 삼은 경우가 많다. 또 지적할 만한 공통점은 바로 인용 자료의 출처를 밝혀놓았다는 점이다. 『역사』

36) 정선용, 앞의 글, 27면.

37) 『해동역사』 「지리고」에는 古今疆域圖로서 11개의 지도를 삽입하고 古今地分沿革表도 실었다.

38) 한영우, 「海東繹史의 연구」, 『한국학보』 38, 1985, 143면.

에서는 인용한 서명을 먼저 적어놓고 그 아래에 인용한 기사를 수록한 반면 『해동역사』에서는 인용한 서적을 기사 끝에 적었다.

이상으로 편찬 목적, 체제, 기술방식 등 측면에서 한치윤의 『해동역사』와 마숙의 『역사』의 연관성을 살펴보았다. 마숙의 『역사』는 삼대부터 진나라가 멸망하기 전까지의 사료를 수집하여 '신종합체'라는 독특한 체제로 편찬한 통사이고, 한치윤의 『해동역사』는 외국 문헌에 수록된 자국의 역사 자료를 수집하여 마찬가지로 독특한 체제로 편찬한 통사이다. 두 책의 여러 공통점으로 볼 때 한치윤은 마숙의 성과 중 일부를 본받아 '해동의 『역사』'를 편찬하려고 했기 때문에 책의 이름을 '『해동역사』'라고 했을 것이라 추정할 수 있다. 이와 같이 청나라 초기의 역사성과를 수용한 것은 선진적인 학술 작업이라 평가할 만하다.

그러나 이상과 같은 연관성이 성립하기 위해서는 가장 중요한 전제 조건이 하나 필요하다. 그것은 바로 한치윤이 마숙의 『역사』에 대해 알고 있어야 했다는 사실이다. 일부 선행연구에서는 『해동역사』 서두에 제시한 참고서목 가운데 마숙의 『역사』가 없을 뿐만 아니라, 기존의 관련 기록에서도 한치윤이 마숙의 『역사』를 접했다는 직접적인 증거가 없기 때문에 이 두 책의 연관성을 논하는 것은 무리라고 주장한 바 있다.

그러나 『해동역사』의 「인용서목」에는 『사고전서총목』이 적혀있다. 본고는 앞에서 『사고전서총목』에서 마숙의 『역사』에 대해 찬사를 아끼지 않았음을 언급한 바 있다. 또한 이 「인용서목」에는 왕사정(王士禎, 1634~1711)의 『지북우담』(池北偶談)도 적혀있는데 이 책에는 고염무가 마숙을 특히 경복(敬服)하였다는 내용이 실려 있다.[39] 이뿐만 아니라 『해동역사』 「인용서목」에 들어간 주이준(朱彝尊, 1629~1709)

의 『폭서정집』(曝書亭集)에서도 『역사』에 대해 세상에 전해야 할 저서라고 하면서 이 책의 가치를 높이 평가하였다.[40] 이처럼 『역사』는 간행된 후 청나라 학계에서 상당한 주목을 받았으며 더구나 대체로 긍정적인 평가를 받아 왔다. 따라서 마숙은 『역사』를 통해 청나라 학술사에서 확고한 위상을 점하게 되었다. 그리고 한치윤은 이상과 같은 중국 서적을 통해 마숙의 『역사』를 접할 수 있었을 것으로 보인다.

1670년에 편찬된 『역사』는 18세기 이후 조선 지식인들의 여러 기록에서 언급된다. 가장 대표적인 것이 이덕무의 『청장관전서』(青莊館全書)이다. 이덕무는 정조(正祖) 2년(1778)에 사행을 통해 이 책을 구입한 적이 있다.[41] 그리고 이덕무는 자신의 저서에서 『역사』의 기록과 고염무의 『일지록』에 수록된 기록을 비교한 바도 있다.[42] 이뿐만 아니라 사실 『역사』는 조선 지식인 사회에서 널리 읽혔던 청대 역사 저술로 보인다. 한치윤이 살고 있었던 시기에 조선에서 이 책을 읽었던 지식인으로는 정조, 서형수(徐瀅修), 이서구(李書九), 성해응(成海應)

---

39) "馬驌, 字驄禦, 一字宛斯, 濟南鄒平人. 順治己亥進士, 仕爲淮安推官, 終靈壁令. 生而淸羸, 博雅嗜古, 尤精春秋左氏學. 撰辨例三卷, 圖表一卷, 隨筆一卷, 名氏譜一卷. 又著『繹史』, 凡分五部, 一曰太古, 三皇五帝計十篇; 二曰三代, 夏商西周計二十篇; 三曰春秋, 十二公時事計七十篇; 四曰戰國, 春秋以後至秦亡計五十篇; 五曰外録, 紀天官地誌名物制度等計十篇, 合一百六十篇. 篇爲一卷, 始開辟原始迄古今人表, 其書最爲精博, 時人稱爲馬三代. **昆山顧亭林炎武尤服之**. 康熙癸醜, 歲卒於官, 靈壁人皆爲制服云." 『池北偶談』 권9, 「馬驌」.

40) "近鄒平馬驌撰『繹史』, 疑其未見是編, 而體例頗相似, 正可並存不廢云." 『曝書亭集』 권45, 「胡氏『皇王大紀』跋」.

41) "與在先往琉璃廠五柳居閱南船奇書. 書狀囑余沽數十種, 其中朱彝尊『經解』、馬驌『繹史』, 稀有之書, 而皆善本也." 『青莊館全書』 권76, 「入燕記」 下, 「正祖二年五月二十八日」.

42) "『繹史』, 馬驌著, 所引孟子異文逸句, 與『日知錄』, 顧炎武著, 畧有異同." 『青莊館全書』 권56, 「盎葉記」 3, 「孟子異文逸句」.

등을 들 수 있다.[43)]

이상과 같은 사실을 종합해보면 한치윤은 『사고전서총목』을 비롯한 중국 문헌들을 통해 분명히 『역사』에 대해 알고 있었을 것이다. 그리고 유득공을 통해 이덕무가 북경에서 구입해 온 『역사』를 직접 보거나 들었을 것이다. 또한 그가 1799년 때의 연행을 통해 북경의 유리창에서 직접 『역사』를 보았을 가능성도 배제할 수 없다. 요컨대 한치윤은 분명히 『역사』를 인식하고 자신의 저술을 '해동의 『역사』'로 명명하였던 것이다.

3. 松下見林의 『異稱日本傳』

『해동역사』는 역사서 편찬의 여러 측면에서 『역사』의 문헌적 영향을 받은 것이 분명하다. 그러나 『역사』는 자국의 자료를 수집하여 자국사를 서술한 것인데 『해동역사』는 편찬자의 안설을 제외하면 모든 내용이 전부 중국이나 일본 문헌에서 발췌한 것이다. 즉 타국의 문헌자료를 이용하여 편찬했다는 점은 『해동역사』의 가장 큰 특징이자 『역사』의 문헌적 영향과 가장 차별되는 점이기도 하다. 그렇다면 외국의 문헌에서 자국과 관련된 기록을 수집하여 다시 역사서로 재편찬하겠다는 이러한 발상은 어디에서 얻은 것일까?

앞서 살펴보았듯이 한치윤이 『해동역사』를 편찬하기 이전에도 조선에서는 중국 문헌 속의 기록을 인용하여 일정한 분류에 따라 역사서나

43) 正祖의 『弘齋全書』 권184, 「羣書標記」 6, 「命撰」 2, 「春秋左氏傳二十八卷」; 徐瀅修의 『明皐全集』 권18, 「講義」, 「孟子萬章篇」; 李書九의 『惕齋集』 권8, 「雜識」, 「讀詩經雜識」; 成海應의 『研經齋全集』, 「外集」 권26, 「例類」, 「歷代帝王姓諱考」 등에서 모두 馬驌의 『繹史』를 읽은 흔적이 확인된다.

유서를 편찬하는 작업이 진행된 바 있었다. 문제는 한치윤이 중국과 일본 문헌 속의 관심 가는 기록을 인용하는 데 그치지 않고 외국 문헌 속에 기록된 자국과 관련된 정보를 최대한으로 수집한 다음에 일정한 체제에 따라 역사서를 편찬했다는 것이다. 물론 한치윤이 유득공으로 인해 『해동역사』를 편찬하겠다는 생각을 했을 수도 있다. 유득공은 일찍이 중국 정사 속에 기록된 '동국전'을 발췌하여 정리할 계획이 있었는데 그가 이러한 계획을 한치윤에게 알려주었을 가능성도 있다. 그러나 이보다 더욱 설득력이 있는 견해는 한치윤이 『이칭일본전』(異稱日本傳)의 영향을 받아 외국 자료 속의 자국 기록을 이용하여 역사서를 편찬했다는 것이다.

외국 문헌 속에 기록된 자국 정보를 초록하고 정리하는 작업은 이전에도 있었지만 한치윤의 『해동역사』에 이르러 집대성된 셈이다. 여기에서는 그러한 학적 흐름보다는 우선 문헌적 영향 관계에 주목하고자 한다. 외국 문헌을 활용하여 자국사를 편찬했다는 점에 입각하여 『해동역사』 편찬에 가장 자극이 되었던 문헌은 바로 『이칭일본전』이었을 것이라고 본다.

『해동역사』와 『이칭일본전』의 관련성을 가장 먼저 주목했던 사람은 이태진이다. 그는 자국사에 대한 관심이 타국사(他國史)에 미친 것과 전거(典據)를 제시한 것이 두 책의 공통점이며 『해동역사』의 편찬에 있어서 『이칭일본전』이 일정한 자극이 되었다고 지적하였다. 따라서 그는 한치윤이 『이칭일본전』으로 대표되는 일본 쪽의 고증적 학문 사조도 수렴하였던 것으로 보고 있었다.44) 그러나 『해동역사』 자체에 대한 연구가 거의 1990년대에 머물렀고, 또 매우 부진했기 때문에 『이

---

44) 이태진, 「해동역사의 학술사적 검토」, 『진단학보』 53·54합호, 1982, 234면.

칭일본전』과의 연관성에 대한 별도의 탐구는 이루어지지 못했다. 그러다가 2003년에 로널드 토비(ロナルド・トビ)가 두 책의 관련성을 다시 지적하였다. 그는 『해동역사』와 『이칭일본전』이 모두 다양한 자료에 수록된 기록을 인용한 다음에 편찬자의 코멘트를 덧붙이는 형식을 취하고 있어서 『이칭일본전』이 체제적 측면에서 『해동역사』의 모델이 되었을 것이라는 추정을 하였다.[45] 이후 김시덕은 로널드 토비의 이와 같은 관점을 인용하고 『해동역사』에서 『이칭일본전』을 통해 간접 인용된 일본의 병학 문헌을 밝혔으며 구체적인 간접 인용 상황을 고찰하였다.[46]

이 세 연구를 통해 『해동역사』와 『이칭일본전』이 분명 연관성이 있다는 것이 밝혀졌다. 그러나 그 연관성을 '일정한 자극' 아니면 '모델'로 규명하는 것이 적합한지에 대해 조금 더 따져볼 필요가 있다고 본다.

『이칭일본전』은 일본의 국학자로 알려진 마쓰시타 겐린(松下見林, 1637~1703)의 대표적인 저술 중의 하나이다. 마쓰시타 겐린은 오사카(大阪)에서 의사의 아들로 태어났다. 가업을 이어받기 위해 그는 13살 때 쿄토(京都)에 가서 유명한 의학자 후루바야시 겐기(古林見宜, 1579~1657)를 스승으로 모시고 의학과 유학(儒學)을 배웠다. 그리고 21살 즈음에 후루바야시 겐기가 세상을 떠나자 마쓰시타 겐린은 그를 대신하여 제자들에게 의학을 가르쳤다.[47] 당시 일본에서 의학은 유학과

45) ロナルド・トビ, 「松下見林の元祿型國際史學」, 『異文化理解の視座』, 東京大學出版會, 2003, 62면.

46) 김시덕, 『전쟁의 문헌학』, 열린책들, 2017, 281면.

47) 向井謙三이 1942년에 「松下見林と朝鮮文獻」라는 논문을 통해 처음으로 마쓰시타 겐린(松下見林)을 학계에 소개한 것으로 보인다. 그는 이 장편의 논문을 세

불가분의 관계에 있어서 의학을 배울 때 반드시 유학 공부를 함께 해야 했다. 겐린이 의사가 되려는 제자들을 가르쳤다는 것은 중국과 조선의 의학서, 역사서를 비롯한 한문 서적에 정통했다는 것을 의미한다. 이와 같은 경력에 대한 고찰을 통해 겐린의 한학(漢學) 역량을 가늠할 수 있다. 그는 의학을 가르치는 한편 저술과 편찬 활동을 지속적으로 하였다. 현존하는 그의 저술은 30여 종에 이르는데, 그는 주로 고증, 편찬, 주석과 같은 문헌 정리 작업에 열중하였기 때문에 동시대 구마자와 반잔(熊澤蕃山, 1617~1691), 야마가 소코(山鹿素行, 1622~1685), 이토 진사이(伊藤仁齋, 1620~1711)를 위시한 학자들만큼은 알려지지는 못했다.[48)]

마쓰시타 겐린은 1688년에 『이칭일본전』의 편찬을 마쳤다. 1688년은 일본의 원록(元祿) 원년인데 이 책은 흔히 일본 근세문화의 황금기라고 불려진 '원록시대(元祿時代, 1688~1704)'의 시점에 완성된 것이다. 잘 알려진 바와 같이 원록 시대는 문화, 예술, 학술 등 여러 분야에서 현저한 성과를 거둔 시기이다. 특히 시가, 소설, 희극 등 각 분야에서 걸출한 문학가들을 배출하였으며 바로 이러한 이유로 이 시대의 문학을 또한 '원록문학(元祿文學)'이라고 부른다. 그리고 주변 나라와의 서적 교류도 전대보다 활발하게 진행되었으며 중국과 조선의 서적들이 대량으로 일본에 유입되었다. 『이칭일본전』은 바로 이와 같은

부분으로 나누어 각각 朝鮮總督府圖書館이 간행한 『文獻報國』의 8권 12號(565~572면), 9卷 1號(7~12면), 9卷 4號(131~135면)에 연재하였다. 이 논문의 上篇에서는 마쓰시타 겐린의 생애와 학술성과를 고찰하였고, 中篇에서는 『異稱日本傳』에 수록한 15종 조선 문헌의 판본과 유입 상황을 살폈으며 下篇에서는 겐린의 또 다른 저술 『神國童蒙先習』에 대해 고찰하였다. 그리고 부록으로 겐린의 저술 및 校刻書 목록을 정리하였다.

48) 向井謙三, 앞의 논문 (上), 565면.

시대적 환경 속에서 탄생하였다.[49]

『이칭일본전』은 상, 중, 하의 세 권으로 이루어져 있다. 상권과 중권은 중국 역사서, 하권은 조선 역사서 속에서 일본을 언급한 자료를 발췌하였는데, 상당한 자료에 대해 편찬자가 자신의 안설을 덧붙였다. 겐린은 『이칭일본전』의 서문에서 이 책을 편찬한 동기와 목적을 밝혔다.[50] 그는 중국 서적과 조선 서적이 일본에 유입되면서 그 속에 기록된 일본 관련 기사에 관심을 가졌으며 30년 동안 이러한 서적들을 열람하면서 관련 유사(遺事)를 적어놓기도 하였다. 그렇게 하다 보니 외국 문헌 속에 기록된 자국 관련 기사들이 "시비가 뒤섞이고 허실이 어지럽다(是非混淆, 虛實紛糅)"는 것을 발견하게 되었다. 그는 일본에

---

49) 『이칭일본전』과 관련된 일본 측의 연구로는 이시하라 미치히로(石原道博, 1910~2010)가 1960년대부터 시작한 일련의 논저가 있는데 주로 이 책과 그의 속편에 대한 서지학적 연구들이다. 김시덕의 『전쟁의 문헌학』(열린책들, 2017, 267~270면)은 이시하라가 1966년에 문부성의 연구비를 받아 수행한 연구인 『異称日本伝の類書·続編研究』의 각 장을 정리하여 소개하였다. 그리고 김시덕은 이 책에서 兵學 문헌에 대한 간접인용을 중심으로 『이칭일본전』과 『해동역사』 두 책의 관련성을 논의하였다.

50) "大日本國者, 神靈所扶, 自開闢神聖, 出而崇尙其道. 神明其位, 拓土貽統傑於百派千流朝宗之中. 中華以爲禮義之國, 質直有雅風. 吳敗姬氏來奔, 秦暴徐福逃入, 至若任那斯盧屈膝魯侯赤帝之後, 莫不依歸此. 豈得非神道文明, 有仁民愛物之政哉? 然質文衰盛, 不能無殊, 故異邦之書, 隨時志我方宜美惡居多. 昝舍人親王撰『日本書紀』, 往往引以備參考. <u>**余亦竊此以三餘之暇, 常閱載籍, 其間得我遺事, 則集錄之. 而諸書之所述是非混淆, 虛實紛糅, 不知而作者有之, 豈可盡信乎? 當主我國記徵之, 而論辯取舍則可也. 於是不自揆加'今按', 釋同異之分, 正嫌疑, 有餘義, 則必兼注之**</u>. 分爲上中下三卷, 上卷集漢、魏、晉、宋、齊、梁、隋、唐、五季、宋、元書, 中卷集明書, 下卷集斯盧書. 名曰'異稱日本傳'. <u>**'異稱'者, 取諸異邦之人稱之之語也. 考索不該洽, 未必集成, 惟爲同志艱於考據, 不能正妄謬者, 述之而已矣**</u>. 元祿戊辰九月己亥 西峯散人 自序" (松下見林, 『異稱日本傳』, 東京: 國書刊行會, 1926, 1~6면).

대해 잘 모르는 사람이 썼기 때문에 그러한 오류가 생긴 것이므로, 이러한 서적 속의 일본 관련 기록들을 전부 다 믿어서는 안 된다고 당부하였다. 그리고 겐린은 '안설' 형식을 통해 중국, 조선의 역사서가 일본 역사서와 서로 같고 다른 부분들을 지적하고 또 의심가는 부분에 대해 추가로 설명하였다. 요컨대 겐린의 『이칭일본전』은 일본의 입장에서 중국과 조선 문헌에 잘못 기록된 일본 기사에 대한 '논변(論辯)'을 모은 책이다.

겐린은 '고증'과 '수정'을 주요 목적으로 『이칭일본전』을 편찬했던 것이다. 따라서 이러한 목표를 달성하기 위해 비교적 단일한 체제와 일목요연한 기술방식을 선택하였다. 예를 들어 이 책의 하권(下卷)은 조선 문헌 속의 일본 관련 기록을 수집하여 고증한 것인데 전체 하권을 다시 서적에 따라 네 부분으로 나누었다. 그리고 각 부분의 서두에 다음과 같이 기록하였다.

> 『異稱日本傳』下之一引用書目: 『東國通鑑』
> 『異稱日本傳』下之二引用書目: 『東國通鑑』
> 『異稱日本傳』下之三引用書目: 『三國史記』『三韓詩龜鑑』『慕齋集』『東文選』『晉山世藁』『東人詩話』『三綱行實圖』『續三綱行實圖』『太平通載』
> 『異稱日本傳』下之四引用書目: 『經國大典』『大典續錄』『神應經序』『海東諸國記』『懲毖錄』

각 부분마다 인용서목을 먼저 밝히고 이어서 해당 서적 속의 일본과 관련된 기사를 제시하였는데, 모든 기사 앞에 먼저 구체적 출처를 밝혔다. 예를 들어 『동국통감』 중 고려 원종(元宗) 때의 일본 관련 기록 3개를 수록할 때 먼저 다음과 같이 출처를 밝혔다.

卷之三十五 高麗紀 元宗二

위와 같이 출처를 밝히는 방식을 보면 『이칭일본전』은 『해동역사』보다 고증적 성격이 더 강하다고 생각된다. 출처를 최대한 구체적으로 밝히는 것은 사실 인용한 기사가 원전(原典)의 기사와 일치한다는 것을 표명하는 것이다. 그런데 『해동역사』의 출처 표기는 대체로 권수나 편명까지 구체적으로 적지 않고 서목만 밝혔을 뿐이다.[51]

인용출처에 이어 관련 기사를 수록하였는데, 연대나 사건에 따라 배열한 것이 아니라 단순히 대상 문헌 속에 수록된 선후 위치에 따라 배열하였다. 따라서 『이칭일본전』은 전통시대 한자문화권의 전형적인 역사서와 구별되는, 고증적 역사자료집의 성격이 더 강하다고 본다.

기사를 수록한 다음에 겐린 자신의 안설을 수록하였다. 겐린은 『이칭일본전』에서 자신의 안설을 적을 때 모두 '지금 살펴보건대(今按)'라는 표현으로 시작하였다. 그리고 기타 문헌에서 발췌한 기사와 구분하기 위해 안설은 모두 행마다 한 자씩 내려 적었다. 관련 기사를 제시한 정문과 안설 속에 간혹 작은 글자로 협주를 적어놓기도 하였다. 이로써 안설과 인용서목을 제시하는 방식에 있어서 『해동역사』는 마숙의 『역사』보다 『이칭일본전』과 더 많은 유사성을 지니고 있다는 것을 알 수 있다.

그러나 『해동역사』의 체제를 『이칭일본전』과 비교해 보면, 두 책의 체제가 전혀 다르다는 것이 확인된다. 비록 상당한 독창성을 지니고 있다고는 하지만 『해동역사』는 어디까지나 한자문화권의 전형적인 역

---

51) 실제 원전과의 대조작업을 통해 『해동역사』에 실린 기사는 원전의 기록을 그대로 옮겨 수록한 것이 아닌 것이 확인되었다.

사서이다. 『해동역사』는 복합적이면서도 정연한 역사서 체제를 갖추고 있다. 그리고 이러한 체제를 통해 매우 풍부한 내용을 담고 있다는 것을 단번에 알아낼 수 있다. 이에 비해 『이칭일본전』은 역사를 다루고 있지만 어떠한 분야와 관련된 내용들이 있는지 체제만으로 알아보기 힘들다. 그 대신 책을 읽는 사람은 편찬자가 어떠한 중국과 조선 문헌의 어느 부분에서 일본 관련 자료를 수집했는지를 쉽게 확인할 수 있다. 두 책의 편찬 목적이 다르기 때문에 각자 편찬 목적에 부합한 방식을 활용했던 것이다.

『해동역사』는 『이칭일본전』을 상당히 많이 인용하였다.[52] 이런 현상이 일어나게 된 것은 한치윤이 겐린을 대표로 하는 일본의 학문을 섭렵하고 『이칭일본전』을 '모델'로 삼았다기보다는 『이칭일본전』이라는 자료의 성격이 결정적 원인이라고 생각한다. 앞서 언급한 바이지만 겐린이 활동했던 시대에 일본의 학술을 대표하는 학자들은 따로 있었고 또한 그들의 학문적 성향은 겐린과 달랐다. 겐린은 잘 알려진 학자가 아니었다. 심지어 현재까지도 겐린과 그의 저술에 대한 연구는 상당히 소략한 편이다.[53] 그가 남긴 저술과 편찬물의 목록을 통해 겐린

---

52) 『해동역사』에서 『이칭일본전』을 29번 정도 인용한 것으로 조사되었다. 이는 『해동역사』의 인용 서적 가운데서 상당히 인용 빈도가 높은 것으로 확인된 문헌이다. 기타 문헌의 인용 횟수와 『이칭일본전』에 대한 『해동역사』의 구체적인 인용 상황은 각각 〈부록 3〉와 〈부록 4〉를 참조할 수 있다.

53) 앞서 向井謙三(1942), 石原道博(1966), ロナルド・トビ(2003), 김시덕(2017) 외에 松下見林이나 그의 저술에 대한 연구는 또 阿部邦男의 「松下見林の『前王廟陵記』撰述の機縁」, 『皇学館論叢』 32, 皇学館大学人文学会, 1999 (2)와 「松下見林著「前王廟陵記」の成立と後世への影響」, 『皇学館論叢』 28, 皇学館大学人文学会, 1995 (5) 그리고 福井款彦의 「神道学者としての松下見林--その神社研究をめぐって」, 『神道史研究』 35, 1987 (3)등 3편이 있는 것을 확인된다.

은 문헌의 고증, 교주, 재편과 같은 학적 작업에 전념했던 것을 알 수 있다. 따라서 근대의 문헌학적 지향을 그의 학문적 성향 중의 한 가지 특징으로 볼 수 있다. 그러나 겐린의 이와 같은 학문적 지향은 당시의 일본에서 주류 학술이 아니었고 크게 주목을 받지 못하였다.

한치윤이 겐린의 저술을 많이 인용했다는 것은 『이칭일본전』의 내용적 특성 때문이라고 보아야 한다. 다른 일본 서적과 비교하면 이 책에는 조선과 관련된 내용이 상당히 많이 수록되어 있다. 한치윤보다 약간 앞 시대에서 활동했던 이덕무는 『청령국지』(蜻蛉國志) 「예문편」(藝文編)에서 약 200종의 일본서적을 나열하였다. 그가 나열했던 일본서 서목을 보면 당시 조선 지식인들이 어느 정도의 일본 서적을 접했는지 알 수 있다. 이덕무가 적었던 일본서는 '인지도'를 기준으로 두 종류로 분류되는데, 하나는 그가 직접 읽었거나 아니면 들었던 서적 80종이고 다른 하나는 저자 미상의 서적 111종이다.[54] 그러나 『해동역사』에 인용서목으로 나열된 일본서는 23종에 불과하여, 이덕무가 파악하고 있었던 수량과 비교하면 상당히 적은 편이다. 그 원인은 한치윤이 실제 일본서적을 접할 기회가 많지 않을 수도 있지만 또한 조선에 유입된 일본 자료 가운데 조선에 대한 기록을 수록한 책이 그리 많지 않았기 때문이다. 그리하여 한치윤의 「인용서목」에는 일본서적이 많이 오르지 못하였다. 요컨대 『해동역사』에서 일본 문헌 중에서 『이칭일본전』을 상당히 많이 인용했다는 것은 주로 이 책에서 3분의 1의 분량을 할애하여 조선과 관련된 내용을 수록했기 때문이다.

마쓰시타 겐린이 편찬한 이 책은 원록 6년(1693)에 간행되었는데,

54) 리상용, 「靑莊館 李德懋의 目錄論에 대한 고찰」, 『서지학연구』 46, 한국서지학회, 2010, 252~257면 참조.

현재 국립중앙도서관과 서울대 중앙도서관에 이 판본이 소장되어 있고 존경각에도 필사본이 소장되어 있는 것을 보면 조선시대에 어느 정도 유통되었던 것으로 추정된다. 하지만 『해동역사』 이전에는 조선 지식인들의 언급이 거의 없는 것으로 보이고, 그 이후로도 이유원(李裕元, 1814~1888)의 『임하필기』(林下筆記)에서 한 번 언급되었을 뿐이다.[55] 1712년에 간행된 『화한삼재도회』(和漢三才圖會)에 비해 『이칭일본전』은 조선에서 큰 주목을 받지 못하고 자취를 감추었던 듯하다. 다만 한치윤이 다른 일본 문헌에 비해 유독 이 책에 특별한 관심을 가졌던 이유는 전술했던 대로 조선과 관련된 내용이 많이 수록되었다는 점 외에도, '타자(他者)의 시선을 의식'했기 때문이었다.

여기서 말한 '타자의 시선을 의식'하였다는 것은 타국이 자국을 어떻게 기록했는지에 지대한 관심을 가지고 있었다는 의미이다. 그 지대한 관심이 행동으로 옮겨져서 결국 타국 문헌 속의 자국 관련 기록을 수집하는 것을 기초 작업으로 삼아 학술적 가치를 지닌 편찬물이 탄생된 것이다. 이러한 점에서 겐린과 한치윤은 상통한다. 그러나 겐린의 저술 가운데 『이칭일본전』 뿐만 아니라 다른 저술이나 편찬물에서도 이러한 특징이 확인된다. 일례로 『이칭일본전』이 간행되었던 1693년에 겐린은 또 다른 저술도 간행하였는데 바로 『신국동몽선습』(神國童蒙先習)이라는 책이다. 『동몽선습』(童蒙先習)은 조선에서 편찬된, 학동들이 배우는 초급교재인데 겐린은 이 책의 내용을 부분적으로 수정한 다음에 책 끝에 일본의 관련 사적(事蹟)들을 추가 수록하였다. 이렇

55) 『林下筆記』 권37, 「蓬萊秘書」, 「金剛緣起」. 丁若鏞의 『與猶堂全書』, 「大東水經」 1, 「滌水」 1에서도 『異稱日本傳』을 언급한 기록이 한 번으로 확인되는데 '異稱傳'이라고 하였다.

게 해서 '일본의 『동몽선습』'을 탄생시켰다. 그가 이러한 작업을 했던 이유는 일본에도 조선처럼 중국의 유학 기초교재와 구분되는 독자적인 자국 교재가 있어야 한다는 생각에서 출발한 것으로 보인다. 이러한 생각의 기반은 타자를 주시하는 것인데 타자를 주시하는 것은 곧 타자의 시선을 의식하는 것과 직결되는 문제이다. 따라서 겐린의 『신국동몽선습』의 편찬 역시 타자의 시선을 의식하는 사고의 결과물이라고 할 수 있다.

겐린은 이러한 사유를 편찬 작업에 적용시켜 『이칭일본전』을 편찬했던 것이다. 이는 겐린만의 편찬사(編纂史)적 독창성으로 볼 수 있다. 물론 『이칭일본전』 이전에도 『선린국보기』(善鄰國寶記 · 1466)와 같은 저술이 있었으나 겐린의 『이칭일본전』에 이르러서 '타자의 시선을 의식'하는 사고적 특징이 강하게 부각되었다. 『이칭일본전』 간행한 이후 그것의 속편이나 그것을 계승하여 편찬된 유서들이 속출했던 사실에서도 겐린의 편찬 작업이 지닌 독창성의 영향력이 드러난다.

상술한 내용을 통해서 보면 『해동역사』의 기록방식은 『이칭일본전』과 상당한 유사성을 보인다. 이와 같은 편찬 방식은 『해동역사』를 구상하는 데 일정한 영향을 끼쳤을 것이다. 그러나 『해동역사』는 『이칭일본전』보다 정연한 체계를 갖추고 있고, 또 인용 대상으로 삼은 서적의 수량도 훨씬 많다. 외국 문헌 속의 자국의 역사기록을 정리한 책이라는 측면에서 두 책의 영향 관계를 찾을 수 있으며 『해동역사』는 『이칭일본』의 '타자의 시선을 의식'하는 편찬 발상으로부터 자극을 받았을 것이다.

『해동역사』와 중국의 『역사』, 일본의 『이칭일본전』의 연관성에 대한 논의를 마치기 전에 흥미로운 사실 하나를 지적하려고 한다. 『해동역사』가 받은 학술사적 평가에 비하여 그것에 대한 연구가 상당히 소략하다는 것은 본고의 서론에서 밝힌 바이다. 사실 청나라 학술사 또는 사학사에서 마숙의 『역사』가 차지하는 위상에 비하여 중국에서의 전문 연구 역시 많지 않다. 마쓰시타 겐린과 그의 『이칭일본전』에 대한 일본의 연구 상황 역시 마찬가지다. 이러한 일치는 이 세 저술이 분량이 방대할 뿐만 아니라 모두 상당 수량의 문헌을 바탕으로 하여 자료를 수집했기 때문에 접근하기 쉽지 않았기 때문이다. 이러한 문제점을 감안하여 본고는 『해동역사』에서 가장 많은 분량을 차지하는 「예문지」부터 고찰하도록 하겠다.

제3장

『海東繹史』 「藝文志」의 분류와 기술방식

'예문지'는 또한 '사지서목(史志書目)'이라고도 한다. 청나라 학자 예찬(倪燦: 1626~1687)은 『명사』(明史) 「예문지」의 서문(序文)에서 사서(史書) 속의 예문지의 역할에 대해 '고금의 서적을 수록하고 한 시대에 있었던 책을 기재하는' 것이라고 설명한 바 있다.[1)] 사실 서목을 수록하는 예문지 편찬 작업에 있어서 가장 중요한 과제는 '분류'와 '기술방식'이며 '분류'는 또한 어느 정도 '기술방식'을 결정하기도 한다.

특히 예문지와 같은 경우, 수록 문헌의 분류에 있어서 나름의 장법(章法)을 구비하고 일정한 분류 체제를 갖추어야 유효한 문헌학 자료가 될 수 있고 또 학술적 가치를 확보할 수 있다. 이는 편찬자에게 지식과 정보에 박식할 것을 요구할 뿐 아니라 편찬 목적에 따라 풍부한 문헌들을 망라할 수 있는 치밀한 지식 체계를 구성하는 데 고심할 것을 요구한다. 물론 예문지의 편찬은 자료의 수집, 교감, 감별 등 기본 작업이 선행되어야 하고 이러한 작업들의 중요성도 무시할 수 없다. 그러나 분류체계의 구비가 예문지의 성패에 관건적인 영향을 미치는 편찬 요소인 것은 분명하다.

1. 독특한 분류체계

남송(南宋)의 정초(鄭樵: 1104~1162)는 「책을 편찬할 때 반드시 유례에 엄격해야 함을 논하다」(編書必謹類例論)에서 분류의 중요성에 대해 다음과 같이 논한 바 있다.

---

1) 倪燦, 『宋史藝文志補』 「明史藝文志序」에 "前代史志, 皆錄古今之書, 以其爲中秘所藏, 著一代之所有"라고 하였다.

학문이 전문적이지 못한 것은 책을 분명하게 편찬하지 못한 까닭이고, 책이 분명하게 편찬되지 못한 것은 유례(類例)가 구분되지 않은 까닭이다. 전문적인 서적이 있어야 곧 그에 해당하는 전문적인 학문이 존재한다. 전문적인 학문이 있어야 곧 그것을 대대로 지킬 능력이 생긴다. 사람이 그 학문을 지키고, 학문은 그 책을 지키며, 책은 그 유례를 지켜야 한다. 사람은 사라져도 학문은 멈추지 않으며 세상에 변고가 있더라도 서적은 없어지지 않는다. 오늘날의 책으로 옛 책에 비기면 백 권 중에 한 권도 남아 있지 않는데 이것은 무엇 때문인가? 사졸 가운데 죽은 사람이 있는 것은 부오(部伍)의 법이 분명하지 않은 까닭이고 서적 가운데 전하지 못하는 것이 있는 것은 유례의 법이 분명하게 구분되지 않은 까닭이다. 유례가 제대로 구분되면 백가(百家)와 구류(九流)가 각각 조리가 있게 나누어지고 사람이나 왕조가 망해도 서적은 없어지지 않는다. (…) 유례가 제대로 구분되면 학문도 자연히 밝혀지는데 이는 그것이 선후와 본말을 모두 갖추었기 때문이다.

學之不專者, 爲書之不明也. 書之不明者, 爲類例之不分也. 有專門之書, 則有專門之學. 有專門之學, 則有世守之能. 人守其學, 學守其書, 書守其類. 人有存沒而學不息, 世有變故而書不亡. 以今之書校古之書, 百無一存, 其故何哉? 士卒之亡者, 由部伍之法不明也. 書籍之亡者, 由類例之法不分也. 類例分, 則百家九流, 各有條理, 雖亡而不能亡也. … 類例既分, 學術自明, 以其先後本末具在.[2]

목록학 분야에서 이 글은 문헌 분류의 중요성을 밝히는 전형적인 논설로 자주 언급되었다. 이 글에서 말하는 '유례(類例)'에 대해 중국의 목록학자 여가석(余嘉錫: 1884~1955)은, 남북조의 진송(晉宋) 때부터 당시까지의 관찬목록(官撰目錄)은 사부법(四部法)에 따라 분류해 왔으며 "무릇 약(略)마다 몇 개 종(種)으로 나누고 종마다 몇 개 유(類)

2) 『通志』 권71, 「校讎略」 (淸文淵閣四庫全書本).

로 나누며 유마다 몇 개 자목(子目)으로 나누는 것이 이른바 '유례'라는 것이다."[3]라고 설명하였다. '약', '종', '유', '자목'은 계층적인 관계를 가진 분류 층위를 말한 것이다. 각 분류 층위에서 합리적인 항목 설정을 통해 어느 정도 문헌의 수량을 각 부류에 균형 있게 수록할 수 있게 하고 또한 분류 층위 간에 유기적인 관계를 맺게 하며 일정한 분류 체계를 구성한다. 여기서 여가석이 설명한 유례는 곧 관찬 목록서의 분류 체계를 가리킨다. 그러나 정초가 지적한 것처럼 관찬 목록서뿐만 아니라 목록서 성격을 지닌 모든 문헌 서적의 유례, 즉 분류체계의 중요성 역시 간과할 수 없다.[4]

한편 정초의 위 글을 수록한 『통지』(通志)는 조선 시대에 널리 읽혔던 서적인데, 특히 조선후기 학자 이규경(李圭景: 1788~1856)은 정초가 이처럼 강조했던 분류의 중요성에 대해서 객관적으로 인식하고 성찰하는 태도를 보여주었다.

> 정어중(鄭漁仲)이 「경적략」(經籍略)을 짓고 나서 별도로 「교수략」(校讎略) 한 권을 지었는데 선인들이 미처 생각하지 못했던 것을 이야기하였다. 그러나 가끔 실수를 범한 데가 있어서 사람으로 하여금 절도(絶倒)하게 하는 곳도 있다. 예를 들어 단성식(段成式)의 『유양잡조』(酉陽雜俎)에 『옥격』(玉格) 한 권이 수록되었는데 내용은 귀신과 상서(祥瑞), 이변(異變)에 관한 것이다. 그러나 정어중은 그것을 보록(譜錄) 종류의 목록에 넣었는데 그것을 옥을 품평하는 책으로 알았기 때문이

---

3) "凡每略分若干種, 每種分若干類, 每類又分若干子目, 則所謂類例也." 余嘉錫, 『目錄學發微』, 北京: 中國人民大學出版社, 2004, 136면.

4) 余嘉錫도 정초가 밝힌 분류체계의 중요성을 인정하는 태도를 보였다. 그는 문헌 속 서적 분류에서 더 나아가 도서관의 藏書 분류 영역까지 언급하며 분류 체계의 학술적 의의를 강조하였다. (여가석(2004), 앞의 책, 136~138면)

다. 원찬(元撰)의 『수훤록』(樹萱錄)이라는 책 한 권은 '초목류'에 넣었는데 나무를 심는 책이라 생각했던 모양이다. 옛적의 문장에 박식했던 사람들도 이 같은 실수를 했으니 어찌 조심하지 않아서야 되겠는가?

> 鄭漁仲「經籍略」後, 別著「校讎略」一卷, 迺先人未發之旨. 然往往有自蹈其失, 而令人絶倒者. 如段成式『酉陽雜俎』, 有『玉格』一卷, 所記鬼神祥異. 而類之譜錄中, 盖以爲品玉之書. 元撰『樹萱錄』一卷, 入艸木類, 盖以爲種樹之書. 古之文章博識, 亦有此患, 可不念哉?[5]

어중(漁仲)은 정초의 자(字)다. 이규경은 앞서 인용했던 「책을 편찬할 때 반드시 유례에 엄격해야 함을 논하다」에 대해 논하면서 정초의 「교수략」 창안을 긍정적으로 평가하였는데[6] 특히 분류에 관한 논설을 유심히 살폈던 것으로 보인다. 그리하여 그는 정초가 『통지』에서 범했던 오류에 대해 두 개의 사례를 들어 지적하였다. 그는 선학들이 박식했는데도 불구하고 분류 상 실수를 했으니 자신이 역시 조심해야 한다는 다짐을 밝혔다. 이규경의 대표적 저술인 『오주연문장전산고』(五洲衍文長箋散稿)는 60권으로 구성된 거질인데도 불구하고 치밀한 분류체계를 갖추고 있는 백과전서이다.[7] 상기 인용문과 『오주연문장전산고』의 실제 분류 상황을 통해 한치윤보다 약간 후대에 활동했던 이규경이 지식과 정보를 어떻게 분류할지에 대해 고민한 것과 그 결과물을 살펴볼 수 있다. 이처럼 분류체계의 중요성을 인식하고 또 그것을 탐

---

5) 『五洲衍文長箋散稿』, 「經史篇」 4, 「경사잡류」 2, 「典籍雜說」, 「古今書籍名目辨證說」(고전간행회본 권47, 124면)

6) 여가석은 "言類例之要者, 自樵始"(앞의 책, 136면)라고 하여 정초가 유례의 중요성을 밝힌 첫 번째 사람이라고 지적한 바 있다.

7) 『五洲衍文長箋散稿』의 분류 체제에 대해서는 김채식, 「李圭景의 『五洲衍文長箋散稿』 연구」, 성균관대학교 박사학위논문, 2008, 16~19면을 참고할 수 있다.

구하는 자세는 이규경뿐만 아니라 조선후기 문헌 자료를 박람했던 다수 지식인들도 분명히 지니고 있었던 것으로 생각된다. 이러한 맥락에서 한치윤이 『해동역사』를 편찬하면서 분류체계를 구상한 것도 그러한 고심한 결과라고 설명할 수 있다.

『해동역사』「예문지」는 전통적인 예문지 저술과 뚜렷하게 구분되는 특징이 두 가지가 있다. 하나는 안설(按說)을 제외한 모든 내용을 외국 문헌에서 인용한 것이라는 점이고 다른 하나는 독특한 예문지 '분류체계'를 갖추었다는 것이다.

예문지 편찬의 주요 목적은 문헌을 수록하는 것인데, 방대한 문헌 자료를 최대한, 그리고 효율적으로 수록하기 위해서는 '분류'가 필수적인 기초 작업이다. 일정한 분류 체제를 마련한 다음, 문헌들을 기준에 따라 분류하고 해당 분류 영역에 기록하여 최종적으로 한 부(部)의 예문지를 이루게 된다. 예문지는 바로 이런 특성 때문에 목록학의 주 연구대상 중의 하나로 자리를 잡았다.

총 85권인 『해동역사』 중에서 「예문지」는 제42권부터 제59권까지 모두 18권으로, 상당히 큰 비중을 차지한다. 그리고 편찬자 한치윤은 수많은 자료를 일정한 편찬 목적에 따라 나름의 분류체계를 가지고 분류해놓았다. 『해동역사』「예문지」의 내용적 특징을 파악하기 위해서는 우선 그 분류체계부터 살펴볼 필요가 있다. 분류체계를 살피는 과정에서 해당 조목에 수록된 내용을 함께 들여다보면서 그것에 대한 이해도 한층 심화시킬 수 있다. 그리고 『해동역사』「예문지」의 분류체계를 다른 예문지의 분류체계와 비교해보면 전자의 특징이 더욱 선명하게 드러낼 것이다.

『해동역사』「예문지」의 분류 층위는 부류(部類), 유목(類目), 자목(子目) 3단계 구조로 설정되어 있다. 이러한 3단계 분류 구조를 적용하여 해당 권차(卷次)별 자체 분류체제를 도식화하면 다음 〈표 3-1〉과 같다.

〈표 3-1〉『海東繹史』「藝文志」의 분류체제

『海東繹史』「藝文志」의 要目				
해당 卷數	「예문지」의 차례	部類	類目	子目
권42	藝文志 1	經籍 1	總論	
			本國書目 1	經
권43	藝文志 2	經籍 2	本國書目 2	史, 子, 集
권44	藝文志 3	經籍 3	中國書目 1	經, 史, 子, 集
권45	藝文志 4	經籍 4	中國書目 2	東國記事
권46	藝文志 5	書法, 碑刻, 畫		
권47	藝文志 6	本國詩 1	箕子朝鮮, 高句麗, 新羅, 高麗	
권48	藝文志 7	本國詩 2	本朝 (上)	
권49	藝文志 8	本國詩 3	本朝 (下)	
권50	藝文志 9	中國詩 1	贈和本國人, 送使本國	
권51	藝文志 10	中國詩 2	紀事, 題詠, 詠物	
권52	藝文志 11	本國文 1	事大表疏, 與隣國書	
권53	藝文志 12	本國文 2	牒, 狀, 呈文, 書, 記, 序, 銘	
권54	藝文志 13	中國文 1	詔, 制, 勅	
권55	藝文志 14	中國文 2	附 唐征高麗詔	
권56	藝文志 15	中國文 3	表, 疏, 狀, 議, 奏	
권57	藝文志 16	中國文 4	啓, 論, 頌, 序, 記, 銘	
권58	藝文志 17	中國文 5	奉使錄	
권59	藝文志 18	雜綴		

표에서 알 수 있듯이, 1차적으로 '경적(經籍)', '서법(書法)', '비각(碑刻)', '그림[畵]', '본국시(本國詩)', '중국시(中國詩)', '본국문(本國文)', '중국문(中國文)', '잡철(雜綴)' 등 총 9개 부류를 배열하고, 이 9개 부류 아래에 또 총 38개의 유목을 설정하였다. 또 유목 가운데는 자목을

둔 것도 있지만 자목까지 세분하지 않은 것도 있어서, '본국서목'과 '중국서목'에는 각각 4개와 5개 자목을 설정하였지만 '서법', '비각', '그림', '잡철' 등 네 부류에는 하위 분류를 두지 않았다. 따라서 3단계 분류에는 총 9개 자목만이 배치되어 있다.

그러나 내용 측면에서 다시 살펴보면 『해동역사』「예문지」의 1차적인 분류 체계에 속한 9개 부류는 다시 '서목(書目)', '서화(書畵)', '한시(漢詩)', '외교문서', '잡철'과 같은 다섯 종류로 정리할 수 있다. 즉 '경적' 부류는 서목을 기록한 부분이고 '서법', '비각', '그림' 세 부류는 서화 관련 내용을 수록한 부분이며, '본국시'와 '중국시' 두 부류는 한시를 수록한 부분이고 '본국문'과 '중국문' 두 부류는 주로 외교문서를 수집한 부분이다. 그리고 '잡철'은 앞의 부류에 수록한 내용과 다소 거리가 있는 기사를 모은 부분이다.

각 부분의 내용을 살펴보면 서목, 한시, 외교문서의 세 부분이 압도적인 분량을 차지하고 있는 데 비해, 서화와 잡철 두 부분의 분량은 미미한 것으로 나타난다. 이에 논의상 편의를 위해 본고는 서화 관련 부류는 서목 부분과 함께 묶고, 또 '잡철' 부류는 일시적으로 외교문서 부분에 묶어서 논의하고자 한다. 즉 본고에서는 『해동역사』「예문지」의 내용을 크게 ①서목과 서화, ②한시, ③외교문서와 잡철 세 가지 범주로 구분하여 고찰하고자 한다. 사실 편찬 형식 측면에서도 이와 같은 세 종류로 『해동역사』「예문지」의 분류 체계를 재정립하는 것 역시 가능하다. 이와 같은 재정립된 분류에 따라 그 수록 내용을 개관하면 다음과 같다.

① 書目과 書畫 부분

『해동역사』「예문지」는 한 편의 '총론(總論)'으로 시작되는데 이 총론은 '경적' 부류의 기사에 대해 개괄하는 역할을 하고 있다. 기자조선의 성립에 따라 중국의 예악(禮樂)과 시서(詩書)를 비롯한 문화도 조선 땅에 유입되었다는 내용부터 서술하였고, 고구려, 백제의 풍속이 책을 좋아하여 일찍부터 중국의 서적을 보유하고 있었다는 내용 등이 이어져 있다. 특히 백제는 일찍부터 중국에서 『예기』(禮記)를 강의하는 학자를 초청해왔다는 내용도 있다. 그 다음은 고려 시대 서적문화와 관련된 내용을 담은 기사이다. 고려에 서적이 많았는데 중국에 없는 희귀본도 보유하고 있어 송나라 황제의 주목을 받았던 이야기, 또한 경서를 간인(刊印)하여 관청에서 보급한 사실과 중국으로부터 책을 하사받은 사실 등이 기록되어 있다. 이어서 조선 시대 서적문화와 관련된 내용을 수록하였다. 국가적 차원의 서적 교류를 기록한 기사와 민간의 서적 교류를 기록한 기사를 함께 실었는데 서적교류에 대한 조선의 열정과 조선 서책문화의 우수성을 강조하는 성격이 뚜렷하다. 이 총론은 사실상 서적 교류사에 대한 간략한 서문(序文)의 역할을 하고 있으니 전통적인 예문지의 '소서(小序)'에 해당하는 설정이다.

'본국서목' 유목은 사부분류법(四部分類法)에 따라 경사자집(經史子集) 4개의 자목으로 나누어 관련 서적을 수록하였다. 본국의 경류(經類) 서목에는 '조선본(朝鮮本) 『상서』(尙書)'를 비롯한 6개 서목을 수록하고 관련 기사를 모아 기재하였다.[8] 그중 조선본 『상서』의 진위 문제를 따지는 내용과, 『상서』 중의 「홍범」(洪範)에 대해 조선본의 기록이 다르다는 내용에 가장 많은 지면을 할애하였다. 나머지 경학 저술들의 기사는 대개 찬술 배경, 중국의 문헌과 상이(相異)한 기록, 저

8) 각 부분에 수록한 구체적인 서목에 대해 다음 절에서 자세히 살펴볼 예정이어서 이 자리에서 해당 서목들을 나열하지 않기로 하겠다.

술자의 약력 등으로 구성하였다. 경류의 부속으로 '소학류(小學類)'를 '부록[附]'으로 별도로 설정하고 관련 기사를 발췌하여 기재하였는데, 특히 주목되는 것은 '『훈민정음』(訓民正音)'을 수록하였다는 점이다. 중국 문헌에 기록된 조선의 경학 서적을 수록한 것이 이 부분의 특징인데 마지막에 『훈민정음』을 소학의 대표 저서로 내세운 것은 조선 학문의 주체성을 부각시키려는 목적으로 이해된다.

본국의 사류(史類) 서목에 대해 주로 저술자의 성명과 관직, 저서의 주요 내용과 체제를 비롯한 서지적(書誌的) 정보, 저서의 찬술 배경 혹은 간행 시기, 중국 혹은 일본에 유입된 사실(史實), 해당 저서에 대한 평가 등을 수록하였다. 본국의 자류(子類) 서목에는 정체가 불분명한 고려 시대의 『박학기』(博學記)[9]가 있는가 하면 기행연작시를 수록한 김시습(金時習)의 저서, 성요법(星曜法)이나 점성술(占星術)과 같은 방술(方術)에 관한 책, 의서(醫書), 부첨서(付籤書)로 추정되는 고구려의 '비기(秘記)' 등 다양한 문헌이 들어 있다. 본국의 집류(集類)에 수록된 개인의 문학적 저술들의 공통점은 바로 외국에 알려진 저술들이라는 것이다. 외국 문헌에서 조선의 개인문집에 대해 어떻게 기록하였는지, 나아가 조선 문학을 어떻게 알고 있었는지를 효율적으로 알아볼 수 있는 좋은 대목이다.

'경적' 부류의 세 번째 유목인 '중국서목'은 역대로 조선에 유입된 중국 서적들을 수록하고 관련 기사를 모은 것이다. 여기에 수록된 서

---

9) 『해동역사』「예문지」 권43에서 『박학기』라는 서명으로 수록한 이 책에 대해 『淸異錄』의 기록을 인용하여 제요로 삼았다. 『청이록』의 해당 기록은 『박학기』의 天部 가운데 7가지 고려 말[語]를 抄錄한 것이다. 한편 安鼎福의 『東史綱目』(第6 上, 「戊午」)에서도 이 책에 대해 언급한 바 있는데 "『박학기』라는 것은 지금 어떤 책인지 모르겠다(而所謂『博學記』, 今不知何書也)."라고 하였다.

목들에 대해서는 전통적인 분류 방식인 사부분류법을 고수하지 않고 서적을 '경, 사, 자, 집, 동국기사' 다섯 종류로 분류하였다. 이처럼 '동국기사' 자목을 특별히 설정한 방식은 『해동역사』「예문지」의 창안으로 볼 수 있다.

'중국서목'의 '경류' 자목에 수록된 기사들은 주로 해당 서적이 조선에 유입된 사실(史實)과 관련된 것이다. 이 가운데 조선이 중국이나 일본에 책을 전했다는 기록이 가장 많은 것으로 확인된다. 그 외에 조선이 중국에 책을 요청한 내용도 있고 서적 수록과 기타 유통 상황[10)]을 기록한 기사도 있고, 중국으로부터 책을 하사받았던 기록도 확인된다.

'사류' 자목의 관련 기사들을 살펴보면 조선 사신들이 구매, 하사, 초서(抄書) 등의 방식을 통해 역사책을 구해 가겠다고 중국 조정에 요청했다는 기록들이 가장 많다. 그 다음으로 많은 것은 중국 조정에서 조선에 책을 하사했다는 기록들이다. 그리고 조선에서 책을 중국이나 일본에 바쳤다는 기록도 있으며 서적 수록 상황과 기타 유통 상황을 기록한 내용도 확인된다.

'자류' 자목에는 다양한 분야의 서적들을 수록하였다. 위서(僞書)라는 판정을 받은 『안자』(顔子)로부터 시작하여 유학(儒學) 내지 성리학 저술뿐만 아니라 도교와 불교의 여러 저술들도 있는데 불경(佛經)이 상당한 비중을 차지하고 있다. 그 외에도 일화집(逸話集), 역법서(曆法書), 병서(兵書), 방술서(方術書), 의서(醫書) 등도 포함되어 있다.

'집류' 자목에는 개인문집의 서목과 편목(篇目)을 수록하였다. 이

---

10) 여기서 말하는 '기타 유통 상황'이란 것은 국가 차원의 서적 하사와 증여 그리고 국가에서 관여한 구매 이 세 가지 상황을 제외한 유통 상황을 가리킨다.

부분에 모은 기사들은 전반적으로 서책 유통 상황을 기록하고 있다. 이 유통 상황에 대한 기록들을 구체적으로 말하자면 중국에 책을 요청하였다는 기사, 중국의 책을 소장하고 있다는 기사, 본국에서 중국의 책을 간행했다는 기사, 중국의 책이나 문장을 어떻게 수용하였는가 하는 내용의 기사들이다.

'중국서목' 중의 경, 사, 자, 집의 네 유목을 통해 조선에 전해진 중국 서적을 어느 정도 파악할 수 있다. 그러나 여기에 수록된 서목들은 모두 중국 문헌에 기록된 것으로 조선에 전해진 전체 중국 서적 중에서 극히 일부분에 불과하다. 하지만 『해동역사』 「예문지」의 '중국서목'의 가치는 수량 측면보다 조선에 전해진 중국책에 대한 중국 측의 기록과 인식을 보여주는 데 있다. '중국서목'의 이 네 가지 자목은 어떤 중국 서적들이 조선에 유입되었는지, 이 사실에 대해 중국 문헌에서 또 어떻게 기록하고 있는지를 다루고 있다. 이를 통해 중국 지식에 대한 한반도의 수용 상황의 일면을 밝힐 수 있으며 특히 해당 지식의 수용 상황에 대한 중국의 인식도 살필 수 있다. 이 부분을 통해 다양한 분야에서 조선에 대한 중국의 인식을 알아볼 수 있다면 '중국서목'의 마지막 자목인 '동국기사'를 통해 집중적으로 중국의 대조선 인식을 살펴볼 수 있는 자료들을 모았다고 할 수 있다.

'동국기사' 자목에 수록된 서목들은 모두 고구려, 신라, 고려, 조선 등 역대 한반도의 국가들에 대한 전문 서적이라고 할 수 있다. 기사는 대체로 저자 소개, 책의 서지 사항, 편찬 배경, 주요 내용 등으로 구성하였다. 그러나 이 기사들은 내용 측면에서 상략(詳略)의 차이가 분명하다. 대부분의 서목에 관한 기사들은 단지 한두 구절에 불과하나, 장료(章僚, ?～?)의 『해외사정광기』(海外使程廣記), 왕운(王雲, ?～1126)의 『계림지』(鷄林志), 서긍(徐兢, 1091～1153)의 『선화봉사고려도경』

(宣和奉使高麗圖經), 예겸(倪謙, 1415~1479)의 『조선기사』(朝鮮紀事), 장영(張寧, 1426~1496)의 『봉사록』(奉使錄), 동월(董越, 1430~1502)의 『조선부』(朝鮮賦), 등소경(鄧少卿, ?~?)의 『봉사시초』(奉使詩艸) 등 몇몇 서목에 대해서는 비교적 긴 편폭을 할애하여 관련 정보를 상세하게 기록하였다. 이처럼 '동국기사' 자목은 한반도에 대한 중국의 전문 저술들을 모았다는 데 큰 의의를 지니고 있다.

본고에서 '서화'로 총칭한 '서법', '비각', '그림' 세 부류의 내용은 '경적' 부류에 비해 상당히 소략하다. '서법' 부류는 『조선삼자』(朝鮮三咨), 왕희지(王羲之, 303~361)의 십칠첩을 모각한 글(摸刻王右軍十七帖), 소자운(蕭子雲, 487~549)의 글씨, 구양순(歐陽詢, 557~641)의 글씨, 이옹(李邕, 678~747)의 『행서첩』(行書帖), 서관(徐觀, 1430~?)의 글씨, 형동(邢侗, 1551~1612)의 글씨, 주지번(朱之蕃)의 글씨에 관한 기사를 뽑은 것인데 모두 조선과 관련이 있는 내용을 인용하였다. 이 가운데 『조선삼자』와 왕희지 십칠첩의 고려 각본은 조선에서 만들어진 서예작품으로 간주할 수 있지만 나머지는 모두 조선인이 중국 서예품을 구매하여 소장한 기록이다. 그리고 '부록(附錄)'으로 기사 두 개를 추가 수록하였는데, 조선에서 창작되거나 소장한 것이 아니라 단지 조선의 역사와 관련이 있는 것이다.

'비각' 부류는 관구검(毌丘儉)의 '불내성기공명(不耐城紀功銘)', 당 태종(唐太宗)의 '주필산기공비(駐蹕山紀功銘)', 소정방(蘇定方)의 '평백제탑비명(平百濟塔碑銘)' 세 가지 내용을 중심으로, 대체로 비석이 세우게 된 배경을 설명하는 기사들이다. 그리고 안설을 통해 편찬자가 중국 문헌에서 확인되지 못했던, 비교적 편폭이 긴 '평백제탑비명'의 원문을 실었다.[11] 상기 비석들에 대한 기사는 각비(刻碑) 배경이나 탁본(拓本)의 상황에 대한 설명이 주 내용을 이루고 있다. 이어서 '부록'

으로 관련 기사 다섯 조(條)를 추가 수록하였다.

'그림' 부류에는 고려 시대 명종(明宗, 1131~1202)의 소상팔경도(瀟湘八景圖), 이영(李寧, ?~?)의 예성강도(禮成江圖), 산수도(山水圖), 본국팔노도(本國八老圖), 행도천왕도(行道天王圖), 상국사모화첩(相國寺模畫帖), 관음상도(觀音像圖), 그리고 한간(韓幹)의 화마첩(畫馬帖), 주방(周昉)의 화권(畫卷), 추성흔락도(秋成欣樂圖) 등과 관련된 정보들이다. 여기에 수록된 기사들은 '창작'과 '소장'으로 구분할 수 있다. 그리고 '부록'에는 왕유(王維)가 그린 돌이 고려에 날아갔다는 일화, 중국 화가가 그린 '고려투압도(高麗鬪鴨圖)', '고려자백마도(高麗赭白馬圖)'를 비롯하여 고려의 국왕이나 물품을 그린 그림에 관한 기사 등을 수록하였다.

② 漢詩 부분

한시를 수록한 부분은 중국과 일본 문헌에 수록된 본국의 시를 모은 '본국시'와 조선 사람에게 쓴 시와 조선과 관련된 외국의 시를 수록한 '중국시' 두 부류로 분류되어 있다. '본국시' 부류에는 기자조선(箕子朝鮮), 고구려(高句麗), 신라(新羅), 고려(高麗), 본조(本朝) 다섯 개 유목을 설정하였는데 총 138인의 300제(題) 342수(首)의 한시를 수록하였다.

기자조선의 한시로는 기자(箕子)의 「맥수가」(麥秀歌)와 여옥(麗玉)

---

11) '平百濟塔碑銘'은 '大唐平百濟國碑銘'으로도 불린다. 이 비명에 대한 대표적인 연구는 중국 陝西師範大學 拜根興의 「大唐平百濟國碑銘關聯問題新探」(『陝西師範大學學報(社會科學版)』, 2016, 第4期, 13~21면)과 한국 金榮官의 「大唐平百濟國碑銘에 대한 고찰」(호서사학회, 『역사와 담론』, 2013 (4), 1~33면) 등을 들 수 있다.

의 「공후인」(箜篌引) 두 작품을 수록하였고 고구려의 작품으로는 「인삼찬」(人蔘讚), 정법사(定法師)의 「외로운 돌을 읊다」(詠孤石), 을지문덕(乙支文德)의 「우중문에게 남긴 시」(遺于仲文詩) 세 작품을 수록하였다. 신라의 한시로는 신라왕의 「태평송」(太平頌), 왕거인(王巨人)의 「울분을 읊은 시」(憤怨詩)를 비롯하여 총 일곱 작품을 수록하였다. 그리고 이어서 고려 시대의 한시를 수록하였는데 문종(文宗)의 「꿈에 변경에 이르고 짓다」(夢至汴京作)부터 시작하여 한수(韓脩)의 「여흥의 청심루에 제하다」(驪興淸心樓)까지 22명의 39제 40수를 수록하였다.

'본국시' 부류에 수록된 한시 가운데 가장 큰 비중을 차지하는 것은 조선 시대의 한시다. 정도전(鄭道傳)의 「중구」(重九)부터 어느 조선 기생의 「화장을 씻은 물을 읊다」(詠洗粧水)까지 105명 시인의 250제 291수의 한시와 저자 불명, 시제 미상의 시구(詩句) 3조(條)가 수록되어 있다. 또한 서로 다른 시인 아래에 같은 작품을 중복 수록한 시도 한 편이 있고 제목이 없는 시도 한 편이 있다. '본국시' 부류에 수록된 구체적인 시인과 작품명 및 인용출처는 '〈부록 1〉『해동역사』「예문지」 분국시 부류에 수록된 한시 작품'으로 제시하였다.

'중국시' 부류는 '본국시'가 시대를 기준으로 삼은 것과 달리 주제별로 분류하여 한시를 수록하였다. 부류 아래에 역시 다섯 가지 유목을 설정하였는데 바로 '본국인에게 증여한 시와 화답한 시(贈和本國人)', '본국에 사신으로 나온 사람을 전송한 시(送使本國)', '기사(紀事)', '제영(題詠)', '영물(詠物)', '부록으로 수록한 일본시: 본국인에게 증여한 시와 화답한 시(附 日本詩: 贈和本國人)'이다.

'본국인에게 증여한 시와 화답한 시' 유목에는 33인의 63제 67수의 한시를 수록하였다. 여기에 수록된 시인 가운데 23명은 당대(唐代) 시인이다. 이어서 송원(宋元) 시대 5명의 시를 수록하였고 나머지는 명대 시인의 작품들이다. 시를 증여한 대상은 신라의 관원, 승려, 빈공진사(賓貢進士), 발해의 왕자와 빈공진사, 고려의 승려, 관리, 관기(官妓), 조선의 접반사(接伴使)와 연행사 등 다양하다.

'본국에 사신으로 나온 사람을 전송한 시' 유목에는 28인의 30제 44수 한시를 수록하였다. 사신의 신분으로 신라, 고려, 조선으로 온 사람에게 준 시들인데 14명 당나라 사람이 신라로 사신 간 사람에게 쓴 시가 가장 많은 비중을 차지하고 있다. 그리고 부록으로 5사람의 다섯 작품을 수록하였는데 그 가운데 하나가 모문룡(毛文龍, 1576~1629)에게 준 시이고 나머지 네 수는 모두 손치미(孫致彌, ?~?)[12]에게 준 시들이다.

사실 '본국인에게 증여한 시와 화답한 시'와 '본국에 사신으로 나온 사람을 전송한 시'에 수록된 작품들은 제재(題材) 측면에서 볼 때 모두 '증별시(贈別詩)'에 속한다. 그러나 증여대상의 국적을 기준으로 다시 이와 같은 중국의 한시를 '조선 사람에게 준 시'와 '조선에 온 중국 사람에게 준 시'로 분류하였다. 이것은 타국의 자료를 가지고 자국의 역사를 서술하는 작업의 특수성으로 인해 생긴 결과이다. 한편 '증별시'를 먼저 배치한 것도 주목할 필요가 있다. '증별시'에서 가장 기본적인 정보는 바로 누가 누구에게 어떤 상황에서 시를 지어 주었냐는 것이다. 시를 지은 사람은 중국인이고 시의 증여대상은 조선인이나 조선에 온 중국인이기 때문에 해당 한시의 문학적 의미는 먼저 양국의 문학 교류사 측면에서 찾게 된다. 이런 분류와 설정은 편찬자의 자국

---

12) 孫致彌의 자는 愷似이다. 청나라 강희17년(1678) 副使로 조선에 다녀갔는데 나중에 『朝鮮採風錄』을 편찬하였다. 여기에 수록한 한시 네 수는 모두 그의 조선 사행을 배경으로 하고 있다.

사 편찬의식과 문화교류사를 중요시하는 편찬 경향을 보여주고 있다.

다음은 '기사' 유목인데 15인의 18제 27수의 한시를 수록하였다. 시대순으로 수록된 이 한시들은 수양제(隋煬帝, 569~618)의 「요동의 기사」(紀遼東)부터 우동(尤侗, 1618~1704)의 「조선죽지사」(朝鮮竹枝詞)까지이다. 이들 한시는 주로 역사 사실을 기술하는 한시로 인식되어 '기사' 유목에 편입된 것인데 작시의 배경과 내용이 매우 다양하다. 전사(戰事)를 읊은 시에는 수양제가 고구려를 정벌했던 일과 임진왜란과 관련된 시들이 있다. 외교와 관련된 사실을 읊은 시에는 고려사신을 접대와 관련된 시, 고려국왕과의 수창시, 조선국왕을 애도한 만사(挽詞), 조선세자에게 준 시 등이 있으며 또한 조공(朝貢)을 노래한 시도 있다. 그리고 문화예술과 관련하여 고구려의 악부와 조선의 무동(舞童)을 노래한 시, 고려의 그림 소장품과 관련된 시, 역사·문학·풍속을 다양하게 노래한 죽지사(竹枝詞) 등이 있다.

'제영' 유목에는 10인의 42제 54수를 수록하였다. 여기에 수록된 시들은 대부분 시인이 사신의 신분으로 사행 도중 머물던 숙소에서 지은 시 혹은 조선의 경승지를 유람하면서 읊은 시들이다. 시를 지은 장소를 기준으로 뽑은 한시 작품들이어서 당태종이 요동성(遼東城)을 점령한 후 지은 「요동성에서 달을 바라보다」(遼城望月)와 오조건(吳兆騫: 1631~1684)이 고녕탑(古寧塔)으로 유배되었을 적에 옛 고구려 군영이 주둔했던 곳에서 지은 「고려영」(高麗營)도 수록되었다. 이 두 시 외에는 모두 사행시(使行詩)이자 제영시(題詠詩)이다. 이들 시에서 배경이 된 사행의 숙소로는 평주관(平州館), 금교역(金郊驛), 중화관(中和館), 태평관(太平館), 대동관(大同館) 등이 있고, 경승지로는 대동강, 광원루(廣遠樓), 봉산루(鳳山樓), 용천(龍泉), 임진(臨津), 한강루(漢江樓), 압구정(狎鷗亭), 부벽루(浮碧樓), 만경루(萬景樓), 총수산(蔥秀山),

옥류천(玉溜泉), 태허루(太虛樓), 풍월루(風月樓), 연광정(練光亭), 쾌재정(快哉亭), 망월정(望月亭), 제산정(齊山亭), 그리고 기자(箕子)와 관련된 유적 등이 있다. 이 가운데 특히 사행으로 조선에 온 명나라 관원 장녕(張寧: 1426~1496)의 시가 13제 23수, 허국(許國: 1527~1596)의 시가 17제 18수로 가장 많은 비중을 차지하고 있었다.

'영물' 유목에는 15인의 18제 22수 한시를 수록하였다. 여기에 수록된 시들은 조선 특유의 물산을 대상으로 읊은 시들이다. 신라에서 진공한 매와 고려의 해동청(海東靑), 오명마(五明馬), 석등(石燈), 부채, 종이, 그림, 붓, 먹, 그리고 조선의 인삼, 모란꽃을 노래한 것들이다. 이런 시들을 수록한 다음, 제목 없이 저자와 출처만 밝힌 시구 13구를 수록했다. 이 시구들의 공통점은 '현토(玄菟)'라는 시어가 들어가 있다는 점이므로 이를 핵심어로 삼아 추려낸 것으로 보인다. 시구 속에 '현토'가 들어간 것은 11구에 이르고 나머지 두 구는 각각 '낙랑(樂浪)'과 '계림'이라는 시어가 있어서 수록한 것으로 보인다. 이를 통해 옛 고구려 영지(領地)이었던 현토군에 대한 편찬자의 특별한 인식을 엿볼 수 있다.[13)]

'중국시'를 수록한 마지막 부분에 '부록으로 수록한 일본시: 본국인에게 증여한 시와 화답한 시(附 日本詩: 贈和本國人)'를 설정하고 3인의 6제 7수 한시를 배열하였다. '중국시' 부류에 수록된 시의 작가와 작품들에 대한 구체적인 정보는 '〈부록 1-2〉: 『해동역사』 「예문지」 중국시 부류에 수록된 한시 작품'에 정리하였다.

---

13) 玄菟郡에 대한 고대 조선인의 인식은 임찬경의 「고려 시대 한사군 인식에 대한 검토-『삼국사기』의 현토와 낙랑 인식을 중심으로」(『국학연구』 20, 한국국학진흥원, 2016)를 참고할 수 있다.

이상에서 한시 부분의 분류 상황을 살펴보고 그 내용을 개관하였다. 여기에 수록된 한시 작품을 '본국시'와 '중국시'로 이분(二分)하였지만 사실상 시를 수록한 키워드는 '조선'이었다. '본국시' 부류에서는 중국과 일본문헌에 수록된 조선의 시를 뽑았고 '중국시' 부류에서는 조선인에게 준 시와 조선과 관련된 시를 발췌하였다. 그리고 일본인이 조선인에게 준 송별시를 '중국시' 부류의 부록으로 제시하였다. 비록 이 두 부류에 속한 유목들의 구체적 분류 기준이 다르기는 했지만 그 핵심 키워드는 '조선'이었다. '조선'을 중심으로 삼아 선택함으로써 조선의 역사·문화와 관련된 한시 작품을 최대한 확보하였던 셈이다.

③ 외교문서와 잡철 부분

'본국문' 부류는 중국과 일본의 문헌에 수록된 조선의 문장을 모은 것이고 '중국문' 부류는 조선과 관련된 중국인이 쓴 문장을 모은 것이다. 이 두 부류에 수록된 문장의 내용을 살펴보면 주로 외교문서인 것을 확인된다.

'본국문' 부류에는 '사대하는 표와 소(事大表疏)', '이웃 나라에 준 국서(與隣國書)', '첩문[牒]', '장문[狀]', '정문(呈文)', '편지[書]', '기문[記]', '서문[序]', '비명[銘]' 등 9개 유목으로 총 36편 문장을 수록하였다.

'사대하는 표와 소'에는 16편의 표와 소를 수록하였다. 이 가운데 백제왕이 중국 황제에게 보낸 것으로 임시로 내린 신하들의 관직을 정직(正職)으로 인정해달라며 올린 표문 3편과 군사를 보내주어 고구려를 정벌하기를 요청하는 표문 한 편, 신라왕이 당현종(唐玄宗)에게 보낸 조공하는 표문 한 편, 하사를 받고 사은하는 표문 2편 등이 있다. 또한 정안국(定安國) 국왕이 송태종에게 보낸 표문 한 편이 있는데 그 내용은 송나라의 밀서대로 거란을 토벌하는 것을 돕겠다는 답신이다. 그리고 고려국왕이 남당(南唐) 황제의 즉위를 축하하는 전문(箋文) 한 편, 송나라 황제에게 사은하는 표문 2편, 금나라 황제에게 정조(正朝)를 축하하는 표문 한 편이 있다. 마지막으로 조선 인조(仁祖)가 명나라 황제에게 보낸 소문(疏文) 두 편을 수록하였는데 한 편은 명나라 장수 모문룡의 무고에 대해 변명하는 내용이고 다른 한 편은 인조가 자신의 친부모를 추봉하는 것을 청하는 글이다.

'이웃 나라에게 준 국서'에는 8편의 국서를 수록하였는데 이 가운데 6편은 발해왕(渤海王)이 일본국왕에게 준 것이고 2편은 조선국왕이 일본국왕에게 준 것이다. 이 국서들은 대체로 우호관계를 닦기 위한 교빙과 관련된 내용들을 담고 있다.

이어서 고려와 송이 우호 관계를 맺는 것에 관한 첩문(牒文) 1편, 조공할 때 진봉(進奉)한 사륙문(四六文) 형식의 장(狀) 2편, 종계변무(宗系辨誣)와 관련한 정문(呈文)과 조선사신 출입금지의 해제를 요청한 정문 각 1편, 종계변무와 관련한 편지 2편, 예종(睿宗)이 베풀었던 연회를 기록한 기문(記文) 1편, 시선집의 서문(序文) 3편, 임진왜란 때 명나라 장수 양호(楊鎬: ?~1629)의 사적과 그를 기념하는 명문(銘文) 1편 등 총 12편의 글을 수록하였다. 기문, 서문, 명문을 제외하면 모두 공문으로 간주되는 글들이다. 그러나 왕이 주도한 연회에 대해 쓴 기문, 최항(崔恒)이 명나라 사신 장녕의 시를 수록한 『황화집』을 대상으로 쓴 서문, 허균이 명나라 문관 오명제(吳明濟)의 『조선시선』(朝鮮詩選)에 지은 서문, 이원정(李元禎)이 중국 사신을 전송한 시에 대해 작성한 서문, 이정구(李廷龜)가 명나라 장수를 대상으로 쓴 비명(碑銘) 등도 역시 양국 간의 공식적인 교류에 필요한 문학창작 활동의 결과물이다. 그리하여 '본국문'에 수록한 기문, 서문, 명문은 모두 광의의 의미에서 역시 공식적인 글로 볼 수 있다.

'본국문' 부류는 문체별로 9개 유목을 설정한 것으로 보이지만 '사대하는 표와 소'와 '이웃 나라에게 준 국서' 두 유목 설정에는 주제의식도 문체 유형과 함께 분류기준으로 작용하고 있다. 이처럼 분류기준을 이중으로 설정한 것은 해당 유목에 수록된 문장들이 국가 간의 교섭, 특히 군주 사이에서 주고받는 문서라는 점을 보다 선명하게 보여주려는 목적이 있다고 본다. 조선후기에 이르러서도 사찬사서(私撰史書)에는 여전히 선왕들의 시문을 수록하지 않은 관례를 고수하고 있었던 것으로 보인다. 그러나 『해동역사』 「예문지」는 이례적으로 선왕들의 국서를 수록하였다. 조선왕조 이전의 왕의 국서는 물론 조선시대 왕의 글도 수록하였다. 일례로 '본국문' 부류에 인조의 명의로 명나라 조정에 보낸 국서 두 편을 수록하였는데 이는 조선후기의 또 다른 대표적인 사찬사서인 『동사강목』(東史綱目)과 『연려실기술』(燃藜室記述)에서는 확인할 수 없는 대목이다.

'중국문' 부류에도 '본국문' 부류처럼 내용적 특징과 문체 유형의 두 가지 분류 기준을 작용하여 조선과 관련이 있는 문장들을 수록하였다. 문체 유형별로 설정한 유목은 '조(詔)', '제(制)', '칙(勅)', '표(表)', '소(疏)', '장(狀)', '답(劄)', '의(議)', '주(奏)', '계(啓)', '논(論)', '송(頌)', '서(序)', '기(記)', '명(銘)' 등이고 내용적 특징을 나타내는 유목은 '봉사록(奉使錄)'이며, 이 두 가지 분류 기준을 결합하여 설정한 유목은 '수나라와 당나라가 고려를 정벌하는 조서(隋唐征高麗詔)'이다.

'조', '제', '칙'의 세 유목은 한 권에 수록하였는데, 글들을 이 세 가지 문체로 분류하지 않고 시대순으로 배열하였다. 남조(南朝)의 송무제(宋武帝)가 고구려 장수왕(長壽王)과 백제의 전지왕(腆支王)에게 내린 조서부터 명희종(明熹宗)이 인조에게 내린 조서까지 총 51편의 글을 수록하였다. 이어서 '수나라와 당나라가 고려를 정벌하는 조서'

에 관련 문서 14편을 수록하였다.

'표', '소', '장', '답', '의', '주'의 여섯 유목은 한 권에 수록하였는데, 당, 송, 명, 삼대의 신하들이 조정에 올린 조선과 관련된 공문들로 총 24편이다. 그리고 '계', '논', '송', '서', '기', '명' 여섯 유목은 역시 한 권에 수록하였는데 모두 역대 중국 문인들이 지은 조선과 관련된 글 23편이다. 이러한 글들 가운데에는 공적인 입장을 대변하는 내용도 있고 사적인 자리에서 지은 글도 있다. 그러나 조선을 일정한 정도로 인식하여 작성했다는 것이 이들의 공통점으로 짚을 수 있다. 특히 '기자조선론(箕子朝鮮論)'을 제목으로 삼은 글들이 있는데 조선에 대한 중국 지식인들의 인식을 보여주는 대표적인 자료로 꼽을 수 있을 것이다. '중국문' 부류의 마지막 부분에 '봉사록' 4편을 수록하였다. '본국문'과 '중국문' 부류에 수록한 자료에 대해 보다 자세한 정보는 '〈부록 2〉:『해동역사』「예문지」 본국문 부류와 중국문 부류의 수록 상황 일람표'에서 확인할 수 있다.

'본국문' 부류와 '중국문' 부류에 수록된 글은 공문이 큰 비중을 차지하고 있다. 그러나 공문이 아닌 글들도 공문만큼의 필요에 의해 작성된 것으로 보인다. 즉 여기에 실린 글들은 모두 실제 상황의 필요에 따라 쓴 것이므로 문학성보다 실용성이 더 눈에 띈다. 그리고 글의 내용은 모두 국가 간의 교류를 겨냥하고 있기 때문에 외교문서나 외교문서의 성격을 띤 문장으로 볼 수 있다. 이에 본고에서는 이 부분에 수록된 문장들을 '외교문서'로 보고 앞으로는 '본국문'과 '중국문'을 합칭하는 용어로 활용하도록 하겠다.

'잡철' 부류의 기사들은 내용상으로 앞의 서적, 서화, 시문 분야와 구분된다. 분량도 비교적 적으며, 전반적으로 조선의 문화교류와 관련된 일화(逸話)들을 수록하였다.

이상으로 『해동역사』 「예문지」의 분류체계를 개관하였다. 이 분류체계의 특징은 전통적인 예문지를 비롯하여 편찬자 한치윤이 참조했던 뛰어난 분류체계를 갖춘 저술과의 비교에서 찾는 것이 효율적인 방법이라고 생각한다. 앞서 살펴보았던 『해동역사』 「예문지」의 분류체계는 '부류〉유목〉자목' 3단계로 이루어져 있다. 이런 3단계 분류체계는 전통적인 예문지를 준용한 것으로 보인다. 하지만 전통적인 예문지에는 처음부터 이와 같은 3단계 분류체계를 구축한 것이 아니다.

예문지 편찬의 역사는 서한(西漢) 시대 유향(劉向, B.C.77~B.C.7)의 『별록』(別錄)과 그의 아들 유흠(劉歆, B.C.50~23)의 『칠략』(七略)까지 거슬러 올라갈 수 있지만 정작 '이십사사(二十四史)' 가운데 예문지가 들어가 있는 것은 『한서』(漢書), 『수서』(隋書), 『구당서』(舊唐書), 『신당서』(新唐書), 『송사』(宋史), 『명사』(明史) 여섯 종뿐이다. 그리고 이 가운데 『해동역사』 「예문지」가 비교적 많이 인용한 것은 『수서』, 『구당서』, 『신당서』, 『송사』, 『명사』이다.[14)]

『수서』의 예문지는 '경적지(經籍志)'라 명명되어 있다. 이 「경적지」에서 처음으로 '경사자집'의 사부분류법(四部分類法)이 확립되어 후세 예문지와 서목류(書目類) 서적 편찬에 지대한 영향을 끼쳤다.[15)] 『수

---

14) 『海東繹史』 「藝文志」에서 『漢書』에 대한 인용 내용이 확인되지 않았다. 『隋書』에 대해는 3번 정도 인용한 것으로 조사되었다. 그리고 『舊唐書』에 대해 16번 정도, 『新唐書』에 대해 9번 인용한 것으로 조사되었다. 『宋史』와 『明史』에 대한 인용 횟수는 각각 29번과 18번으로 조사된다. 물론 이는 정사의 예문지 부분을 인용한 조사 결과가 아니다. 그러나 이와 같은 인용 빈도에 대한 조사를 통해 한치윤이 『해동역사』 「예문지」를 편찬했던 과정에서 어느 정도 정사 예문지를 인식하였던 것을 감지할 수 있다.

15) 『隋書』 「經籍志」의 편찬 체제와 학술사적 의의에 대해 杜云虹의 「『隋書』 「經籍志」 硏究」(山東大學 博士學位論文, 2012)에서 자세히 다룬 바 있다. 또한 『수서』

서』「경적지」에서는 경·사·자·집의 네 가지 부류를 1차 분류 층위로 설정한 후 그 아래에 다시 40종의 유목을 2차 분류 층위로 설정하였다.[16] 경사자집 사부(四部) 외에 『수서』「경적지」에서는 부록으로 '도경(道經)'과 '불경' 두 부류를 설정하여,[17] 이와 같은 2단계 분류 체계에 따라 서목을 수록하였다.

『구당서』의 예문지도 『수서』「경적지」를 계승하여 역시 '경적지'라고 하였다. 사실 사지(史志)의 명명뿐만 아니라 분류 체제도 『수서』「경적지」의 두 단계 분류 구조를 갖춘 체제를 답습하였다. 1차 분류는 경사자집의 '사부분류법'에 따라 설정하였지만 2차 분류는 『수서』「경적지」와 약간 다르게 유목을 설정하였다.[18] 요컨대 『구당서』「경적지」는 경사자집 4개의 부류 아래 다시 45개 유목을 설정하고 해당 유목에

「경적지」는 중국 예문지 편찬사에서 중요한 위치를 지니고 있기 때문에 각종 문헌학, 목록학 저술에서 자주 언급하게 된다.

16) 經部 아래에 易, 書, 詩, 禮, 樂, 春秋, 孝經, 論語, 圖緯, 小學과 같은 10종의 유목을 두었다. 史部 아래에 正史, 古史, 雜史, 覇史, 起居注, 舊事, 職官, 儀注, 刑法, 雜傳, 地理, 譜系, 略錄과 같은 13종 유목을 설정하였다. 子部 아래에 儒家, 道家, 法家, 名家, 墨家, 縱橫家, 雜家, 農家, 小說家, 兵法, 天文, 曆數, 五行, 醫方과 같은 14종 유목을 두었다. 그리고 集部에는 楚詞, 別集, 總集 3종 유목을 설정하였다.

17) 道經에는 經戒, 餌服, 房中, 符錄 등 4종 유목을 두었고 佛經에는 등 大乘經, 小乘經, 雜經, 雜疑經, 大乘律, 小乘律, 雜律, 大乘論, 小乘論, 雜論, 記 등 11종 유목을 두었다.

18) 『구당서』「경적지」 經部에서는 『수서』「경적지」 경부의 10종 유목 외에 經解와 詁訓 두 가지 유목을 추가 설정하였다. 그리고 두 경적지 史部의 유목 설정은 완전히 일치하다. 『구당서』「경적지」 子部에는 17종 유목을 설정하였는데 『수서』「경적지」 자부의 의방 유목을 제외하고 대신 雜藝術, 類事, 經脈, 醫術과 같은 4종 유목을 추가 설정하였다. 마지막 集部의 유목 설정은 역시 『수성』「경적지」와 일치하다.

맞추어 구체적인 서목을 수록하였던 것이다.

『신당서』「예문지」가 『수서』「경적지」와 『구당서』「경적지」에 비해 가장 크게 차이나는 점은 바로 2단계 분류 구조를 3단계 분류 구조로 발전시켰다는 것이다.[19] 1차 분류는 역시 '사부분류법'으로 경사자집 4개의 부류를 설정하였고 2차로 44종의 유목을 둔 것은 동일하지만, 44종의 유목 중에서 일부 유목에는 자목을 설정하여 3단계의 분류 구조를 이루었다. 예컨대 '경부'에는 11개 유목을 두었는데, 『구당서』「경적지」 '경부'의 '고훈(詁訓)' 유목을 수용하지 않은 것을 제외하면 기타 유목들은 모두 『구당서』와 일치한다. 『수서』「경적지」와 『구당서』「경적지」가 일치했던 '사부' 유목에 대해 『신당서』「예문지」에서는 역시 13종의 유목을 설정하였지만 구체적인 유목 설정에 있어서 많은 변화를 주었다. 우선 전대 경적지 사부의 유목과 일치하는 것은 '정사(正史)', '잡사(雜史)', '기거주(起居注)', '직관(職官)', '의주(儀注)', '형법(刑法)', '지리(地理)' 등 일곱 종이다. 그리고 '고사'와 '패사' 대신 '편년(編年)'과 '위사(僞史)' 두 유목을 설정하였다. 전대 경적지 중의 '구사(舊事)', '잡전(雜傳)', '보계(譜系)', '약록(略錄)'에 대해 각각 '고사(故事)', '잡전기(雜傳記)', '보첩(譜牒)', '목록(目錄)'라는 명칭으로 바꾸었다. 그리고 '기거주' 유목에 '실록(實錄)'과 '조령(詔令)' 두 자목을 설정하여 3차 분류 층위를 마련하였다. '잡전기' 유목에는 일반 관련 서목을 기록한 후 여훈(女訓) 자목을 설정하고 다시 관련 서적을

---

19) 『舊唐書』「經籍志」와 『新唐書』「藝文志」에 대한 비교 고찰은 郑旭東의 「『舊唐書·經籍志』和『新唐書·藝文志』比較硏究」(株洲: 『湖南工業大學學報(社會科學版)』 61, 2008, 75~78면)와 徐進의 「『舊唐書·經籍志』和『新唐書·藝文志』小考」(呼和浩特: 『內蒙古農業大學學報(社會科學版)』 44, 2009, 359~358면과 370면)를 참고할 수 있다.

수록하였다.

『송사』의 「예문지」와 『명사』의 「예문지」 역시 3단계 분류 구조를 설정하였다. 청대로부터 시작하여 많은 보사예문지(補史藝文志)가 편찬되었는데 대부분 정사 예문지를 따라 3개의 분류 층위를 두었다. 이와 같은 3단계 분류 구조는 바로 『해동역사』 「예문지」에서 수용한 '부류〉 유목〉 자목' 구조이다.

그러나 전통적인 예문지는 모두 1차 분류 층위로 경사자집의 사부분류법을 설정하였지만, 『해동역사』 「예문지」는 사부분류법을 3차 분류 층위에 적용하고 1차 분류 층위에는 '경적', '서법', '비각', '그림', '본국시', '중국시', '본국문', '중국문', '잡철'의 9개 부류를 설정하였다. 이런 분류 설정은 전통적인 예문지와 비교할 때 매우 이색적인 것으로, 한치윤의 창안으로 보아야 한다. 전통적인 예문지의 경사자집과 같은 1차 분류 설정 방식을 말단(末端)인 3차 분류에 적용한 것은 전통적인 예문지에 대한 전복(顚覆)으로 생각된다.

정사(正史) 속의 예문지는 한 시대의 문화사 내지 학술사를 정리하는 역사서 체제로, 그 가치에 대해 역대 학자들은 이미 "학술을 변별하고 원류를 고증하여 밝힌다(辨章學術, 考鏡源流)"라는 공통된 인식을 가져왔다. 그리고 학지(學知) 분류의 출발점을 경·사·자·집의 네 분야로 삼아 사부분류법을 1차적으로 적용하는 것도 예문지 편찬의 관례가 되었다. 전통적인 예문지는 모든 학술·문화 서적을 사분(四分)된 학문 체계에 기록하기 시작한 것이다. 이러한 분류체계는 상당히 오랫동안 유지되어 왔으며 20세기의 서목 편찬에서도 계승된 바이다. 청대에 이르러 보사예문지 가운데 간혹 사부분류법을 채택하지 않은 것도 있지만 대부분 예문지 저술은 사부분류법으로 시작하였다.[20] 이러한 상황에 비추어 보면 한치윤이 3차 분류 층위에서 사부분류법을 사용한 것은 매우 특이하다. 이에 본고는 이러한 분류 설정을 『해동역사』「예문지」 분류 체계의 첫 번째 특징으로 들고자 한다.

『해동역사』「예문지」의 1차적 분류 층위에서 사부분류법을 적용하지 않은 이유는 시문(詩文)을 수록하기 위한 목적으로 설명된다. 사부분류법을 서적이 아닌 한시와 외교문서에 적용하는 것은 무리다. 전통적인 예문지와 비교해 볼 때 『해동역사』「예문지」에서 또 한 가지 눈에 띄는 특징은 바로 시문을 수록했다는 점이다. 전통적인 예문지에서는 시문을 수록하지 않은 것과 달리 『해동역사』「예문지」에는 시문을 대폭 수록하였는데, 그 수량은 한시 563수와 외교문서 166편에 이른다. 시문을 수록하기 위해 편찬자는 '본국시', '중국시', '본국문', '중국문' 네 가지 부류를 1차적 분류 층위로 설정하였던 것이다.

시문 작품이 예문지에 대량으로 등장한 것은 명나라 때 편찬된 방지(方志)에서부터인데 그 후로 청나라 초기에 편찬한 방지에서도 이러한 현상이 자주 확인된다. 예를 들어 명나라 만력 연간에 편찬된 『가정현지』(嘉定縣志) 「문원고」(文苑考)에는 문 50편과 한시 127수가 수록되었는데 전체 분량의 약 30%를 차지한다. 강희 연간에 편찬된 『남해현지』(南海縣志)는 '예문(藝文)' 부분에 서목, 한조(漢詔), 주의(奏議), 기(記), 부(賦), 시, 주소(奏疏), 비기(碑記) 등을 모두 4권으로 수록하였는데 '여지(輿地)', '건치(建置)', '관사(官師)' 등을 한 권에 수록한 것에 비하면 상당히 많은 분량을 차지하고 있다. 또한 강희(康熙) 연간에 편찬된 『서강지』(西江志) 206권 중 권117부터 권203까지가 '예문'에

---

20) 伍媛媛은 『淸代補史藝文志硏究』(合肥: 黃山書社, 2012, 80면)에서 사부분류법이 대부분의 보사예문지에서 채용한 주요한 분류방식이지만 姚振宗의 『漢書藝文志拾補』, 『漢書藝文志條理』, 繆荃孫의 『遼藝文志』 등은 이 방식을 적용하지 않았다고 지적하였다.

해당한다. 예문 부분이 총 87권으로 전체의 거의 절반을 차지하게 된 것이다.[21] 시문을 방지의 예문지에 수록한 주요 목적은 해당 지역의 문화역사 사업을 융성시키기 위한 데 있다. 시문 수록을 통해 방지예문지의 내용을 보다 풍부하게 편성하고 한 지역의 문화역사적 위상을 드높이 구축하려고 한 것이다.

그러나 이처럼 방지예문지에 시문을 수록하는 현상에 대해 청나라 사학자이자 목록학자인 장학성(章學誠, 1738~1801)은 냉철하게 비판한 바 있다.[22]

> 오늘날 예문지를 편찬하는 사람은 장리(長吏)와 고을 선비들이 쓴 시부(詩賦), 기문(記文), 서문(序文)과 같은 잡문(雜文) 등을 많이 수록하고 유형에 따라 서로 붙여놓는데 심지어 감발징창(感發懲創)과 아무 상관없는 풍운월로(風雲月露)를 읊은 시와 실제 고증을 하나도 거치지 않은 생사당(生祠堂)의 비문(碑文)까지도 모두 예문지에 수록하였다. 일단 이것이 옳고 그름을 따지지 않는다고 하더라도 문장은 반드시 전장(典章)과 법칙을 갖추어야 하고 시는 반드시 전아하고 순정한 것을 선택해야 하며 그 다음에 일정한 순서와 유형에 따라 분류하여 수록하는데 여러 가지 시체(詩體)와 문체를 갖추게 해야 한다. 이 역시 시선집의 관례에 부합하여 편찬해야 하고 사지(史志)의 체례에 따라 수록해서는 안 된다. 무릇 예문지를 편찬하면 마땅히 두우(杜佑)의 『통전』(通典), 정초(鄭樵)의 『통지』(通志), 마단림(馬端臨)의 『문헌통고』(文獻通考), 유향(劉向)의 『칠략』(七略)의 뜻을 본받고 해당 지역 학사

---

21) 馬春暉, 『中國傳統方志藝文志硏究』, 北京: 國家圖書館出版社, 2015, 137면 참조.

22) 章學誠은 『文史通義』, 『校讎通義』 등 대표적인 저술에서 史書 편찬에 대해 체계적인 이론을 구축했으며 그가 남긴 저술들은 근대 중국 方志學 연구에 지대한 영향을 끼쳤다.

(學士)들이 쓴 저술과 편찬한 선집과 같은 서적을 취하여 그것들을 부류에 따라 분류해야하는데 먼저 목차를 표시하고 순서를 정돈하며, 조잡한 것을 버리고 빼어난 것을 취하며, 대지(大旨)를 추려하고 그 득실을 논하며 선류(善類)에 견주어서 책을 편성해야 한다. 이것으로 후세 사람들로 하여금 고증한 자료를 얻게 하고 또는 관각에서 교수(校讎)하는 데 취재할 자료로 삼을 수 있게 해야 하며 그것이야말로 사지(史志)의 체례를 잃지 않는 일이다. (…) 학사들의 논저 가운데 그 사람의 평생의 포부를 엿볼 수 있는 것이 있으면 곧 본전(本傳: 인물전)에 전부 수록해야 한다. 마치 반고(班固)의 『한서』(漢書)에서 「천인삼책」(天人三策)을 「동중서전」(董仲舒傳)에 수록하고, 「치안」(治安)을 비롯한 여러 상소문을 「가의열전」(賈誼列傳)에 수록한 전례처럼 하는 것이 마땅하다.

今世志藝文者, 多取長吏及邑紳所爲詩賦､記序､雜文, 依類相附, 甚而風雲月露之無關懲創, 生祠碑頌之全無實徵, 亦胥入焉. 此姑無論是非, 即使文俱典則, 詩必雅馴, 而銓次類錄, 諸體務臻. 此亦選文之例, 非復志乘之體矣. 夫既志藝文, 當倣『三通』､『七略』之意, 取是邦學士著選書籍, 分其部匯, 首標目錄, 次序顛末, 删蕪擷秀, 掇取大旨, 論其得失, 比類成編. 乃使後人得所考據, 或可爲館閣讎校取材, 斯不失爲志乘體爾. … 學士論著, 有可見其生平抱負, 則全錄於本傳. 如班史錄「天人三策」於「董仲舒傳」, 錄「治安」諸疏於「賈誼列傳」之例, 可也.[23]

사실 장학성은 여러 자리에서 예문지에 시문을 수록하는 현상에 대해 수차례 지적하면서 방지예문지 편찬에 대한 자신의 이론적 주장을 피력하였다. 그가 살았던 시대에는 방지 편찬 사업이 중국 각지에서 성행하였는데 특히 방지예문지에 구체적 시문 작품을 수록하는 현지(縣志)가 많았다. 위의 인용문에서 지적한 것처럼 이러한 방지예문지

---

23) 章學誠, 『文史通義』 권8, 「外篇」 3, 「答與甄秀才論修志第一書」(『文史通義校注』, 北京: 中華書局, 1985, 819면)

에 수록된 시문은 대부분 문학적 가치와 사료적 가치가 결여된 것이었다. 그러므로 장학성은 먼저 우수한 한시 작품을 뽑아야 한다고 주장하였다. 그리고 만약 해당 지역의 한시 작품들이 여러 시체를 구비하였다면 마땅히 별도로 시선집을 편찬해야 하고 사지(史志)에 수록하지 않아야 한다고 하였다. 그리고 방지예문지에도 '삼통(三通)'과 『칠략』(七略)처럼 서적을 수록해야 하는데 이 역시 "조잡한 것을 버리고 빼어난 것을 취해야 한다"고 강조하였다. 한편 문장에 대해 그는 한 사람의 큰 뜻을 엿볼 수 있는 글이라면 그 사람의 전기(傳記)에 수록할 것을 제안하였다. 요컨대 위의 글에서 장학성은 방지예문지에 시문을 수록하는 것이 적합하지 않다는 관점을 강조하였다. 그는 또한 자신이 편찬에 참여한 『마성현지』(麻城縣志)의 「문징서열」(文徵序列)에서 다음과 같이 논한 바 있다.

> 시문과 잡문(雜文) 속의 견문들은 직접 보고 기록한 것보다 옆에서 들은 것이 많은데 사서(史書)를 쓴 사람들이 왕왕 그것을 예문지에 수록하니 외람(猥濫)됨을 면할 수 없는 것이다. 그러나 이러한 병폐를 바로잡으려고 지나치게 많은 시문을 예문지에서 없애면 또한 그 광채를 잃어버리게 되는 결함을 안게 된다. 그리하여 내용과 형식을 절충하여 별도로 시문을 모아 책 한 부를 편성하고 사지와 서로 어울리게 하여 해당 지역의 역사를 구축해야 한다.
>
> 詩文雜著, 聞見旁出, 志家往往列于藝文, 旣不免于猥濫. 而矯枉過正, 削而去之, 則又黯然失色. 用是折中文質, 別爲文徵一書, 與志相符而成.

여기에서 장학성은 시문의 내용이 사서에서 다루어야 할 역사사실과 거리가 있기 때문에 방지예문지에 시문을 수록하면 범람(汎濫)하는 병폐를 가지게 된다고 지적하고 있다. 그러나 시문을 제외하면 한 지역의 문화·역사를 온전히 보존하여 전승하는 데도 문제가 생긴다. 그리하여 그는 앞에서 제안했던 것처럼 시문집을 별도로 편성하여 방지와 상부상조하는 것이 바람직하다고 하였다. 위의 글에서 장학성은 시문을 일반적 사서 기록에 견주어 그것의 사료적 가치가 높지 않은 것으로 보고 예문지에 시문을 수록하는 것을 부정적으로 보았다. 하지만 그는 시문의 사료적 가치를 완전히 부정하지는 않았다.

> 근래의 예문지 편찬은 옛 법이 일변(一變)하여 뛰어난 시문은 분류하여 모으지만 서목은 싣지 않는데, 다른 뜻이 아니다. 문장을 모아 차례대로 순서에 따라 편찬하는데 그 가운데 사사(史事)에 유익한 것들은 역사사실의 방증이 되고 사지를 보다 더욱 상세하게 만들며 문장을 모두 수록하여 보다 더 완성도를 갖추었다.
>
> 近志藝文, 一變古法, 類萃詩文, 而不載書目, 非無意也. 文章匯次甲乙成編, 其有脾於史事者, 事以旁證而易詳, 文以兼收而大備.[24)]

예문지에 서목을 수록하지 않고 시문만을 수록한 경우에 대해 논한 내용인데 앞의 인용문들과 달리 여기에서는 시문을 수록한 것에 대해 긍정적으로 평가하고 있다. '사서에 유익한' 문장들은 '역사사실의 방증이 되고' 있기 때문에 사서의 내용을 온전하게 하는 장점이 있다는 것이다.

장학성이 예문지에 시문을 수록하는 것을 반대한 이유는 두 가지이다. 하나는 시문을 수록하는 것이 원래 서목만을 수록하는 예문지의 체례에 맞지 않다는 것이다. 특히 시문을 대량으로 수록하면 사지 자체에 큰 낭패가 될 수 있으니 별도로 사지에 맞춘 시선집을 만드는 것이 적합하다. 또 한 가지 이유로는 당시의 많은 방지예문지에 수록

24) 章學誠, 『文史通義』 권8, 「外篇」 3, 「天門縣志藝文考序」(『文史通義校注』, 北京: 中華書局, 1985, 853면)

된 시문들이 문학적 가치나 사료적 가치가 결여된 것들이어서 예문지의 문헌적 가치가 훼손된다는 점을 들었다.

한치윤은 장학성이 지적한 이와 같은 문제점들에 대해 분명히 고민했을 것이다. 시문을 수록하는 것이 전통적인 예문지의 체례에 맞지 않기 때문에 그는 우선 전통적인 예문지 체례에 대해 개혁적인 작업을 하였다. 바로 1차적인 분류 층위에서 사부분류법을 적용하지 않은 것이다. 그리고 앞서 『해동역사』「예문지」의 시문 부류의 내용을 개관한 것을 통해 이 책에 수록된 시문은 외국에 알려진 조선의 우수한 한시 작품, 조선인에게 증여한 한시 작품, 한·중과 한·일 간의 외교문서로 정리된다. 이러한 자료들이 지니고 있는 중요한 사료적 가치는 분명하다. 장학성은 역사서술의 증명자료가 될 수 있는 시문을 수록한 것은 무의미한 작업이 아니고 오히려 예문지의 가치를 높일 수 있다고 하였다.

장학성이 예문지 편찬에 대한 논의는 사실 주로 지방지 속의 예문지를 겨냥한 것이다. 그러나 『해동역사』는 방지가 아니고 자국의 역사를 서술한 국사 저술이다. 비록 외국의 문헌을 발췌하여 편찬하였지만 편찬자는 뚜렷한 국사서술 의식을 지니고 편찬 작업을 진행했고, 이 점은 방지 편찬과의 가장 큰 차이점이다. 특히 『해동역사』「예문지」의 편찬은 방지예문지처럼 "한 지역의 문물의 융성함을 보여주려고 한다(慾見一方文物之盛)"[25]는 목적도 있었지만, 한치윤은 외국에 알려진 조선의 문화·역사를 정리하고 특히 조선과 외국의 문화교류사를 정리하려고 했다. 『해동역사』「예문지」에 수록된 시문들은 바로 이러한 역사서술에 꼭 필요한 자료들이다. 그리고 앞서 살펴보았던 『해동역사』「예문지」의 독특한 분류 체제를 고려하면 시문 수록은 결국 한치윤의

25) 章學誠, 위의 책 권6, 「外篇」 1, 「方志立三書議」.

창의적인 사서 편찬 방식과 부합되고 체제와 구조 측면에서도 사서 전체의 안정적인 형태를 훼손하지 않았다. 이는 장학성이 지적했던 것처럼 시문 수록으로 인해 낭패가 되었던 방지예문지와는 다르다.

상술 논의를 종합하면 『해동역사』 「예문지」에 시문을 수록한 것이 적절하다는 결론을 도출할 수 있다. 따라서 시문을 수록하는 부류를 설정한 점을 『해동역사』 「예문지」 분류체제의 두 번째 특징으로 들 수 있다.

세 번째 특징은 '본국-중국'과 같은 이분법(二分法)을 사용했다는 점이다. 이러한 이분법은 가장 큰 비중을 차지하는 서목, 한시, 외교문서 세 부분에서 모두 적용되었다. 한시와 외교문서는 1단계에서 '본국-중국'으로 분류하였으며 서목은 2단계에서 '본국-중국'으로 분류하였다. 시문은 창작 주체에 따라 본국과 중국으로 구분한 것인데, 편찬자는 창작 주체를 분류의 가장 중요한 기준으로 인식하였던 것이다. 그러나 서목 분류에 대한 편찬자의 인식은 달랐다. 서적을 1차적으로 모두 '해동(海東)'의 경적으로 포괄시키려고 하였으며, 서적의 유통 상황과 내용 역시 저술주체만큼 중요하게 인식하였던 것이다.

그러나 해당 항목에 적용된 '본국-중국'의 구체적인 분류 기준보다 '본국-중국' 자체를 여러 번 적용하는 편찬 현상이 더욱 주목된다. 그 이유는 일본 자료에 대한 처리 방식에 있다. 한치윤이 중국과 일본 문헌에서 수집한 자료들을 '본국-중국-일본'으로 분류하지 않고 '본국-중국'으로 나누었다. 그리고 일본의 한시 6제 7수를 '중국시' 부류의 부록으로 수록하였다. 일본 한시의 수량이 많지는 않지만 '서법', '비각', '그림[畵]', '잡철' 네 부류도 소략한 점을 고려하면 '일본시'도 충분히 하나의 조목으로 설정할 수 있었다. 그러나 『해동역사』 「예문지」에서는 '일본시'를 단지 '중국시' 부류의 '영물' 유목 끝에 '부록으로 수록한 일본시: 본국인에게 증여한 시와 화답한 시'와 같은 항목을 만들고 거기에 한시를 수록하였다.

이러한 설정에서 한치윤의 일본에 대한 인식을 어느 정도 엿볼 수 있다. 한치윤은 마쓰시타 겐린의 『이칭일본전』으로부터 자극을 받았지만 『이칭일본전』보다 더 높은 학술적 경지에 오를 수 있는 저술을 편찬하려고 하였다. 이러한 학문적 의욕으로 그는 『이칭일본전』보다 훨씬 더 방대한 자료를 이용하고 더 복잡하고 정연한 체제를 구축하였던 것이다. 한치윤은 마쓰시타 겐린이 외국자료를 이용하는 동시에 고증작업을 수행하여 역사서를 편찬한 발상을 받아들였지만 그러한 발성을 현실화하는 작업 과정에서 수준 차이를 둘 수 있는 결과물을 추구하였다. 이는 한치윤이 마쓰시타 겐린의 고증적 성과를 인정하면서도 『이칭일본전』을 아주 높이 평가하지 않았던 것으로 볼 수 있다. 따라서 일본 한시를 '중국시'의 부록으로 수록한 것은 역시 이러한 추측의 맥락에서 설명할 수 있다. 즉 한치윤이 일본의 한시를 '본국시', '중국시'와 같은 등급의 문학작품으로 인식하지 않았던 것 같다.

그리고 '본국-중국' 이분법을 전반적으로 적용한 원인은 『해동역사』의 또 다른 편찬 동기로 설명된다. 그것은 바로 한치윤이 『해동역사』를 중국 학계에 소개할 것을 염두에 두고 편찬했기 때문이다. 서명도 '해동'으로 명명한 만큼 중국 중심적 사고를 상당히 의식했던 것으로 짐작된다. 훗날 한치윤의 아들 한진국(韓鎭國, 1788~1857)이 70권으로 구성된 『해동역사』의 원편(原編)을 가지고 1820년에 중국 문인에게 소개한 바 있는데[26] 이는 역시 한치윤이 『해동역사』가 중국 학계에

26) 黃元九, 「韓致奫의 史學思想-『海東繹史』를 중심으로」, 延世大學校人文科學研究所, 『人文科學』, 1962, 341면. 황원구는 이 논문의 주석 6번에서 申緯의 〈勇山尙書, 充進香正使入燕, 賦此爲別〉을 통해 상기 사실을 밝혔다.

서 알려졌으면 하는 바람 때문이었을 것이다.

전통적인 예문지의 분류체계와 비교하였을 때 상술한 세 가지의 특징이 가장 두드러진다. 『해동역사』「예문지」의 이와 같은 독특한 분류 설정은 수록한 자료의 특성과 제한으로 인해 발생한 것으로 생각된다. 그러나 이러한 특징들이 합리적이고 효율적인 분류체계를 구축하는 데 어떤 도움을 주었는지에 대해 평가하려면 역시 『해동역사』「예문지」의 수록 내용에 대한 본격적인 고찰을 거쳐야 가능하다.

2. 書目과 書畫: 전통적인 서술방식 활용

편찬자 한치윤은 전통적인 예문지의 '부류〉 유목〉 자목'과 같은 3단계 분류체계를 계승했을 뿐만 아니라 전통적인 예문지의 기술방식도 엄수하고 있음을 확인된다. 『해동역사』「예문지」에는 자목을 포함한 유목을 설정한 부류도 있지만, 유목만 두거나 유목조차 두지 않은 부류도 있다. 하지만 분류의 층위와 상관없이 최종 분류 층위에 구체화된 역사서술, 즉 기사(紀事)를 수록한 것은 동일하다. 사실 『해동역사』「예문지」의 수록 내용을 최소 단위화하면 그것은 수많은 '역사적 문학 기사'로 구성되었다고 할 수 있다. 이런 '역사적 문학 기사'들은 내용에 따라 부류, 유목, 자목과 같은 분류체계에 편입되었지만, 형식 측면에서 볼 때 나름의 일정한 규칙을 따르고 있다는 점을 확인할 수 있다.

『해동역사』「예문지」 속 기사의 구조와 형식적 특징을 간단하게 요약하면, 서적, 서화, 시문 등의 제목 역할을 하는 조목(條目) 아래 조목에 대해 구체적인 내용을 기록하는 제요(提要)를 두고, 또 필요에 따라 해당 조목과 제요에 대해 안설(按說)과 협주(夾註)를 첨부하였다는 것이다. 요컨대 편찬 구조와 형식 측면에서 『해동역사』「예문지」에 수록된 기사들은 조목, 제요, 안설, 협주 네 가지로 구분할 수 있다. 그리고 이러한 기술 방식은 사실 전통적인 예문지의 기술방식을 계승한 것이다.

원래 전통적인 예문지 편찬은 서목을 수록하는 것이 주요 목적이었으므로 그 기본 구성요소에 서문(序文), 통계항목(統計項目)[27], 서목(저자, 서명, 권수 등을 포함), 판본, 해제, 주문, 안설 등과 같은 조항(條項)들이 있었다.[28] 그러나 반드시 모든 요소를 갖추어야 하는 것은 아니었다. 앞서 언급했던 중국 목록학자 여가석은 구성요소를 기준으로, 서목을 기록하는 예문지 종류 목록서(目錄書)를 세 가지로 분류하였다. 첫 번째 종류는 부류 뒤에 '소서(小序)'가 있고 서명 아래에 제요가 있는 것이고, 두 번째 종류는 소서가 있지만 서명 아래 제요가 없는 것이며, 세 번째 종류는 서명만 있고 소서와 제요가 모두 없는 것이다.[29] 이러한 분류 기준에 따르면 제요가 있는 『해동역사』「예문지」는 첫 번째 종류의 문헌에 해당한다. 이처럼 제요가 있는 목록서는 '제요

---

27) 전통적인 예문지에서는 일반적으로 '통계 항목'을 통해 해당 部類, 類目, 子目에 수록한 문헌의 수량을 밝혔다.

28) 특히 오늘날 古籍 정리 작업 과정에서 서목 편찬이 점차 규범화됨에 따라 서명, 저자, 판본, 稽核, 附註, 제요 등 항목은 필수적인 기록 사항으로 지정되게 되었다. 일례로 北京大學圖書館學系와 武漢大學圖書館學系에서 공동 편찬한 『圖書館古籍編目』(北京: 中華書局, 1985, 11~80면)에서는 서목 편찬의 내용에 대해 書名項, 著者項, 版本項, 稽核項, 附註項, 提要項 등으로 정리하여 해당 항목에 대해 구체적으로 분석하였다.

29) 余家錫은 『目錄學發微 古書通例』(上海: 上海世紀出版股份有限公司 上海古籍出版社, 2014, 4면)에서 "目錄之書有三類: 一曰部類之後有小序, 書名之下有解題者; 二曰有小序而無解題者; 三曰小序解題幷無, 只著書名者. 昔人論目錄之學, 于此三類, 各有主張, 而于編目之宗旨, 必求足以考見學術之源流, 則無異議."라고 하였다. 여기에서 말한 '解題'는 곧 수록한 문헌에 대한 설명, 요약, 평가와 같은 내용으로 구성한 것이며 '제요'라고도 할 수 있다.

목록' 혹은 '해제목록'이라고도 불리는데,[30] 여기에 해당되는 대표적인 목록서로는 『문헌통고』(文獻通考) 「경적고」(經籍考), 『경의고』(經義考), 『사고전서총목』(四庫全書總目) 등을 들 수 있다.

『문헌통고』「경적고」의 경우에는 총서(總序), 유서(類序), 소계(小計), 서목, 제요, 협주, 안설[31] 등 조항으로 구성되어 있다. 총서는 「경적고」에 대한 개설로 가장 앞에 실려 있다. 그리고 경사자집(經史子集) 각 부류에 대해서는 서문을 쓰지 않았고, 부류 속의 각 유목의 앞에 서문을 한 편 씩 썼는데 이를 '유서'라고 한 것이다. 유서가 끝나면 해당 유목에 수록한 서적 수량에 대한 통계로 '소계'를 적었다. 서목에는 일반적으로 저자, 서명, 권수 등의 내용을 기록했다. 그리고 제요에는 해당 서목에 대한 여러 사람의 해제와 서문·발문 등을 모았고 또 협주를 통해 특정 내용에 대해 설명하였으며 안설을 통해 편찬자의 의견을 피력하였다.[32]

『경의고』의 구조 형식은 조목, 제요, 안설 세 가지로 구분된다. 조목에는 해당 경학 저서를 중심으로 저자, 서명, 권수, 존일(存佚)과 같은 내용을 기록하고 제요에는 해당 경학 저서와 관련된 서문·발문 및 여러 사람의 논설을 수록하였다. 안설에서는 일문(逸文)을 보충하거나

30) 高紅 編著, 『編目思想史』, 北京: 北京圖書館出版社, 2008, 118면.

31) 중국 쪽 관련 연구에서는 '按說' 대신 '按語'라는 용어를 더 일반적으로 사용하고 있다. 古籍 속의 안설과 안어는 같은 의미를 지니고 있지만 현대 중국어 口語에서 '안설'은 또한 '본래는; 이치대로 말한다면'라는 의미로 자주 사용된다. 이에 중국측 관련 연구에서 '안어'라는 전문용어를 사용하고 있는데 본고는 논의 전개 과정에서 혼란이 생기지 않도록 모두 '안설'라는 용어를 쓰도록 하겠다.

32) 『文獻通考』「經籍考」의 구조에 대해 連凡의 「論『文獻通考·經籍考』的內容結構及其書目」(南昌: 『南昌師範學院學報(社會科學)』(38), 2017, 25~32면)을 참조했다.

문헌의 진위, 이동(異同)을 고증하거나 또는 일부 논설의 원류(源流)를 소급해 언급하고 그것에 대한 설명을 덧붙였다.[33]

『사고전서총목』의 경우에는 총서, 소서, 조목, 협주, 제요, 안설 등의 조항으로 구성되어 있다. 경, 사, 자, 집 네 부류는 모두 한 편의 총서로 시작하고, 그 아래 43개 유목은 모두 한 편의 소서로 시작하였다. 그리고 유목 아래 조목을 세우고 조목에 따라 제요를 작성하였다. 조목 아래 서목에 대한 설명을 협주로 붙였고, 제요 속의 필요에 따라 안설을 덧붙였다.[34]

이상에서 살펴본 바에 따르면 서문, 통계, 조목, 제요, 안설, 협주 등 조항이 바로 여가석이 말한 '제요가 있는' 예문지 성격의 저술들을 구성하는 기본 요소인 것을 알 수 있다. 그러나 이러한 저술에서 반드시 이 모든 요소들을 갖추어야 하는 것은 아니다. 『해동역사』 「예문지」의 경우에는 '경적' 부류와 '본국시' 부류에만 서문이 있기 때문에 이를 편찬체계의 기본 구성요소로 보기는 힘들다. 그리고 통계 항목은 확인되지 않는다. 기본적인 구성요소는 조목, 제요, 안설, 협주 네 가지 조항인데 바로 이와 같은 네 가지 조항들이 『해동역사』 「예문지」의

---

33) 『經義考』의 구조에 대해 張宗友의 『經義考研究』(北京: 中華書局, 2009, 49면)를 참조했다.

34) 『四庫全書總目』 卷首 3, 「凡例」에는 편찬체계에 대해 다음과 같이 설명하였다. "四部之首各冠以總序, 撮述其源流正變, 以挈綱領. 四十三類之首亦各冠以小序, 詳述其分並改隸, 以析條目. 如其義有未盡, 例有未該, 則或於子目之末, 或於本條之下附註案語, 以明通變之由." 한편 『사고전서총목』의 편찬체계에 대한 高紅 編著, 앞의 책(117~120면), 鍾東의 「『四庫全書總目提要』'序''案'散論--兼及古代目錄中的學術問題」(廣州: 『廣州師院學報(社會科學版)』 2, 1994, 57~64면), 郭眉揚의 「『四庫全書總目』編纂的學理基礎」(鄭州: 『河南社會科學』 18, 2010, 161~162면), 趙濤의 「『四庫全書總目提要』學術思想與方法論研究」(西安: 西北大學 박사학위논문, 2007, 56~84면) 등 연구에서 모두 언급한 바 있다.

편찬체계를 이루었다고 할 수 있다. 그러나 기록 항목마다 이 네 가지 조항을 모두 갖춘 것은 아니다. 이 중의 두 개나 세 개를 갖춘 것이 대부분이다. 사실 『해동역사』 「예문지」의 기록 항목의 기본 조항은 조목과 제요인데 간혹 협주와 편찬자의 안설도 삽입되어 있다.[35] 이와 같은 구조 측면에서 『해동역사』 「예문지」의 기사를 유형화(類型化)하면 다음과 같은 8가지 종류로 정리된다.

① 조목-제요　② 조목-제요-안설　③ 조목-제요-협주
④ 조목-제요-안설-협주　⑤ 제요　⑥ 제요-안설
⑦ 제요-협주　⑧ 제요-안설-협주[36]

『해동역사』 「예문지」에서는 '조목-제요' 구조가 가장 많으므로, 이런 구조를 『해동역사』 「예문지」의 기본 편찬 구조라고 할 수 있다. 안설이 있는 종류가 상대적으로 적지만 안설은 편찬자의 편찬의식을 알아보는 중요한 자료이므로 이에 대한 고찰은 간과할 수 없다. 협주는 작은 글자체로 썼으며 조목, 제요, 안설에 모두 삽입할 수 있어 비교적 자유로운 형식을 취하고 있다. 비록 편입된 조목, 제요, 안설의 일부로 그 역할을 하고 있지만 『해동역사』 「예문지」의 편찬체계와 편찬자의 편찬의식을 정확하게 파악하기 위해서는 협주에 대해서도 고

35) 『해동역사』 「예문지」의 夾註는 필요에 따라 條目에 삽입된 경우도 있고 提要에 삽입된 경우도 있다. 按說도 역시 필요에 따라 붙인 것인데 抄錄 형식으로 볼 때 두 가지로 구분된다. 하나는 조목이나 제요 사이에 작은 글자체로 쓴 것이고 다른 하나는 조목과 제요처럼 큰 글자체로 쓴 것이지만 행마다 세 칸 안으로 들여쓰기가 되어 있다. 그리고 모든 안설은 '按'이나 '謹按'으로 시작했기 때문에 쉽게 알아볼 수 있다.

36) 이 가운데 유형 ①, ②, ③, ④의 수량이 압도적으로 많고 유형 ⑤, ⑥, ⑦, ⑧의 수량은 사실 각각 몇 개 정도에 불과하다.

찰이 필요하다. 그리하여 본 절에서는『해동역사』「예문지」가운데 수록 내용이 전통적인 예문지의 성격과 일치하는 서목과 서화 부분을 조목, 제요, 안설, 협주의 종류 별로 고찰하고자 한다.

앞서 논의의 편의와 원문의 출처를 정확하게 밝히기 위해 본고에서는『해동역사』「예문지」에 실린 기사를 모두 '권차(卷次)-순번' 식으로 표기하기로 한다고 밝혔다. 더 구체적으로 말하자면 이런 표기 방식은 조목, 제요, 안설 세 가지 조항에만 적용하도록 한다. 예컨대『해동역사』「예문지」권42에 수록된 첫 번째 제요는 '권42-1'[37]로 표기하고 첫 번째 조목은 '권42-21'[38]로 표기하며 첫 번째 안설은 '권42-13'[39]

37) 권42-1: 周武王封箕子於朝鮮, 中國之禮樂､詩書､醫藥､卜筮皆流于此.『三才圖會』

38) 권42-21: 朝鮮本『尙書』.

39) 권42-13: 按『高麗史』「世家」, 成宗九年, 始置修書院於西京, 令諸生抄書史籍以藏. 顯宗十年八月, 宋江南人李文通等來獻書冊, 凡五百九十七卷. 靖宗十年八月, 西京報京內進士, 明經等諸業擧人, 所業書籍率皆傳寫, 字多乖錯, 請分賜秘閣所藏九經､漢·晉·唐書､『論語』､『孝經』､子史諸家文集､醫､卜､地理､律算諸書置于諸學院, 命有司, 各印一本, 送之. 十七年, 夏四月, 賜太子秘閣九經及史傳, 百家書. 肅宗元年秋七月, 庚寅, 御文德殿覽歷代秘藏文書, 擇部帙完全者分藏于文德殿, 長齡殿, 御書房, 秘書閣, 餘賜兩府及誥院史翰諸臣. 六年正月丁卯, 制以九經子史各一本, 分置臺省樞密院. 二月, 戊午, 御重光殿閱書籍. 三月, 壬申, 制以秘書省經籍板本委積損毁, 命置書籍鋪于國子監移藏之, 以廣摹印. 六月, 分內府書籍藏于樞密院. 七年, 九月, 命副留守崔公翊等檢討留守藏內書籍以進. 仁宗七年, 八月, 戊申, 御書籍所命儒臣講讀, 更以壽昌宮側侍中部台輔家爲書籍所, 裒集文書. 忠烈王十六年十一月甲辰, 移國史及寶文閣秘藏書籍于江華. 二十六年, 贊成事安珦送博士金文鼎等于中國, 畫先聖像及購六經, 諸子史以來. 忠肅王元年六月初, 成均提擧司遣博士柳衍,學諭兪迪于江南購書籍, 未達, 而船敗, 衍等赤身登岸. 判典校寺事洪瀹以太子府叅軍在南京遺衍寶鈔一百五十錠, 使購得經籍一萬八百卷而還. 至是贊成事權溥等, 會成均館考閱新購書籍. 秋七月甲寅, 元遣使賜經籍四千三百七十一冊, 共計一萬七千卷, 皆宋秘閣所藏, 因洪瀹之勸也. 恭愍王十一年正月, 遣

으로 표기한다. 그리고 협주와 작은 글자체로 표시한 일부 안설의 경우에는 해당 조목, 제요나 안설의 표기에 따라 '권차-순번〔注〕'와 '권차-순번〔按〕' 같은 표기 방식을 취한다. 예컨대 제요 '권42-10' 끝에 협주가 있는데 이 협주를 '권42-10〔注〕'로 표기하고[40] 조목 '권47-5' 아래 협주와 안설이 각각 하나씩 있는데 이들을 '권47-5〔注〕'와 '권47-5〔按〕'로 표기한다.[41]

① 條目

조목은 『해동역사』「예문지」에서 '골격'의 역할을 하고 있는, 가장 기본적이고 핵심이 되는 구조요소라고 할 수 있다. 일단 조목을 통해 『해동역사』「예문지」에서 다루고 있는 내용을 가시적으로 보여줄 수 있으며, 또 조목을 설정한 다음에야 비로소 관련된 역사기록들을 제요 형식으로 해당 조목 아래로 모은 뒤 또 그에 따른 안설과 협주를 덧붙일 수 있기 때문이다. 사실 『해동역사』「예문지」의 조목 설정은 분류체계 및 인용한 원전(原典)자료와 긴밀한 관계를 맺고 있다. 분류체계는 조목의 성격과 형식을 규제하고 인용한 원전자료는 조목의 구체적인 내용을 결정한다. 그리고 어떠한 조목을 설정할 수 있는지를 결정하는 것은 의존하는 자료의 내용이다. 발췌한 자료를 통해 조목을 소개하여 설명하기 때문이다. 『해동역사』「예문지」는 원전 자료를 인용

叅政李仁復收國史秘書.

40) 권42-10: 高麗臨川閣, 在會慶殿西會同門內, 其中藏書至數萬卷, 又有淸讌閣, 亦實以經史子集四部之書. 『高麗圖經』 권42-10〔注〕: △『初學集』 高麗臨川閣, 其聚書籍之所.

41) 권47-5: 高句麗人「人蔘讚」 권47-5〔注〕: 『名醫別錄』曰: 「人蔘讚」, 高麗人作. 권47-5〔按〕: 案高麗, 卽高句麗也.

하여 편찬하였기 때문에 인용한 원전자료의 기록이 조목의 내용을 결정한다.

『해동역사』「예문지」 '경적' 부류에는 총 213개 조목이 설정되어 있는데 대체로 서목의 형식을 취하고 있다. 조선의 문헌 자료를 기록한 조목은 81개이고 중국의 자료를 기록한 조목은 132개이다. 각 유목(類目)과 자목(子目)에 배치된 조목의 수는 다음과 같다. 괄호 안에 표시한 것은 조목의 개수이다.

本國書目(81) : 經類(10), 史類(24), 子類(8), 集類(39);
中國書目(132) : 經類(21), 史類(16), 子類(18), 集類(19), 東國記事(58).

'본국서목' 유목의 81개 조목 중에서 집류의 조목이 39개로 가장 많고 그 다음으로 사류가 24개 조목이고 경류와 자류의 조목은 각각 10개와 8개이다. 이 부분의 조목은 대부분 문헌 자료의 명칭을 표기하고 있는데 권42-31 '부록(附錄)'과 권42-53 '부록·소학(附·小學)'은 구체적 문헌의 제목이 아니라 부록형(附錄型) 조목[42] 형식을 취하고 있다. 부록형 조목을 제외하여 시대별로 다시 '본국 서목'의 조목을 정리하면 다음 〈표 3-2〉과 같다. 역시 괄호 안에 자료의 개수를 표시하였다.

42) 附錄型 조목은 『海東繹史』「藝文志」의 독특한 조목형식이다. 해당 부분의 일반적인 조목 형식과 달리 '附錄'이나 '附+범주를 표현한 단어'와 같은 형식으로 기록한 것이므로 본고에서는 이를 '부록형 조목'이라고 명명하겠다. 『해동역사』「예문지」의 부록형 조목은 다음과 같다. 권42-31 '附錄', 권42-53 '附·小學', 권46-19 '附錄', 권46-31 '附錄', 권46-53 '附錄', 권51-182 '附·句', 권51-196 '附·日本詩:贈和本國人'.

〈표 3-2〉『海東繹史』「藝文志」'本國書目'의 條目 분류 일람표

	經類(8)	史類(24)	子類(10)	集類(39)
箕子朝鮮(2)	朝鮮本『尙書』, 朝鮮本『洪範』 (2)			
高句麗(2)		*高句麗封域圖* (1)	*高句麗秘記* (1)	
百濟(2)		*百濟地理書* (1)	*百濟天文書* (1)	
樂浪(1)		*樂浪挈令* (1)		
新羅(2)				崔致遠『四六文』·『桂苑筆耕』 (2)
高麗(30)	高麗『投壺儀』, 金仁存『論語新義』, 高麗本『孟子』, 權近『五經淺見錄』 (4)	金富軾『三國史記』, 高得相『三國通曆』, 海東『三國通錄』, 鄭可臣『千秋金鏡錄』, 閔漬『世代編年節要』, 高麗『編年綱目』, 高麗『古今錄』, 『大遼事蹟』, *高麗地理圖*, 金富軾『奉仕語錄』 (10)	權近『入學圖說』, 高麗『博學記』, 高麗師『星曜書』, 『高麗日曆』 (4)	趙云仡『三韓詩龜鑑』, 『西上雜咏』, 『小華集』, 偰遜『近思齋逸藁』, 鄭夢周『圃隱集』, 『圃隱奉使藁』, 李穡『牧隱集』, 李崇仁『陶隱集』, 許錦『野堂集』, 金九容『惕若齋集』, 崔瀣『東文選』, 『續東文選』, (12)
朝鮮(42)	『訓民正音』, 崔世珍『四聲通解』 (2)	鄭麟趾『高麗史』, 徐居正『東國通鑑』, 『朝鮮史略』, 申叔舟『海東諸國記』, *朝鮮八道地圖*, 『朝鮮志』, 崔恒『經國大典』, 李克增『大典續錄』, 偰循『三綱行實圖』, 申用漑『續三綱行實圖』, 柳成龍『懲毖錄』 (11)	金時習『游金鰲錄』·『關東日錄』, 『重刊神應經』, 許浚『東醫寶鑑』 (4)	權近『應制集』, 申叔舟『汎翁集』, 姜氏『晉山世藁』, 徐居正『北征藁』, 金時習『梅月堂詩集』, 許愭『梅軒集』, 許琮『尙友堂詩集』, 許氏『陽川世藁』, 李希輔『安分堂集』, 蘇世讓『淸心堂詩集』, 金安國『慕齋集』, 申光漢『企齋集』, 徐敬德『花潭集』, 柳根『西坰集』, 李好閔『五峯書巢集』, 許筠『白月居士集』, 李達『蓀谷集』,

	經類(8)	史類(24)	子類(10)	集類(39)
				崔澱『楊浦集』, 鄭士龍『湖陰草堂集』, 金安老『明虛軒集』, 金尙憲『朝天錄』, 李淑媛『玉峯集』, 許妹氏『蘭雪軒集』, 『東人詩話』, 『皇華集』 (25)

시대별로 보면 '본국서목'의 조목에는 기자조선, 고구려, 백제, 낙랑, 신라, 고려, 조선의 총 81종 문헌 자료를 두루 수록하였다.[43] 이 가운데 조선 시대의 문헌이 42종으로 가장 많고 그 다음은 고려 시대의 문헌으로 모두 30종이다. 서적의 종류로 보면 24종이 역사자료와 39종의 개인 문집이 상대적으로 많은 비중을 차지하고 있다. 『해동역사』「예문지」에 따르면 이와 같은 문헌 자료들이 바로 중국이나 일본 문헌에 기록된 것으로, 외부에 알려진 조선의 서적들이다.

이처럼 외부에 알려진 조선 문헌을 기록한 조목은 크게 두 가지로 구분할 수 있는데 기본 형식을 취한 조목들과 그렇지 않은 조목들이다. 기본 형식이라고 하는 것은 '편저자(編著者)+서명'과 같은 형식인데 이러한 형식으로 기록한 조목들은 52개로 확인되며 '본국서목'의

43) '本國書目'의 조목은 81개지만 수록한 문헌 자료는 조목과 정확하게 대응되지는 않는다. 經類 자목에 수록한 조목은 10개지만 사실 수록한 문헌 자료는 8종이다. 그 중의 권42-31과 권42-53은 부록형 조목이기 때문이다. 史類 자목에 수록한 조목은 24개이고 사실 수록한 문헌 자료도 24종이다. 子類 자목에 수록한 조목은 9개지만 사실 수록한 문헌 자료는 10종이다. 金時習의 『游金鰲錄』과 『關東日錄』은 한 조목에 묶어놓았기 때문이다. 集類 자목에 수록한 조목은 38개지만 사실 수록한 문헌 자료는 39종이다. 崔致遠의 『四六文』과 『桂苑筆耕』은 한 조목에 배치하였기 때문이다.

전체 81개 조목에서 상당히 큰 비중을 차지하고 있다. '본국서목' 내 조목들의 이와 같은 기본형식은 전통 예문지와 한치윤이 참조했던 몇몇 목록서를 참고하여 채택하였을 것이다.

사실 역대 서목을 수록한 서적에서는 대부분 서명, 편저자, 권수를 기본적인 내용으로 기록해왔다. 예컨대『수서』「경적지」의 경우에는 조목에 서명과 권수만을 기록하고 조목 아래에 주문 형식으로 편저자를 비롯한 일련의 관련 정보를 밝혔고,『구당서』「경적지」는 서명과 권수를 기록하고 그 아래 주문 형식으로 편저자만 밝혀두었다.『신당서』「예문지」는 '편저자+서명+권수'의 형식을 사용했는데, 편저자를 서명 앞에 기록한 것이 가장 큰 특색이며 전대의 기록방식에 대한 혁신이라는 평가도 받았다.『송사』「예문지」는『신당서』「예문지」의 형식을 계승하면서『수서』「경적지」처럼 조목 아래의 주문을 통해 관련 정보를 더 실었다. 그리고『명사』「예문지」는『송사』「예문지」의 방식을 답습하였다.

정사(正史) 예문지 외에『경의고』,『사고전서총목』,『절강채집유서총록』(浙江採集遺書總錄)의 형식도 한치윤에게 중요한 참고가 되었던 것으로 추정된다.『경의고』는 '편저자의 성씨(이름)+서명+권수 혹은 편수+존일(存佚)'과 같은 구조를 조목의 기본 형식으로 설정하였다.[44]

---

44) 예를 들어 다음과 같은 네 가지 기록 형식이 확인된다. a『竹書易經』五篇 佚(『經義考』권5,『易』4); b 方氏孝孺『周禮考次目錄』一卷 存 (『經義考』권126,『周禮』7); c 京氏房『易傳』『通志』:三卷;『漢志』:十一篇; 馬氏『通考』:四卷. 存(『經義考』권7,『易』6); d 金氏仁存『論語新義』佚 (『經義考』권220,『論語』10). 편저자를 확인하지 못한 경우 a처럼 서명부터 기록했다. b부터는 모두 편저자를 기록한 조목을 예로 든 것인데 편저자를 밝히는 방식은 '성씨'와 작은 글자로 적은 '이름'의 결합형식이다. 이어서 서명을 기록하고 서명 뒤에 권수나 편수를 기록했는데 c 같은 경우 각 전적에서 기록한 권수와 편수가 다르기 때문에 그러한 사항을

『사고전서총목』의 조목은 상대적으로 일률적이고 간명한 형식을 취하고 있는데 서명과 권수를 기록한 다음에 작은 글자로 쓴 주문을 통해 해당 서적의 소장(所藏) 판본을 설명한 형식이다.[45] 『절강채집유서총록』은 『사고전서총목』의 방식을 따르고 있는데, 다만 조목 아래 판본을 밝히는 주문에서는 소장 판본보다 간본인지 필사본인지를 밝히는 데 더 치중하고 있다.[46]

이처럼 전통적인 예문지와 『경의고』, 『사고전서총목』, 『절강채집유서총록』 등은 조목 기록 형식에 조금의 차이는 있지만, 대체로 편저자, 서명, 권수 등 세 가지는 핵심 기록 사항이 되고 있다. 『해동역사』 「예문지」 '본국서목'의 조목 기록 사항에서는 '권수'를 제외하고 '편저자'와 '서명'을 결합하는 형식을 선택하였다.[47]

『해동역사』「예문지」의 분류 체계는 맥락이 선명하기 때문에 '편저

모두 기록하였다. d는 권수와 편수를 확인 못했기에 해당 사항을 적지 않았다. 그리고 모든 조목의 마지막 부분에서 해당 서적의 현존 상항에 대해 기록하였다. 이는 『경의고』만의 독창적인 기록 방식으로 평가받고 있다.

45) 예를 들어 '별사류(別史類)'의 첫 번째와 두 번째 조목은 각각 다음과 같이 기록했다. "『逸周書』十卷內府藏本/ 『東觀漢記』二十四卷永樂大典本" (『四庫全書總目』 권50, 「史部」 6, 「別史類)

46) 예를 들어 경서 서목을 수록한 부분에서 다음과 같은 두 개의 조목을 기록하였다. "『讀易略記』二冊二老閣寫本/『讀易隅通』二卷刊本".

47) 권수를 기록하지 않은 이유는 실물 조사에 바탕으로 한 編目 작업이 아니었기 때문이다. 전통적인 예문지는 주로 內府 藏書에 의존하여 편찬되었고 『경의고』, 『사고전서총목』, 『절강채집유서총목』 등 서목서 역시 실물 조사를 편찬 작업의 중요한 일환으로 삼았던 것이다. 그러나 『해동역사』「예문지」는 이들 문헌의 편목 작업과 달리 외국 문헌에 기록된 조선의 서적들을 체계적으로 정리하는 작업이었으므로 '권수'를 정확하게 밝히는 것이 쉽지 않다. 조선 문헌을 언급한 중국과 일본 측의 상당수 기록에서 해당 조선 서적의 권수를 기록하지 않았기 때문이다. 이런 문헌적 자료의 한계가 바로 조목에서 '권수'를 제외시켰던 주요 원인으로 보인다.

자'와 '서명' 두 가지 요소만 기록한 조목은 간명하다는 장점을 지닐 수 있었다. 다시 말해 누가 쓴 어떤 책이 해외에 알려졌는지에 대해 간결하고 신속하게 답을 할 수 있었다. 사실 이는 '본국서목' 유목뿐만 아니라 『해동역사』 「예문지」 '경적' 부류 조목의 기본 형식이다. '본국서목'의 81개 조목 가운데 52개 조목이 이와 같은 기본 형식을 취하고 있고, 나머지 29개 조목의 기록 형식은 매우 다양한데 다음과 같은 다섯 가지로 정리할 수 있다.

첫째, 조목에 편저자의 성명을 사용하는 것이 일반적이지만 성명 대신 '성씨'를 사용하는 경우도 있고 '신분'을 표기하는 경우도 있다. 권43-138 '강씨(姜氏) 『진산세고』(晉山世稿)', 권43-150 '허씨(許氏) 『양천세고』(陽川世藁)', 권43-184 '허매씨(許妹氏) 『난설헌집』(蘭雪軒集)' 들은 편저자의 '성씨'를 표기한 조목들이다. 『진산세고』와 『양천세고』는 모두 편자의 부형(父兄)이나 선조 등 집안사람들의 글을 모은 문집이기 때문에 서명 앞에 성씨를 적었던 것이다. '허매씨'는 '허균의 누이'라는 뜻으로 표기한 것인데 조선 사대부 가문에서는 여성에게 이름을 부여하지 않기 때문에 이처럼 기록하였던 것이다. 그리고 편저자의 성명을 알 수 없지만 신분을 파악한 경우 서명 앞에 편저자의 신분을 기록하였다. 권43-86 '고려사(高麗師) 『성요서』(星曜書)'가 그것이다. 이 첫 번째 경우는 '편저자+서명'과 같은 기본형식을 따르고 있다고 볼 수 있으나 다음 유형들은 기본형식의 틀에서 벗어난 것으로 보아야 한다.

둘째, 대부분 조목은 정확한 서명을 밝혔지만 서명이 불분명한 조목들도 일부 존재한다. 사류 자목에 수록한 '고구려 봉역도(高句麗封域圖),' '백제 지리서(百濟地理書)', '낙랑 설령(樂浪挈令)', '고려 지리도(高麗地理圖)', '조선 팔도 지도(朝鮮八道地圖)' 등 다섯 가지 자료와 자류 자목에 수록한 '고구려 비기(高句麗秘記)'와 '백제 천문서(百濟天文書)' 두 가지 문헌은 구체적인 서명을 수록하지 않았다. 구체적인 서명을 밝히지 않은 이 자료들은 조목만으로 그 정체를 파악하기 어렵지만 이 가운데 다섯 종은 나름 『해동역사』「예문지」에서 서술한 고구려, 백제, 낙랑의 서적문화사의 공백을 메우고 있다.

셋째, 서명 앞에 소장 판본을 기록한 경우이다. 권42-21 '조선본(朝鮮本) 『상서』(尙書)', 권42-26 '조선본 『홍범』(洪範)', 권42-44 '고려본(高麗本) 『맹자』(孟子)'가 이에 해당한다. 이들 조목에 수록한 서명만 보면 모두 중국 서적으로 보이지만 실제로는 중국에서 보유한 자료와 구별되는 조선 특유의 자료들이다. 그리하여 서명 앞에 '조선본', '고려본'과 같은 수식어를 사용하여 구별했다. 특히 주목되는 것은 실제 『해동역사』「예문지」의 본문에서는 기자조선 시대의 경서로 설정한 조목 권42-21 '조선본 『상서』'는 위서(僞書)로 보고 있고 또 권42-26 '조선본 『홍범』'은 실존여부가 문제되는 문헌으로 보고 있다. 그럼에도 불구하고 이 문헌들을 조선의 경부(經部) 서적의 첫 자리에 배치한 것은 조선의 경학이 유구한 역사를 가지고 있음을 보여주기 위한 것이다.

넷째, 서명 앞에 편저자 대신 '국가명칭'이나 '지역명칭'을 기록한 조목들이다. 권42-38 '고려 『투호의』(投壺儀)', 권43-10 '해동(海東) 『삼국통록』(三國通錄)', 권43-24 '고려 『편년강목』(編年綱目)', 권43-27 '고려 『고금록』(古今錄)', 권43-79 '고려 『박학기』(博學記)'가 그것이다. 저자를 수록하지 못한 이 조목들을 보면 서명만 보고서는 해당 서적이 조선책인지 아니면 중국책인지를 판단하기 어렵다. 그리하여 국가명칭이나 지역명칭을 서명 앞에 적어 중국책과 분명하게 구분할 수 있게 하였다. 물론 '본국서목' 유목에 수록되었다는 사실만으로도 조선책이라는 것을 알 수 있겠지만 이렇게 표기함으로써 조선의 문헌이라는 것을 다시 강조하게 되었다.

다섯째, 서명만 기록한 조목들이다. 이 경우에 해당되는 조목들은 권42-63 '『훈민정음』(訓民正音)', 권43-38 '『대료사적』(大遼事蹟)', 권43-34 '『조선사략』(朝鮮史略)', 권43-55 '『조선지』(朝鮮志)', 권43-88 '『고려일역』(高麗日曆)', 권43-90 '『중간신응경』(重刊神應經)', 권43-105 '『서상잡영』(西上雜咏)', 권43-107 '『소화집』(小華集)', 권43-128 '『속동문선』(續東文選)', 권43-187 '『동인시화』(東人詩話)', 권43-189 '『황화집』(皇華集)' 등이 있다. 이 가운데 『조선사략』, 『조선지』, 『고려일력』은 저자를 알 수 없지만 서명 자체를 통해 저서의 소속 국가를 알아낼 수 있다고 판단했기 때문에 서명 앞에 그 어떠한 수식어도 붙이지 않았던 것으로 생각된다. 그리고 『서상잡영』, 『소화집』, 『황화집』은 모두 여러 사람의 수창시를 수록한 시선집이고 『속동문선』은 김전(金詮), 남곤(南袞), 신용개(申用漑) 등을 중심으로 만든 시문집인데, 서명만 기록한 이들 조목들은 편저자가 여러 사람의 경우 서명만 기록하고 편저자를 조목에서 밝히지 않는 원칙을 취하고 있는 것으로 보인다.

그러나 권43-38 '『대료사적』' 같은 경우에는 수록한 서명만 보면 혼동의 여지가 생길 수 있는 조목이다. 비록 안설을 통해 이 책이 고려에서 편찬한 것임을 밝히기는 했지만 앞에서 살펴보았던 조목 구성 원칙에 따르면 사실 서명 앞에 '고려' 같은 수식어를 붙여야 한다. 이 조목의 기록방식은 편찬 작업의 실수로 기인한 것으로 생각된다.

권43-90 '『중간신응경』'도 서명만 수록하였다. 그러나 이는 앞의 『대료사적』처럼 편찬 상 실수로 보이지 않는다. 『중간신응경』은 일본 승려 양심(良心)이 바친 책을 조선에서 다시 간행한 것인데, 일본에서 바친 『신응경』(神應經)은 명나라 진회(陳會)의 『광애서』(廣愛書)를 바탕으로 그 중의 일부 내용을 발췌하여 재편찬한 것이다. 현재 명각본(明刻本)이 전하고 있다. 양심은 이 책을 조선에 바치면서 일본의 팔혈법(八穴法)도 전수하였다. 조선에서는 그가 바친 『신응경』을 간행할 때 왕명에 따라 팔혈법도 책 뒤에 첨부하여 함께 간행하였는데 그것이 바로 『중간신응경』이다. 조선에서 간행한 책이지만 수록한 다른 저서에 비해 그 성격이 복잡한 부분이 없지 않다. 이러한 이유로 『중간신응경』을 수록한 조목에서 단지 서명만을 적었던 것으로 보인다.

또 문제가 되는 것은 권43-187 '『동인시화』' 조목이다. 『동인시화』는 서거정(徐居正)이 지은 시화집이다. 개인의 문집이 아니고 개인이 편찬한 시선집을 수록한 경우가 권43-103 '조운흘(趙云仡)의 『삼한시귀감』(三韓詩龜鑑)'과 권43-125 '최해(崔瀣)의 『동문선』(東文選)'[48]에도 있는데 모두 편자의 성명을 조목에서 밝혔다. 그러나 서거정의 『동인시화』는 무엇 때문에 조목에서 서명만을 기록하였을까? 이에 대해 편찬자 한치윤이 해당 시화집에 대한 인식 때문에 조목에서 시화집의 서명만을 기록했던 것으로 추측해볼 수 있다. 즉 그는 『동인시화』가 여러 사람의 시문과 견해를 모은 것이라는 이유에서 서거정 개인의 저술이 아니라 여러 사람의 공저로 보았던 것이다. 특히 『동인시화』는 동국(東國)의 시를 논하는 자리에서 자주 송나라의 시론(詩論)을 원용하였다. 이에 한치윤은 『동인시화』에 대해 개인의 창작이라는 주관적 성격보다 선집(選集) 작업이라는 객관적 성격을 강조하기 위해, 서명만 기록하여 개인의 저술이라는 것은 모호하게 처리한 것이 아닌가라는 추측을 해볼 수 있다.

48) 崔瀣의 『東文選』은 곧 그가 말년에 고려의 명시문을 선발하여 편찬한 『東人之文』 25권을 가리킨다.

특히 서거정의 이름을 기록한 조목 권43-141 '서거정『북정고』(北征藁)'가 이미 앞에서 한 번 나왔는데 편찬자 한치윤이 『동인시화』를 서거정의 저술로 보았다면 이를 당연히 조목 권43-141 뒤에 배치했어야 했다. 그러나 『동인시화』를 『북정고』보다 훨씬 뒤에 기록한 것은 역시 이 시화집에 대한 한치윤의 인식 때문이었다고 해석할 수 있다. 즉 『해동역사』「예문지」 '집류' 자목의 조목들은 시대순으로 배치했지만 같은 시대의 서적인 경우, 먼저 개인 문집을 수록한 다음에 시선집을 수록하는 원칙을 적용하고 있었다. 조선 시대의 '집류' 서목도 마찬가지다. 우선 개인문집을 수록한 다음, 시선집과 성격이 비슷하고 또 여러 사람의 공저로 생각했던 『동인시화』를 수록했던 것이다.

이상에서 살펴본 '본국서목'의 조목 형식을 종합해보면 다음과 같다. 이 부분의 조목들은 '편저자의 성명/성씨 + 서명'과 같은 간결한 구조를 기본 형식으로 삼고 있다. 그러나 기본 형식 외에 또한 5가지 형식을 활용한 것으로 확인되었다. 이 밖에 부록형 조목도 두 개가 있다.[49]

한편 '중국서목' 유목에 수록한 문헌 자료는 모두 조선과 관련이 있는 중국 자료들이다. 구체적으로는 조선에 유입된 중국 서적들, 또는 중국이나 일본으로 '역수출'한, 조선에서 보유한 중국서책들이다. 요컨대 이 부분에 수록한 서목은 조선을 중심으로 동아시아 삼국에서 유통되었던 중국서책들이다. 그리고 '동국기사' 자목에는 중국에서 편찬된 조선에 관한 전저(專著)를 모았다. 물론 이 모든 서적의 공통점은 조선 문헌에 기록된 것이 아니라 중국과 일본의 문헌에 기록된 문헌 자료라는 것이다. 다시 말해 '중국 서적' 유목에는 외부에 알려졌던,

---

49) 앞의 주석 84번 참조.

조선을 중심으로 유통되었던 중국 서적, 그리고 조선에 대한 중국의 전저들을 수록한 것이다.

'중국서목' 유목에 수록된 서적들을 편찬 시기순으로 다시 정리하면 다음과 같다.[50]

先秦: **(經類)** 『易經』, 『尙書』, 『論語』·『孝經』, **(史類)** 『山海經』, **(子類)** 『顔子』, 『老子』.

兩漢: **(經類)** 『易林式占』, 京氏『周易占』十卷, 『毛詩』, 『春秋公羊墨守』, 『別序孝經』, 『孝經雌圖』·『皇靈孝經』, **(史類)** 『史記』·『漢書』[51], 『東觀漢記』, 『列女傳』, **(子類)** 劉向『說苑』「反質篇」.

魏晉南北朝: **(經類)** 『玉篇』·『字統』·『字林』, **(史類)** 『後漢書』·『三國志』, 『晉陽秋』, **(子類)** 『涅槃經』, 『法華經』[52], 『般若經』(추정)[53],

---

50) 일부 서적은 잘 알려진 것으로, 그 편찬시대를 쉽게 확인할 수 있었다. 그리고 일부 서적은 현존하지 않거나 잘 알려지지 않아 『해동역사』 「예문지」 속의 관련 기록과 선행연구를 통해 편찬시대를 확정할 수 있었다. 그러나 여전히 일부 서적의 편찬시대는 대략의 시기를 추정할 수 있었으나 확정하는 데 어려움이 있었다. 그리하여 '(추정)'으로 표기해두었다.

51) 여기의 '『史記』·『漢書』' 항목은 '魏晉南北朝(史類)'에서 밑줄 친 '『後漢書』·『三國志』' 항목과 함께 권44-54 '『史記』·『漢書』,『後漢書』·『三國志』' 조목을 구성하였다.

52) 嚴耀中의 「論隋以前『法華經』的流傳」(『上海師範大學學報』, 1997, 29~35면)에 따르면 『法華經』의 가장 이른 시기의 漢譯本은 東吳시대 交州에서 번역한 『法華三昧經』이다. 그 후 또한 5가지 한역본이 있었는데 현존하는 것은 다음과 같은 3가지이다. 西晉의 竺法護의 二十七品 『正法華經』 30권, 十六國시대 後秦의 鳩摩羅什이 한역한 二十八品 『妙法蓮花經』 7권과 隋나라 闍那堀의 『添品妙法蓮花經』이다. 『해동역사』 「예문지」에 수록한 『법화경』에 대한 제요에서는 "...聖德太子信佛法, 以高麗沙門惠慈爲師. 惠慈講『法華經』..."라고 기록하였다. 이 기록을 통해 권44-115 '『法華經』' 조목에 수록한 『법화경』은 고구려 승려 惠慈가 일본의 쇼토쿠태자(聖德太子)에게 전수했던 것을 가리킨다. 김춘호의 「고구려 惠慈가 일본 法華學에 미친 영향」(『한국불교사연구』 제9호, 2016, 5~36면)에서 소개

(**集類**) 『文選』, 『千字文』, (**東國記事**) 崔頤『東征高麗記』.

隋唐五代: (**經類**) 『唐禮』, 『吉凶要禮』, 越王『孝經新義』, (**史類**) 『晉書』, 『三十六國春秋』[54], 『北史』, (**子類**) 『九執曆』, 遁甲書·方術書(추정)[55], 『貞元廣利方』五卷, 『華嚴經』(추정), 『貝多葉經』(추정), 『天

한 일본 측의 선행연구에 따르면 595년 일본으로 간 혜자의 가르침을 받고 쇼토큐태자는 『法華義疏』를 편찬하였는데 『법화의소』는 내용으로 볼 때 고본인 二十七品 法華經의 주석이고 또한 梁나라 法雲의 『法華義記』를 많이 인용했다고 한다. 이에 권44-115 '『법화경』' 조목에 수록한 경서는 서진시대 축법호의 『정법화경』인 것으로 추정할 수 있다.

53) 남북조시대와 당나라 때 대량의 불교 전적들이 서역으로부터 중원에 유입되었으며 한 佛經의 漢譯과 간행은 보통 여러 차례에 걸쳐 진행되었다. 그러나 단순히 '중국서목'의 기록들을 통해 해당 불경들이 어느 시기의 역본인지를 정확히 단정할 수는 없다. 그리하여 본문에서 불교 전적에 대한 시대 분류는 관련 역사기록과 선행연구를 최대 활용하여 추정하였지만 편찬시대를 단정하기 어려운 경우, 해당 서적 뒤에 '(추정)'이라고 표시한다. 여기에 기록한 『般若經』, 『華嚴經』, 『貝多葉經』, 『天台教卷』 등은 모두 앞의 주석에서 제시한 『법화경』과 비슷한 추정작업을 걸쳤으나 여전히 '중국서목'에 기록된 해당 판본의 정확한 편찬시기를 단정하기 어려워 우선 '(추정)'으로 표시해 두었다. 비록 추정을 통해 몇몇 저서의 편찬시기를 정리하였지만 '중국서목' 유목에 수록된 조목들의 전반적 특징을 파악하는 데 큰 문제는 되지 않는다고 본다.

54) 권44-63 '『三十六國春秋』' 조목은 잘 알려지지 않은 서적이다. 우선 『해동역사』「예문지」의 해당제요에서 『舊唐書』의 기록을 인용하여 渤海王 大欽茂가 당나라 玄宗에게 이 책을 구했다고 하였지만 이러한 내용은 『구당서』에서 확인되지 않으므로 출처에 대한 誤記가 있었던 것이다. 사실 이 기록은 『唐會要』에서 인용한 것이다. 『당회요』 외에 또한 당나라 때 편찬한 『藝文類聚』에서 『삼십육국춘추』를 인용한 기록이 확인된다. 『예문류취』 권87, 「果部」, 「益智」에 다음과 같이 기록하였다. "『三十六國春秋』曰: 安帝元年, 盧循為廣州刺史, 裕乃荅以續命湯." 『예문류취』는 歐陽詢(557~641)이 唐高祖의 명을 받들어 624년 편찬을 완성한 것이고 『당회요』는 북송의 王溥(922~982)가 편찬을 완성하여 961년에 올린 것이다. 이상의 정보들을 종합해보면 『삼십육국춘추』는 적어도 당나라 초기에 있었던 책임을 알 수 있다.

台敎卷』(추정), **(集類)** 『杜家新書』, 『文館詞林』, 柳文, 張鷟文, 白居易文, 徐夤賦三篇, 馮定「黑水碑」·「畵鶴記」, **(東國記事)** 韋沖『經略高麗文』, 裵矩『高麗風俗記』, 顧愔『新羅國記』, 『奉使高麗記』[56], 王宗禹『渤海軍司圖』, 僧顔『渤海行年記』(추정), 張建章『渤海國記』, 章僚『海外使程廣記』.

宋元: **(經類)** 宋『開寶通禮』, 『三禮圖』, 宋『樂曲譜』一十冊·『指訣圖』一十冊, 『春秋會通』·『大學衍義』, 宋本九經, 王安石『三經新義』, 朱子集註經書, **(史類)** 『通鑑綱目』, 『太平御覽』, 『冊府元龜』, 宋『國朝登科記』, 刑法書, 『太學勅式』, **(子類)** 陰陽地理書(추정), 『大藏經』, 『黃帝鍼經』, 『聖惠方』, 『祕藏詮』·『逍遙詠』·『蓮花心輪』, **(集類)** 『文苑英華』, 『歐陽公居士集』, 『王安國詩集』, **(東國記事)** 『奉使高麗故實』, 呂祐之『海外覃皇澤詩』, 宋球『高麗圖紀』, 元豊『高麗入貢儀式條令』, 元豊『高麗女卓排辨式』, 孫穆『鷄林類事』, 吳拭『鷄林志』, 王雲『鷄林志』, 徐兢『宣和奉使高麗圖經』, 『奉使高

---

55) 조목 권44-100 '遁甲書·方術書'에 대한 제요는 "日本推古皇十年, 百濟國僧觀勒來貢遁甲書､方術書..."라고 하였는데 602년에 백제의 승려가 중국의 둔갑서와 방술책을 일본 推古女皇에게 올렸다는 내용이다. 602년은 수나라 仁壽 2년이다. 중국 역사상 가장 잘 알려진 둔갑서는 『奇門遁甲』인데 이 책의 내용과 관련해서 先秦시대에는 '陰符'라고 불렸고 漢代에는 '六甲'이라고 하였으며 隋唐시대부터 '遁甲'이라고 하였다. 그리고 明淸시대에 들어와서 '기문둔갑'이라고 하였다. 그리하여 조목 권44-100에 수록한 둔갑서는 이 책이 아닌가 의심된다. 하지만 방술에 관한 책은 워낙 많기 때문에 구체적으로 어느 책을 가리키는지 추측하기 어렵다. 다만 둔갑서와 함께 일본에 가져간 것을 보면 두 종류의 서적은 늦어도 수나라 인수 연간에 유통되었던 것을 알 수 있다.

56) 권45-11 '『奉使高麗記』' 조목에 대한 안설을 통해 鄭樵의 『通志』「藝文略」에서 이 책을 顧愔의 『新羅國記』 뒤에 수록했음을 알 수 있다. 그리고 『新唐書』 권84, 「藝文」 2, 「地理類」에 "『奉使高麗記』一卷"을 裵矩(547~627)의 『高麗風俗記』 앞에 수록하였다. 이에 『봉사고려기』는 대략 수나라 시대부터 당나라 초기까지의 저서인 것을 추정할 수 있다.

麗記』, 『使高麗事纂』(추정), 『宣和接送高麗勅令格式』, 『宣和奉使高麗勅令格式』, 『高麗勅令例儀範坐圖』, 『高麗表章』(추정), 『高麗行程錄』(추정), 楊應誠『建炎假道高麗錄』, 翁夢得『新羅國記』, 閻子秀『鴨江日記』, 王約『高麗志』, 宋无『鯨背吟集』.

明代: **(經類)** 『五經傳註』, **(史類)** 『大明會典』, 『吾學編』, **(子類)** 『性理大全』, (集類) 『高皇帝御製詩卷』, 宋濂文集, 王世貞『弇山堂別集』, 『汪伯玉集』, 魏際瑞『伯子集』, **(東國記事)** 鄧鍾『高麗圖記』, 倪謙『朝鮮紀事』, 『遼海編』, 錢溥『朝鮮雜志』, 張寧『奉使錄』, 董越『朝鮮賦』, 『使東日錄』, 『朝鮮雜志』, 龔用卿『使朝鮮錄』, 黃洪憲『朝鮮國記』, 魏時亮『遼東事宜』, 鄭若曾『朝鮮圖說』, 宋應昌『朝鮮復國經略』, 『經略復國要編』, 蕭應宮『朝鮮征倭紀略』, 茅瑞徽『萬曆三大征攷』, 王士琦『封貢記略』, 諸葛元聲『兩朝平壤錄』, 侯繼國『兩浙兵制』, 黃俁卿『倭患考原』, 王士驥『馭倭錄』, 吳明濟『高麗世紀』, 朱之蕃『奉使朝鮮藁』, 鄧少卿『奉使詩艸』, 張廷枚『奉使高麗紀事詩』, 焦竑『朝鮮詩選』, 吳明濟『朝鮮詩選』.

清代: **(集類)** 『列朝詩集』, 徐釚『菊莊樂府』, **(東國記事)** 孫致彌『朝鮮採風錄』.

‘중국서목’ 유목에 총 132개 조목을 수록하였는데 일부 조목에서 여러 문헌 자료를 기록했기 때문에 실제 수록한 서적문헌의 수량은 145종 이상이다. 이 가운데 권43-100 ‘둔갑서, 방술서(遁甲書·方術書)’와 같은 조목에서는 문헌의 정확한 서명을 기재하지 않았기 때문에 정확한 수량을 파악하기 어렵다. 때문에 ‘145종 이상’이라고 추정하는 것이다. 비록 문헌의 정확한 수량을 단정할 수는 없지만 구체적인 서명을 기록하지 않은 조목에 수록한 문헌을 최소 1종으로 볼 수 있다. 이와 같은 계산 기준을 적용해도 ‘중국서목’ 유목에 수록한 문헌 자료의 전반적인 상황을 파악하는 데 큰 무리가 없다고 본다. 이에 다시 편찬시대와 분류체계에 따라 '중국서목'에 수록한 문헌 수량을 도식화하면 다음 〈표 3-3〉과 같다.

〈표 3-3〉『海東繹史』「藝文志」'中國書目'에 수록한 문헌 수량

	經類	史類	子類	集類	東國記事
先秦 (7)	4	1	2		
兩漢 (12)	7	4	1		
兩晉南北朝 (12)	3	3	3	2	1
隋唐五代 (29)	3	3	7	8	8
宋元 (46)	9	6	7	3	21
明代 (36)	1	2	1	5	27
淸代 (3)				2	1
[합계]	[27]	[19]	[21]	[20]	[58]

〈표 3-3〉를 통해 '중국서목'에 수록한 자료들은 선진시대부터 청나라 초기까지의 문헌을 망라하였음을 알 수 있다. 이 가운데 송, 원 시기의 서적이 46종으로 가장 많고 명나라 서적이 36종으로 그 뒤를 잇고 있다. 종류별로 보면 조선에 대한 전저가 58종으로 가장 많고, 경사자집 네 종류의 숫자는 대략 비슷하다. 숫자만으로 보면 중국 서적은 경사자집 네 분야에서 균형 있게 조선을 중심으로 동아시아 삼국 간에 유포되었던 것이다. 또한 조선에 대해 기록한 전저의 수량은 위진시대부터 명대까지 점차 많아지는 추세를 보이고 있다.

한치윤이 『해동역사』를 편찬한 시기는 청나라 중기에 해당되는 1799년부터 1814년까지이다. 당시 양국의 서적 교류는 매우 활발하게 진행되었다. 그러나 위의 표에서 청대 서적은 3종만 보이는데, 지금까지 알려진 바 18세기 중기부터 19세기 초기까지 중국 서적이 조선에

대량 유입되었다는 상황과 부합되지 않는다.[57)]

그 원인은 편찬 작업이 편찬자의 주관에 따라 진행되었다는 점과 당대(當代) 서적을 기록할 때의 한계라는 두 가지 측면에서 생각해볼 수 있다. 『해동역사』는 역사서로 편찬되었다. 역사서술의 대상에는 편찬자가 살고 있었던 '당대'와, 그와 가까운 시기인 '근대'가 제외된다. 18세기 후반을 살았던 한치윤은 자신의 역사저술에서 18세기 전반기를 제외하고 17세기 말까지만 다루었던 것이다. 때문에 '중국서목'에는 청나라 초기까지의 서적 3종밖에 기록되지 않았던 것이다. 또한 『해동역사』가 기본 자료로 사용했던 원전의 내용과 종류도 제한적이었다. 한치윤이 『해동역사』를 편찬할 때 청나라 초·중기의 서적들도 많이 접했을 가능성은 충분하지만 청나라 중엽까지의 사상적 분위기를 고려하면 당시 광범위하게 유통했던 책들은 대부분 시사(時事)보다는 역사를 다루고 있었을 것이다. 그리고 그가 이용한 청나라 저술의 종류도 상대적으로 다양하지 못해 당시 한·중 양국 서적 교류에 대한 기록을 추출하기는 어려웠을 것이다. 요컨대 한치윤이 편찬하고자 했던 책과 그가 참고했던 책은 모두 17세기 말까지의 양국 서적 교류에 관한 역사정보를 담았던 것이다. 다만, 역사서술 대상의 시한은 청나라 초기까지지만 한치윤이 참고한 서적의 시한은 그렇지 않은데, 이

57) 18세기 중기부터 19세기 초기까지 조선의 중국 서적 유통 양상에 대한 고찰은 조계영 외, 『동아시아의 문헌 교류 : 16~18세기 한·중·일 서적의 전파와 수용』, 소망, 2014를 비롯한 연구에서 다룬 바 있다. 이 뿐만 아니라 중국으로 전해진 조선의 문집도 상당히 많은 것으로 조사되었다. 이에 대해 劉婧의 「十八世紀朝鮮文人的燕行及傳入到中國的朝鮮典籍」(『한국학논집』 67, 2017, 299~324면)에서 고찰한 바 있다. 요컨대 18세기 중기부터 한중 양국의 서적 교류는 전대보다 훨씬 활발하게 쌍방향으로 이루어졌던 것이다.

점에 대해서는 제4장 원전에 대한 인용 양상에서 자세히 고찰하기로 한다.

‘중국서목’ 유목에 수록한 조목들의 형식상 가장 큰 특징은 바로 ‘양분화(兩分化)’라는 점이다. ‘경 · 사 · 자 · 집’ 네 자목에 수록한 조목들은 주로 서명만 기록하는 방식을 취하고 있고, ‘동국기사’ 자목에 수록한 조목들은 전반적으로 ‘본국서목’의 조목 기본형식인 ‘편저자+서명’ 형식을 취하고 있다.

‘경사자집’ 네 자목에는 74개의 조목에 87종의 문헌을 수록하였다. 이 가운데 서명만 기록한 조목은 52개인데 이 중에서도 두 개 이상의 서명을 수록한 조목은 6개가 있다. 서명만 기록한 것이 이 부분 조목의 기본 특징이다. 나머지 22개 조목의 기록 형식을 정리하면 다음과 같이 네 가지로 구분할 수 있다.

첫째, ‘편저자+서명/편명+권수’ 중에서 두 가지 혹은 세 가지의 항목을 기록한 조목은 9개가 있다. 특히 권44-5 ‘경씨(京氏)의 『주역점』(周易占) 10권’은 세 가지 항목을 기록하였고 권44-91 ‘유향(劉向)의 『설원』(說苑) 「반질편」(反質篇)’과 권44-150 ‘풍정(馮定)의 「흑수비」(黑水碑)와 「화학기」(畵鶴記)’는 편명까지 수록하였다.

둘째, ‘저자의 성씨/성명+문헌 종류’와 같은 형식을 취한 조목은 6개가 있다. 권44-142 ‘유종원의 문집(柳文)’, 권44-144 ‘장작의 문장(張鷟文)’, 권44-146 ‘백거이의 문장(白居易文)’은 저자의 성씨나 성명을 기록한 다음에 문집이나 문장을 뜻하는 ‘문(文)’자만을 기록하였다. 그리고 권44-148 ‘서인의 부 세 편(徐夤賦三篇)’, 권44-48 ‘주자가 집주한 경서(朱子集註經書)’, 권44-161 ‘송렴의 문집(宋濂文集)’과 같은 경우에는 각각 편저자와 문헌의 종류를 정확하게 알려주는 단어로 조목을 구성하였다.

셋째, 편저자와 서명 없이 문헌의 종류만 기록한 조목이 4개가 있다. 권44-44 ‘송나라의 구경(宋本九經)’, 권44-83 ‘형법책(刑法書)’, 권44-100 ‘둔갑서와 방술서(遁甲書·方術書)’, 권 44-102 ‘음양지리서(陰陽地理書)’이다.

넷째, ‘국가명칭+서명+(冊數)’와 같은 형식을 취한 조목도 2개가 있다. 권44-15 ‘송나라의 『개보통례』(開寶通禮)’, 권44-20 ‘송나라의 『악곡보』(樂曲譜) 10책과 『지결도』(指訣圖) 10책’이다. 모두 송나라의 문헌들이다.

‘중국서목’의 ‘동국기사’ 자목에는 58개의 조목에 58종의 문헌을 수록하였는데 대체로 ‘편저자+서명’의 형식을 취하고 있다.[58] 서명 위주로 수록한 ‘경·사·자·집’의 조목들은 주로 어떠한 중국책이 조선을 중심으로 유통되었는지를 알려주기 위해 설정하였고, 편저자와 서명을 함께 수록한 ‘동국기사’의 조목들은 누가 조선을 대상으로 책을 썼는지를 보여주는 것이 주목적이었다.

② 提要

서목과 서화 부분의 제요는 모두 조목에 대한 해제(解題)이다. 예문지의 편찬사와 함께 제요의 작성 방식과 기술 내용 역시 발전하였으며, 그 발전은 실상 오늘날의 문헌 해제 작업에까지 이어졌다고 볼 수 있다. 청나라 때 보사예문지와 각종 서목 편찬 사업의 발달로 제요의 체례도 상당히 규범화된 형태에 이르렀다. 특히 송나라 때 편찬된

58) 이 가운데 15종은 서명만을 기록하였지만 이 중 7종은 앞의 밝혔던 편저자의 저서거나 제요를 통해 편저자를 밝혔기 때문에 사실상 8종 저서의 편저자를 밝히지 못했던 것이다.

『직재서록해제』(直齋書錄解題)는 일찍이 '해제'라는 용어로 저술을 명명하였고, 이후의 『사고전서총목제요』(四庫全書總目提要)도 '제요'로 서명을 칭하기도 하였다. 이는 서목을 수록한 저술에서 제요가 그만큼 중요한 역할을 한다는 것을 말해주고 있다.

편찬자는 제요를 통해 해당 조목을 설명한다. 일반적인 목록서에서 제요는 주로 저자의 약력과 서적의 내용을 소개하고, 학술적 성과에 대한 평가, 판본 및 교감 관련 사항 등을 서술한다. 이러한 제요를 통해 독자는 편리하게 해당 서목에 대해 개괄적인 인식을 얻을 수 있고 또한 편저자의 편목(編目)에 대한 지적 인식을 가늠할 수 있다.

조목과 제요의 관계에 주안점을 두면 서목과 서화 부분에 수록된 제요를 두 가지로 나눌 수 있다. 하나의 조목 아래 그것에 대응하는 제요 하나만을 수록한 경우 조목과 제요는 일대일(一對一)의 관계가 되며, 하나의 조목 아래 여러 개의 제요를 수록한 경우 조목과 제요는 일대다(一對多)의 관계가 된다.

서목과 서화 부분에는 모두 234개의 조목과 361개의 제요가 수록되어 있다. 이 가운데 제요와 일대일 관계를 맺고 있는 조목은 182개이고 제요와 일대다 관계를 형성하고 있는 조목은 52개이다. 즉 한 조목 아래에는 대부분 하나의 제요를 수록하였는데, 이러한 경우가 전체 기사의 77.8%로 거의 80%에 가까운 비중을 차지하고 있다. 그리고 일부 조목 아래에 여러 제요를 수록한 경우는 22.2%로 그 비중이 매우 작다. 이 두 가지 유형은 각각 차지하는 비중이 다르지만 모두 『해동역사』 「예문지」의 중요한 제요 수록 방식이다.

서목 부분에서 조목과 제요가 일대일의 관계로 기록된 내용들은 편찬자가 섭렵한 외국 자료 가운데 한 가지 문헌에서 유일하게 기록된 것으로 확인되었기 때문에 해당 조목 아래 제요 하나만을 수록했던 것으로 보인다. 일례로 조목 권43-62 '최항(崔恒)의 『경국대전』(經國大典)' 아래 다음과 같은 제요를 실었다.

> 마쓰시타 겐린(松下見林)이 말하기를, "『경국대전』은 조선의 영성부원군(寧城府院君) 최항 등 9인이 찬한 책이다. 권3 『예전』(禮典) 「사자조」(寫字條)에, '왜학(倭學)은 『이로파』(伊路波), 『소식』(消息), 『서격』(書格), 『노걸대』(老乞大), 『동자교』(童子敎), 『잡어』(雜語), 『본초』(本草), 『의론』(議論), 『통신』(通信), 『구양물어』(鳩養物語), 『정훈왕래』(庭訓往來), 『응영기』(應永記), 『잡필』(雜筆), 『부사』(富士)로 한다'고 하였다. 지금 살펴보건대, 『이로파』, 『소식』 이하는 대부분 국속(國俗)에 관한 비천한 책이다. 『노걸대』에는 오랑캐의 말이 뒤섞여 있으니 애석하다. 조선 사람들로 하여금 우리 일본 국사(國史)에 관한 여러 책을 알지 못하게 하는구나." 『이칭일본전』
>
> **〈권43-63〉** 見林曰:"『經國大典』, 朝鮮寧城府院君崔恒等九人撰. 卷之三「禮典」'寫字條', 倭學『伊路波』､『消息』､『書格』､『老乞大』､『童子教』､『雜語』､『本草』､『議論』､『通信』､『鳩養物語』､『庭訓往來』､『應永記』､『雜筆』､『富士』. 今按『伊路波』､『消息』以下, 多皆國俗兎園之冊. 『老乞大』胡語混訛, 惜哉. 不令高麗人知國史諸書矣." 『異稱日本傳』

한치윤은 조선의 『경국대전』에 대한 기록은 기타 문헌에서 확인하지 못하였던 모양이다. 그래서 『경국대전』을 수록한 조목 아래 위와 같은 제요만 수록하였다. 하지만 일대일 관계를 가진 조목과 제요가 모두 『경국대전』의 경우와 같은 것은 아니다. 예를 들어 제요 권44-65와 제요 권44-73에서는 모두 『책부원구』(冊府元龜)를 언급하였지만 이 책을 수록한 조목 아래에는 제요 권44-73만을 배치하였다. 이는 사료에 대한 선택과 배치가 기계적이지 않다는 것을 말하고 있다.

전통적인 예문지의 제요는 일반적으로 서록체(敍錄體), 전록체(傳錄體), 집록체(輯錄體), 집고체(輯考體) 네 가지로 구분된다. 우선 서록체는 소서(小序)와 서명만 기록하는 방식으로, 가장 이른 시기에 예문지에서 사용되었다. 서명에 대한 소서는 지금의 해제와 비슷한 것이다. 유향(劉向)이 『별록』(別錄)에서 바로 이러한 방식을 사용하였고, 『한서』 「예문지」에서도 이를 계승하였다. 청나라 때 편찬된 『사고전서총목』은 서록체를 가장 잘 활용하였다.

전록체는 서록체를 바탕으로 한층 더 발전된 방식으로 평가되고 있다. '전(傳)'은 곧 저자의 전기를 가리키므로 전록체는 저자에 대한 소개를 중심으로 한 방식이다. 저자의 약력이 가장 핵심적인 내용이고 약력에 이어 관련 저술들을 간단히 언급한다. 청나라 학자 주이준이 편찬한 『명시종』이 바로 전록체를 사용하고 있다.

집록체는 가장 널리 사용되는 것으로, 저자와 저서를 중심으로 관련 자료를 수집하여 일정한 순서대로 조목 아래에 기록하는 방식이다. 원나라 『문헌통고』 「경적고」가 집록체 제요를 사용한 대표적인 예문지이다. 이 책에서 수집한 자료는 역대의 사서와 목록서로부터 개인문집에까지 광범위하다. 『해동역사』 「예문지」의 서목과 서화 부분이 바로 이 방식을 사용하고 있다.

집록체 제요는 해당 조목과 일대다의 관계를 형성할 때 다양한 정보를 담는다. 이러한 제요의 다양성은 구체적으로 고금(古今), 정반(正反), 다국적(多國的), 상략(詳略), 허실(虛實), 동이(同異) 등으로 설명된다. 예를 들어 고득상의 『삼국통력』은 12권과 10권으로 구성되어 있는 이본이 있다고 기록하여 두 이본 사이의 차이를 보여주고 있다. 또 권44 '주자집주경서(朱子集註經書)'의 제요를 보면, 주자가 집주한 경서라는 내용보다는 정몽주에 대한 찬사가 주된 내용이다. 직접적으로 관련이 있는 자료는 아님에도 수록한 경우로, 관련 정도에 따라 다양한 정보를 보여주고 있는 것이다.

『해동역사』「예문지」의 서목과 서화 부분에서 또한 주요하게 사용한 형식이 집고체이다. 집고체는 집록체를 기본으로 하되 그것에 고증을 덧붙이는 방식을 말한다. 이러한 방식을 사용한 대표적인 저술이 주이준의 『경의고』이다. 『해동역사』「예문지」에서도 집고체 제요가 확인되는데 그 수량이 적지 않다.

요컨대 『해동역사』「예문지」에서 집록체 제요와 집고체 제요를 동시에 사용하고 있다. 수량으로 보면 집록체 제요가 압도적으로 많지만 집고체 제요도 적지 않기 때문에 이 두 가지 방식을 모두 이 책의 제요 기록 방식으로 보아야 한다. 한편 제요의 배열순서는 두 가지 원칙에 따랐는데 인용문헌의 저술연대의 선후, 또는 인용 내용의 서술연대를 따랐다.

③ 按說

서목과 서화 부분에는 총 85개 안설을 수록하였는데 그 내용은 목록학을 지향하는 것이 특징이다. 이러한 안설들은 모두 조목, 제요, 안설 세 가지 구성 요소를 구비한 기사에서 확인된 것이고, 안설의 내용은 해당 조목 및 제요의 내용과 긴밀한 관계를 지니고 있다.

편찬자 한치윤의 학적 관심이 어느 분야에 비교적 많이 집중되고 있는지는 안설의 개수를 통해 일차적인 확인이 가능하다. 그리하여 『해동역사』「예문지」의 자체 분류에 따라 서목과 서화 부분에 수록된 문헌 및 자료의 수량과 안설의 개수를 다음과 같이 정리하였다. '문헌의 개수/안설의 개수'의 형식으로 표시하였다.

「總論」 : (-/3)
'本國書目' : 經類 (8/6), 史類 (24/15), 子類 (10/3), 集類 (39/14)

'中國書目' : 經類 (27/5), 史類 (19/1), 子類 (21/8), 集類 (20/2), 東國記事 (58/19)

'書法' : (9/4)

'碑刻' : (4/4)

'畵' : (8/1)

'중국서목' 유목의 '동국기사' 자목에 총 19개 안설이 실려 있어서 가장 많은 것으로 나타났다. 그 다음으로 '본국서목' 유목의 '사류' 자목에는 15개 안설을 실었고 '집류' 자목에는 14개 안설을 실었다. 그러나 수록된 자료의 수량을 고려하면 편찬자 한치윤의 관심 분야는 다르게 나타난다. 각 자목의 안설 개수와 수록한 문헌 수량의 비율로 보았을 때, 가장 편찬자의 주목을 받은 부분은 '비각' 부류와 조선의 경서(經書) 및 사서 분야이다. '비각' 부류에는 4개의 조목을 나열하였는데 '부록형' 조목 하나를 제외하면 나머지 3개 조목과 해당 제요에서 모두 안설이 확인된다. 특히 조목 권46-26 '소정방의 평백제탑비명(蘇定方平百濟塔碑銘)'은 관련 안설이 두 개나 된다. 또한 조선의 경서에는 8종의 서적을 수록하고 그 중의 6종에 대해 안설을 작성하였고, 조선의 사서 문헌 24종 가운데 15종에 대해 안설을 작성하였다. 물론 이와 같은 편찬자의 '관심'이라는 것은 단지 수량의 통계 측면에서 유추해 본 것이고, 이 점을 보다 온전하게 파악하려면 수록 내용뿐만 아니라 편찬자가 보유했던 자료까지도 고려하여야 할 것이다.

기록 형식으로 볼 때 서목과 서화 부분의 안설은 '일반 안설'과 '제요 속의 안설' 두 가지가 모두 포함된다. 일반 안설은 72개로 확인되고 제요 속의 안설은 13개로 확인된다. 그리고 서화 부분의 안설 가운데 3개는 일반 안설이고, 나머지 6개는 제요 속의 안설로 짤막한 한 문장으로 기록된 것이다. 내용 측면에서 볼 때 서목과 서화 부분의 안설은 세 가지 유형으로 나눌 수 있다. 하나는 '보충설명형(補充說明型)' 안설이고 하나는 '의논평가형(議論評價型)' 안설이며 또 하나는 '질의고증형(質疑考證型)' 안설이다.

보충설명형 안설은 해당 조목이나 제요에서 언급된 내용에 대해 관련 자료나 정보를 보충하여 설명하는 것을 통해 보다 더 많은 역사적 정보를 집록하는 데 목적을 두고 있다. 또 이러한 안설에서는 관련 문헌기록을 인용하여 기록하는 것에 주안점을 두는 유형과 편찬자가 관련 정보를 정리하고 설명하는 것에 치중하는 유형 두 가지로 구분할 수 있다. '의논평가형' 안설은 해당 제요의 내용 혹은 안설에서 보충한 자료에 대해 편찬자가 자신의 관점을 피력하는 내용을 담고 있다. 질의고증형 안설은 해당 제요로부터 제기된 일부 문제에 대해 편찬자가 고증작업을 통해 문제에 대한 '해답'을 제시하는 것을 말한다. 편찬자가 지적한 '문제점'과 거기에 제시한 '해답' 사이의 관계에 따라 질의고증형 안설은 다시 '오류 시정', '의문 제기', '문제 고정(考定)'과 같은 세 가지 유형으로 나눌 수 있다. 다음으로 이상에서 정리한 이 부분 안설의 유형에 따라 유목 및 자목별로 그 안설들을 살펴보도록 하겠다.

20개의 기사로 구성된 서목의 「총론」에서는 3개의 안설이 확인된다. 권42-11에 기록한 안설은 '제요 속의 안설'로 잘못 기록된 고려왕의 이름을 수정하였다. 따라서 이는 '오류 시정' 유형의 안설이라 할 수 있다. 그 외에 권42-13과 권42-20은 한국 측 문헌에 의거하여 관련된 정보를 보충하여 설명하는 안설이다. 안설 권42-7부터 권42-12까지 총 6개 제요에는 고려 시대의 서적은 이본이 많고 장서가 풍부하며 중국의 경서를 자체 간행도 하였다는 내용을 수록하였다. 물론 이 기록들은 모두 중국 문헌에서 발췌한 것이다. 고려의 서적 상황을 개관하기 위해 서로 다른 책과 다른 맥락에서 뽑은 기록을 한데 모아놓은 것이지만 대부분 한두 문장으로 이루어진 간명한 기록이기 때문에 여전히 보충할 여지가 있었다. 이에 편찬자는 자국의 자료를 동원하여 고려 시대에 국가 차원에서 서적을 간인, 소장, 구매한 기록을 모아 정리하였다. 이것이 바로 안설 권42-13의 내용이다. 안설 권42-20도 마찬가지다. 권42-14부터 권42-16까지는 조선 시대에 명나라로부터 서적을 하사받은 기록들이고 권42-17부터 권42-19까지는 각종 중국 야사에서 채록한 기록들인데, 대체로 조선 사람들은 책을 좋아하고 서적도 풍부하다는 내용이다. 그리고 안설 권42-20은 앞의 제요의 내용을 감안하여 중국으로부터 서적을 하사받았던 사실(史實)에 대한 기록들을 모았다. 총 14차례 국가차원의 서적 입수 활동에 대한 기록인데 입수 시기와 서적 종류, 그리고 책임자를 상세하게 기록하였다.

'본국서목' 유목 중 '경류' 자목에 6개 안설이 실려 있다. 권42-33, 권42-52, 권42-66은 보충설명형 안설이다. 이들은 구체적인 서목을 보충하는 안설과 해당 서적의 편찬 시대와 배경 등 정보를 보충하는 내용으로 구성하였다.[59] 그리고 의논평가형 안설 권42-48은 앞의 조목 권42-44부터 제요 권42-47까지의 핵심 내용인 '고려본 『맹자』'에 대해 편찬자의 의견을 피력한 것이다. 먼저 제요에서 인용한 주자(朱子)와 우연(尤延)의 말에 대해 자신의 생각을 밝힌 다음, 고려본 『맹자』가

59) 안설 권42-33은 『고려사』를 인용한 것인데 앞의 제요 권42-32에서 언급한 송나라가 고려에 요구했던 129종 서적의 구체적인 서명을 적은 것이다. 안설 권42-52는 권근(權近)의 『양촌집』(陽村集) 속의 연보(年譜)를 인용한 것인데 앞의 조목 권42-49와 제요 권42-50, 권42-51의 핵심 내용인 『오경천견록』(五經淺見錄)의 저술 연대와 배경에 대한 보충이다. 안설 권42-66은 편찬자가 작성한 글로 보인 내용인데 앞의 조목 권42-63과 제요 권42-64, 권42-65의 핵심 내용인 『훈민정음』(訓民正音)의 창제 배경을 비롯한 관련 내용에 대한 보충이다.

존재했다는 관점을 표명하였다. 안설 권42-30은 먼저 앞의 제요 권42-28에서 언급된 『홍범경전집의』(洪範經傳集義)에 대해서는, 저자가 손승택(孫承澤)인 것을 밝힌 다음에 그가 찬한 『상서집전』(尙書集傳)의 자서(自序)를 인용하면서 해당 제요에서 논의의 근거를 보여주었다. 그리고 한치윤 자신의 의논을 덧붙여 '조선본 『홍범』'의 존재 유무에 대해서는 의문으로 남기기로 하였다. 이처럼 이 안설은 앞서 논의했던 세 가지 유형에 모두 해당된다. 안설 권42-37은 조선 쪽 기록된 사실(史實)을 보충하여 앞의 제요에서 제기된 조선본 『상서』 유무 문제에 대해 '고려와 일본에는 모두 고문 『상서』가 없다(高麗日本幷無古文『尙書』)'라는 결론을 내렸다. 그러므로 이를 보충설명과 질의고정 두 가지가 결합된 유형으로 규정하겠다.

'사류' 자목의 15개 안설은 대부분 보충설명형과 질의고정형에 속하지만, 분량으로 보았을 때 주로 보충설명형으로 해당한다. 이 유형으로 분류할 수 있는 10개 안설에서는 해당 조목에 제시된 서적에 대해 체제, 편찬자의 약력이나 관직, 편찬 시기와 배경, 간인, 유통, 증수(增修) 상황을 비롯한 정보들을 보충하고 있다. 질의고정형으로 규정할 수 있는 안설의 내용을 보면 편찬자의 고정 작업은 특히 서목을 변별하는 데 주력했다는 것을 알 수 있다. 즉 조목에 제시된 서적에 대해 제요의 설명만으로 그 정체를 파악할 수 없는 경우, 한치윤은 안설을 통해 해당 서적이 누가 편찬한 어떤 책인지를 고정하였다.

'자류' 자목의 안설 3개 중 2개는 보충설명형이다. 안설 권43-95는 조목 권43-93과 제요 권43-94의 핵심내용인 『동의보감』(東醫寶鑑)의 편성체제에 대한 보충이고 안설은 권43-98은 조목 권43-96과 제요 권43-97의 핵심내용인 '고구려의 비기(秘記)'라는 문헌의 종류에 대한 설명이다. '자류' 중의 또 다른 안설은 권43-83인데 이는 제요 권43-82

에서 언급한 '매월당시권(梅月堂詩卷)'의 저자가 조선 단종(端宗) 때 살았던 김시습(金時習)이라는 것을 밝혔다. 제요에서 제기된 저자 미상(未詳) 문제를 안설에서 고정한 것이다.

'집류' 자목의 14개 안설 중 10개가 보충설명형 안설이다. 이러한 안설에서 저자의 자호(字號)와 약력, 서발(序跋)의 작자, 편찬 배경 등 서적과 관련된 정보를 보충하였다. 나머지 질의고정과 관련된 내용을 담은 안설에서는 저자가 살았던 시대, 인명에 대한 오기, 저자의 작품 수록 상황 등을 고정 내용이 확인된다.

'중국서목' 유목 중, '자류'와 '동국기사' 두 자목의 안설에 비해 '경류', '사류', '집류'에 대해 작성한 안설은 상대적으로 소략한 것으로 드러났다.

'경류'의 5개 안설 가운데 3개는 보충설명형 안설이다. 그중의 2개는 각각 『고려사』와 『삼국사기』의 기록을 통해 중국으로부터 서적을 하사받았던 상황에 대해 보충 설명하였다. 나머지 하나는 해당 서적의 편찬을 주도했던 사람과 편찬 작업을 실제 수행했던 사람들을 밝히고, 『송사』(宋史)를 통해 일본 측도 이 서적을 중국에 바친 적이 있다는 것을 보충 설명하였다. 그리고 의질고정형 안설도 2개가 있다. 하나는 중국인 진전(陳鱣)이 봤던 고려본 『논어』(論語)는 사실 '왜본(倭本)'인 것을 밝힌 것이고, 다른 하나는 '신라'라고 잘못 기록된 기록을 '고려'로 수정한 것이다.

'사류' 자목과 '집류' 자목에는 각각 하나와 두 개의 안설이 실려 있다. '사류' 중의 안설은 『고려사』에 근거하여 『태평어람』(太平御覽)이 두 차례 조선으로 유입되었던 경위를 밝힌 보충설명형 안설이다. '집류'의 안설 중 하나는 저자의 성명을 다르게 기록한 상황을 제시한 것이고 다른 하나는 『양촌집』(陽村集)에 따라 명나라 태조(太祖)가 지은 시 3수를 수록한 안설이다.

'자류' 자목의 8개 안설 중 6개는 보충설명형 안설이고 나머지 2개는 질의고정형 안설이다. 내용이 다양하여 개별적으로 살펴보겠다. 안설 권44-92는 앞의 제요에서 기록한 내용과 다르게 수록한 상황을 제시한 것이다. 안설 권44-104는 『고려사』(高麗史)를 통해 서적의 유입 상황과 조선에서 그 책을 산정(刪定)한 상황에 대해 보충한 것이다. 안설 권44-109는 앞에서 인용한 제요의 내용이 사실 육유(陸游)가 대작한 것임을 밝혔다. 그리고 안설 권44-112는 『고려사』를 통해 의약서(醫藥書)의 간행과 현전 상황을 정리하였다. 안설 권44-121은 『고려사』에 근거를 두고 『대장경』(大藏經)이 여러 번 유입, 간행되어 보존된 상황에 대해 정리하였다. 안설 권44-130은 『패다엽경』(貝多葉經)의 조선에서의 소장 상황을 밝혔다. 요컨대 보충설명형 안설들은 이문(異文) 수록, 유입, 재편, 저자, 간인, 존일(存佚) 등 서지사항과 관련된 문제를 다루고 있다. 안설 권44-99는 중국 문헌에 고려사람이 쓴 것으로 기록된 『구집력』(九執曆)이 사실 서역(西域)의 책이라는 것을 밝힘으로써 앞의 제요 권44-98의 내용을 수정하였다. 또 안설 권44-107은 『통지』(通志) 「예문략」(藝文略)과 『고려사』의 기록을 앞의 제요에서 인용한 『송사』(宋史)와 대조함으로써 제요에서 언급한 『황제침경』(黃帝鍼經)이 9권으로 구성되었음을 밝혔다. 따라서 이 두 가지 안설은 질의고정형 안설로 규정한다.

'동국기사' 자목에는 58종의 문헌을 수록하였고 19개의 안설을 작성하였다. 문헌의 수량과 안설의 개수가 모두 가장 많은데, 그만큼 편찬자 한치윤이 중국의 조선 전저(專著)를 상당히 주목했음을 의미한다. 이 중의 보충설명형 안설의 내용을 살펴보면 조목에서 제시한 서목에 대해 여타 문헌에서의 수록 상황을 설명하는 내용이 가장 일반적이

다.[60]

'동국사기'의 보충설명형 안설의 대부분은 서적의 수록처를 조사함으로써 해당 서적의 가치를 최대한 부각시키려는 취지에서 작성한 것으로 보인다. 안설 권45-56 같은 경우, 서긍(徐兢)의 『선화봉사고려도경』(宣和奉使高麗圖經)을 언급하거나 수록한 문헌으로 『문헌통고』, 『청파잡지』(淸波雜志), 『고려도경』, 『진천집』(震川集), 『사고전서총목』 외에 또 『수초당서목』(遂初堂書目), 『지부족재총서』(知不足齋叢書)가 있다고 밝혔다. 그리고 『지부족재총서』에 실린 『고려도경』의 체제를 소개하고 포정박(鮑廷博, 1728~1814)의 발미(跋尾)를 인용하여 『고려도경』의 유전(流傳) 상황을 설명하였다. 안설 권45-103 같은 경우에도 기타 문헌에 수록되었음을 밝힌 다음 『봉사록』의 체제를 상세히 소개하였다.

서화 부분의 9개 안설도 질의고증형 안설, 보충설명형 안설, 의논평가형 안설 세 가지를 모두 포함한다. 질의고증형 안설은 6개가 있는데 모두 제요에서 언급된 인물, 세대(世代), 지명 등을 고정(考定)하는 내용이다. 인물에 대한 고정은 인물의 신분과 이름 두 가지를 대상으로 하였다. 권46-5의 안설은 제요에서 '진옥(辰玉)'라고 기록한 사람에 대해 '왕형(王衡)의 자'임을 밝혔고, 권46-12의 안설은 제요에 나온 '어떤 병사(一弁)'에 대해 '왜적을 정벌하러 온 장사(征倭將士)'라고 그 신분을 보다 구체적으로 설명하였으며, 권46-16의 안설은 '주종백(朱宗伯)'에 대해 '주난우지번(朱蘭嵎之蕃)'이라고 주지번의 본명과 호(號)를 밝혔다.

---

60) '안설'의 구체적인 사례에 대해서는 뒤의 제4장의 집록 양상을 논의하는 자리에서 필요에 따라 들어보도록 하겠다.

세대에 대한 고정은 잘못된 정보를 바로잡은 안설과, 일본의 연대 표기를 중국의 연대로 고쳐 표기한 안설 두 가지가 있다. 권46-16에는 위에서 언급한 인물에 대한 고정 외에 틀린 세대 정보를 바로잡은 안설이 있다. 명나라 형개(刑玠)가 조선에 왔다는 기록에 "형사마가 왜적을 정벌하러 고구려에 갔다(刑司馬, 平倭, 至高句麗)"라고 하였는데, 안설에서 '고구려'를 '조선'으로 수정하였다. 권46-37은 안설에서 제요의 '일본 숭준천황 원년(日本崇峻天皇元年)'이 '수문제 개황 연간(隋文帝開皇中)'이라고 밝혔다. 제요에서는 백제의 화공이 일본에 갔었던 사실을 서술하였는데, 안설에서 고정할 때는 백제의 연호로 상고(相考)하지 않고 중국의 연호를 사용한 것이 주목할 만하다.

지명을 고정하는 안설은 제요에서 언급한 옛 지명을 편찬자 활동한 당시의 지명으로 밝힌 것이다. 권46-23의 안설은 '불내성(不耐城)'을 '지금의 함흥부(咸興府)'로 밝힌 것이다. 권46-25의 안설은 제요의 '주필산(駐蹕山)'에 대해 '지금의 개평현(蓋平縣) 동쪽에 있어야 한다'고 하고, 동시에 호저법(互著法)을 통해 관련 내용을 『해동역사』「지리고」(地理考)에서 상세히 다루었다고 설명하였다.

이 부분의 나머지 세 개의 안설은 보충설명을 중심 내용으로 삼고 있지만 의논평가와 질의고증의 내용도 확인된다. 권46-6, 권46-28, 권46-30이 그것이다. 권46-6은 한시를 인용하여 왕희지의 「난정첩」(蘭亭帖)이 일찍 조선에 전해진 바 있다는 판단을 내놓았다. 권46-28과 권46-30은 모두 '비각' 부류의 안설로, 비각의 자료를 먼저 인용하였다. 권46-28의 경우에 옹방강(翁方綱:1733~1818)의 「평제탑탁본제발」(平濟塔拓本題跋)을 인용한 다음에 '이 글은 대개 상세하면서도 사실적이다(此蓋詳且實矣)'라고 평가하였다. 이어서 '평백제탑(平百濟塔)'의 구체적인 현재 위치를 밝히고, 이 탑의 비명(碑銘)이 중국의 전적(典

籍)에 기록되어 있지 않기 때문에 안설 뒤에 바로 첨부하겠다고 설명하였다. 이 안설에서는 인용 자료를 보충하고 평가를 붙인 다음 지리적 정보를 밝히고 마지막에는 다음 자료를 첨부하는 이유까지 설명하였다. 권46-30도 옹방강의 『소미재난정고』(蘇米齋蘭亭考)를 먼저 인용하고 이어서 이 글에 언급한 두 고려 비석의 현재 위치에 대한 정보를 보충하였다.

④ 夾註

일반적으로 고서 속의 협주는 편저자가 독자의 이해를 돕기 위해 쓴 설명이다. 『해동역사』 「예문지」의 협주도 예외가 아니다. 특히 이 책의 협주는 조목, 제요, 안설에서 모두 확인되며 그 수량도 적지 않기 때문에 편찬 체계에서 중요한 역할을 하고 있는 것이 분명하다. 『해동역사』 「예문지」의 협주를 분류하는 기준은 형식과 성격 두 가지로 잡을 수 있다. 협주의 형식, 즉 협주를 붙인 구체적 위치를 분류 기준으로 보면 '조목 속의 협주', '제요 속의 협주', '안설 속의 협주'로 나눌 수 있다. 협주가 그것의 작성 위치에 따라 내용과 역할이 다를 수 있다. 또 협주의 성격, 즉 편찬자가 직접 작성하였는지 여부를 기준으로 삼으면 '원주(原注)'와 '보주(補注)'로 나눌 수 있다. '원주'는 원전에 있는 협주를 그대로 인용한 경우이고, '보주'는 편찬자인 한치윤이 채록한 원전의 특정 내용에 대해 보충한 협주를 말한 것이다. 보주에는 인용문을 활용한 보주와 편찬자 스스로 작성한 보주로 다시 구분할 수 있다. 인용문을 활용한 보주는 '인문주(引文注)'라고도 하며 편저자가 스스로 작성한 보주는 '자주(自注)'라고도 한다. 이러한 협주 분류를 도식화하면 다음과 같다.

〈도표 3-4〉『海東繹史』「藝文志」의 注文 分類圖

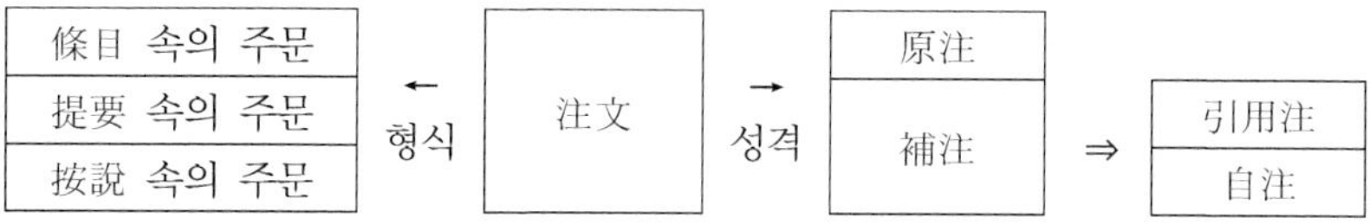

條目 속의 주문	← 형식	注文	→ 성격	原注	
提要 속의 주문				補注	⇒ 引用注
按說 속의 주문					自注

서목 부분에 있는 총 33개의 주문 가운데 원주는 17개이고 이 17개 원주는 모두 『사고전서총목』을 인용한 제요 속에서 확인되었다. 즉 서목을 기록한 『해동역사』「예문지」의 '경적' 부류의 원주는 모두 『사고전서총목』 속의 원래 있는 협주를 그대로 옮겨 수록한 것이다. 이러한 협주의 내용은 모두 해당 서적의 판본에 대한 설명이다. 일례로 조목 권45-136 '황우경(黃俁卿)의 『왜환고원』(倭患考原)'에 대한 제요는 다음과 같다.

> 『왜환고원』 2권. **양회염정(兩淮鹽政)이 채집하여 올린 본이다**. 명나라 황우경이 찬하였는데 스스로 복건(福建) 지역의 사람[61]이라고 밝혀두었다. 하권의 '휼원조선(恤援朝鮮)'에는 송응창(宋應昌)과 양호(楊鎬)가 동정(東征)한 일에 대해 기록하였다. 『사고전서총목』
>
> 〈권45-137〉『倭患考原』二卷. **兩淮鹽政採進本**. 明黃俁卿撰. 自題曰'閩人'. 下卷'恤援朝鮮', 則紀宋應昌、楊鎬東征事也. 『四庫全書總目』

상기 인용문은 『사고전서총목』을 인용하여 만든 제요 권45-137이다. 작은 글자체로 적혀 있는 "양회염정이 채집하여 올린 본이다(兩淮鹽政採進本)"라는 내용은 원래 『사고전서총목』에도 있는 협주이다.[62]

---

61) 원문에는 '閩人'으로 되어있는데 '閩'은 중국 福建 지역의 별칭이다.

62) 『四庫全書總目』 권54, 「史部」 10, 「雜史類存目」 3, 「倭患考原二卷」(淸 乾隆54

『해동역사』「예문지」에서 해당 내용을 채록하면서 원전의 협주를 그대로 인용한 것이다. '경적' 부류에서 원주를 사용한 경우는 모두 권45-137과 마찬가지로 『사고전서총목』에서 판본을 설명하는 협주를 그대로 수록한 것이다.[63]

'경적' 부류, 즉 서목 부분의 보주에는 인용주와 자주 모두 확인된다. 우선 이 부분의 인용주의 경우를 정리하면 다음 〈표 3-5〉과 같다.

〈표 3-5〉『海東繹史』「藝文志」'經籍' 部類 引用注 관련 정보

순번	인용 원전	인용주의 내용	역할
권42-10〔注〕	『初學集』	고려의 臨川閣은 藏書하는 곳이다.	장소 설명
권42-11〔注〕	『經義考』	고려왕의 이름과 麗·宋 세대 설명.	정보 보충
권42-12〔注〕	『農田餘話』	章了堂의 장서가 아주 많았다. 원나라 때 고려인이 천금으로 사가려고 하였으나 성사하지 못하였다.	逸話 보충
	『賢識錄』	東夷의 여러 나라가 서적을 구해 가는데 왕왕 안전하게 도착하지 못하였다.	일화 보충
권42-17〔注〕	『香祖筆記』	豐臣秀吉이 晉唐의 품격이 있는데 이는 조선의 典籍에서 배운 것이다.	일화 보충
권42-34〔注〕	『經義考』	고려의 서적은 중국과 같다.	비슷한 기록
	『潛邱箚記』	앞의 『中堂事記』의 기록이 제대로 말한 것이다.	평가

년 武英殿刻本/ 淸 乾隆60년 浙江杭州本)에 다음과 같이 기록하였다. "**『倭患考原』二卷. 兩淮鹽政採進本. 明黃俁卿撰. 自題曰'閩人'**. 其始末未詳, 俁卿以嘉、隆間福建瀕海郡縣嘗被倭患, 故爲是書, 以推其致禍之由. 上卷溯洪武初年遣使通倭, 終萬歷初廣賊林鳳之亂. **下卷'恤援朝鮮', 則紀宋應昌、楊鎬東征事也.** 卷末附以倭俗考, 其中所載閩事居多, 草野傳聞殊爲簡略."

63) '경적' 부류에서 원주를 사용한 제요는 다음과 같이 총 18개로 조사되었다. 권43-13, 권43-36, 권43-46, 권43-57, 권43-58, 권43-163, 권43-190, 권45-60, 권45-93, 권45-105, 권45-108, 권45-111, 권45-115, 권45-120, 권45-133, 권45-135, 권45-137, 권45-139.

순번	인용 원전	인용주의 내용	역할
권42-43〔注〕	『經義考』	고려왕의 이름과 麗·宋 세대 설명.	정보 보충
권43-46〔注〕	『和漢三才圖會』	『海東諸國記』에서 일본의 '一里'는 중국의 '十里'와 같다고 하였다.	단위 설명
권44-174〔注〕	『西河集』	조선의 사신이 淸의 朝臣에 대해 물어보고 또한 徐釚의 『菊莊詞』를 잘 알고 있었다.	일화 보충
	『宸垣識略』	조선의 사신이 金餠으로 서구의 『국장사』를 사가지고 갔다.	비슷한 기록

서목 부분의 인용주는 위와 같이 8개로 확인된다. 이들은 모두 작은 글자체로 대부분 해당 제요 끝에 붙인 것인데, '안설 속의 협주'인 권43-46을 제외하면 모두 '제요 속의 협주'이다. 인용주의 역할을 분석한 결과, 상기 인용주들은 장소를 설명하거나, 일반적인 정보 또는 관련된 일화(逸話)를 보충하거나, 여타 문헌의 비슷한 기록 또는 평가 자료를 제시하는 등의 역할을 담당하고 있다. 특히 관련 일화를 보충하여 내용을 더욱 풍부하게 기록하였다. 예를 들어 권42-12에 기록된 인용주 2개는 고려인의 서적 구입과 관련된 내용인데 고려인의 지적 욕구를 간접적으로 보여주는 기록이다. 또 권42-17의 인용주는 그 앞의 제요의 내용과 상반된 경향을 보여주고 있었다.

> 유현자(劉玄子)가 조선에서 돌아와 말하기를, 조선에 있는 서책은 대부분 중국에 없는 것인데 게다가 각본이 정밀하여 한 글자도 잘못된 것이 없다고 하였다. 조문민(趙文敏)은 조선의 책들이 왜노(倭奴)들에게 훼손당하여 신발 밑에 짓밟히며 또 왕왕 서책으로 더러운 것을 닦기까지 하는데 역시 서적의 일대 액운(厄運)인 것을 애석해하였다. 그리하여 차마 눈으로 볼 수 없어서 매번 군졸들에게 명해 서책을 모아 태워버렸다. 『갑을잉언』(甲乙剩言)
>
> 〈권42-17〉 劉玄子從朝鮮還, 言彼中書集多中國所無者, 且刻本精良, 無一字不倣. 趙文敏惜爲倭奴殘毁, 至踐履之間, 往往以書幅拭穢, 亦典

籍一大厄會也. 因目不忍見, 每命部卒聚而焚之.『甲乙剩言』

상기 제요 권42-17은 임진왜란 때 일본군이 조선의 서책을 훼손했다는 내용을 담았다. 이 기록은 원병으로 조선에 갔던 명나라 사람에 의해 전해진 것이다. 이 제요 끝에 붙인 협주도 당시 조선에 갔던 명나라 사람의 일화를 기록한 것이다.

> 『향조필기』에 다음과 같이 기록하였다. 화주(華州) 사람 완위(宛委) 곽종창(郭宗昌)이 일찍이 요동(遼東)에서 왜적의 장수 도요토미 히데요시(豐臣秀吉)의 편지 한 장을 얻었는데, 편지 속의 행초(行草)가 고아하면서도 힘이 있어 진당(晉唐)의 기운이 있었다. 이는 조선을 격파한 후 조선의 전적을 구하는 편지였다. 섬나라 오랑캐의 족속이 옛것을 좋아하는 것이 이와 같다.
>
> 〈권42-17[注]〉『香祖筆記』: 華州郭宛委宗昌, 嘗從遼左得倭帥豊臣書一紙, 書間行草古雅蒼勁, 有晉唐風, 是朝鮮破後求其典籍之書也. 鱗介之族, 乃能好古如此.

상기 인용주에서는 도요토미 히데요시가 조선 서책을 구하려는 내용의 편지가 있었다는 것이 주목된다. 이는 해당 제요에서 일본군이 조선의 책을 함부로 훼손했다는 기록과 매우 대조적이다. 권42-17은 조선의 서적 문화와 직접적인 관련이 있는 내용이므로 제요로 설정하였지만, 위의 내용은 조선의 서적 문화와의 관련성이 간접적이어서 협주로 배치하였다. 이러한 내용을 통해 당시 조선을 침략했던 일본인이 조선 문물에 대해 상반된 자세를 취했던 상황을 재현하는 기록을 보여줌으로써 '경적' 부류의 「총론」 내용을 다채롭게 만들었다.

'경적' 부류의 자주 7개는 형식으로 볼 때 '제요 속의 협주'와 '안설 속의 협주'로 구분된다. 내용으로 보면 크게 휘자(諱字)를 설명하는 것과 호저법(互著法)을 통해 관련 기록의 위치를 명시하는 두 가지가 있다. 나머지 자주 5개는 모두 호저법을 사용하여 관련 기록의 위치를 밝히는 협주인데 이러한 편찬 작업을 통해 『해동역사』「예문지」의 기록들을 유기적으로 연결시켰다.64)

3. 漢詩와 외교문서: 적극적인 수용

앞서 논의하였듯 시문을 예문지에 수록한 것은 이례적인 경우이다. 한치윤은 예문지에 서목을 수록하는 전통적인 기술방식에 따라 시문을 수록하였으므로, 한시와 외교문서의 기술방식은 서목, 서화 부분과 일치한다. 다시 말해 서목, 서화 부분과 마찬가지로 '조목-제요-안설-협주'의 네 가지 구성요소로 기술되었다. 따라서 본 절에서는 한시와 외교문서의 기술방식을 상술한 네 가지 구성요소별로 살펴보도록 하겠다.

① 條目

조목의 성격과 형식은 분류체제에 맞추어 설정해야 한다. 예를 들어 '경적' 부류에서는 서목의 정보를 선명하게 보여줄 수 있는 조목을 설정할 것이 요구되고, 한시와 외교문서 부분에서는 수록한 작품을 일목요연하게 파악할 수 있도록 조목을 설정하는 것이 예문지의 특성과 부합한다.

『해동역사』 권47「예문지」6에서부터 『해동역사』 권51「예문지」10

64) '經籍' 部類에서 互著法을 사용한 주문 5개는 각각 권43-112, 권44-21, 권44-60, 권44-98, 권45-153이다.

까지는 한시 작품을 수록하였는데, '본국시'와 '중국시'의 두 부류로 구성되어 있고, '본국시' 부류에 304개, '중국시' 부류에 180개, 합쳐서 모두 484개의 조목이 수록되어 있다.

'본국시' 부류는 시대순으로, '중국시' 부류는 주제별로 구체적인 작품을 수록하였는데, 각 부류에 수록된 저자 및 작품은 앞서 언급했던 대로 〈부록 1〉과 〈부록 2〉에서 각각 확인할 수 있다. 분류체계에 따라 조목의 배치 상황을 정리하면 다음 〈표 3-6〉과 같다.

〈표 3-6〉『海東繹史』「藝文志」에 수록한 漢詩관련 條目 수량

本國詩 (304)	箕子朝鮮	高句麗	新羅	高麗	本朝	
	2	3	6	39	254	
中國詩 (180)	贈和本國人	送使本國人	紀事	題詠	詠物	(附錄)
	63	31	18	42	18	8

위의 표를 통해 알 수 있듯이 '본국시'의 조목 수는 '중국시'의 두 배에 가까우며, 외국 문헌에 기록된 시는 조선 시대의 작품이 가장 많다.

한시가 수록된 '본국시'와 '중국시' 부류의 조목들은 대체로 '시인+시제(詩題)' 혹은 '시제'만을 기록하는 형식을 취하고 있는데, 같은 시인의 작품일 경우 첫 번째 작품을 기록한 조목에서만 작가를 밝혔다. 일부 조목에는 작은 글자로 쓴 주문과 안설도 달려있다. '본국시' 부류에는 304개의 조목에 138인의 300제 342수의 한시를 수록하였는데, '시인+시제'의 형식의 조목은 138개이고 시제만 기록한 조목은 162개이다. 시구(詩句)만 수록한 경우에는 해당 조목에 '구(句)'자 한 글자로만 기록하였다. 권48-92, 권48-154, 권48-172에 보이는 세 개의 조목이 이 경우에 해당한다. 그리고 권49-166 '조선주시관시(朝鮮主試官詩)'

는 시제가 아닌 저자 신분을 알리는 내용으로 조목을 기록하였다.

조목에 기록된 '시인'은 구체적인 인명을 밝힌 경우가 대부분이지만 저자를 분명히 밝힐 수 없는 경우, '본국시'를 수록한 부분에서는 '고구려 사람(高句麗人)', '신라의 사신(新羅使)', '고려의 사신(高麗使)', '조선의 주시관(朝鮮主試官)', '낙사의 낭객(洛師浪客)', '조선의 기생(朝鮮妓)' 등과 같은 수식어로 저자의 본국인 신분을 명시하였다.[65] 시인의 본명은 아니지만 '유여주의 아내(兪汝舟妻)'와 같은 표기에서처럼,[66] 본국인이라는 신분보다 더 구체적으로 신분을 밝힌 조목도 있다. 그리고 저자를 알 수 없는 경우 '무명씨(無名氏)'로 표기하기도 하였다.[67]

'본국시' 부류는 한시 외의 운문(韻文)과 구호(口號)도 수록하였다. 권47-21 '옛 거울에 새긴 가는 글(古鏡細字)'은 전형적인 한시 작품이라기보다 운문이라고 하는 것이 더 적절하다. 그리고 권47-32 '무명씨의 「광화문 춘첩에 씌여진 글」(無名氏「廣化門春帖字」)'은 전각 기둥에 붙인 주련(柱聯)이다. 또한 권47-34 '「함녕절 연회에서 부른 구호(咸寧節宴口號)」'는 국가 행사장에서 염송(念誦)했던 운문이다.

한시 외의 운문까지 수록한 것은 외부에 알려진 조선의 문화정보를 최대한 수집하려는 목적에서 비롯된 것인데, 아울러 조선 문학의 우수

---

65) 여기에서 언급한 관련 조목은 권47-5 '高句麗人「人蔘讚」', 권47-19 '新羅使「過海聯句」', 권47-28 '高麗使「觀燈詩」', 권49-166 '朝鮮主試官「詩」', 권49-168 '洛師浪客「安定館北驛」', 권49-260 '朝鮮妓「詠(咏)洗粒(粧)水」' 등 이다.

66) 이러한 경우에 해당하는 조목은 권49-174 '成氏「楊柳詞」二首', 권49-181 '兪汝舟妻「別贈」', 권49-207 '許妹氏「古別離」', 권49-258 '德介氏「送行」' 등이 있다.

67) 권47-32 無名氏「廣化門春帖字」, 권49-170 無名氏「沈駙馬碧波亭(臺)」가 해당 사례이다. 그리고 권47-21 「古鏡細字」, 권47-34 「咸寧節宴口號」와 같은 조목에는 누구의 작품이라고 분명하게 말하기 어려워서 저자를 기재하지 않았다.

성을 보여주는 역할도 하고 있다. 예를 들어 「옛 거울에 새긴 가는 글」은 『전당시(全唐詩)』에서 인용한 것이다. 인용출처를 통해 이미 중국에서 이 글을 한시 작품으로 인식했다는 것을 알 수 있다. 이 점 역시 편찬자가 해당 조목을 설정한 이유와 목적이다.

'중국시' 부류에는 180개의 조목에 106인의 182제 232수의 한시를 수록하였다. 여기에 수록한 시는 모두 저자의 본명을 밝히는 것을 원칙으로 한 것으로 보이는데 다만 어제시(御製詩)를 수록할 때는 '수양제(隋煬帝)', '당태종(唐太宗)'과 같이 묘호를 사용하였다.68) 그리고 권51-166 '소자상의 「명을 받들어 만당선생의 시를 화운하여 추제도에 쓰다(邵子湘題秋霽圖奉和漫堂先生詩)」'라는 조목에서는 명말 청초의 문인인 소장형(邵長蘅, 1637~1704)의 본명 대신 그의 자(字)인 '자상(子湘)'을 기록하였다. 한편 '중국시' 부류의 조목은 '시인+시제'와 '시제' 이 두 가지 기본형식 외에 부록형 조목도 두 개가 있다. 하나는 권51-182 '부록·시구(附·句)' 조목인데 여기에는 각종 문집에서 시구 13개를 수록하였다. 또 하나는 권51-196 '부록·일본시(附·日本詩)'으로, 일본인 3인의 6제 7수의 시를 수록하였다.

이상으로 '본국시'와 '중국시' 내 조목의 내용과 형식을 살펴보았다. 『해동역사』 「예문지」의 한시 부분은 대체로 일반 시선집과 마찬가지로 시인과 시제를 밝히는 방식을 취하고 있다. 그리고 필요에 따라 '구(句)'로 기록한 조목과 부록형 조목의 설정을 통해 관련 한시 작품과 시구를 수록하기도 하였다.

이 부분에 대한 기본적인 고찰을 마무리하기 전에 조목의 설정 측면에서 또 한 가지 논의사항을 제기하려고 한다. 그것은 바로 '본국시'와

---

68) 권51-1 '隋煬帝「紀遼東」二首', 권51-46 '唐太宗「遼城望月」'.

'중국시'의 조목 설정과 분류 방식의 차이에 나타난 편찬자의 편찬의도 문제이다. 앞서 살폈듯, '본국시'는 연대순에 따라 조목을 설정하였고 '중국시'는 주제별로 조목을 설정했는데, 이처럼 각기 다른 분류 기준을 적용하여 양국의 한시를 수록한 데에는 편찬자의 편찬의도가 내포되어 있다고 할 수 있다.

주제별로 분류한 '중국시'는 '본국인에게 증여하거나 화운한 시(贈和本國人)', '본국으로 온 사신을 전송한 시(送使本國)', '기사(紀事)', '제영(題詠)', '영물(詠物)'과 같은 자체 분류에 따라 수록하였다. 이렇게 다섯 가지로 분류한 것은 창작의 배경 또는 제재를 기준으로 삼은 것이다. '본국인에게 증여하거나 화운한 시'와 '본국으로 온 사신을 전송한 시'는 작품의 창작 배경에 착안한 것이고 기사, 제영, 영물은 제재 측면에서 이루어진 분류이다. 이처럼 작시(作詩)의 배경과 제재를 기준으로 분류한 대표적인 시선집으로는 조선 시대 성현(成俔: 1439~1504)의 『풍소궤범후집』(風騷軌範後集), 유희령(柳希齡: 1480~1552)의 『조종시율』(祖宗詩律)과 『소시초』(蘇詩抄) 등을 예로 들 수 있다.

한시 시선집에서 작품의 분류 체계는 작가, 창작 시기, 창작 배경, 형식, 제재, 품격 등 다양한 사항을 기준으로 삼는다. 한국은 고려 후기부터 시선집 편찬을 시작했다고 하는데, 한국에서 편찬한 시선집 중에는 본국의 시를 대상으로 한 것도 있고 본국과 중국의 시를 모두 수록한 것도 있으며 중국의 시만을 대상으로 한 것도 있다. 하지만 분류 기준에 있어서는 모두 작가별 분류가 중요한 비중을 차지하고 있었는데, 조선 시대에 들어와서는 시의 형식이 점차 작품 분류의 핵심 기준으로 부각되었다.[69] 작가별로 분류한 시선집에서 작가의 선후 배치 순서는 당연히 모두 시대의 순서를 따랐다.

이렇게 보면 시대에 따라 작가별로 한시 작품을 수록한 『해동역사』 「예문지」 '본국시' 부류의 수록방식은 고려후기 이후 시선집의 분류방식의 전통을 계승했다고 할 수 있다. 작가별로 시선집을 구성하는 것은, 많은 사람들의 작품을 함께 수록하다 보면 자연스럽게 선호되는 방식이라고 할 수도 있겠지만 문학창작의 측면에서 보면 이러한 분류방식은 사실 작품의 창작 주체인 작가를 시선집을 지탱하는 핵심 구조로 삼은 것이다. 특히 '본국시' 부류에 수록한 작품들은 모두 외국 문헌에서 발췌한 것인데, 외부에 알려진 작가들에 주목하여 그것을 분류기준으로 삼았던 것은 편찬자의 문학 관념뿐만 아니라 그가 구축하고자 한 조선 문학교류사에서 국외의 시인들이 중심에 있었음을 보여주는 것이기도 하다.

그런데 작시 배경 또는 제재에 따라 분류한 '중국시' 부류의 상황은 다르다. 이 부분에 수록한 작품의 작자는 조선의 시인이 아니라 중국의 문인들이었다. 누가 조선에 관한 시를 지었느냐보다는 중국에서 조선에 대해 어떠한 시를 읊었는지가 중요하다는 것이 편찬자의 생각이었다. 다시 말해 자국중심(自國中心)적 편찬의식이 분류작업에 작용했던 것이다. 따라서 이 부분은 작가를 분류기준으로 삼지 않고 작시 배경과 제재를 분류기준으로 삼았다.

작시 배경별 분류에서는 한·중 양국 역대시인의 교유관계를 주목했고 제재별 분류에서는 '기사', '제영', '영물'을 통해 각각 조선과 관련된 특정한 역사사실, 명소(名所), 물산에 착안하였다. 이러한 일차적 분류는 물론이고 구체적인 조목 배치에 있어서도 편찬자의 자국 중심

---

69) 黃渭周, 「한시의 분류기준과 그 적용 양상」, 『대동한문학』 제11집, 대동한문학회, 1999, 62~64면 참조.

적 편찬의식이 확인된다. 예를 들어 '영물' 유목의 18개 조목에는 15인의 18제 22수 한시를 수록하였는데 조목의 배치는 매, 대나무, 말[馬], 석등(石燈)과 같이 작시 대상의 종류에 따랐다. 이러한 방식을 취했기 때문에 이 부분에서 작자인 황정견(黃庭堅)의 이름이 세 번이나 등장된다.

조선 시선집의 주요 분류방식으로는 고려후기부터 사용해왔던 작가별 분류와 조선 초기에 확립된 형식별 분류 두 가지가 있다. 이 두 가지 방식은 특히 조선 문인을 대상으로 편찬한 시선집에서 중요한 비중을 차지하고 있었다. 그리고 조선에서 편찬한 중국 한시 선집이나 한·중 양국의 작품을 함께 수록한 시선집의 경우 그 분류기준은 작가, 형식, 시격(詩格), 시풍과 창작방식, 제재, 왕조, 유파(流派)의 계승관계 등 상당히 다양하게 나타나는데, 이는 각 시선집의 편찬목적에 의해 채택된 것이다.[70]

『해동역사』「예문지」'본국시' 부류와 '중국시' 부류는 서로 다른 한시 분류기준을 적용하여 한시 작품을 수록하였다. '본국시' 부류에 수록한 한시들은 조선 시대 시선집의 주류 분류방식에 따라 작가별로 분류하였고, '중국시' 부류에 수록한 한시들은 주류 분류방식을 추종하지 않고 창작 배경과 제재에 따라 분류하였는데 조목들도 이러한 분류 원칙에 따라 배치하였다. 이는 자료의 한계 때문이기도 하지만 사실 『해동역사』「예문지」의 독자적인 편찬 목적이 그 근본 원인이다. 그리고 이처럼 두 가지의 분류기준을 적용한 것은 『해동역사』「예문지」가 시선집 편찬의 전통을 계승하는 동시에 자체만의 독특한 분류방식을 관철한 것이다.

---

70) 黃渭胄, 앞의 논문 참조.

『해동역사』 권52 「예문지」11부터 『해동역사』 권58 「예문지」17까지는 외교문서를 수록한 문(文) 부분인데 '본국문' 부류와 '중국문' 부류로 구성되었다. '본국문' 부류에는 34개의 조목을 설정하였고 '중국문' 부류에는 116개의 조목을 설정하였으므로 문 부분에는 총 150개 조목이 수록되어 있다. 문서의 종류별로 분류된 이 조목들을 다시 시대별로 정리하면 다음 〈표 3-7〉와 같다.71)

〈표 3-7〉 『海東繹史』 「藝文志」에 수록된 외교문서의 條目 수량

本國文 (34)	百濟	新羅	渤海	定安國	高麗	本朝
	4	3	6	1	7	13
中國文 (116)	南北朝	隋唐	宋	元	明	淸
	9	43	23	9	29	3

34개 조목을 수록한 '본국문' 부류에는 36편의 글이 실려 있다. 〈표 3-7〉를 보면 조선 시대의 글이 13편으로 가장 많고 고려 시대의 글이 7편으로 그 뒤를 잇고 있다. '중국문' 부류에는 수당시대의 글이 가장 많고, 그 다음으로는 명대의 글이 29편이고 송대의 글이 23편이다.

우선 '본국문'의 조목부터 살펴보면, 9개의 유목으로 분류되어 있다. '사대하는 표와 소(事大表疏)'에는 조목 14개가, '이웃 나라에게 준 국서(與隣國書)'에는 조목 8개가 실려 있는데, 이 부분의 조목은 '발신자+上/與+수신자'와 같은 형식을 취하고 있다. 수신자가 중국의 임금일 경우 모두 '올리다[上]'라는 표현을 사용하였고 수신자가 일본의 천황이나 국왕의 경우 모두 '주다[與]'라는 표현을 썼다. 조목 권52-1 '백제

71) 『海東繹史』 「藝文志」의 '本國文'과 '中國文' 부분의 내용에 대해서는 〈부록 2〉 『海東繹史』 「藝文志」 '本國文' 과 '中國文' 부류의 수록 상황 일람표에서 별도로 정리하였다.

의 개로왕이 송나라 효무제에게 올린 표문(百濟蓋鹵王上宋孝武帝表)'과 조목 권52-31 '발해의 무왕이 일본의 성무천황에게 준 국서(渤海武王與日本聖武天皇書)'가 바로 그 예이다. 다만 '사대하는 표와 소' 유목 중 조목 권52-25의 '고려가 금나라에 정조를 축하하는 표문(高麗賀金國正朝表)'은 금나라 황제에게 보낸 표문(表文)을 수록하였는데, 다른 조목에서는 발신자를 구체적으로 명기한 것과 달리 '고려'라는 국가명칭을 사용하였고, 또 '사대'를 표현하는 '올리다[上]'를 쓰지 않고 대신 '축하하다(賀)'를 써서 구별하였다. 이는 편찬자의 중국 왕조의 정삭(正朔)에 대한 인식을 그대로 보여주고 있다.

한편 '발신자+上/與+수신자'의 기본 구성 방식을 취한 조목 외에 '또[又]'로 기록한 조목이 5개가 있는데 이들은 앞의 조목의 내용과 같음을 표시한 것이다. 물론 수록한 제요의 내용은 다르다. 일례로 조목 권52-13 '신라의 성덕왕이 당나라 현종에게 사은하면서 올린 표문(新羅聖德王上唐玄宗謝恩表)'은 하사받은 물품에 대해 사은하는 표문이다. 그 다음의 조목 권52-15 '또(又)'는 앞 조목의 내용과 같은 것이므로 '또'라고 표기했지만 해당 제요의 내용은 패강(浿江) 이남의 지역을 하사받은 것에 대해 사은하는 것이었다.

그 외에 '첩문[牒]', '장문[狀]', '정문(呈文)', '편지[書]', '기문[記]', '서문[序]', '명문[銘]' 등 7개 유목의 12개 조목들이 있는데, 형식이 비교적 자유로워서 통일된 구성 형식이 확인되지 않는다. 다만 이 12개 조목에서는 모두 문서의 작성기관이나 저자를 먼저 밝히고 마지막에는 글의 문체를 밝혔다.

글의 형식인 문체를 조목 분류의 기준으로 삼았는데, 여기에 수록된 글들은 모두 국가 차원에서 작성한 공식적인 문서이다. 다시 말해 『해동역사』 「예문지」 '본국문'에 수록한 역대 한반도의 문장들은 모두 공식적인 글이며 문인들의 작품은 수록하지 않았다. 이는 편찬자의 사서 편찬 의식이 작용한 결과로 보인다. 예문지는 궁극적으로 사서의 여러 기록 방식 중의 한 가지다. 때문에 편찬자는 예문지에 수록할 내용을 사서에 걸맞은 것으로 선택해야 비로소 역사저술로서의 권위를 확보할 수 있다. 사서에 걸맞은 내용이란 곧 진실성과 가고성(可考性)을 지닌 자료를 가리킨다. 문인들이 창작한 사적인 글에는 문학성이 뛰어난 작품들이 있기는 하지만 진실성을 보장하기 어렵다. 그러한 작품들을 사서의 예문지에 수록하면, 자칫 사서의 일부분으로서 예문지가 지닌 역사저술의 권위를 훼손시키거나 심지어 사서에서 서술한 역사의 무게를 가볍게 하는 결과가 나타날 수도 있다. 바로 이와 같은 전통적인 사서 편찬 의식이 『해동역사』「예문지」에 작용했기 때문에 '본국문'에는 공식적인 글만 수록했다고 설명할 수 있다.

다음으로 '중국문' 부분의 조목을 살펴보면, 여기에 수록된 조목은 116개로, '본국문'의 3배가 넘는다. 116개의 조목에 조선과 관련된 중국의 글들을 약 130편 수록했는데 대부분 공식적인 글이다. 대체로 작자와 글의 성격을 간단명료하게 밝히는 내용이다.

그런데 편찬자 한치윤은 왜 예문지에 이처럼 방대한 자료들을 수록했을까? 특히 '중국문'에 수록한 글들은 비록 내용은 조선에 관한 것이지만, 모두 중국 측에서 작성한 것이어서 글의 서술 입장과 문제의식 역시 중국을 대표하고 있으므로 '해동의 예문지' 자료로 수록하기에는 다소 무리가 있다는 문제를 편찬자가 몰랐을 리 없다. 이 점은 선행연구에서는 언급된 바가 없지만 예문지 연구에 있어서 반드시 짚고 가야 할 문제이다. 본고는 이를 편찬자의 특별한 편찬의식이 작용한 결과로 본다.

우선 앞서 살펴본 바와 같이 예문지에는 원래 원문(原文)을 수록하지 않는 것이 원칙이다. 그러나 뛰어난 시문을 수록함으로써 예문지의 가치가 제고된다면 그것이 허용된다. '중국문' 부류에 수록된 130여 편의 글은 뛰어난 문학작품이라기보다 조선에 대한 중국의 역사기록들이다. 한치윤은 이러한 역사기록들을 수록함으로써 자국 역사서에는 없는 기록을 보충하고 또 자국 역사서에 있는 기록과 비교할 수 있는 자료집을 마련한 셈이다. 특히 다른 부류에서 참고한 문헌 자료들이 일부분에서 조선을 언급한 정도인 반면, 여기에 수록된 글들은 전편이 조선과 관련된 역사적 사건이나 사실을 다루고 있다. 이러한 자료들을 수록한 것은 『해동역사』의 일관된 '역사 자료 보충' 취지에 부합된다. 요컨대 '중국문' 부류에 설정한 116개 조목은 타국의 자료를 통해 자국의 역사를 보충하려는 한치윤의 편찬의식을 그대로 반영하고 있는 것이다.

조목 분류를 통해서는 편찬자의 또 다른 편찬의식을 확인할 수 있다. 문장을 수록할 때는 일반적으로 문체, 시대, 작가 등이 그 분류기준이 되는데, '중국문' 부류에서는 1차적으로 문체와 주제에 따라 문장을 분류한 후 다시 시대순으로 조목을 배열하였다. 문체별로 문장을 수록하는 것이 일반적인 편찬 방식이지만 주제를 분류기준으로 함께 적용한 것은 특이한 경우라고 할 수 있다. '중국문' 부류에는 '수나라와 당나라가 고구려를 정벌하는 조서(隋唐征高麗詔)' 유목에 조목 14개를 설정하였고 '봉사록(奉使錄)' 유목에 조목 4개를 설정하였다. 그 앞에 이미 '조서[詔]' 유목을 설정하였는데도 불구하고 뒤에서 별도로 '수나라와 당나라 고구려를 정벌하는 조서' 유목을 배치한 것은 편찬자의 역사 인식에서 비롯된 것으로, 역사상 중국 한족(漢族) 정권과의 유일한 충돌에 대해 각별한 주의를 요한다는 편찬의도가 담겨 있다.

한편 서목이나 한시를 수록한 부분과 비교하면 문을 수록한 '본국문' 부류와 '중국문' 부류의 조목 설정에는 특별한 차이점이 보이지 않는다. 다만 '중국문'에는 '부록' 형식을 취한 조목이 3개가 있는데 '본국문'에는 이러한 설정이 없다.[72] 이처럼 '본국문'과 '중국문'의 조목 설정에 차별을 두지 않은 것은 문 부분의 통일성을 확보함으로써 '자료집'의 성격을 부각시키려는 목적으로 볼 수 있다. 즉 '본국문' 부류와 '중국문' 부류의 글들은 오로지 역사자료를 보충하려는 목적에서 수록한 것이므로 동일한 기록방식을 취하였다.

② 提要

한시와 외교문서의 제요에는 시구(詩句)와 문장을 인용하고, 그 끝에 출처가 되는 원전을 표기하였다. 다시 말해 한시 조목에는 시인과 시제를 수록하고 제요에는 해당 시구를 수록하였으며, 외교문서 조목에는 발신자와 작성자, 사연을 요약한 내용, 수신자 등을 수록하고 제요에는 문장을 인용하였다. 이처럼 거의 모든 제요가 조목과 '일대일' 관계를 맺고 있어, 서목과 서화 부분의 제요처럼 다양성을 지니지는 못하였다.

③ 按說

한편 한시 부분의 안설은 '본국시' 부류에 16개, '중국시' 부류에 5개 등 총 21개가 있다. 이 부류의 안설의 내용과 성격은 앞의 서목, 서화 부분과 다르게 나타난다. 기록형식에 따라 한시 부분의 안설은 '조목 속의 안설', '제요 속의 안설', '조목과 제요로부터 독립된 일반

72) 권54-56, 권54-70, 권54-96이다. 이에 대해 '〈부록 2〉『海東繹史』「藝文志」本國文 부류와 中國文 부류의 수록 상황 일람표'에서 확인할 수 있다.

안설' 세 가지로 나눌 수 있다.

'본국시' 부류에 기록한 조목의 안설은 조목 밑에 작은 글씨로 적었으며 조목 밑에 주문(注文)이 달려있을 경우 안설은 주문의 뒤에 기록하였다. 주문의 내용과 관련된 안설이 대부분인데, 모두 시인에 대한 것이다. 이러한 안설은 10개가 있는 것으로 확인된다. 이들 내용을 살펴보면 '시인이 살았던 시기를 규명하는 안설', '시인의 자호, 관직과 관련된 정보를 보충하는 안설', '해당 시인의 작품인지 여부를 다루는 안설' 세 가지로 분류된다.

원전에서 시인이 살았던 시기에 대해 잘못 기록하거나 기록이 분명하지 않은 경우가 있다. 이런 경우 안설을 통해 시기를 정확하게 밝혀놓았다. 예를 들어 권47-5와 권47-15의 안설이 이러한 유형에 속한다. 조목 권47-5 밑에 "『명의별록』에 이르기를 '「인삼찬」은 고려인이 지은 것이다'(『名醫別錄』曰: 「人蔘讚」, 高麗人作)"라는 주문이 실려 있는데, 편찬자는 안설을 통해 주문의 '고려'가 '고구려'임을 규명하였다. 그리고 조목 권47-15의 주문에 "『전당시』에 이르기를 '설요는 동명국 사람이다'(『全唐詩』曰: 薛瑤, 東明國人)"라고 했는데 안설을 통해 주문의 '동명국'이 '신라'임을 규명하였다.

조목 속의 안설은 시인의 자호, 관직과 관련된 정보를 보충하는 내용이 가장 많다. 권47-102, 권48-50, 권48-226, 권48-278, 권49-52, 권49-54가 모두 이 유형의 안설이다. 이 가운데 단순히 시인의 호(號)와 관직 정보를 보충한 안설도 있고[73] 자호만 기록되어있는 시인이 누구

73) 권47-102의 안설은 시인 韓脩의 호와 관직을 다음과 같이 보충하였다. "謹案先文敬公, 號柳巷, 官至右文館大提學." (『해동역사』 권47, 「예문지」 6, 「韓先文敬公, 諱脩驪興淸心樓」)

인지 밝힌 안설도 있으며[74] 호나 봉호(封號)를 오인(誤認)하여 생긴 오류를 지적, 수정한 안설도 있다[75].

사실 한치윤은 일부 본국 시인들을 『해동역사』 권67~권70의 「인물고(人物考)」에 별도로 정리하여 기록하였다.[76] 또한 호저법을 통해 설요(薛瑤), 이이첨(李爾瞻), 어느 조선 기생(朝鮮妓)을 기록한 조목에서 '「인물고」에서 살필 수 있다(詳見人物考)' 혹은 '「예문지」의 「잡철」 조항에서 살필 수 있다(詳見藝文志雜綴條)'라고 표시하여 시인과 관련된 상세한 정보를 별도로 정리하고자 하였다.

한편 시인의 작품의 수록 문제를 다룬 조목 속의 안설도 있다. 조목 권49-56에는 시제 '반죽원(斑竹怨)' 아래 다음과 같은 안설을 붙였다.

> 살펴보건대, 이 시는 『지북우담』에는 이달의 시로 되어 있고 『열조시집』에는 이 숙원의 시로 되어 있는데, 어느 것이 옳은지 모르므로 둘 다 남겨둔다.
>
> 〈권49-56〔按〕〉 案此詩, 『池北偶談』作李達詩, 『列朝詩集』作李淑媛詩, 未知孰是, 故兩存之.

한치윤은 중국 자료 『지북우담』과 『열조시집』에 의거하여 조선시

---

74) 권48-50의 안설은 '梅月堂'이 김시습의 호임을 밝혔다. 권48-278 속의 안설은 『列朝詩集』에서 '崔孤竹'과 '崔慶昌'을 두 사람으로 나누어 수록한 오류를 지적하고 '孤竹'이 최경창의 호임을 밝힌 후, 해당 작품을 최경창의 작품으로 수록해야 한다고 주장하였다. 권49-52 조목에 기록된 '李子敏'에 대해 안설에서 '子敏'이 李安訥의 자임을 밝혔다.

75) 권48-226 『열조시집』과 『명시종』에서 '月山大君'을 여자로 오인한 것을 지적하고 월산대군이 덕종대왕의 왕자인 것을 밝혔으며 또 여자로 오인한 원인에 대해 '여자의 이름으로 보이기 때문이다'고 분석하였다.

76) 『해동역사』 「예문지」 「본국시」에서 총 138명의 시인을 수록하였는데 이 가운데 44인에 대해 「인물고」부분에서 조목을 세워 관련 기사를 수록하였다.

를 뽑았기 때문에 이와 같은 수록상의 문제가 생긴 것이라고 하였다.[77] 이런 문제를 바로잡기 위해 그는 이덕무의 『청장관전서』(靑莊館全書)를 많이 참조하여 인용한 것을 확인할 수 있다. 『청장관전서』에서 이 시에 대해 이숙원의 시라고 언급한 적이 있는데 "그(趙瑗)의 소실인 이씨는 종실의 후예로 호는 옥봉이다. (…) 그의 「반죽원」과 「채련곡」 시는 이달의 『손곡집』에 실려 있다.(小室李氏, 宗室裔也. 號玉峯. … 其「斑竹怨」、「採蓮曲」載於『蓀谷集』.)"[78]라고 한 것이다. 그러나 한치윤은 대조할 만한 확실한 자료를 확보하지 못했으므로 『청장관전서』에만 의존하여 단정하지 않고 조심스럽게 이달과 이숙원 "두 이름을 모두 수록(兩存)" 하는 방법을 취하였다. 여기에서 그의 신중한 편찬태도를 엿볼 수 있다.

한편 시인에 관해 와전(訛傳)된 정보를 정정하는 안설도 있는데 이는 해당 시인의 작품인지 여부를 다루는 것에 포함되는 것으로 볼 수 있다. 다음에 제시한 권47-19 속의 안설이 바로 이러한 유형인데, 이에 대해 조금 더 자세하게 고찰함으로써 편찬자의 편찬의식을 살펴볼 수 있다.

> 신라 사신의 「바다를 지나면서 지은 연구」(聯句)
>
> 『요산당외기』(堯山堂外紀)에 "고려의 사신이 바다를 지나면서 시를 지었는데, 가도(賈島)가 뱃사공인 척하고 하구(下句)를 이어 짓자 고려의 사신이 한참동안 탄복하며 다시 시에 대해 말하지 않았다."라고 하였다.
>
> 살펴보건대, 이지봉이 "고려의 사신을 세속에서 최치원(崔致遠)이

77) 사실 이 시는 이달의 『蓀谷詩集』 권1, 「詩 古風」에 실려 있다.
78) 『靑莊館全書』 권33, 「淸脾錄」 2, 「雲江小室」.

라고 전하지만 잘못된 것 같다. 다만 고려의 사신이 아니라 신라의 사신이 맞다."라고 하였다.

〈권47-19〉 新羅使「過海聯句」

『堯山堂外紀』曰: 高麗使過海有詩, 時賈島詐爲梢人, 聯下句, 麗使嘉歎久之, 不復言詩.

按李芝峰曰:"高麗使俗傳爲崔致遠者, 恐誤. 但非高麗使, 是新羅使."

권47-19는 조목, 주해, 안설 세 가지 구성 요소를 갖춘 조목이다. 한치윤은 신라 사신이 「바다를 지나면서 지은 연구」에 대해 『요산당외기』의 기록을 인용하여 당시 작시의 배경과 시에 대한 평가 등의 정보를 보충하였다. 그리고 인용한 주해 내용에 대해 안설을 덧붙였는데 먼저 이수광(李睟光: 1563~1628)의 『지봉유설』(芝峯類說)의 한 구절을 인용했다. 이수광은 『요산당외기』에서 말하는 고려사신에 대해 세간에서 최치원이라고 한 것이 아마도 틀렸을 것이라고 하였다. 이에 대해 한치윤은 고려의 사신이 아니라 신라의 사신이라고 지적하고 수정하였다. 원전 『요산당외기』에 기록된 '고려의 사신'에 대한 이수광과 한치윤의 의견은 약간의 차이가 있다. 『지봉유설』의 해당 기록은 다음과 같다.

『요산당외기』에 이르기를, 고려의 사신이 바다를 지나면서 "물새들은 떠올랐다 또 숨어버리고, 산 구름은 끊어졌다 또 이어지네(沙鳥浮還沒, 山雲斷復連)"라는 시구를 읊었는데 이때 가도가 뱃사공인 척하고 하구(下句)를 "돛대는 물결 아래 달을 뚫고, 배는 물속 하늘을 누르네(棹穿波底月, 船壓水中天.)"라고 이어 짓자 고려의 사신이 탄복하였다고 하였다. 이른바 '고려의 사신'은 누군지 모르는데, 세상에서 최치원이 지었다고 하는 것은 아마도 틀린 것이다. 다만 고려의 사신이 아니고, 신라 시대였던 것 같다.

『堯山堂外紀』曰: 高麗使過海有詩云:"沙鳥浮還沒, 山雲斷復連." 時賈島詐爲梢人, 聯下句曰:"棹穿波底月, 船壓水中天." 麗使歎服云. 所謂麗使未知何人, 而俗傳崔致遠所作者, 恐誤. 但非麗使, 似是新羅時也.79)

이수광은 『요산당외기』에서 고려 사신이라고 한 사람이 세간에서 최치원이라고 전해지고 있다고 말했다.80) 그리고 이러한 전언(傳言)은 아마도 틀렸을 것이라고 추측하면서 이 시화의 기록도 신라 때의 일일 것이라고 더불어 추정하였다. 이수광의 어조(語調)는 단정이 아니라 추정이다. 그러나 한치윤은 해당 안설에서 '신라의 사신이다'라는 명확한 판단을 바탕으로 이수광의 추정에서 한 걸음 더 나아가 그러한 사실에 대해 단정하였다. 선인의 견해를 발전시키는 양상을 보여주는 대목이다.

그런데 이수광이 인용한 『요산당외기』과 한치윤이 인용한 『요산당외기』의 차이점도 주목할 만하다. 『요산당외기』의 본래 기록은 다음과 같다.

고려의 사신이 바다를 지나면서 "물새들은 떠올랐다 또 숨어버리고, 산 구름은 끊어졌다 또 이어지네"라는 시구를 읊었는데 그 당시 가도가 뱃사공인 척 하고 하구(下句)를 "돛대는 물결 아래 달을 뚫고, 배는 물속 하늘을 누르네"라고 이어 짓자 고려의 사신이 오랫동안 감탄을 하더니 다시 시에 대해 말하지 않았다.

---

79) 『芝峯類說』 권13, 「文章部」 6, 「東詩」.

80) 權鼈(1589~1671)의 『海東雜錄』 권4, 「本朝」, 「徐居正」에 『東人詩話』를 인용하여 다음과 같이 기록하였다. "唐時麗使過海有詩云: '水鳥浮還沒, 山雲斷復連.' 賈浪仙作爲梢工聯云: '棹穿波底月, 船壓水中天.' 麗使嘉歎不復續. 以麗使爲崔孤雲."

高麗使過海有詩云:“沙鳥浮還沒, 山雲斷復連.” 時賈島詐爲梢人, 聯下句云:“棹穿波底月, 船壓水中天.” 麗使嘉歎久之, 不復言詩.[81)]

마지막의 “다시 시에 대해 말하지 않았다(不復言詩)”는 구절에 대해 이수광은 인용하지 않았지만 한치윤은 그대로 인용하였다. 그러므로 『해동역사』 「예문지」는 인용의 정확성과 객관성 측면에서 상대적으로 더 나아간 것이라고 평가할 수 있다.

한시 부분에서 ‘제요 속의 안설’은 3개로 확인되는데, 각각 이문(異文)을 밝히는 안설, 다르게 수록된 상황을 고찰한 안설, 원문에서 생략한 내용을 보충하는 안설이다. 신라 진덕여왕(眞德女王)의 「태평송」(太平頌) 원문을 수록한 제요 권47-12에서는 ‘삼황오제 모두 함께 한 덕 이루니(三五咸一德)’라는 시구에 대해, ‘살펴보건대 어떤 곳에는 ‘삼오(三五)’가 ‘오삼(五三)’으로 되어 있다(案或作五三)’라는 안설을 붙여 이문을 밝혔다.[82)] 제요 권47-26은 『역대음보』(歷代吟譜)에 수록된 박인량(朴寅亮)의 「사주의 귀산사」(泗州龜山寺)를 인용하였는데, 끝에 달린 안설을 통해 『민수연담』(澠水燕談)에서는 이 시를 김제(金第)의 시로 수록하고 또 4구 중 마지막 2구만 수록하였다는 사실을 밝혔다.[83)] 제요 권48-5에는 『명시종』 「조선시」(朝鮮詩) 하권의 ‘임제

81) 蔣一葵, 『堯山堂外紀』 권31, 「唐」, 「賈島」(明 萬曆34년序本).

82) 『海東繹史』 권47, 「藝文志」 6, 「新羅王太平頌」.

83) 권47-26과 권47-27은 규장각본과 국도본에 각각 다르게 수록되어 있다. 규장각본의 조목 권47-26은 다음과 같다. “朴寅亮「泗州龜山寺」『歷代吟譜』曰: 高麗朴寅亮「龜山寺」詩.” 그리고 제요 권47-27에는 “塔影倒淮沈浪底, 磬聲浮月落雲間. 門前客櫂洪濤急, 竹下僧碁白日閑. 『歷代吟譜』謹按『澠水燕談』作高麗使臣金第詩, 止載下二句.”라고 수록하였다. 그러나 국도본에서는 조목 권47-26은 “金第「龜山寺」『澠水燕談』曰: 金第, 高麗使臣.”으로 기록되어 있고, 제요 권47-27은 “門前客棹洪濤

부터 이인로까지의 시를 수록하였다(自林悌至李仁老詩)'라고 하는 구절을 인용하였다. 이에 대해 편찬자는 안설을 통해 시인들의 이름을 온전히 기록하여 보충하였다.[84]

한시 부분의 '일반 안설'은 총 3개가 있다. 조목과 제요 속의 안설에 비해 일반 안설은 편찬자의 입장에서 독자의 주목을 요구하는 내용을 담기 때문에, 이는 편찬자의 시사(詩史)에 대한 관점을 드러내주는 중요한 자료라고 할 수 있다. 권47-23, 권47-42, 권48-6이 바로 이러한 안설인데 권47-23은 '집일류(輯佚類)' 안설로 볼 수 있고 나머지 두 개는 '고정류(考訂類)' 안설에 속한다.

집일류 안설은 해당 조목과 제요에 관련된 본국의 역사자료를 수집하여 기록한 것인데, 대개 해당 제요에 빠져 있거나 불충분하다고 여겨지는 자료를 보충하는 차원에서 추가하여 수록한 것이다.[85] 안설 권47-23 앞에는 '고경세자(古鏡細字)'라고 기록한 조목과 『전당시』(全唐詩)를 인용하여 「옛 거울에 새긴 글」을 수록한 제요가 있다. 그러나 한치윤은 『전당시』에 수록된 내용이 온전하지 않다고 지적하였다.

急, 竹下僧棋白日寒. 『灑水燕談』"로 되어 있다. 이처럼 국도본에 수록된 해당 조목과 제요의 내용은 규장각본의 내용보다 소략하다. 권47-26과 권47-27에 대해 본고는 내용이 상대적으로 완전한 규장각본을 따르기로 한다.

84) 제요 권48-5조, "『朝鮮詩』下卷, 自林悌至李仁老詩, 按林悌､白光勳､崔壽峸､趙希逸､林億齡､奇邁､金瑬､申欽､權韠､趙昱､李孝則､柳永吉､鄭碏､朴文昌､李達､李植､朴瀰､姜克誠､鄭之升､姜渾､金淨､鄭知常､李仁老詩各一首. 見『朝鮮採風錄』, 其官爵世次未詳, 姑系於此. 『明詩綜』"(『해동역사』 권48, 「예문지」 7.)

85) 張宗友는 앞의 책(162면)에서 '輯佚類'안설에 대해 '條目과 관련된 내용을 모은 것이다'라고 하였다. 그러나 『해동역사』 「예문지」 안설의 내용상 특징을 살펴보면 자료를 보충하는 안설들은 조목뿐만 아니라 제요 속의 내용에 대해서도 자료 보충 작업을 한 것으로 확인된다. 그리하여 본고에서는 집일류 안설을 '조목과 제요에 관련된 본국의 역사 자료를 보충하는 안설'로 규명하려고 한다.

살펴보건대, 『고려사』에는 거울에 새겨진 글이 실려 있는데 『전당시』에는 반 이상 빠져 있다. 이에 지금 『고려사』에 전하는 것을 취하여 보충한다.(...)

〈권47-23〉 按『高麗史』載鏡文, 而『全唐詩』則太半刪漏, 今取東史所傳者以補之...[86]

이어서 『고려사』 권1, 「세가」(世家) 1, 「태조」(太祖) 1에 실려 있는 원문을 전재(轉載)하였다.[87] 원문을 인용하고 끝에 작은 글씨로 “본문은 여기에서 그친다(本文止此)”라고 표시해 두었다. 그리고 마지막에 ‘이때 당나라 장사꾼 왕창근(王昌瑾)이 철원(鐵原)에 와 있다가 시장에서 이 거울을 샀다고 한다(是時, 唐商客王昌瑾來寓鐵原, 市得賣是鏡云)’라고 덧붙였는데 이는 역시 『고려사』에 의거하여 배경 정보를 추가한 것이다. 이 안설을 통해 『고려사』에 실려 있는 옛 거울의 글은 『전당시』에 수록한 것보다 108자가 더 많다는 것을 알 수 있는데 이는

---

86) 『해동역사』 권47, 「예문지」 6, 「본국시」 1, 「고경세자」.

87) 『고려사』 권1, 「세가」 1, 「태조」 1, “初, 太祖年三十, 夢見九層金塔立海中, 自登其上. 貞明四年三月, 唐商客王昌瑾忽於市中見一人, 狀貌瓌偉, 鬚髮皓白, 頭戴古冠, 被居士服, 左手持三隻椀, 右手擎一面古鏡, 方一尺許. 謂昌瑾曰:“能買我鏡乎?” 昌瑾以二斗米買之, 鏡主將米沿路散與乞兒而去, 疾如旋風. 昌瑾懸其鏡於市 壁, 日光斜映, 隱隱有細字, 可讀其文曰:“**三水中, 四維下, 上帝降子於辰馬. 先操雞, 後搏鴨, 此謂運滿一三甲. 暗登天, 明理地, 遇子年中興大事. 混蹤跡, 沌名姓, 混沌誰知眞與聖. 振法雷, 揮神電, 於巳年中二龍見. 一則藏身青木中, 一則現形黑金東. 智者見, 愚者盲, 興雲注雨與人征. 或見盛, 或視衰, 盛衰爲滅惡塵滓. 此一龍, 子三四, 遞代相承六甲子. 此四維, 定滅丑, 越海來降須待酉. 此文若見於明王, 國泰人安帝永昌.**” 吾之記凡一百四十七字.” 인용문 중 굵은 서체로 표시한 부분은 『해동역사』 권47, 「예문지」 6, 「본국시」 1, 「고경세자」의 안설 권47-23에서 인용한 내용이다. 그리고 밑줄로 표시한 부분이 바로 『전당시』에 수록된 부분이며 『해동역사』 「예문지」의 해당 제요 권47-22에서 인용한 부분이다.

본국의 자료인 『고려사』를 활용한 대표적인 사례로 들 수 있다. 비록 『해동역사』의 편찬 목적 중의 하나가 타국의 자료를 통해 본국의 역사 자료를 보충하는 데에 있지만 실제 권47-23과 같은 안설 편집은 또한 본국의 자료를 통해 타국 자료의 누실(漏失)을 보완하기도 하였다.

여기서 말하는 고정류 안설이란 여러 중국 문헌 자료의 기록 상황을 비교하여 문헌 간의 동이(同異)와 상호관련성을 정리하여 밝히는 내용을 위주로 담은 안설을 가리킨다.[88] 한치윤이 작성한 안설 권47-42와 한진서가 쓴 안설 권48-6이 바로 이러한 유형인데 비록 같은 사람이 쓴 것이 아니지만 모두 중국 시선집(詩選集)에 대한 고찰이며 성격상 일치하므로 함께 살펴볼 필요가 있다.

> 살펴보건대, 『명시종』과 『열조시집』에 실려 있는 고려의 시는 설손(偰遜)에서부터 정몽주(鄭夢周), 성석린(成石磷), 이색(李穡), 이숭인(李崇仁), 정추(鄭樞), 김구용(金九容), 이첨(李詹), 권우(權遇), 권근(權近), 조운흘(趙云仡)까지 11명의 시인데, 이들의 시는 오명제(吳明濟)의 『조선시선』(朝鮮詩選)에서 인용하여 수록한 것이다. (하권에 상세하게 나온다) 『간재잡설』(艮齋雜說) 등의 책에 실린 이인로(李仁老)와 정지상(鄭知常)의 시 각 한 수는 손개사(孫愷似)의 『조선채풍록』(朝鮮採風錄)에서 인용하여 수록한 것인데, 이 두 사람을 조선 시대

---

88) 본고에서 말하는 고정류 안설은 한시 작품의 경우에 대해 말한 것인데 선행연구에서 이와 같은 종류의 안설에 대한 언급은 아직 확인하지 못하였다. 다만 周雲, 앞의 논문(24면)에서 『明詩紀事』 중의 일부 안설을 '작품의 流傳을 고찰하는 안설'로 분류하였고 또한 작품의 유전 문제는 '目錄, 版本, 校勘, 輯佚, 辨僞, 典藏 등 文獻學과 관련이 있는 내용으로 작품을 정리하는 데에 있어서 반드시 고찰해야 할 문제이다'라고 지적하였다. 본고에서 고정류로 보는 두 개의 안설은 '작품의 유전' 문제와 다소 차이는 있지만 역시 문헌학의 범주 안에서 다룰 문제이기 때문에 이를 참고하여 '고정'이라는 문헌학 용어를 빌려 해당 안설을 유형화하였다.

사람으로 오인하였으므로 바로잡아 고려 시대 사람으로 수록하였다. 설손 이하 여러 사람의 관작과 고향은 「인물고」에 실려 있으므로 여기에는 기록하지 않는다.

〈권47-42〉 按高麗詩之載『明詩綜』及『列朝詩集』者, 自偰遜、鄭夢周、成石磷、李穡、李崇仁、鄭樞、金九容、李詹、權遇、權近、趙云仡十一人詩, 則引錄於吳明濟『朝鮮詩選』者也. 詳見下卷. 『艮齋雜說』等書所載李仁老、鄭知常各一首, 則引錄於孫愷似『朝鮮採風錄』者, 而此二人誤認爲朝鮮人, 故釐係於高麗. 自偰遜以下諸人爵里, 載於「人物考」, 故此不著焉.89)

한진서(韓鎭書)가 삼가 살펴보건대, 본조의 시를 가장 많이 수록한 중국인의 시집은 우산(虞山) 전겸익(錢謙益)의 『열조시집』과 죽타(竹垞) 주이준의 『명시종』이다. 두 책에 실려 있는 시인은 모두 합하여 50여 인인데, 이것은 오명제의 『조선시선』에서 인용하여 수록한 것이다. 『명시종』 가운데 조선시 하편(下篇) 및 왕어양(王漁洋)의 『지북우담』(池北偶談), 우서당(尤西堂)의 『간재잡설』에 기록된 여러 시들은 손치미의 『조선채풍록』에서 인용하여 수록한 것이다. 또 『감구집』(感舊集), 『양조평양록』(兩朝平壤錄) 등의 책에 기록된 것이 몇 편 있다. 지금 여러 문집 가운데 실려 있는 것들을 한데 아울러서 세대별로 순서를 정하여 기록하였다. 그리고 여러 사람의 관작과 고향은 이미 「인물고」에 상세하므로 여기에서는 중복하여 기록하지 않았다.

〈권48-6〉 鎭書謹案, 本朝詩之載在中國詩集者, 錢虞山『列朝詩集』、朱竹坨『明詩綜』最多. 兩書所記者, 合爲五十餘家, 而此則引錄於吳明濟『朝鮮詩選』者也. 『詩綜』之「朝鮮詩」下篇及王漁洋『池北偶談』、尤西堂『艮齋雜說』所記諸詩, 則引錄於孫致彌『朝鮮採風錄』者也. 又有『感舊集』、『平攘錄』等書所記若干篇, 而今並集諸家所載, 次以世代合書之, 至於諸人爵里, 則已悉於「人物考」, 故此不疊錄焉.

89) 『해동역사』 권47, 「예문지」 6.

안설 권47-42는 고려 시대의 한시를 수록하는 자리에 삽입된 것이다. '설손(偰遜)의 「산속의 비」(山雨)' 뒤에 실려있으며 고려 시대 시인들의 작품 수록 문제를 다루고 있다. 『열조시집』과 『명시종』에 수록된 고려 시대 11인의 시는 『조선시선』에서 채록한 것이고 이인로와 정지상의 시는 원래 『조선채풍록』에 기록한 것을 『간재잡설』 등 책에서 인용하였다고 밝혔다. 그리고 중국 시선집에서 이인로와 정지상을 조선 시대 사람으로 오인한 문제를 지적하였다. 마지막으로 시인의 인적사항에 대해 『해동역사』 「인물고」에서 확인할 수 있다고 설명하였다.

안설 권48-6은 조선 시대의 시를 수록하는 앞머리에 위치하는데, 먼저 제요 5조를 통해 조선 시대 한시문학에 대해 개설하고 이 안설을 기록하였다. 이어서 본격적으로 한시 작품을 수록하였다. 그리하여 권48-1부터 권48-6까지는 '경적' 부류의 「총론」과 마찬가지로 전통 예문지의 '소서(小序)' 역할을 하고 있다.[90] 권48-6 역시 작품 수록 문제에 관한 것이다. 『열조시집』과 『명시종』에서 채록된 조선 시대 50여 인의 한시 작품의 기본 자료 역시 『조선시선』인 것을 먼저 밝혔고 이어서 『명시종』 「조선시」 하편, 『지북우담』, 『간재잡설』에 수록한 조선 시대 한시는 『조선채풍록』에서 인용한 것임을 밝혔다. 또한 『감구집』과 『양조평양록』 등 책에서도 조선 시대의 한시 작품이 실려 있으므로 이 모든 자료를 합하여 시대순으로 재편성하고 『해동역사』 「예문지」의 '본조시(本朝詩)'에 실렸음을 설명하였다. 그리고 시인의 약력에 대해 역시 「인물고」에 상세히 기록하였다고 덧붙였다. 이상 두 안설에서

90) 이 점에 대해 이미 제1절 '書目과 書畵 부분'에서 상론하였으므로 여기에서 해당부분 내용이 전통 예문지의 '소서'역할을 담당하는 것에 대해 중복된 논의를 하지 않기로 한다.

제시한 문헌 간의 상호관계를 도식화하면 다음과 같다.

〈도표 3-8〉 〈안설 47-2〉와 〈안설 48-6〉에서 정리한 문헌 간의 상호관계

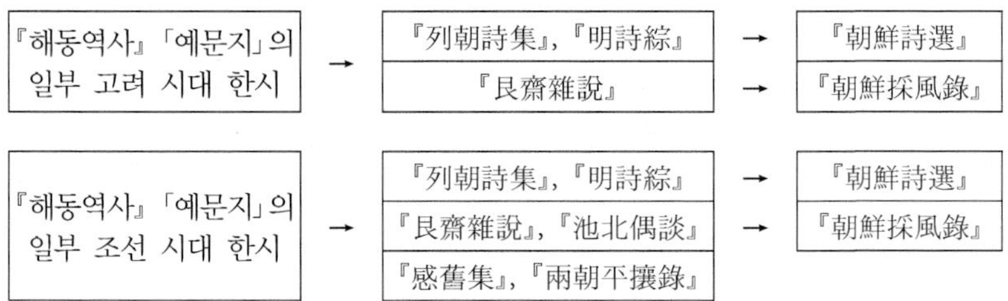

이 두 안설과 '본국시'에 수록한 한시의 실제 상황을 통해 명말청초에 전해진 고려와 조선 한시의 대략적인 면모를 파악할 수 있다. 『조선시선』과 『조선채풍록』을 통해 조선의 한시가 명나라에 처음으로 '대량 유출'된 셈이었다. 『열조시집』과 『명시종』을 비롯한 여러 시선집, 시화집을 통해 조선의 한시가 명말청초의 대가급 문인의 주목을 받아 중국 문단에 널리 알려지기 시작하였다. 문헌 간의 상호관계가 비록 단선적(單線的)이긴 하지만[91] 이러한 작업을 통해 위와 같은 한시 전파의 경로를 정리해낸 것은 한국과 중국 문학교류사에서 중요한 의미를 지닌다. 특히 중국 문헌에 실린 조선의 한시에 대해 본격적으로 정리한 것도 한치윤의 『해동역사』가 최초라고 할 수 있다.[92]

---

91) 이종묵이 「17-18세기 中國에 전해진 朝鮮의 漢詩」(『한국문화』 45, 2009, 15~49면.)에서 錢謙益의 『列朝詩集』은 吳明濟의 『朝鮮詩選』을 본원 자료로 삼아 조선의 한시를 수록하였고 朱彝尊의 『明詩綜』과 『靜志居詩話』, 王士禛의 『池北偶談』과 『感舊集』, 『漁洋詩話』, 尤侗의 『艮齋雜說』 등 책에 수록한 조선의 한시는 대부분 孫致彌의 『朝鮮采風錄』을 이용하였다고 밝혔으며 특히 『명시종』은 오명제의 『조선시선』과 전겸익의 『열조시집』, 손치미의 『조선채풍록』에 실린 조선의 한시 중에 일부를 선발하여 수록하였다고 하였다.

‘중국시’ 부류에는 총 5개의 안설이 있는데 형식으로 볼 때 모두 ‘조목 속의 안설’이다. 조목 권50-17 ‘「사명을 받들어 본국으로 돌아가는 빈공 김이오를 전송하며」(送賓貢金夷吾奉使歸本國)’에 쓴 안설은 시제 속의 ‘김이오(金夷吾)’가 신라 사람임을 밝혔고,[93] 조목 권50-153에 쓴 안설은 작시 배경을 설명하고 저자와 증시(贈詩) 대상자와의 관례가 형제인 것을 밝혔다.[94] 그리고 조목 권51-17 ‘석명본(釋明本)의 「심양왕이 진제정에 제한 시를 차운하며」(次韻瀋陽王題眞際亭)’에 쓴 안설은 시제에서 언급한 ‘심양왕’이라는 인물이 고려의 충선왕(忠宣王)인 것을 밝혔다. 조목 권51-197 ‘목실문(木實聞)의 「청천 신공에게 이별하면서 지은 시」(寄別靑泉申公)’에 쓴 안설은 증시의 대상자인 신유한(申維翰)이 일본에 갔을 때 동행했던 두 인물의 본명과 직책을 밝혔는데 이들이 바로 뒤의 조목 권51-199 ‘「갱목 강공에게 이별하면서 지은 시」(寄別耕牧姜公)’와 조목 권51-201 ‘「서초 백공에게 이별하면서 지은 시」(寄別西樵白公)’에서 나온 증시의 대상자 강백(姜栢)과 백흥전(白興銓)이다.[95] 이 안설은 비록 조목 권51-197 속에 기록되어 있지만 사실상 조목 권51-199와 권51-201까지 아울러 증시 대상자를 밝힌 것이다. ‘중국시’ 부류의 마지막 안설은 일본시를 수록한 부분에 있다. 조목 권51-206 ‘「강씨와 장씨 두 시백에게 올린다」(呈姜張兩詩伯)’에 쓴 안설은 ‘강씨’와 ‘장씨’가 강백과 장응두(張應斗)인 것을 밝

---

92) 이종묵, 앞의 논문, 28면 참조.

93) 조목 밑에 ‘按夷吾, 新羅人’라고 적었다. 그리고 조목 속의 ‘吾’자 뒤에 작은 필체로 ‘一作魚’와 같은 注文을 붙여 해당 문헌에서 다르게 기록한 사항도 제시하였다.

94) 조목 권50-153은 다음과 같이 기록하였다. “顧況「送從兄使新羅」按代宗大曆初, 新羅景德王薨, 命歸崇敬往吊, 顧愔爲副, 愔卽況之從兄也.”

95) 조목 권51-197에 적은 안설은 다음과 같다. “案本朝申靑泉維翰, 使日本時, 姜耕牧栢從行, 白西樵興銓, 以醫官從焉.”

혔다.[96)]

요컨대 한시 부분 안설은 형식에 따라 '조목 속의 안설', '제요 속의 안설', '일반 안설' 세 가지로 분류할 수 있다. '본국시'의 '조목 속의 안설'은 모두 시인에 대한 안설로 '시인이 살았던 세대를 규명하는 안설', '시인의 자호, 관직과 관련된 정보를 보충하는 안설', '해당 시인의 작품 여부 문제를 다루는 안설' 세 가지로 구분된다. '제요 속의 안설'은 이문을 밝히는 안설, 다르게 수록된 상황을 고찰한 안설, 원문에서 생략한 내용을 보충하는 안설 세 가지가 있다. 사실 이러한 안설들의 내용을 성격 측면에서 구분하면 집일류 안설과 고정류 안설로 나눌 수 있다. 원전에서 생략된 글을 보충하는 안설은 집일류 안설에 포함시킬 수 있고, 나머지 유형의 안설은 모두 고정류 안설로 볼 수 있다. 이와 같은 집일류, 고정류 안설은 한시 비평에서 보편적으로 사용하는 기술 양식인데, 한시 부분의 일반 안설 3개는 집일류 안설과 고정류 안설의 전형을 보여주고 있다. 편찬자 한치윤이 이런 안설을 통해 중국인이 편찬한 여러 조선 시선집 문헌 사이의 상호관계를 밝히고 있다는 점은 주목을 요한다. 한편 '중국시' 부류의 안설은 모두 '조목 속의 안설'로 시인의 신분과 작시 배경을 밝히는 고정류 안설이다.

④ 夾註

'한시' 부분의 협주도 역시 원주와 보주(인용주, 자주)를 모두 활용하였다. 원주와 인용주는 대개 시인과 작품에 대한 것이고 자주는 해당 작품이 대부분 여러 시선집에서 다르게 수록된 상황을 보여주는

---

96) 조목 권51-206에 쓴 안설은 다음과 같다. "案姜郎姜栢也, 張郎張應斗也. 申青泉之使日本, 張亦從行."

이문(異文)을 밝히는 내용이다. 원주를 사용한 경우 권48-171에 수록한 허흡(許洽)의 「한강 연회 자리를 함께 하면서 차운한다」(漢江陪宴次韻)의 시구를 들 수 있다. 이 시는 『명시종』에서 채록한 것인데 끝에 '나라에 술바위가 있는데 술이 거기에서 흘러내려온다(國有酒巖, 酒流出其下)'라는 원전의 주문도 함께 수록하였다. '한시' 부류의 인용주는 대체로 원전 시선집의 기록을 인용한 것이다.

> 허매씨(許妹氏)의 「고별리」(古別離).
> 『열조시집』(列朝詩集)에 이르기를 "허경번(許景樊)의 자는 난설(蘭雪)이며 조선 사람이다. 그의 오빠는 허봉(許篈)과 허균(許筠)이다" 하였다.
> 〈권49-207〉 許妹氏「古別離」.
> 『列朝詩集』曰: 許景樊, 字蘭雪, 朝鮮人, 其兄篈､筠.

조목 권49-207에 쓴 협주는 『열조시집』을 인용하여 허난설헌을 소개하는 내용이다. 편찬자 한치윤이 스스로 설정한 조목 아래에 단 협주이지만 그 내용은 원전의 기록을 선택적으로 인용한 것이다. 이러한 인용주를 통해 『열조시집』에서 허난설헌을 어떻게 인식하고 있는지를 간명하게 보여주고 있다.

이문을 밝히는 자주는 대체로 시구를 수록한 제요에서 발견되는데, 예를 들어 제요 권47-101에는 다음과 같이 기록되어 있다.

> 복사꽃 붉은 비에 새들이 지저귀니, **『지북우담』(池北偶談)에는 '鳥喃喃'이 '燕呢喃'으로 되어 있다.**
> 집을 둘러싼 청산에 푸른 이내 아른거리네. **『지북우담』에는 '靑'이 '春'으로 되어 있다.**
> 이마에 비스듬한 오사모 게으른 탓이니,

취하여 꽃동산에 누워 강남을 꿈꾸네.

『간재잡설』(艮齋雜說), 『명시종』과 『지북우담』

〈권47-101〉 桃花紅雨鳥喃喃**『池北偶談』作“燕呢喃”**, 繞屋靑**『偶談』作“春”**山間翠嵐. 一頂烏紗慵不整, 醉眠花塢夢江南. 『艮齋雜說』、『明詩綜』及『池北偶談』

제요 권47-101은 고려 시대 시인 정지상(鄭知常)의 「취한 후」(醉後)를 수록한 것이다. 이 제요는 『간재잡설』, 『명시종』, 『지북우담』 세 가지 문헌을 참조하였다. 그런데 기록한 시구가 원전 문헌과는 차이가 있으므로, 한치윤은 대조를 통해 그 차이점을 협주로 밝혀놓았다. 『간재잡설』과 『명시종』에 수록된 시구가 일치하는데 『지북우담』과는 몇 글자의 차이가 있는 것이 확인된다.

한편 기록 형식으로 보면 '한시' 부분의 협주는 '경적' 부류의 협주와 비교할 때 상당히 뚜렷한 특징이 드러난다. 그것은 바로 '경적' 부류에서는 '조목 속의 협주'가 발견되지 않는[97] 반면 한시를 수록한 부류에는 '조목 속의 협주'가 상당히 많이 있다는 점이다. 한시를 수록한 '본국시' 부류와 '중국시' 부류의 조목은 각각 304개와 180개인데 이 두 부류에는 각각 73개와 37개의 협주가 있다.

'본국시' 부류의 73개 조목 속 협주 내용을 살펴보면 크게 시인 중심의 협주와 작품 중심의 협주 두 가지로 나눌 수 있다. 시인 중심의 협주에는 기본적으로 시인의 자호(字號), 시호(謚號), 신분, 관직과 같은 내용을 밝히고 있다. 시인의 자호와 시호를 밝힌 협주는 3개가 있는

97) 書畫 관련 부류에서도 '조목 속의 협주'가 발견되지 않는다. 그리고 '雜綴' 부류에는 '附錄型' 조목 하나만 있는데 역시 협주가 달려 있지 않다. 조목에서 협주가 가장 많이 확인되는 부분은 詩와 文 부류이다.

데 각각 정몽주(鄭夢周)의 호(권47-43), 이색(李穡)의 호(권47-72), '허매씨(許妹氏)'로 기록한 허초희(許楚姬)의 자호(권49-207)에 대한 것이다. 이 중에서 정몽주와 이색에 대한 협주는 자주이고 허초희에 대한 협주는 『열조시집』을 인용한 인용주이다.

시인의 관작과 고향에 대한 협주는 권우(權遇, 권47-90), 정희량(鄭希良, 권48-13), 성간(成侃, 권48-98)을 기록한 조목에서 확인되는데 모두 "『명시종』에 이르기를 '...의 관작과 고향은 미상이다' 하였다.(『明詩綜』曰...爵里未詳.)"라는 식으로 기록되어 있다. 이 세 사람은 조선에 잘 알려진 문인학자들인데 『명시종』에서는 이들의 약력과 관련된 정보를 기록하지 못하였다. 이 점에 대해 한치윤은 협주를 통해 특별히 주의를 주었다.

시인의 관직과 신분에 대한 협주는 각각 2개와 4개로 확인된다. 관직에 대한 협주는 모두 중국 문헌의 기록을 인용한 것이다(권48-46, 49-52). 신분에 대한 협주는 주로 여성 시인을 기록한 조목에 집중되어 있다. '이숙원(李淑媛)'으로 기록된 이옥봉(李玉峰)이 승지(承旨) 조원(趙瑗)의 첩인 것을 밝힌 주문(권49-183), 허초희가 조선의 허봉(許篈)·허균(許筠)의 여동생임을 명시한 협주(권49-207), 덕개씨(德介氏)가 고려의 기생임을 알려주는 협주(권49-258) 등이 있다. 신분을 기록한 협주들 역시 인용주이다.

시인과 작품의 기록 상황을 보충하는 협주도 5개가 확인된다. 일례로 조목 권47-68 「여흥의 청심루」(驪興淸心樓) 아래에 작은 글자체로 다음과 같이 기록하였다.

> 『이칭일본전』(異稱日本傳)에 이르기를 "『조선시화』(朝鮮詩話)에 '포은(圃隱) 정문충공(鄭文忠公)의 청심루 절구 한 수에 운운하였다.'

고 하였다."

〈권47-68〔注〕〉『異稱日本傳』曰:『朝鮮詩話』云, 圃隱鄭文忠公淸心樓一絶云云.

이러한 인용주는 일본 문헌인『이칭일본전』이『조선시화』라는 책을 통해 해당 작품의 저자 정몽주를 어떻게 인식하고 있는지를 알려주기 위한 것으로 추측된다. 그리고 시인을 추정하는 협주가 있는가 하면(권48-226), 서로 다른 문헌에서 시인을 다르게 기록한 상황을 알려주는 협주도 있다(권48-262).

작품을 중심으로 한 '본국시' 부류의 '조목 속 협주'는 약 50개 정도가 확인된다. 그 내용은 작시 배경, 세대(世代), 이문(異文), 시평(詩評), 관련 전고(典故), 시어(詩語) 해석 등 다양하게 나타난다. 이 가운데 작시 배경에 관한 협주가 가장 많은데 약 30개 정도가 있다. 작시 배경을 서술한 협주는 모두 중국이나 일본 문헌을 인용한 것이다. 이는 외국 문헌을 통해 외국에서 조선의 한시를 어떻게 이해하고 있는지를 보여주기 위한 것으로 해석된다. 작품의 창작 시기도 원전 문헌의 기록을 통해 밝혔지만 착오가 있는 경우 그 뒤에 안설을 덧붙여서 정정하였다(권47-5).

'중국시' 부류에 기록한 '조목 속의 협주' 37개는 전반적으로 원전을 인용하여 작시 배경과 증시 대상(贈詩對象)을 설명하는 내용이다. 증시 대상은 모두 조선 사람이다. 그 외에 시제를 다르게 기록한 상황을 설명하는 협주 2개(권50-21, 권50-163)와 특정 지명(地名)을 설명하는 협주 1개(권50-213)가 확인된다.

'제요 속의 협주'은 한시를 수록한 '본국시'와 '중국시' 부류에서 각각 31개와 6개로 확인된다. '본국시'를 수록한 부분에서 이러한 협주들의 내용은 세 가지로 나눌 수 있다. 첫째는 시인의 신분, 자호 등 정보를 보충하는 것이며[98] 둘째는 시에 대한 평어를 수록한 것이고[99] 셋째는 이문을 제시하는 것이다.[100] 시인과 관련된 정보를 보충하는 협주는 대체로 원주이고 시에 대한 평어를 기재한 협주는 모두 인용주이다. 그리고 이문을 제시하는 협주는 동일한 한시 작품이 다른 문헌에서 어떻게 다르게 수록되었는지를 보여주고 있다.

외교문서를 수록한 '본국문' 부류와 '중국문' 부류의 협주는 형식적으로 '조목 속의 협주'에 집중되어 있다. 이러한 '조목 속의 협주'는 총 54개로 확인되는데 '본국문' 부류에는 29개가 있고 '중국문' 부류에는 25개가 있다. 그리고 외교문서 부분의 협주들은 단일한 형식을 취하고 있을 뿐만 아니라 내용 역시 단조롭다. 이들 협주는 대체로 해당 조목에 수록된 글의 작성연대와 배경을 설명하는 내용인데 그 구체적인 양상은 '〈부록 2〉『해동역사』「예문지」 본국문 부류와 중국문 부류의 수록 상황 일람표'에서 확인할 수 있다.

98) 권47-20, 권47-29.

99) 詩評 성격의 주문은 권47-41, 권48-171, 권48-225, 권48-255, 권48-265, 권48-275, 권49-234 등이 있다.

100) 한시를 수록한 부분에서 이문을 제시하는 주문은 권47-16, 권47-101, 권48-52, 권48-227, 권48-239, 권48-245, 권48-247, 권48-289, 권49-12, 권49-39, 권49-89, 권49-96, 권49-127, 권49-161 등이 있다.

제4장

『海東繹史』「藝文志」의 原典 輯錄 양상

앞서 『해동역사』 「예문지」의 분류와 기술방식 내용을 집중적으로 고찰하였다. 이러한 고찰이 텍스트의 표면적인 특징에 주목했다면 본 장에서는 텍스트의 이면에 숨겨진 사실에 주목하고자 한다.

『해동역사』는 주로 여타의 문헌에서 채록한 내용으로 편성되었다. 고서의 이와 같은 편찬 방식을 흔히 '집록(輯錄)'이라고 하며 본고에서도 『해동역사』 「예문지」의 제요를 집록체(輯錄體)로 규명하였다. 중국과 일본 문헌을 집록하는 방식을 사용하였기 때문에 『해동역사』는 타자의 시선으로 역사를 기술하는 형식을 갖춤으로써 '객관성'을 확보하였고, 또한 그것이 이 책의 가장 큰 특징이라는 평가를 받아왔다.[1] 물론 외국 문헌을 집록하는 방식으로 편찬된 『해동역사』는 나름 독특한 내용과 서술 시각을 갖춘 것이 분명하다. 그러나 그 내용과 서술의 시각이 정말 객관성을 지녔는지, 지녔다면 어느 정도의 객관성을 확보하였는지는 더 살펴봐야 할 문제이다. 특히 『해동역사』 「예문지」의 경우, 한치윤은 나름 외부의 시각에서 객관적으로 역사를 서술함으로써 하나의 조선 문화사를 구축한 것처럼 보인다. 하지만 이 조선 문화사를 서술하기 위해 그가 어떤 구체적 집록 방법과 편찬 방식을 동원하였고 또한 그런 방법과 방식들을 통해 기록한 내용들이 원전(原典)의 내용과 완전히 일치하는지 아니면 차이가 있는지, 차이가 있다면 그것이 무엇을 의미하는지를 밝혀야 비로소 『해동역사』 내지 그 「예문지」의 역사서술의 객관성과 기타 특성을 해명할 수 있을 것이다.

요컨대 편찬자 한치윤이 어떤 원전 문헌에서 어떤 식으로 관련 내용을 뽑아 다시 『해동역사』 「예문지」를 구성하였는지를 밝히고, 나아가

---

1) 황원구, 「韓致奫의 史學思想-『海東繹史』를 중심으로」, 『人文科學』 7, 연세대학교 인문과학 연구소, 1962.

그 이유를 분석해야만 이 책의 성격과 편찬자의 편찬 목적을 제대로 규명할 수 있을 것이다. 이에 본 장에서는 『해동역사』「예문지」의 내용과 그가 집록 대상으로 삼은 원전 문헌을 대조하는 작업을 선행하였다. 이와 같은 대조 작업을 바탕으로 『해동역사』「예문지」의 원전 집록 방식과 의미를 살피고자 한다.

1. 원전 문헌의 판본과 그 활용

원전 자료들이 지닌 특징을 밝히는 것은 곧 『해동역사』「예문지」 정보 출처의 특징을 밝히는 것이며 또한 편찬 작업의 기본 지식과 사상의 기반을 추적하는 작업이기도 하다. 『해동역사』「예문지」는 국내외 약 200여 종의 문헌에서 조선과 관련된 내용을 선택적으로 추려서 다시 예문지의 기술방식에 맞춰 재편집한 책이다. 그리고 거의 모든 제요와 대부분의 협주, 일부 안설에서 원전 자료를 명시하였다. 이 원전 자료들의 특징을 파악하기 위해 여기에서 우선 『해동역사』「예문지」에서 참조했던 원전들의 판본 양상을 정리하고 그 다음에 비교적 많이 인용한 원전들의 전반적인 특징에 대해 살펴보겠다.

원전과의 대조 작업을 수행하기 전에 우선 대조할 원전의 판본을 선정하여야 한다. 적절한 판본을 선정하는 것은 『해동역사』「예문지」의 집록 양상을 정확하게 밝혀내기 위한 첫 번째 필수 조건이다. 『해동역사』「예문지」의 제요에서 밝힌 집록 원전은 약 200종에 달한다. 편찬시기로 보았을 때 이 200여 종의 서적은 중국 한대(漢代)부터 시작하여 청나라 중기까지 이르는 긴 시간대를 망라하고 있다. 서적의 편찬 연대가 유구할수록 그 판본도 매우 다양하고 복잡하다. 대조 작업을 수행하기 위해 이들 원전의 모든 판본을 다 일일이 고찰하는 것은 거의 불가능한 일이다. 게다가 『해동역사』 「예문지」의 원전 대조 작업은 주로 일부 자구(字句)나 특정한 단락을 대비 단위로 삼아 원전에 대한 채록 양상을 고찰하는 것이므로 굳이 교감학 분야에서 진행하는 대교(對校)·교감(校勘) 작업처럼 최대 해당 원전의 모든 판본을 다 일일이 고찰할 필요는 없다고 생각된다.

이에 본고는 집록 양상을 고찰하는 작업의 특성상, 원전 판본의 선정기준과 방법을 다음과 같이 채택하였다. 첫째, 19세기 초반까지 가장 널리 유통되었던 판본을 우선적으로 선택했다. 한치윤, 한진서 숙질이 『해동역사』를 완성했던 시기는 1823년이다. 비록 「예문지」를 포함한 『해동역사』 원편(原編) 70권은 한치윤이 1814년 사망할 때까지 편찬되었지만 나중에 한진서가 「지리고」(地理考)를 편찬할 때 원편의 내용에 대해서도 보완과 수정 작업을 진행하였기 때문에 정확히는 1823년까지 유통되었던 원전 판본들을 함께 고려하여야 한다. 이렇게 원전 판본을 선택한 다음에 대조 작업을 진행하였고, 이 과정에서 판본문제로 인해 『해동역사』 「예문지」의 집록 내용이 원전의 내용과 다르게 나타난다고 판단될 경우에는 또 다른 판본을 찾아 확인하였다.

둘째, 첫 번째 기준으로 선택한 원전 판본과 대조를 통해 다른 판본과의 대조도 필요할 경우, 우선 조선에서 유통되었던 판본과 관련 자료부터 확인하였다. 사실 『해동역사』 편찬 당시에 조선에서 유통되었던 판본이 대조 작업에 가장 적절하지만, 전사(傳寫) 유통 방식[2]과

2) 『해동역사』에서 밝힌 참조 서목 중 일부는 필사본이나 관련 필사 자료이었을 가능성이 크다. 특히 조선 후기에 抄書를 통해 자료를 확보하는 서적 유통 방식이 존재하였으므로 『해동역사』 편찬에 참조했던 일부 원전 자료가 필사 자료일 가능성도 배제할 수 없다. 『해동역사』 편성된 후 그 자체도 필사하는 방식을 통해 전해졌는데 이 때문에 현존 두 가지 필사본에서 상당한 오류가 발견되었다. 편찬자가 '인용서목'

현전 여부 문제[3] 등으로 인해 『해동역사』「예문지」에서 집록 대상으로 삼았던 판본을 정확하게 밝혀내기는 쉽지 않다. 그리하여 본고는 상술한 방법을 통해 대조할 원전의 해당 판본을 선택하였다.

이와 같은 판본 선정 기준 및 방법에 따라 선택한 판본들의 구체적인 정보는 '〈부록 3〉 집록 원전의 관련 정보 일람표'에 제시하였다. 이 판본들에 대한 고찰을 통해 『해동역사』「예문지」 편찬에 참조했을 가능성이 있는 원전 판본들의 특징을 다음과 같은 몇 가지로 정리할 수 있었다.

① 참조했을 가능성이 있는 여러 판본

필자의 조사에 따르면 19세기 초기에 널리 유통되었던 해당 원전들은 상당수가 판본이 여럿 존재하고 있었다. 본고에서는 이들에 대한 선행연구와 '한국고전적종합목록' 그리고 『한국소장중국한적총목』(韓國所藏中國漢籍總目) 등을 참조하여 대조할 판본을 선정하였다.

예를 들어 『해동역사』「예문지」의 첫 번째 제요에 나타나는 집록의 원전인 『삼재도회』(三才圖會)의 경우를 보고자 한다. 『삼재도회』는 명나라 문인 왕기(王圻, 1530~1615)와 그의 아들 왕사의(王思義, 생몰년 미상)가 1607년에 편찬한 백과 도록유서(圖錄類書)이다. 선행연구에 따르면 『삼재도회』의 판본은 세 가지가 있다. 첫 번째는 초각본(初刻

을 통해 참조했던 문헌들을 밝혔지만 모두 刊本 형태로 유통되었던 책으로 보기 어렵다. 일부는 필사본일 수 있고 또 일부는 편찬자가 밝힌 서목이 아닌 기타 관련 자료에서 抄錄한 내용을 수록한 것으로 보인다.

3) 현재 한국에 소장되어 있지 않는 판본이라고 해서 그것을 '원전의 참조판본'에서 배제할 수는 없다. 한치윤의 생존 당시 전하고 있었던 문헌이 반드시 지금까지 보존되어 있으리라는 보장은 없기 때문이다.

本)으로, 책이 편찬된 지 2년 후인 만력 37년(1609)에 간행되었다.[4)] 두 번째는 숭정(崇禎) 연간의 중간본(重刊本)이고 세 번째는 청나라 강희(康熙) 연간의 중교본(重校本)인데, 사실 모두 초각본의 판각을 바탕으로 이루어진 것이다. 특히 숭정 연간의 중간본은 "증손 이빈 중교(曾孫爾賓重校)"라는 기록이 있어 보통 이를 '증손이빈중교본(曾孫爾賓重校本)'이라고 칭하는데, 중간본이라고는 하지만 사실 초각본과 거의 차이가 없으므로 왕기의 증손인 왕이빈이 개인적 명리를 위해 자신의 이름을 이 책에 올리려고 중간한 것이었다는 지적을 받고 있다. 강희 연간의 중교본은 명말청초의 도서간각사(圖書刊刻史)에서 상당히 중요한 위치에 있는 황성(黃晟, 약1684~?)이 교감하여 간행한 것으로, 일반적으로 이 판본을 '담빈황성동서씨중교본(潭濱黃晟東曙氏重校本)'이라고 한다. 황성이 간인한 도서에는 '괴음초당(槐蔭草堂)'이라는 각인(刻印)이 자주 보이는데, 『삼재도회』의 해당 판본에도 '괴음초당장판(槐蔭草堂藏板)'의 각인이 찍혀 있어서 '괴음초당본(槐蔭草堂本)'이라고 부르기도 한다.[5)]

이 세 가지 판본 가운데 두 번째 '증손이빈중교본'과 세 번째 '담빈황성동서씨중교본'은 전질이나 영본 형태로 현재 한국의 여러 도서소장기관에서 확인된다. 이는 한치윤이 이 두 판본을 참조했을 가능성이 있다는 것을 의미한다. 『해동역사』「예문지」에서는 『삼재도회』의 내

4) 王圻(明), 王思義 輯『三才圖會』, 『續修四庫全書』(1232-1236 子部·類書類), 『續修四庫全書』編纂委員會, 上海: 上海古籍出版社, 1995-1999. 이 책에서 만력 35년본을 저본으로 삼았다고 하였으나 사실은 만력 37년의 초각본이다.

5) 『三才圖會』의 판본에 관하여 兪陽의 「『三才圖會』연구」(중국 上海復旦大學 석사학위논문, 2003)와 李瑩石의 「『三才圖會』中明代名臣像研究」(중국 東北師範大學 석사학위논문, 2014)를 참조하였다.

용을 제요 권42-1에서 한 번만 인용하였는데,[6] 인용된 부분은 위의 3가지 판본과 모두 일치하는 것으로 확인되었다.

② 改作을 확인하는 데 필요한 여러 판본

『해동역사』「예문지」에 기록된 내용 가운데 간혹 원전과의 글자 차이로 인해 그 의미가 다르게 나타난 경우가 있다. 이러한 경우 참조했을 가능성이 있는 원전의 여러 판본을 모두 확인할 필요가 있다. 일례로 『해동역사』「예문지」의 제요 권42-4에서는 다음과 같은 내용이 있다.

> 백제는 풍속이 역사서를 좋아하며 뛰어난 자는 자못 문장을 지을 줄 안다. 또 음양오행 및 의약, 복서, 점상에 관한 서책을 해독할 줄 안다. 『후주서』
>
> 〈권42-4〉 百濟俗愛墳史, 其秀異者, 頗解屬文, 又解陰陽五行及醫藥、卜筮、占相之書. 『後周書』

상기 제요에서 밝힌 『후주서』는 당나라 때 편찬된 『주서』(周書)를 가리킨다. 이 책은 송나라 초엽에 이미 일부분이 전하지 않았기 때문에 후세 사람들이 『북사』(北史)와 당나라 때의 일부 사료에 의해 보충

---

6) 한치윤이 편찬한 『해동역사』 原編에서 『삼재도회』를 인용한 곳은 총 12개로 확인된다. 권2 『世紀』2; 권20 『禮志』 3 「儀物」; 권22 『樂志』 「樂制·樂器」(2번 인용); 권22 『樂志』 「樂歌·樂舞」; 권25 『食貨志』 「錢貨」; 권27 『物產志』 2 「獸類」(2번 인용); 권28 『風俗志』 「雜俗」; 권29 『宮室志』 「城闕」; 권30 『官氏志』 1 「官制」 1; 권32 『釋志』 「寺刹」 등에서 인용하였던 것이다. 그리고 한진서가 편찬한 「지리지」에서도 『삼재도회』를 여러 번 인용하였다. 집록한 내용과 인용 횟수를 보았을 때 그들이 조선에 유입된 『삼재도회』 원서를 직접 보고 인용하였던 것으로 판단된다.

하였다. 이른 시기의 정본(定本)이 존재하지 않기 때문에 오랜 세월의 전파 과정에서 적지 않은 이문(異文)이 생겨났다. 그래서 청나라 학자 전대흔(錢大昕, 1728~1804)은 『주서』의 잔결 상황과 이문에 대해 집중적으로 고찰하기도 하였다. 이 책의 가장 이른 판본은 송나라 때인 1068년부터 1074년 사이에 간인된 것으로 추정되지만 이 판본은 현재 전하지 않는다.7) 나중에 세상에 널리 전해진 『주서』 판본은 남송(南宋) 때의 판각본과 원명(元明) 때의 보각본을 합친 '삼조본(三朝本)'이다.8)

'삼조본' 이후 명청시대에 『주서』를 여러 번 간행하였는데 그때 널리 유통되었던 판본들은 한국의 도서소장기관에서 모두 확인할 수 있다. 주로 '숭정 5년(1623) 모진급고각본(毛晉汲古閣本)', '순치 16년(1659) 만력중교본(萬曆重校本)', '건륭 4년(1738) 무영전각본(武英殿刻本)', '동치 13년(1874) 금릉서국본(金陵書局本)', '광서 3년(1877) 숭문서국본(崇文書局本)' 등이다. 이 가운데 간인 시기로 보았을 때 한치윤이 참조했을 가능성이 있는 것은 '모진급고각본', '만력중교본', '무영전각본' 세 가지이다. 이 세 가지 판본 중에서 위의 『해동역사』「예문지」에서 집록한 부분에 해당되는 내용은 다음과 같이 일치하는 것으로 확인된다.

백제라는 나라는 그 선조가 대개 마한(馬韓)의 속국이었고 부여(夫

---

7) 1174년에 眉山에서 『주서』와 다른 六史를 重刻한 적이 있다. 이를 '宋蜀本' 혹은 '眉山七史本'이라고 한다. 그러나 이 판본도 온전히 전해지지 못하였다.

8) 현재 『주서』의 '三朝本'을 수록한 대표적인 판본은 '百衲本二十四史本'이다. 이 '삼조본'의 紀傳에는 史臣論이 붙어 있어 令狐德棻이 편찬했던 原本으로 보기 힘들다.

餘)의 한 종족이었다. (…) 풍속은 말달려 사냥하기를 중시하며 역사서를 좋아하였다. 그 가운데 뛰어난 인물은 자못 문장을 지을 줄 알았다. 또 음양오행을 잘 알았다. 남조(南朝) 송나라의 『원가력』(元嘉曆)을 사용하고 건인월(建寅月)을 한 해의 첫 번째 달로 삼았다. 그리고 의약, 복서, 점상의 기술도 알았다.

百濟者, 其先盖馬韓之屬國, 夫餘之別種. … **俗**重騎射, 兼**愛墳史**. **其秀異者, 頗解屬文. 又解陰陽五行**. 用宋『元嘉曆』, 以建寅月爲歲首. 亦解**醫藥、卜筮、占相之**術.9)

상기 인용문의 마지막 문장 "의약, 복서, 점상에 관한 기술(醫藥, 卜筮, 占相之術)"은 『해동역사』「예문지」에서 집록한 내용과 의미가 좀 다르다. 『주서』에서는 백제 사람들이 의약, 복서, 점상에 관한 기술을 안다는 의미로 기록하였지만 『해동역사』「예문지」에서는 '술(術)' 자를 '서(書)'로 바꾸어 "백제의 사람 중에서 음양오행과 의약, 복서, 점상에 관한 책을 잘 아는 사람이 있다"는 의미로 기록하였다. 이것이 의도적인 개작인지를 확인하기 위해서는 현재 한국에 소장되어 있지 않은 『주서』의 '삼조본' 판본도 확인해야 한다. 그 결과 위의 내용이 '삼조본'에서도 '술'자로 기록되었으며 명청시대의 『주서』 간행본 내용과 일치함을 확인할 수 있었다. 그러므로 『해동역사』「예문지」 제요 권42-4의 내용은 원전을 집록하면서 편찬자가 의도적으로 개작한 것으로 판단할 수 있다. '술'자를 '서'자로 개작함으로써 백제의 서적역사와 관련된 내용을 창조적으로 만들어낸 셈이다.

『해동역사』「예문지」에서 개작한 내용은 대개 원전 기록과 의미상 차이가 심하지 않다. 대부분 '문구(文句)를 개작했지만 원전의 내용과

---

9) 『周書』 권49, 『列傳』 제41, 「異域」上.

큰 차이가 없다'는 표현에 해당된다. 위에서 살펴본 바 『주서』를 집록한 제요는 원전에 대한 의미 변개에 있어서 가장 큰 차이를 보이는 개작 사례이다.

③ 참조했을 가능성이 있는 유일한 판본

일부 원전 서적은 『해동역사』가 완성되기 전까지 한 차례만 간인되었다. 따라서 이러한 원전의 대조 판본은 한치윤이 참조했을 가능성이 있는 유일한 판본이다. 『해동역사』「예문지」에서 9번 인용한 『절강서목』(浙江書目)이 바로 이 경우에 해당된다. 조선후기 문헌에서 자주 언급된 『절강서목』은 곧 『절강채집유서총록』(浙江採集遺書總錄)으로, 『사고전서』 편찬 과정에서 만들어진 목록서이다. 건륭 39년(1774)에 한 번 간인된 후 다시 간인된 적이 없다. 한국에서는 국립중앙도서관과 규장각에 이 건륭 39년의 간본이 소장되어 있는 것이 확인된다. 그러므로 본고는 건륭 39년본의 『절강채집유서촉록』을 대조 텍스트로 삼는다.[10]

또한 전겸익(錢謙益, 1582~1664)의 『열조시집』(列朝詩集)은 『해동역사』「예문지」에서 175번 인용되어 가장 많이 인용된 서적인데, 유일한 판본임을 확인할 수 있다. 『열조시집』은 명나라 천계(天啟: 1621~

---

10) 乾嘉 시기의 저명한 교감학자인 盧文弨는 『浙江採集遺書總錄』에 대해 批校한 바가 있다. 그는 책 속의 많은 오류들을 바로잡았다. 그의 批校本은 나중에 道咸 시기의 장서가 羅以智의 손에 들어가게 되었는데 나이지는 이 책에 대해 批校를 한 번 더 하고, 특히 일부 조목에 대해 『사고전서총목』과 비교하였다. 현재 이 책은 중국 南京圖書館에 소장되어 있다. 上海古籍出版社(2010)에서 간행한 『浙江採集遺書總錄』은 바로 이 책을 저본으로 삼았다. 보다 정확한 대조 결과를 얻기 위해 본고에서 상해고적출판사에 간행한 현대 활자본을 함께 참조하였다.

1627) 초년에 편찬하기 시작하였는데 얼마 되지 않아 작업이 중단되었고, 청나라 순치 3년(1646)에 다시 편찬 작업을 재개하여 순치 6년에 탈고하였다. 탈고한 이후 모진(毛晉, 1599~1659)에게 넘겨 순치 9년에 초각본이 간인되었다. 그러다 건륭 34년(1769)부터 전겸익의 『초학집』(初學集)과 『유학집』(有學集)이 금서(禁書)로 지정되자 『열조시집』도 함께 금훼(禁毁)의 화를 당하였다. 그리고 청나라 말기 선통(宣統) 2년(1910)에 다시 판각하여 연활자로 간인하였다. 세간에 『열조시집』의 수많은 판본이 전하고 있는 것으로 보이지만 사실은 오직 두 가지 판본뿐이다. 하나는 청나라 81권으로 구성된 순치 9년 모씨급고각(毛氏汲古閣) 각본이고 다른 하나는 선통 2년의 연활자본이다. 그러나 완질로 보존되어 있는 모씨급고각본은 아직 발견되지 않아서, 대부분 어느 정도의 결함이 있는 영본이다.

한국의 도서 소장기관을 조사한 결과 모두 영본으로 보이긴 했지만 그 가운데 국립중앙도서관본이 가장 완질에 가까운 것이었다. 그리고 이 판본은 바로 모씨급고각 간본이다.[11] 간행 기간을 보았을 때 한치윤은 모씨급고각본 『열조시집』을 참조했을 가능성이 가장 크며 적어도 이 판본을 저본으로 삼은 관련 자료를 참조했을 것이다.[12] 이에 본고는 순치 9년의 모씨급고각본을 대교 텍스트로 삼았다.

한편 일부 원전은 여러 번 간인했지만 대조 과정에서 『해동역사』가 참조했던 판본이 어떤 것인지를 어느 정도 판단할 수 있었다. 예를

---

11) 임형택, 「한문세계의 중심과 주변-『列朝詩集』·『明詩綜』과 朝鮮詩部」, 『大東文化研究』 90, 성균관대학교 대동문화연구원, 2015, 299~328면.

12) 中華書局에서 출판한 연활자 점교본 『列朝詩集』(2007)도 있는데 이 책은 선통 2년본을 저본으로 삼고 모씨급고각본을 보족 판본으로 활용하여 편찬된 것이므로 본고에서는 이를 함께 참고하였다.

들어 『해동역사』 「예문지」에서 27번을 인용했던 『구당서』(舊唐書)의 경우가 그것이다. 이 책은 오대(五代)의 후진(後晉) 때 편찬된 사서인데 구양수(歐陽修, 1007~1072)가 『신당서』(新唐書)를 편찬한 후 『구당서』는 널리 전하지 못하였다. 그러다 명나라 가정(嘉靖) 10년(1538)에 절강(浙江) 여요(余姚) 사람 문인전(聞人詮)이 소주(蘇州)에서 현지인이 소장하고 있었던 『구당서』를 얻게 되었고 소주부학훈도(蘇州府學訓導) 심동(沈桐)의 교감을 거쳐 간인하였다. 현재 전하고 있는 『구당서』 판본 가운데 백납본이십사사(百衲本二十四史)에 수록된 판본이 가장 온전한 것인데 이는 남송 소흥간본(紹興刊本)의 영본 67권과 문인전복송본(聞人詮覆宋本)을 합친 것이다.

규장각, 한국학중앙연구원, 건국대학교 등에 소장된 『구당서』는 모두 건륭 4년(1739)의 무영전교간본(武英殿校刊本)이다. 그 외에 동아대학교 한림도서관과 서울대학교 도서관에 소장되어 있는 광서 10년(1884) 중간본, 규장각에 소장되어 있는 도광 23년(1843)본, 국립중앙도서관·규장각·경희대학교·고려대학교 등 여러 곳에 소장되어 있는 동치 11년(1872) 절강서국간본(浙江書局刊本)도 있으나 간행연대를 보았을 때 『해동역사』의 편찬과 관련이 있는 것은 오직 무영전교간본뿐이다. 그러나 『해동역사』 「예문지」에서 집록한 『구당서』의 내용을 무영전교간본과 대조해 보면 일부 차이가 발견된다. 제요 권43-50이 그 대표적인 사례이다.[13] 이에 한국에 소장되지 않은 이른 시기의 『구당서』 판본, 즉 백납본이십사사에 수록된 남송의 소흥간본과 문인전복송본의 합본을 확인하였다. 그 결과 권43-50의 집록 내용은 백납본 『구당서』와 일치하였다. 비록 현재 한국에서 남송의 소흥간본이나 문

13) '〈부록 4〉 『海東繹史』 「藝文志」 經籍 부류의 제요와 주문의 원전 대조표'를 참조

인전복송본의 『구당서』를 발견하지 못하였지만 한치윤은 아마도 『해동역사』 편찬할 당시에 무영전중교본보다 이른 시기의 판본을 참조했던 것으로 추측된다. 그리하여 본고는 『구당서』와 관련된 내용에 대한 고찰에서 주로 백남본을 참조하였다.

④ 叢書類 판본

『해동역사』 「예문지」의 제요와 안설을 검토해 보면 편찬 과정에서 세 가지 총서류(叢書類) 문헌을 참조했던 것으로 확인된다. 이 세 가지 총서는 각각 『설부』(說郛), 『보안당비급』(寶顔堂祕笈), 『지부족재총서』(知不足齋叢書)이다.

『설부』는 원말명초(元末明初)의 도종의(陶宗儀, 1321~1407)가 편찬한 총서인데 한위(漢魏)부터 송원(宋元)까지의 다양한 문헌자료들을 모은 것이다. 원래 100권으로 편찬하였고 나중에 욱문박(郁文博)의 보완과 교감을 거쳤으며 후에 도정(陶珽)이 다시 120권으로 만들었다. 널리 유통된 판본은 '함분루백권본(涵芬樓百卷本)'과 '백입권완위산당각본(百廿卷宛委山堂刻本)' 두 가지인데 규장각에는 백입권완위산당각본이 소장되어 있다. 『보안당비급』은 명나라 문인 진계유(陳繼儒, 1558~1639)가 편집한 것으로 알려진 총서이다. 이 총서의 재차 편찬과 간행, 유통 과정에서 총 여섯 종 관련 총서들이 나왔는데 각각 『상백재전진미공보안당비급』(尙白齋鐫陳眉公寶顔堂祕笈), 『정정비급』(訂正祕笈), 『속비급』(續祕笈), 『광비급』(廣祕笈), 『보비급』(普祕笈), 『휘비급』(彙祕笈)이다. 이 여섯 종의 총서는 모두 233종의 문헌을 수록하였다.[14] 『지부족재총서』는 청나라 포정박(鮑廷博, 1728~1814), 그의

14) 黃鎭偉, 「陳繼儒所輯叢書考」, 『常熟高專學報』 17, 2003, 103~106면.

아들 포사공(鮑士恭, 약1750～?), 손자 포정언(鮑正言, ?～?) 등 삼대가 편찬한 대형 총서로, 총 200여 종의 문헌이 수록되어 있다. 『해동역사』「예문지」에서 집록 대상으로 삼았던 서적 가운데 이상 세 가지 총서에 수록된 것을 정리하면 다음과 같다.

〈표 4-1〉 총서에 수록된 『海東繹史』「藝文志」의 원전 문헌

叢書	수록한 『해동역사』「예문지」의 원전 문헌
『說郛』, 『續說郛』	『續博物志』, 『澠水燕談錄』, 『貴耳集』, 『松漠紀聞』, 『石林燕語』, 『遊宦紀聞』, 『淸波雜志』, 『遂初堂書目』, 『墨客揮犀』, 『淸異錄』, 『孫公談圃』, 『鷄林志』, 『東觀奏記』, 『賢識錄』
『寶顔堂祕笈』	『甲乙剩言』, 『貴耳集』, 『奉使錄』(張寧), 『農田餘話』
『知不足齋叢書』	『韻石齋筆談』, 『榕城詩話』, 『歸潛志』, 『遊宦紀聞』, 『淸波雜志』, 『宣和奉使高麗圖經』, 『世善堂藏書目錄』, 『澠水燕談錄』, 『字通』

⑤ 필사본으로 추정되는 원전 자료

대조를 통해 『해동역사』「예문지」의 참조 원전 가운데서 일부 서적은 필사본인 것으로 추정된다. 일례로 24번 인용된 『사고전서총목』(四庫全書總目)이 이러한 경우에 해당한다. 『사고전서총목제요』(四庫全書總目提要)라고도 불리는 이 책은 『사고전서』 편찬 과정에서 편성된 것으로 건륭 47년(1782)에 초고가 완성되었다. 그 후 7～8년간 수정과 보완 작업을 거쳐 건륭 54년(1789)에 탈고되어 그해에 무영전각판(武英殿刻板)으로 간인하였다. 건륭 60년(1795)에 절강의 지방 관리들이 항주(杭州) 문란각(文瀾閣)에 소장되어 있는 영무전본(武英殿本) 『사고전서총목』을 교정하여 간인하였고 이때부터 이 책은 세상에 널리 전하게 되었다. 그러다 동치 7년(1868)에 광동서국(廣東書局)에서 절강항주본(浙江杭州本)을 저본으로 삼고 무영전본을 참고하여 교감한 후 간인하였다. 이 판본도 상당히 널리 유통되었는데, 사실 무영전각

본의 오류들을 답습하고 있다는 가장 큰 결함을 안고 있다. 20세기에 들어와서 『사고전서총목』은 여러 차례 출판되었다.

현재 한국에서 확인되는 『사고전서총목』은 크게 세 가지로 나눌 수 있다. 하나는 '연대미상' 부류이다. 서울대 규장각과 국립중앙도서관에 소장된 판본이 대표적이다. 또 하나는 동치 7년에 간행한 광동서국본으로, 한양대학교·한국학중앙연구원·국립중앙도서관 등에 소장되어 있다. 마지막으로 20세기에 출판된 연활자본들이다. 간행연대로 보았을 때 한치윤은 무영전본이나 절강항주본을 참조했을 가능성이 있다. 그런데 텍스트 대조 과정에서 『해동역사』「예문지」는 무영전본이나 절강항주본 두 판본 중의 그 어느 것에도 전적으로 의존하지 않았다는 점이 발견되었다. 『사고전서총목』에서 집록한 내용을 두 가지 판본과 비교해 보면 그 중의 일부는 무영전본과 일치하고 또 일부는 절강항주본과 일치하기 때문이다.[15] 그리하여 본고에서는 이에 따라 『해동역사』「예문지」는 『사고전서총목』의 두 가지 판본과는 별도의 필사본 자료를 참조했을 것으로 추정한다. 특히 일부 한국 도서소장기관에 『사고전서총목』의 필사본을 보존되어 있는 것을 감안하면 이러한 추정이 더욱 가능해진다.

⑥ 조선본 중국서와 중국본 조선서

『해동역사』의 편찬 과정에서 일부 조선본 중국서와 중국본 조선서를 참조했을 가능성을 배제할 수 없다. 이에 이러한 유형의 서적들도 대조해야 하는 원전 판본으로 삼았다. 『주자어류』(朱子語類)와 『동의

---

15) '〈부록 4〉: 『海東繹史』「藝文志」 經籍 부류의 提要와 注文의 原典 대조표'에 기재한 『四庫全書總目』 관련 기사 참조.

보감』(東醫寶鑑)을 들어 이러한 경우에 대해 설명하고자 한다.

주자학이 지배 사상으로서 추종을 받았던 조선에서는 주자 관련 서적들이 수차례 자체 교감을 거쳐 간행되었다. 『주자어류』 역시 그랬다. 원래 세상에 널리 유통되었던 『주자어류』의 판본은 성화구년본(成化九年本)과 만력삼십이년본(萬曆三十二年本)이다. 조선에서 이 책을 국가적 차원에서 간행하는 사업이 여러 차례 진행했던 것이 확인된다. 우선 『선조실록』(宣祖實錄)에는 1571년에 『주자어류』를 간인하라는 기사가 있는데 이때 저본으로 삼았던 것은 성화구년본으로 보인다. 그리고 영조 47년(1771)에 영남감영(嶺南監營)에서 이 책을 간인한 바 있다. 그밖에 『주자어류』를 고증한 『주자어류대전고증』(朱子語類大全考證)도 있고 이의철(李宜哲)이 1774년 주석을 달아 편찬한 『주자어류고문해의』(朱子語類考文解義)도 있으며 정유자(丁酉字)로 간행한 『주자어류초』(朱子語類抄)도 있다. 또한 필사본으로 확인된 『주자어류략선』(朱子語類略選)과 안정복(安鼎福)이 편찬한 『주자어류절요』(朱子語類節要)도 있다. 그만큼 『주자어류』의 내용이 다양한 형태로 조선에서 전파되었던 것이다. 『해동역사』 「예문지」에서 『주자어류』를 인용한 횟수는 2번뿐이다. 채록된 내용에 대한 원전 대조 결과, 한치윤은 성화구년본 『주자어류』를 참조했던 것으로 보인다. 특히 영조 때 성화구년본을 저본으로 삼아 간인했던 사실을 감안하면 『해동역사』 「예문지」에서 성화구년본을 저본으로 삼은 조선판 『주자어류』를 참조했던 것으로 추정할 수 있다.

『해동역사』에서는 중국본 『동의보감』을 집록 대상 원전으로 삼았다. 1610년 완성된 책으로 1613년부터 수차례 간인되었다. 그리고 1642년부터 약 150년 동안 조선에 온 중국 사신들은 자주 이 책을 요구하였다.[16] 특히 1721년과 1738년에 이 책을 요구하였는데, 나중에

1701년부터 1728년 동안 편찬된 『고금도서집성』(古今圖書集成)의 『의부』(醫部)에 편입되었다. 그러면서 『동의보감』은 중국에 전해졌고 중국에서도 간행되었다. 현재 중국에 전해진 『동의보감』은 총 21종으로 조사되었다.[17] 『해동역사』 「예문지」에 중국본 『동의보감』의 서문을 수록하였으므로 한치윤이 참조했던 것은 '능어서문계통본'(淩魚序文系統本)이라고 판단할 수 있다.[18] 그런데 정조 4년(1780)에 박지원(朴趾源)이 사행 도중 능어(淩魚)의 서문이 들어간 『동의보감』을 보고 그 서문을 베껴왔으므로,[19] 한치윤이 중국의 능어서문계통본 『동의보감』을 참조했을 가능성도 배제할 수 없고 또 박지원이 베껴온 서문을 보고 『해동역사』에 수록했을 가능성도 있다. 이에 본고는 이 두 가지 자료를 모두 참조하였다.

이상으로 『해동역사』 「예문지」에서 집록 원전으로 삼은 문헌들의 판본 상황을 정리해보았다. 지면의 제한으로 한치윤이 참조했을 가능성이 있는 모든 서적의 판본 상황에 대해 일일이 설명하기 어렵지만 그 구체적인 상황을 '〈부록 3〉 집록 원전의 관련 정보 일람표'를 통해 제시하였다. 본고의 원전 대조 작업은 바로 〈부록 3〉에서 제시한 판본들에 의해 진행하였다.

한편 〈부록 3〉에서 제시한 '인용횟수'를 통해 『해동역사』 「예문지」에서 어떠한 원전 중에서 비교적 많은 기록을 집록했는지 선명하게

---

16) 이러한 사실은 『실록』과 『승정원일기』를 통해 확인할 수 있다.

17) 박현규, 「조선 許浚『東醫寶鑑』의 중국판본 고찰」, 『中國學論叢』 43, 2014, 236면.

18) 중국에서 간행한 『동의보감』의 판본에 대해 全世玉의 「『東醫寶鑑』版本傳承新考」(『中國中醫藥信息雜志』 15 (增刊), 2008), 김호의 「『東醫寶鑑』의 중국전파와 간행에 관한 再論」(『中國文學硏究』 66, 2016, 27~65면), 최수한의 「『東醫寶鑑』版本考」(『延邊醫學院學報』 14, 1991) 등을 참고할 수 있다.

19) 박현규(2014), 앞의 논문, 241면.

알아볼 수 있다. 『해동역사』에 참조하였던 외국 문헌 자료는 「인용서목」에서 545종으로 밝혔는데 그 가운데 「예문지」에서 참조한 원전 자료는 201종이다. 본고에서 조사한 결과에 따르면 『해동역사』「예문지」는 한나라로부터 청나라에 이르는 다양한 저술을 두루 섭렵하여 그 속에 기록된 조선과 관련된 내용을 채록하였다. 그러나 인용빈도 측면에서 보면 원전으로 삼은 문헌들에 대해 활용도가 매우 다르게 나타난다. 『해동역사』「예문지」에서 상대적으로 빈번하게 인용한 문헌들을 정리하면 다음 〈표 4-2〉와 같다.

〈표 4-2〉『海東繹史』「藝文志」에서 5번 이상을 인용한 원전 문헌

<table>
<tr><th>순번</th><th>편찬 시대</th><th>서명</th><th>대표 저자</th><th>서적 성격</th><th>인용횟수</th></tr>
<tr><td>1</td><td>南朝</td><td>『南齊書』</td><td>蕭子顯</td><td>官撰史書</td><td>5</td></tr>
<tr><td>2</td><td rowspan="2">唐</td><td>『梁書』</td><td>姚察</td><td>官撰史書</td><td>5</td></tr>
<tr><td>3</td><td>『隋書』</td><td>魏徵</td><td>官撰史書</td><td>8</td></tr>
<tr><td>4</td><td>五代</td><td>『舊唐書』</td><td>劉昫</td><td>官撰史書</td><td>27</td></tr>
<tr><td>5</td><td rowspan="7">宋</td><td>『文苑英華』</td><td>李昉</td><td>文章總集</td><td>17</td></tr>
<tr><td>6</td><td>『冊府元龜』</td><td>王欽若</td><td>類書</td><td>28</td></tr>
<tr><td>7</td><td>『新唐書』</td><td>歐陽修</td><td>官撰史書</td><td>9</td></tr>
<tr><td>8</td><td>『東坡集』</td><td>蘇軾</td><td>文集</td><td>19</td></tr>
<tr><td>9</td><td>『黃山谷集』』</td><td>黃庭堅</td><td>詩文集</td><td>7</td></tr>
<tr><td>10</td><td>『高麗圖經』</td><td>徐兢</td><td>奉使錄</td><td>17</td></tr>
<tr><td>11</td><td>『玉海』</td><td>王應麟</td><td>類書</td><td>11</td></tr>
<tr><td>12</td><td>金</td><td>『中州集』</td><td>元好問</td><td>文集</td><td>8</td></tr>
<tr><td>13</td><td rowspan="3">元</td><td>『文獻通考』</td><td>馬端臨</td><td>政書</td><td>6</td></tr>
<tr><td>14</td><td>『遼史』</td><td rowspan="2">脫脫</td><td>官撰史書</td><td>5</td></tr>
<tr><td>15</td><td>『宋史』</td><td>官撰史書</td><td>35</td></tr>
<tr><td>16</td><td rowspan="2">明</td><td>『元史』</td><td>宋濂</td><td>官撰史書</td><td>7</td></tr>
<tr><td>17</td><td>『奉使錄』</td><td>張寧</td><td>奉使錄</td><td>36</td></tr>
</table>

순번	편찬 시대	서명	대표 저자	서적 성격	인용횟수
18		『古詩紀』	馮惟訥	詩選集	9
19		『許文穆集』	許國	文集	45
20		『兩朝平攘錄』	諸葛元聲	雜史	6
21		『艮齋雜說』	尤侗	筆記雜錄	13
22		『列朝詩集』	錢謙益	詩選集	175
23	清	『西河集』	毛奇齡	文集	5
24		『曝書亭集』	朱彝尊	詩文集	9
25		『日下舊聞』		地理志	5
26		『經義考』		經書書目	17
27		『明詩綜』		詩選集	166
28		『靜志居詩話』		詩話集	19
29		『池北偶談』	王士禎	筆記雜錄	38
30		『感舊集』		詩集	8
31		『全唐詩』	彭定求	詩集	66
32		『明史』	張廷玉	官撰史書	22
33		『四庫全書總目』	紀昀	官撰書目	24
34		『浙江採集遺書總錄』	鍾音	官撰書目	9
35		『寰宇訪碑錄』	孫星衍	碑刻書	5
36	일본	『日本逸史』	鴨祐之	史書	9
37		『異稱日本傳』	松下見林	史書	29
38		『客館筆談』	木下蘭皐	筆談集	6
39		『和漢三才圖會』	寺島良安	類書	8

위의 표는 5번 이상 인용한 원전 문헌들만 나열한 것이다. 『해동역사』「예문지」에서 5번 이상 인용한 원전 자료들은 총 39종으로 확인된다. 나머지 문헌에 대한 인용은 대부분 한두 번에 불과하다. 사실상 위와 같은 39종 문헌이 『해동역사』「예문지」의 주축(主軸)이라고 해도 과언이 아니다.

이 39종 저서를 편찬 시기로 보면 명청시대의 자료가 20종으로 그

절반을 차지하고 있는데, 인용횟수도 상당히 높은 것으로 나타난다. 이는 『해동역사』 「예문지」에서 명청시대의 저서를 집중적으로 활용하였다는 사실을 알려주고 있다. 그리고 명대의 저술에 비해 청대의 저술을 더 많이 참고했다는 점도 주목된다. 특히 주이준(朱彝尊)의 저술 다섯 종과 왕사정(王士禎)의 저술 두 종을 가장 많이 참조했다. 그리하여 『해동역사』 「예문지」는 청나라 초기 문단에서 '남주북왕(南朱北王)'으로 일컬어졌던 두 사람의 학술적 성과와 문학적 성과가 조선에 어느 정도 영향을 끼쳤는지를 보여주는 대표적인 사례가 된다.

주이준은 경학자로 잘 알려져 있다. 조선 지식인들은 연행 과정 중 청나라 문인과의 교류를 통해 그의 경학을 인지했던 것으로 생각된다. 예를 들어 왕민호(王民皥)는 박지원(朴趾源)과의 필담에서 주이준의 경학 논설을 언급한 바가 있다.[20] 『해동역사』 「예문지」에서 주이준의 저술을 인용한 것은 어느 한 분야에만 국한되지 않는다. 『폭서정집』(曝書亭集), 『명시종』(明詩綜), 『정지거시화』(靜志居詩話)는 문학 서적이고 『일하구문』(日下舊聞)과 경서목록 『경의고』(經義考)는 각각 역사지리학과 경학 분야의 저술이다. 한치윤은 주이준의 '박통경사(博通經史)'와 같은 학문적 특징을 깊이 인정하고 수용했던 것으로 보인다. 특히 『일하구문』에서 집록한 자료의 출처를 일일이 밝힌 것과 『경의고』가 조목·제요·안설의 체계를 갖추고 있는 것을 볼 때, 주이준의 저술은 『해동역사』 「예문지」의 편찬에 참조가 되었던 것으로 보인다. 한치윤이 주이준의 저술을 이처럼 전면적으로 수용한 면모는 주목할 만한 사항이다. 그러나 주이준이 한치윤에게 구체적으로 어떠한 영향을 끼쳤는지에 대해서는, 『해동역사』 「예문지」에서 주이준의 저술을

20) 朴趾源, 「忘羊錄」, 『熱河日記』, 한국문집총간 252, 민족문화추진회, 2000, 245면.

어떻게 집록했는지까지 밝혀야 온전히 해명될 수 있다. 이 문제는 제5장에서 종합적으로 논의할 예정이다.

문헌의 성격을 보았을 때 관찬서(官撰書)에 대한 인용이 현저하게 많은 것으로 보인다. 특히 관찬 사서 9종과 관찬 목록서 2종에 대한 활용도가 상당히 높았다. 관찬서에 비중을 두어 높은 빈도로 활용한 것은 『해동역사』의 국사서로서의 신빙성을 보장하는 역할을 하고 있는 것으로 본다. 전통시대에 관찬 편찬물의 학술, 사상적 지위는 절대적이었기 때문이다.

관찬서는 아니지만 어느 정도 국가의 공식적인 입장을 대변하는 성격을 지닌 사행록도 『해동역사』에서 상당히 참조되었음을 표〈4-2〉를 통해 알 수 있다. 서긍(徐兢)의 『고려도경』(高麗圖經), 장녕(張寧)의 『봉사록』(奉使錄)과 허국(許國, 1527~1596)의 『허문목집』(許文穆集)이 그것이다. 『고려도경』과 『봉사록』은 조선에 잘 알려진 사행록이고, 『허문목집』은 문집이지만 조선에 관한 정보를 상당히 많이 수록하였다. 허국은 1567년 사신으로 조선에 왔으며 문집에는 조선과 관련된 시 30여 수가 수록되어 있다.

『해동역사』「예문지」에서는 총 7종의 일본 문헌을 참고하였고, 이 가운데 4종에 대한 인용횟수가 상대적으로 높은 것으로 조사되었다. 일본 문헌을 주목했던 것은 조선후기 실학자들의 일본에 대한 인식의 변화와 관련이 있다고 본다.[21] 앞서 제2장에서 살펴보았던 『이칭일본전』(異稱日本傳)과 『해동역사』의 연관성을 통해 한치윤이 일본 문헌을 상당히 잘 알고 있었음을 알 수 있는데, 한치윤의 교유 관계와 학문

---

21) 이 점에 대해 박상휘의 「조선후기 일본에 대한 지식의 축적과 사고의 전환: 朝鮮使行의 記錄類를 중심으로」(서울대학교 박사학위논문, 2015)를 참고할 수 있다.

의 기반을 고려하면 일본 문화에 대한 관심은 당연한 것이라고 할 수 있다. 한치윤과 친분이 있는 유득공은 『병세집』(並世集)을 편찬하면서 중국 문인의 시와 함께 일본 문인의 시도 수록하였고, 유득공과 가까웠던 이덕무도 『청비록』(淸脾錄)에서 일본 문인의 시를 수록하였다.[22] 『해동역사』 「예문지」에도 일본인이 지은 한시를 수록하였지만 세 사람의 6제 7수에 불과하여 중국시의 수량과 큰 차이를 보이고 있으며, 게다가 유득공과 이덕무의 저술에 수록된 일본인의 한시와 비교해도 역시 큰 차이를 보인다.

앞서 일본시를 부록으로 처리했던 문제를 논할 때 추측한 바 있지만 한치윤은 일본의 한시를 중시하지 않은 경향이 없지 않다. 그는 일본 문학보다 일본의 사서와 유서에 관심이 더 많았던 것으로 보인다. 물론 이는 사서 편찬이라는 작업의 성격에 기인한 것이기도 하지만, 이보다 더 중요한 원인은 한치윤이 일본의 서적 속에서 조선과 관련된 기록을 찾는 데 매우 전념하였다는 데 있다. 한치윤이 접할 수 있었던 일본 문헌의 수량과, 이들 문헌에 조선과 관련된 정보를 얼마나 수록되어 있는지가 『해동역사』의 일본 문헌에 대한 집록 상황을 우선 결정하였기 때문이다.

한편 명청시대의 저서를 집중적으로 활용했다는 것, 주이준과 왕사정의 저술을 상대적으로 많이 참조했다는 것, 관찬 서적을 중시하고 사행록까지 섭렵했다는 것 등 원전 문헌 상의 특징은 편찬자 한치윤의 입장에서 설명한 것이다. 하지만 동시에 당시의 외부적 상황과도 결부시켜 생각해 볼 필요가 있다. 『해동역사』 「예문지」는 외국 문헌에 수록된 조선 문화·역사와 관련된 내용을 집록하는 방식을 통해 편찬되

22) 박상휘, 위의 논문, 176~177면.

었다. 즉 원전으로 삼은 대상 문헌에 조선에 대한 언급이 있다는 것이 편찬의 전제 조건이 된 것이다. 위의 표에서 정리한 결과를 보면 명청 시대에 들어와서 주변나라에 대한 관심이 커지고 관련된 지식과 정보들이 문헌에 기록되는 일도 더욱 많아졌음을 알 수 있다. 이는 원나라와 청나라 때 이민족의 통치를 받으면서 주변의 나라와 민족에 대한 관심이 높아진 것과도 관련이 있다. 또한 주이준과 왕사정의 문학에 대한 의론, 특히 그들의 시론(詩論)의 영향으로, 청대 문인들은 주변 나라의 한시창작에 많은 관심을 가졌고 이런 관심은 그들이 편찬한 시선집에서 반영되었던 것이다.[23] 그리고 한치윤이 참조한 문헌들은 대부분 중국의 관찬 서적이었는데, 이런 문헌들은 대부분 일반 개인의 저서에 비해 주변국에 대한 내용이 더 많이 수록되어 있었다. 『해동역사』「예문지」의 편찬 특징은 이런 내, 외 두 가지 상황과 결부하여 살펴보아야 할 것이다.

2. 轉載와 청대 학술의 수용

지금부터 조목, 제요, 안설, 협주 네 가지 요소로 구성한 하나의 기사(紀事)를 고찰대상으로 삼아 원전 속의 관련 내용들이 구체적으로 어떠한 방법을 통해 『해동역사』「예문지」에 집록되었는지를 밝히고 도한 그러한 집록 방법들을 사용한 편찬 의도가 무엇인지를 해명하고자 한다. 『해동역사』「예문지」의 조목, 제요, 안설, 협주 가운데 제요와 일부 협주에서만 원전에서 채록한 내용을 수록하고 있지만 한 기사

23) 두 사람의 조선 한시의 選錄과 관련하여 정생화의 「清 康熙 연간 翰林學士의 朝鮮文化 인식 연구」(서울대학교 박사학위논문, 2015)를 참고할 수 있다.

안에서는 이 네 가지 요소가 유기적인 기밀한 관계를 맺고 있으므로 구체적인 논의에서는 조목과 안설도 함께 고찰 대상으로 삼는다.

원전과의 대조를 통해 『해동역사』 「예문지」에서 크게 세 가지 종류의 집록 방법을 사용하는 것이 확인되었다. 하나는 원전의 내용을 변화 없이 그대로 전재(轉載)하는 것이고 하나는 자구를 일부 바꾸면서 원전에서 필요한 정보만을 추려내는 것이다. 추려낸 정보는 비록 일부 자구가 바뀌기는 했지만 원전의 역사서술 내용과 동일한 사실(史實)을 기록하고 있다. 그리고 또 한 가지는 일부 자구의 변화를 통해 원전의 역사서술과 다른 사실을 기록하고 있는데 이는 편찬자의 개작(改作)으로 보아야 한다. 우선 원전의 문장을 그대로 인용하는 전재 집록방법과 그에 해당된 내용의 서술 의도를 살펴보도록 하겠다.

『해동역사』 「예문지」의 전재 집록방법에는 또한 두 가지 종류가 있다. 하나는 원전의 글 한 편을 그대로 옮겨 수록하는 전재(全載)이고 다른 하나는 원전에 수록한 글 가운데 해당 조목과 관련된 일부분만 절취(截取)하여 그대로 인용하는 것이다. 이 두 가지 경우는 모두 원전의 기록을 충실히 따랐고 뒤에 해당 원전을 밝힘으로써 수록 내용의 객관성을 확보하였다. 여기에서 말하는 객관성은 수록한 내용이 객관적인 것이라기보다 외국 문헌에 기록된 내용을 함부로 수정하지 않고 그대로 옮겨 기록하는 방법이 지닌 특성을 가리킨다. 다른 인용방법과 비교하면 전재는 비교적 객관적인 인용방법이다.

일반적으로 전재를 통해 원서(原書)의 관련 기록을 온전하고 객관적으로 보여줄 수 있다. 인용자가 원문을 인용할 경우 그 내용에 대해서는 긍정과 부정, 두 가지 태도를 보여줄 수 있다. 『해동역사』 「예문지」에서 한치윤은 전재와 같은 인용방법을 통해 원전에서 관련 내용을 집록하는 경우 대체로 집록한 기록에 대해 긍정하는 태도를 보였다. 한치윤의 전재 방식은 구체적으로 세 가지 경우로 나눌 수 있다. 첫 번째 경우는 집록한 원전의 내용을 그대로 똑같이 옮겨 수록하는 것이다. 두 번째 경우는 전재한 기록의 특정한 내용에 대해 안설과 주문을 통해 관련 정보를 보충하는 것이다. 이러한 경우에 붙인 안설은 모두 '보충설명형(補充說明型)' 안설이다. 셋 번째 경우는 전재한 내용에 대해 조금의 평가를 가하고 또 그것을 근거로 자신의 견해를 피력하는 것이다. 본고의 조사에 따르면 『해동역사』「예문지」에서 전재한 기록에 대한 한치윤의 평어는 전반적으로 긍정의 태도를 보이고 있다.

이렇게 보면 전재 집록 방법을 사용한 배경에는 원전에 대한 한치윤의 특정 인식이 깔려 있음을 알 수 있다. 그 인식은 원전 내용의 합리성에 대한 공감과 인정으로 보인다. 특히 전재 집록 방법을 사용하여 원전의 관련 내용을 그대로 옮겨 수록한 후 그에 대해 긍정적인 추가 논의를 하였을 때 합리적이라고 인식한 원전의 내용에 대한 한치윤의 공감과 인정이 크게 작용하였다. 즉 전재와 같은 편찬 방법을 사용한 것은 바로 해당 내용을 객관적인 진술이나 합리적인 주장으로 판단했기 때문이다. 그리하여 전재 집록 방식을 통해 해당 내용을 적극적으로 수용했던 것이다.

요컨대 한치윤은 원전의 내용을 합리적인 개관진술로 판단하였을 때 전재와 같은 집록 방법을 통해 해당 내용을 발췌하여 『해동역사』「예문지」에 수록하고 그에 대해 '보충설명형' 안설이나 혹은 긍정적인 평가를 덧붙이기도 하였다. 이렇게 원전의 기록들을 합리적으로 판단한 후 『해동역사』「예문지」에 수록함으로써, 「예문지」에도 그러한 합리성을 부여하려고 한 것이고 동시에 원전에 대한 그의 적극적인 수용 태도도 반영한 것이다.

그렇다면 어떠한 원전에 대해 전재 집록 방법을 많이 사용하였을까? 우선 '본국서목(本國書目)' 유목(類目)에서 그대로 옮겨 수록하는 집록 방법을 사용한 대상 원전으로는 주이준의 『경의고』가 가장 눈에 뜨인다. 이 부분에서 집록한 『경의고』의 내용은 전반적으로 전재(全載)나 절취와 같은 방법을 사용하고 있는데 그 내용을 요약하면 다음과 같다.

(1) **〈권42-11〉** 고려 비각(祕閣)에 소장하고 있는 구경(九經)과 『논어』(論語), 『효경』(孝經)을 한 부씩 인쇄해서 여러 학원(學院)에 비치하였고 나중에 서적포(書籍鋪)를 설치하여 경적을 보관하고 또 간행해서 널리 배포하게 하였다.

(2) **〈권42-24〉** 주이준을 비롯한 여러 사람이 조선본 『상서』(尙書)를 참고하여 편찬된 풍방(豊坊)의 『고서세학』(古書世學)은 위서(僞書)라는 것을 논증하였다.

(3) **〈권42-27〉** 조선본 『홍범』(洪範)에 수록한 52자(字)는 기자(箕子)가 전한 것이다.

(4) **〈권42-28〉** 손승택(孫承澤)이 김이상(金履祥)의 조선본 『홍범』에 관한 기록을 본 적이 있지만 주이준은 본 적 없다.

(5) **〈권42-34〉** 송나라에 간 고려세자가 조선본 『상서』가 없다는 것을 답해주었다.

(6) **〈권42-35〉** 송나라가 고려에 백편(百篇) 『상서』를 요구했지만 고려에는 없었다.

(7) **〈권42-39〉** 고려의 『투호의』(投壺儀)가 전하지 않는다.

(8) **〈권42-40〉** 고려의 『투호의』는 예종(睿宗)의 왕명에 따라 신하들이 편찬하였다.

(9) **〈권42-42〉** 김인존(金仁存)의 『논어신의』(論語新義)가 전하지 않는다.

(10) **〈권42-43〉** 김인존은 세자였던 예종에게 『논어』를 강의하여 책을 편찬하였다.

(11) **〈권42-47〉** 주자(朱子)가 고려본『맹자』(孟子)에 대해 알 수 없다고 말하였다.

(12) **〈권42-50〉** 권근(權近)이 지은『오경천견록』(五經淺見錄)이 전하지 않는다.[24]

(13) **〈권42-51〉** 권근의 자호(字號), 관직, 저술.

이 13개 제요의 구체적인 원전 대조 양상은 '〈부록 4〉:『해동역사』「예문지」 경적 부류 제요와 협주의 원전 대조표'를 참조할 수 있다. 상기 내용을 보면 '본국서목' 유목에서 집록한『경의고』의 기록은 모두 경학에 관한 내용들이다. 이 내용들은 크게 두 가지로 분류할 수 있는데 하나는 조선본 경전의 진위 문제를 논하는 내용이고 다른 하나는 중국에 알려진 조선의 경학 저술들을 기록하는 것이다. 이러한 내용에 대해 한치윤은 거의 모두 전재 집록 방식을 통해『해동역사』「예문지」에 옮겨 수록하였다. 그리고 간혹 안설을 덧붙이는 경우도 있었지만 그 안설의 내용들은 역시 주이준이 기록한 내용에 대해 정보를 추가하거나 주이준의 주장을 동조하는 내용이다. 그러므로 한치윤은『경의고』에서 정리한 조선 경학과 관련된 내용을 전적으로 수긍하는 태도를 보여주고 있다고 할 수 있다.

『경의고』의 학술적 가치에 대해서는 일찍『사고전서총목』에서 높이 평가한 바 있다.[25]『경의고』는 강희 38년(1699)에 300권으로 편찬

---

24) 사실 이 책이 현재 일부가 남아 있는데 한치윤은 주이준의 잘못된 기록에 대해 안설에서 수정하지 않았다.

25)『四庫全書總目』(권85,「史部」41,「『經義考』三百卷」)에는『經義考』에 대해 다음과 같은 제요를 수록하였다. "國朝朱彝尊撰. 彝尊字錫鬯, 號竹垞, 秀水人. 康熙己未, 薦舉博學鴻詞. 召試授檢討, 入直內廷. 彝尊文章淹雅, 初在布衣之內, 已與王士禎聲價相齊. 博識多聞, 學有根柢, 復與顧炎武、閻若璩頡頏上下. 凡

되었다. 주이준은 사재를 털어 이 책을 간행하려 하였는데, 재력의 부족으로 이 책은 제1권부터 167권까지만 1709년에 간행되었다. 즉『경의고』의 초각본은 167권으로 세상에 전해졌다. 현재 서울대학교 도서관에 이 초각본이 소장되어 있는데 이는 1755년『경의고』보가본이 간인되기 전에 이 책이 이미 조선에 유입되었음을 설명한다. 그러므로『경의고』는 비교적 이른 시기에 조선으로 유입되었음을 알 수 있다. 온전한『경의고』의 간행은 노각본(盧刻本 또는'盧見曾補刻本')으로부터 시작되었다. 건륭 20년(1755)에 노견증은『경의고』판본을 보각하여 이듬해 조정에 올렸다. 현재 장서각과 국립중앙도서관에 모두 이 책이 소장되어 있다. 장서각에 소장되어 있는 책에는 '정관정폭서기

所撰述, 具有本原. 是編統考歷朝經義之目, 初名『經義存亡考』, 惟列存亡二例. 後分例曰存, 曰闕, 曰佚, 曰未見, 因改今名. 凡禦註敕撰一卷,『易』七十卷,『書』二十六卷,『詩』二十二卷,『周禮』十卷,『儀禮』八卷,『禮記』二十五卷,『通禮』四卷,『樂』一卷,『春秋』四十三卷,『論語』十一卷,『孝經』九卷,『孟子』六卷,『爾雅』二卷, 群經十三卷, 四書八卷, 逸經三卷, 毖緯五卷, 擬經十三卷, 承師五卷, 宣講、立學共一卷, 刊石五卷, 書壁、鏤版、著錄各一卷, 通說四卷, 家學、自述各一卷. 其宣講、立學、家學, 自述三卷, 皆有錄無書, 蓋撰輯未竟也. 每一書前, 列撰人姓氏、書名卷數. 其卷數有異同者, 則註某書作幾卷. 次列存、佚、闕、未見字. 次列原書序跋, 諸儒論說, 及其人之爵裏. 彝尊有所考正者, 即附列案語於末. 雖序跋諸篇與本書無所發明者, 連篇備錄, 未免少冗. 又『隋志』著錄, 凡於全經之內專說一篇者, 如『易」類之『系辭註』、『乾坤義』,『書』類之『洪範五行傳』、『古文舜典』,『禮』類之『夏小正』、『月令章句』、『中庸傳』等, 皆與說全經者通敘先後, 俾條貫易明. **彝尊是書, 乃以專說一篇者附錄全經之末, 遂令時代慘錯, 於例亦爲未善. 然上下二千年間, 元元本本, 使傳經源委, 一一可稽, 亦可以云詳贍矣. 至所註佚、闕、未見, 今以四庫所錄校之, 往往其書具存. 彝尊所言, 不盡可據**. 然冊府儲藏之秘, 非人間所得盡窺. 又恭逢我皇上稽古右文, 蒐羅遺逸. 鄉嬛異笈, 宛委珍函, 莫不乘時畢集. 圖書之富, 曠古所無. 儒生株守殘編, 目營掌錄, 窮一生之力, 不能測學海之津涯, 其勢則然, 固不足爲彝尊病也."

(靜觀亭暴書記)', '이왕가도서지장(李王家圖書之章)'등 장서인이 찍혀 있는데 '정관정(靜觀亭)'은 조선 후기 문신 이상두(李相斗, 1739~1843)[26]의 호이다. 이상두는 경학에 조예가 깊었던 사람으로, 경학서를 집대성한 목록서인 『경의고』를 그가 소장하고 있었다는 것은 당시 조선의 경학 연구 분야에서 이 책에 대한 인지도를 반영하고 있다. 그밖에 19세기 전반에 간행했던 여러 판본이 대부분 한국의 도서소장기관에서 확인된다.[27] 이처럼 현재 한국에 소장되어 있는 『경의고』의 여러 판본을 보았을 때 이 책은 중국에서 여러 차례 간행되면서 지속적으로 조선에 유입되었던 것으로 추정된다. 그리고 조선 후기 지식인이 이 책을 읽었던 기록을 문집에서도 확인할 수 있다.

한치윤이 『해동역사』 「예문지」에서 『경의고』를 자주 인용한 것을 보면 그는 이 책을 직접 읽고 참고하였던 것으로 추정된다. 집록한 내용과 덧붙인 안설을 통해 한치윤이 주이준의 경학 연구 성과에 대해

---

26) 본관은 全州, 자는 穉卿, 호는 悔百이다. 정조 때 殿講에서 『尙書』를 강독하였다. 저서로 『四禮稽疑』, 『居家十要』, 『敎兒十要』 등이 있다.

27) 『經義考』의 통행 판본은 주로 初刻本, 盧刻本, 四庫全書本, 汪汝瑮補刻本, 浙江書局本, 秀水朱氏重修刊本, 四部備要本 등이 있다. 필자가 『경의고』의 조선 유입에 초점을 맞추어 한국에 소장되어 있는 판본들을 조사한 결과는 다음과 같다. 현재 서울대학교 도서관에서 초각본을 확인할 수 있고 장서각과 국립중앙도서관을 비롯한 여러 도서소장기간에 노각본이 소장되어 있는 것을 확인할 수 있다. 그리고 汪汝瑮補刻本은 건륭42년(1777)에 완성된 것인데 이 판본의 특징은 주이준의 초상화가 삽입되어 있고 건륭제의 御製詩도 실려 있는 점이다. 현재 규장각에 소장되어 있다. 浙江書局本은 청나라 光緖 23년(1897)에 간행되었다. 이 책의 正文 내용과 體制는 노각본과 동일하다. 서울대 중앙도서관에 소장되어 있으나 한치윤이 『해동역사』를 편찬한 이후에 간행된 것이므로 논의에서 제외한다. 그리고 1817년에 간인한 秀水朱氏重修刊本도 있으나 아직 한국에서 발견하지 못하였다. 그 외에 20세기 초에 간행한 四部備要本 『경의고』도 규장각을 비롯한 한국의 여러 도서소장기관에서 확인된다.

적극적으로 수용하였던 것으로 판단된다. 특히 『경의고』에 기록한 조선 경학과 관련된 내용에 대해 전반적으로 수긍하는 태도를 취하고 있다. 조선본 『상서』에 대해 『해동역사』 「예문지」에는 각각 염약거(閻若璩, 1638~1704)의 『잠구차기』(潛邱箚記), 주이준의 『경의고』, 모기령(毛奇齡, 1623~1716)의 『서하집』에서 관련 내용을 채록하였다. 그리고 그 뒤의 안설에서 한치윤은 조선본 『상서』에 관해 "주죽타, 염잠구 등 여러 사람 또한 자세히 논한 바였다(朱竹垞, 閻潛邱諸人, 又言之詳矣.)"라고 하였다. 한치윤이 주이준의 논설에 대한 직설적인 평가를 가한 것은 거의 없지만 이 짧은 구절을 통해 그가 주이준의 해당 논설에 대해 긍정적인 태도를 보였음을 감지할 수 있다. 다음 예문은 한치윤이 조선본 『홍범』에 대한 『경의고』의 기록을 집록한 것인데 이를 통해 이러한 태도를 다시 한 번 확인할 수 있다.

살펴보건대, 퇴곡(退谷) 선생의 『홍범경전집의』(洪範經傳集義)를 보면, 우주(禹疇)와 기전(箕傳)을 나누었고, 오기(五紀), 황극(皇極), 오복(五福), 육극(六極) 등 곳에 대해서는 대부분 송나라와 원나라 제유(諸儒)들의 학설에 의지하였으며 오직 삼팔정(三八政)에 대해서만은 전(傳)이 없었기 때문에 조선본에서 취하여 채워 넣었다. 내가 일찍이 선생을 찾아가서 전에 조선본을 직접 보았는지 물어보자, 선생이 말하기를, "보지 못하였다. 인산(仁山) 선생이 말한 것이다." 하였는데, 그 뒤에 인산 선생의 주석을 구해 보니 이런 내용이 없었다. 그러나 퇴곡 선생이 어찌 나를 속일 사람이겠는가. 아마도 그가 소장하고 있는 책이 내가 본 책과는 다른 부분이 있는 책일 것이다. 『경의고』

〈권45-28〉 按退谷先生『洪範集義』, 分「禹疇」､「箕傳」, 以五紀､皇極､五福､六極等處. 大約多依宋元諸儒, 惟三八政, 向無傳. 取朝鮮本實之. 余嘗叩先生曾親見朝鮮本否? 曰:"未也, 仁山金氏言之." 後得仁山註, 初無此文, 然先生豈欺我者? 或其所藏本與余所見有不同爾. 『經義考』

그리고 그 뒤에 다음과 같은 안설을 덧붙였다.

> 살펴보건대, 『홍범경전집의』 1권은 바로 완평(宛平) 사람 손승택(孫承澤)이 저술한 것이다. 손승택은 또 일찍이 『상서집전』(尙書集傳) 20권을 찬하였는데, 그가 쓴 서문에 이르기를, "해석한 바는 대부분 채침(蔡忱)의 전(傳)을 따랐으며, 합치되지 않는 것이 있을 경우에는 인산 선생의 『상서표주』(尙書表注)에 근거해 바로잡았다."라고 하였다. 대개 인산(仁山)은 일찍이 홍범의 설을 깊이 연구하여 경전(經傳)을 저술하였는바, 혹 전해지지 않고 있던 본을 기성(箕聖)이 봉해졌던 나라에서 얻어 없어지거나 빠진 것을 보충할 수도 있었을 것인데, 우리나라에 이미 그 책이 전해지지 않고 있으니 옳은지 그른지는 상세하지 않다. 그러나 죽타(竹坨) 주이준이 직접 퇴곡(退谷) 손승택을 만나 보고서 한 말이 이와 같으니, 감히 억지로 논할 수 없는바, 의심스러운 대로 일단 놔두는 것이 마땅하다.
>
> **〈권42-30〉** 按『洪範經傳集義』一卷, 乃宛平孫承澤所著. 其自序云: "所解多從蔡傳, 其有不合者, 正以仁山先生之表注." 盖仁山嘗深究於'洪範'之說, 定著經傳, 或得不傳之本於箕聖所封之國, 以補其亡漏. 而本國既無所傳, 未詳是否. 然朱竹坨親見退谷, 其言如是, 不敢强議. 宜置闕疑之科爾.

명말청초 때의 관료 지식인 손승택(孫承澤, 1593~1676)이 일찍이 『홍범경전집의』라는 책을 저술하였는데 그는 이 책에서 자신이 조선본 『홍범』에서 일부 내용을 취해왔다고 하였다. 이에 주이준이 그에게 조선본을 직접 본 적이 있냐고 물었다. 손승택은 직접 본 적은 없지만 송원(宋元)시대의 학자인 인산(仁山) 김이상(金履祥, 1232~1303)의 저술을 재인용한 것이라고 밝혔다. 그러나 주이준은 자신이 보았던 김이상의 책에 그러한 내용이 없기는 했지만 손승택이 참조한 책과 판본이 다르기 때문이었을 것이라고 추측하였다. 이에 대해 한치윤은 조선에 그러한 판본이 전하지는 않지만 주이준의 추측에 대해 '감히 억지로 논할 수 없다'고 하여 조선본 『홍범』을 '의심스러운 대로 일단 놔두는 것'으로 처리하였다. 이런 절충적인 처리 방식을 보면 그는 상당히 조심스러운 자세를 취하고 있었던 것을 알 수 있다. 조선에서 전해지지 않고 있는 책인데도 주이준의 추측을 부정하지 않았다는 것은 그만큼 주이준의 견해를 충분히 고려하고 존중하였다는 의미이다.

이상에서 한치윤이 '본국서목' 유목에서 주이준의 『경의고』에 대해 집중적으로 전재의 집록 방식을 사용했음을 살펴보았다. 그가 『경의고』의 내용을 거의 그대로 옮겨 수록한 것은 이 책의 적힌 내용에 대해 긍정적으로 받아들이고 또한 저자의 논의의 합리성과 정확성을 인정하였으며, 저자의 견해를 충분히 고려하고 존중하였기 때문이다. 이는 한치윤은 주이준의 학문적 역량을 높이 평가했음을 보여준다. 사실 『해동역사』「예문지」에서 『경의고』의 내용을 재인용한 경우도 상당수 확인된다. 이 점에 대해서는 본장의 제3절에서 상론하기로 하고, 한치윤이 『경의고』를 재인용한 것 역시 그가 주이준의 학문을 적극적으로 받아들였다는 사실을 뒷받침하는 증거로 삼을 수 있다는 것만 밝혀둔다.

한편 한치윤이 『경의고』의 기록을 전재한 것은 주이준의 경학을 수용하였다는 측면 외에도 합리적인 서술을 추구한 결과라고 생각된다. 객관성이 보장되는 집록 방법으로 합당하다고 판단되는 내용을 수록하는 것은 곧 그 합리성을 자신의 저술에 부여함으로써 정확하고 논리적인 서술을 추구한 것으로 설명할 수 있다. 물론 『해동역사』에서 모든 원전의 기록을 한 치 차이도 없이 그대로 옮겨 수록한 경우라고 해서 그것이 전부 합리적인 서술을 추구하기 위한 목적이었다고 할 수는 없다. 그러나 적어도 '본국서목' 유목의 경우 『경의고』 채록 방법에 대한 고찰을 통해 한치윤이 원전 기록을 전재하는 방법을 통해 합리적인 서술을 추구하였음을 알 수 있다.

한편 한치윤은 주이준의 다른 저서인 『폭서정집』과 『일하구문』에 대해서도 역시 원전의 기록을 그대로 옮겨 수록하는 전재 집록 방식을 주로 사용하고 있다. 앞에서도 언급한 바 있지만 『폭서정집』은 주이준의 시문집이고 『일하구문』은 일종의 역사서이다. 한치윤이 이 두 책에서 인용한 내용은 주로 조선의 문화 역사와 관련된 기록들이다. 주이준은 청나라 초기에 경학, 사학과 문학 세 분야에서 큰 성과를 거두었으며 후세 학자에게 지대한 영향을 끼쳤던 사람이다. 『해동역사』「예문지」의 주이준의 저술에 대한 집록 양상을 보았을 때 한치윤은 주이준의 경학과 사학 연구 성과에 대해서는 수용하는 자세를 보였지만 주이준의 문학에 대해서는 다른 태도를 보이고 있다. 원전 대조를 통해 확인된 결과에 따르면 한치윤은 중국 시문집에 수록한 작품을 『해동역사』「예문지」에 재수록할 때 '우선적으로 선택하는 원칙'을 수행하였는데 그것은 바로 주이준의 『명시종』보다는 전겸익의 『열조시집』을 기준으로 삼았다는 것이다. 이는 그가 주이준의 문학적 관점보다 전겸익의 문학사상에 더 경도되었기 때문이다.[28)]

한편 그는 일부 정사(正史)의 기록 내용에 대해서도 역시 절취한 부분을 그대로 옮겨 수록하는 전재 집록 방법을 사용하였다. 권42-56, 권42-57, 권42-58이 이 경우의 대표적인 사례인데 〈부록 4〉에서 확인할 수 있다. 그리고 주자(朱子) 관련 저서에 대해 역시 전재 집록 방법을 사용하였다. 『주자어류』와 『맹자집주』(孟子集註)에 대한 집록에서 볼 수 있는데 〈부록 4〉 중 권42-9와 권42-45에서 대조 양상을 확인할

---

28) 이 점에 대해서는 뒤의 '타자의 시선 중시'에서 후술하기로 한다.

수 있다. 또한 한시작품의 집록에 있어서는 전재가 유일한 방법일 수밖에 없다. 그러나 『해동역사』 「예문지」에서 중국과 일본 문헌에 기재한 한시를 그대로 옮겨 수록한 것은 시제(詩題)와 시구(詩句)에만 한한다. 해당 한시와 관련된 기타 내용, 예컨대 시인의 약력이나 작시 배경 등에 대해서는 전재 집록 방법을 사용하지 않았다.

공문을 수록한 '본국문'과 '중국문' 두 부류에도 전재 방법을 많이 사용하였다. 그러나 이 부분에서 전재 방법을 사용한 의도는 앞에서 살펴보았던 '본국서목' 유목의 『경의고』에 대한 집록 양상과는 사뭇 다르다. 이 부분은 그대로 옮긴 글들이 대부분인데 전반적으로 「예문지」가 아닌 『해동역사』의 다른 부분과 일정한 관련성을 맺고 있다. 일례로 중국 명청(明淸) 교체시기에 조선과 '악연'이 깊었던 모문룡(毛文龍)과 관련된 『해동역사』의 기록들을 살펴보고자 한다.

『해동역사』 제66권 「본조비어고」(本朝備禦考) 6에는 「북우시말」(北憂始末)이라는 제목으로 만력 36년(1608)년부터 숭정 10년(1637)년의 조선과 관련된 중국 문헌 속의 기록을 모았다. 여기에서 특히 천계(天啓) 5년(1625)의 기사에서부터 모문룡와 관련된 내용들이 집중적으로 나타난다. 모문룡이 조선측을 무고(誣告)하는 내용도 수록하였는데 수록된 기사들은 모두 역사사실에 대한 진술이다. 그리고 「예문지」의 '본국문' 부류에 「우리나라 인묘(仁廟)께서 명나라 희종에게 올린 상소문」(我仁廟上皇明熹宗疏)을 전재하였고 또 '중국문' 부류에도 관련된 「명나라 희종이 우리나라 인묘에게 내린 조서」(皇明熹宗賜我仁廟詔)를 전재하였다. 전자는 모문룡의 무고에 대해 해명하는 상소문이고 후자는 모문룡이 무고한 일이 밝혀지자 명나라 희종이 조선 인종에게 내린 조서이다. 「북우시말」에서는 해당 사건을 기술하고 「예문지」에서 관련된 증빙 자료를 제시하는 유기적인 편찬 구조를 통해 그

역사 사건의 시말을 온전하게 보여주었다.

이와 같은 유기적인 편찬 구조를 구축하기 위해 한치윤은 목록서에 사용되는 '호저법(互著法)'을 변용하는 것을 통해 '본국문' 부류와 '중국문' 부류에 수록한 글들과 『해동역사』의 다른 부분에 수록한 기사와의 관계를 밝히기도 하였다. 예를 들어 '본국문'에 수록한 다음과 같은 글들은 모두 다른 부분에서 관련이 있다는 것을 밝힌 글이다.

(1) 『해동역사』 권45, 「예문지」 4, 「경적」 4, '중국서목' 유목의 '동국기사(東國記事)' 자목에 허균(許筠)이 「조선시선후서」(朝鮮詩選後序)를 지었다고 기록하였으며 주문으로 '본국문' 조(條)에 실려 있는 것을 밝혔다. 이 내용에 대응되는 글은 바로 '본국문'의 권53-19 「본조허균조선시선후서」(本朝許筠朝鮮詩選後序)이다.
(2) 『해동역사』 권49, 「예문지」 8, 「본국시」 3에 수록한 '양경리사비시(楊經理祠碑詩)'에서 주문으로 "비명(碑銘)은 '본국문' 조에 실려 있다"고 밝혔다. 이 내용에 대응되는 글은 바로 '본국문'의 권53-23 「우리나라 이정구가 지은 양경리의 생사비명」(本朝李廷龜楊經理生祠碑銘)이다.
(3) 『해동역사』 권69권, 「인물고」(人物考) 3, 「본조」(本朝)에서 허봉(許篈), 그의 동생 허성(許筬)과 허균(許筠)에 대한 기록을 모았다. 그리고 허균에 대해 역시 주문으로 그가 지은 「조선시선후서」는 '본국문'에 실려 있다는 것을 밝혔다. 바로 앞에서 언급했던 권53-19이다.

이처럼 문헌 속의 기록 간의 상호관련성을 명시하는 것은 곧 유기적인 편찬 구조를 이루기 위해서이다. 한 기사와 관련된 글을 밝히고 또한 그것을 전재하여 역사서 편찬 체계의 완결성과 합리성을 보장했던 것이다. 요컨대 온전한 자료 제시를 통해 역사기록에 대한 구체적인 증거를 보여줌으로써 객관성과 합당성을 온전히 갖춘 역사서술을 추구하였던 것이다. 이것이 바로 『해동역사』 「예문지」에서 문장 전편(全篇)을 그대로 옮겨 수록했던 목적이다. 이러한 방법은 청대의 서적 편찬에서도 많이 확인되는데, 이는 한치윤이 청대의 학술 방법을 수용하였다는 또 하나의 증거가 될 수 있지 않는가 생각된다.

유기적인 구조를 구축하기 위한 목적 외에 또 다른 측면에서 한·중 양국의 문장을 전재하는 방법으로 수록했던 한치윤의 의도를 생각해볼 수 있다. 앞서 제2장과 제3장에서 살핀 내용에 따르면 '본국문' 부류와 '중국문' 부류에 수록한 글들은 모두 공식적인 글로, 대부분 '공문(公文)'으로 간주할 수 있다. 공문들은 보통 관찬 사서를 편찬하는 중요한 참고 자료 중의 하나이다. 그리하여 한치윤이 이러한 공문들을 그대로 옮겨 수록한 것은 공문이 지닌 역사적 신빙성을 깊이 인지하고 있었기 때문이다. 뿐만 아니라 공문의 문학성에 대한 인식도 갖추었기 때문에 「예문지」에 수록했던 것이다.

전재 집록 방법의 활용을 통해 짚어낼 수 있었던 중요한 사실 중의 하나는 바로 주이준을 대표로 하는 청나라 초기의 학자들에 대한 한치윤의 전향적인 태도와 그 수용 양상이다. 사실 청대 학술에 대한 수용은 '전재'라는 집록 방법 외에 『해동역사』 「예문지」에서 전문(專門) 서적에 대한 집록 현상에서도 확인된다. 즉 참고 문헌의 유형과 관련한 『해동역사』 「예문지」의 집록 특징은, 집록 대상 서적들이 분명한 전문성을 띠고 있으며, 또 그 서적들은 청대의 대표적인 저술들이라는 점이다. 서목 부분에서는 서목 종류의 서적이 비교적 많이 확인되고 한시를 수록한 부분에서는 시선집을 많이 활용하였으며 주로 외교문서를 수록한 부분에서는 정사와 선집류(選集類)의 서적을 주된 대상으로 삼았다.

그러나 이보다 『해동역사』 「예문지」가 해당분야에 적합한 전문서적을 전문성 있게 집록했다는 특징적 양상을 더욱 명확하게 밝히려면 '자목(子目)' 부류 층위까지 설정한 '경적' 부류를 집중적으로 고찰하는 것이 가장 유효한 방법이라고 생각된다.

'경적' 부류에서는 대략 95종 외국 문헌을 집록 대상으로 삼은 것으로 조사된다. 유목과 자목에 따라 집록 대상 서적의 특징을 살펴보도록 하겠다.29) 우선 '본국서목'의 '경류(經類)' 부분은 20종 중국과 일본 문헌을 집록 대상으로 삼았다. 각 조목(條目)에 대응되는 제요와 협주의 집록 원전을 나열하면 다음과 같다.

〈표 4-3〉『海東繹史』「藝文志」'本國書目' 부류 '經類' 자목의 집록 원전

條目	提要와 夾註의 輯錄 原典
朝鮮本『尙書』	『明史』, 『日知錄』, 『經義考』, 『西河集』
朝鮮本『洪範』	『洪範經傳集義』, 『經義考』, 『日知錄』,
附錄	『潛邱箚記』(2번), 『中堂事記』, 『經義考』(2번), 『西河集』
高麗『投壺儀』	『經義考』(2번)
金仁存『論語新義』	『經義考』(2번)
高麗本『孟子』	『孟子朱子集註』(2번), 『經義考』
權近『五經淺見錄』	『經義考』(2번)
附: 小學	『梁書』, 『隋書』, 『新唐書』, 『五代史』, 『高麗圖經』, 『續博物

29) '本國書目'의 '總論'에 실린 18개 제요와 5개 협주는 19종의 중국 서적에서 채록한 것이다. 고조선의 서적문화와 관련된 내용은 『三才圖會』에서 인용한 것이고 고구려의 서적문화와 관련된 내용은 『後周書』와 『舊唐書』의 기록에서 뽑았다. 백제의 서적 문화와 관련된 내용은 『후주서』, 『구당서』, 『陳書』를 참조하였고 고려의 서적 문화와 관련된 내용은 『玉海』, 『貴耳錄』, 『朱子語類』, 『高麗圖經』, 『初學集』, 『經義考』, 『名山藏』, 『農田餘話』, 『賢識錄』에서 집록하였다. 그리고 조선의 서적 문화와 관련된 내용은 『明史』, 『弇州別集』, 『甲乙剩言』, 『香祖筆記』, 『太平淸話』, 『韻石齋筆記』에서 인용하였다. '총론'에서 인용한 이 서적들의 성격은 다양하며 정사, 야사, 서목 저술, 사행 기록, 소설집, 類書, 개인문집 등을 포함하고 있다.

條目	提要와 夾註의 輯錄 原典
	志』, 『正字通』, 『朝鮮賦』, 『字典』
『訓民正音』	『孝經』[日本], 『客館筆談』[日本]
崔世珍『四聲通解』	『異稱日本傳』[日本]

'본국서목'의 '경류' 부분에서는 17종의 중국 서적과 3종의 일본 서적을 집록 원전으로 삼았다. 서명 뒤에 '(2번)'으로 표시한 것은 해당 조목에 대한 제요 중 2개가 모두 같은 책에서 발췌한 것이며 해당 서적을 2번 인용했다는 것이다. 도표를 통해 주이준이 편찬한 『경의고』를 11번을 인용하여 그 빈도가 압도적으로 많다는 것을 알 수 있다. 그 뒤를 이은 것은 2번을 인용한 고염무(顧炎武, 1613~1682)의 『일지록』(日知錄), 모기령(毛奇齡, 1623~1713)의 『서하집』(西河集), 염약거(閻若璩, 1636~1704)의 『잠구차기』(潛邱劄記)이다. 그리고 나머지 서적들은 모두 한 번만 인용하였다.

총 300권으로 구성되어 있는 『경의고』는 중국의 경서(經書)를 30개 항목으로 분류하여 수록한 책이다. 수록 사항에 있어서 저자, 서명, 권수와 당시 현존 여부를 기록하였고 해당 경서의 서문, 발문이나 관련 논설도 함께 소개하고 있다. 이 책은 경학서(經學書) 목록으로서 중요한 학술적 가치를 지니며 높은 평가를 받고 있다. 조선에서 이 책에 대해 언급한 것은 『오주연문장전산고』(五洲衍文長箋散稿), 『담헌서』(湛軒書), 『포저집』(浦渚集), 『청장관전서』(青莊館全書), 『열하일기』 등에서 확인된다. 경학 서적을 수록한 부분에서 『경의고』를 가장 많이 참조했다는 것은 두 가지 측면에서 해석할 수 있다. 하나는 다른 서적에 비해 『경의고』에서 상대적으로 조선의 경학과 관련된 내용을 많이 수록했다는 것이다. 다른 하나는 편찬자 한치윤이 원전 문헌의 전문성을 충분히 고려하고 전문서적을 해당 분야에 맞춰 적극적으로 활용하였다는 것이다.

또 한 가지 주목할 만한 사실은 한치윤이 주이준뿐만 아니라 고염무, 모기령, 염약거 등 청나라 고증학의 형성기에 활동했던 대표 학자들의 저술도 인용하고 있다는 점이다. 다만 한치윤이 활동했던 시기는 바로 청나라의 고증학이 성행했던 '건가고증학(乾嘉考證學)'의 시기였는데, 경서 목록을 수록한 부분에서 '건가고증학'의 대표적인 저술들은 보이지 않는다.

'본국서목'의 '사류(史類)'는 15종 중국과 일본 문헌을 집록 대상으로 삼았다. 각 조목에 대응되는 제요와 주문의 집록 원전을 나열하면 다음과 같다.

〈표 4-4〉『海東繹史』「藝文志」'本國書目' 부류 '史類' 자목의 집록 원전

條目: 提要와 夾註의 輯錄 原典
金富軾『三國史記』:『玉海』(2번),『異稱日本傳』[日本](2번)
高得相『三國通曆』:『玉海』,『通志』
海東『三國通錄』:『遂初堂書目』
鄭麟趾『高麗史』:『曝書亭集』(2번),『四庫全書總目』
鄭可臣『千秋金鏡錄』, 閔漬『世代編年節要』, 高麗『編年綱目』:『日下舊聞』
高麗『古今錄』, 高麗地理圖:『遼史』
徐居正『東國通鑑』:『曝書亭集』,『異稱日本傳』[日本]
『朝鮮史略』:『浙江採集遺書總錄』,『四庫全書總目』
『大遼事蹟』:『遼史』
申叔舟『海東諸國記』:『曝書亭集』(2번),『靜志居詩話』,『異稱日本傳』[日本]
百濟地理書:『和漢三才圖會』[日本]
高句麗封域圖:『舊唐書』
朝鮮八道地圖, 崔恒『經國大典』, 李克增『大典續錄』, 偰循『三綱行實圖』, 柳成龍『懲毖錄』:『異稱日本傳』[日本]
『朝鮮志』:『浙江採集遺書總錄』,『四庫全書總目』(2번)
樂浪挈令:『說文解字』

條目: 提要와 夾註의 輯錄 原典
申用漑『續三綱行實圖』: 『列朝詩集』, 『異稱日本傳』[日本]
金富軾『奉仕語錄』: 『宋史』

위의 표를 보면 외국 문헌 가운데 조선의 역사서에 대한 기록은 일본 학자 마쓰시다 겐린(松下見林, 1637~1704)이 편찬한 『이칭일본전』에서 가장 많이 보인다. 이 부분에서 『이칭일본전』에 대한 인용 횟수는 10번으로 가장 많고 그 다음으로 비교적 많이 인용한 서적은 5번을 인용한 『폭서정집』, 4번을 인용한 『사고전서총목』(四庫全書總目), 3번을 인용한 『일하구문』과 『요사』(遼史)이다. 사서를 기록한 부분에서 이러한 책들을 가장 많이 인용했다는 것은 역시 편찬자가 해당 분야의 전문서적을 적극적으로 활용하고 있다는 사실을 보여준다.

'본국서목'의 '자류(子類)'에는 9종의 중국과 일본 문헌을 집록 대상으로 삼았다. 각 조목에 대응되는 제요와 주문의 집록 원전을 나열하면 다음과 같다.

〈표 4-5〉『海東繹史』「藝文志」'本國書目' 부류 '子類' 자목의 집록 원전

條目	提要와 夾註의 輯錄 原典
權近『入學圖說』	『經義考』
高麗『博學記』	『淸異錄』
金時習『游金鰲錄』·『關東日錄』	『列朝詩集』
百濟天文書	『和漢三才圖會』[日本]
高麗師『星曜書』	『湛然居士集』
『高麗日曆』	『遂初堂書目』
『重刊神應經』	『異稱日本傳』[日本](2번)
許浚『東醫寶鑑』	『東醫寶鑑』
高句麗秘記	『唐書』

이 부분에서 집록 대상으로 삼은 원전 종류는 비교적 다양하다. 『경의고』, 『화한삼재도회』, 『수초당서목』, 『이칭일본전』은 ‘경류’와 ‘사류’에서도 중요하게 참조했던 원전 자료들이다. 『동의보감』(東醫寶鑑)은 원래 조선의 저술이지만 중국에서도 간행한 적이 있다. 해당 제요에서 중국판 『동의보감』의 서문을 인용하고 있기 때문에 외국문헌을 집록하는 『해동역사』의 편찬 기준과 부합된다.30)

‘본국서목’의 ‘집류(集類)’는 16종 중국과 일본 문헌을 집록 대상으로 삼았다. 각 조목에 대응되는 제요와 주문의 집록 원전을 나열하면 다음과 같다.

〈표 4-6〉『海東繹史』「藝文志」‘本國書目’ 부류 ‘集類’ 자목의 집록 원전

條目: 提要와 夾註의 輯錄 原典
崔致遠『四六文』·『桂苑筆耕』: 『新唐書』, 『通志』
趙云仡『三韓詩龜鑑』, 『圃隱奉使藁』, 『續東文選』, 姜氏『晉山世藁』, 『東人詩話』: 『異稱日本傳』[日本]
『西上雜咏』: 『文獻通考』
『小華集』: 『宋詩紀事』
偰遜『近思齋逸藁』, 李穡『牧隱集』, 李崇仁『陶隱集』, 金九容『惕若齋集』, 李希輔『安分堂集』, 蘇世讓『淸心堂詩集』, 金安國『慕齋集』, 申光漢『企齋集』, 柳根『西坰集』, 李好閔『五峯書巢集』, 許筠『白月居士集』, 崔澱『楊浦集』, 鄭士龍『湖陰草堂集』, 金安老『明虛軒集』, 許琮『尙友堂詩集』: 『明詩綜』

30) 사실 『海東繹史』「藝文志」의 제요 권43-94에서는 인용의 출처를 ‘『東醫寶鑑』「序」’로 밝히고 있다. 대부분 제요와 주문의 출처는 서명으로 표기하고 있기 때문에 권43-94의 출처표기 의도는 비록 『동의보감』이 자국의 저술인 것을 강조하기 위한 것이라고 해석할 수 있지만 기본적인 출처표기법을 준수하지 않았기 때문에 형식이 통일되지 않아 규범적이지 않게 보이는 단점을 안게 되었다. 이에 본고는 모든 불규칙적인 출처표기를 서명으로 바꾸었다. 그리고 이 문제에 대해서는 제Ⅴ장 ‘『해동역사』「예문지」의 성과와 한계’에서 논하기로 하겠다.

條目: 提要와 夾註의 輯錄 原典
鄭夢周『圃隱集』: 『明詩綜』, 『異稱日本傳』[日本]
許錦『野堂集』, 崔瀣『東文選』, 許愭『梅軒集』, 許氏『陽川世藁』: 『靜志居詩話』
權近『應制集』: 『曝書亭集』, 『奉使錄』
申叔舟『汎翁集』: 『明詩綜』, 『靜志居詩話』
徐居正『北征藁』: 『列朝詩集』, 『靜志居詩話』
金時習『梅月堂詩集』, 李達『蓀谷集』, 李淑媛『玉峯集』, 許妹氏『蘭雪軒集』: 『列朝詩集』
徐敬德『花潭集』: 『明詩綜』, 『四庫全書總目』
金尙憲『朝天錄』: 『漁洋詩話』
『皇華集』: 『四庫全書總目』(2번), 『一統志』, 『西湖志餘』, 『靜志居詩話』(3번), 『有學集』, 『列朝詩集』, 『復宿山房集』

개인 문집을 수록한 이 부분에서 가장 많이 인용한 서적은 14번을 인용한 『열조시집』, 10번을 인용한 『명시종』, 9번을 인용한 『정지거시화』, 6번을 인용한 『이칭일본전』이다. 그리고 『사고전서총목』에서 3번을 인용한 외에 나머지 서적에 대한 인용은 모두 한 번이다. 『열조시집』과 『명시종』은 청나라 초기에 편찬된 시선집이고 『정지거시화』는 시화집이다. 세 책에는 모두 조선의 한시작품뿐만 아니라 작가의 약력과 작품에 대한 품평도 함께 실려 있다. 이 부분에서 문학 전문서로 분류할 수 있는 이 세 가지 자료를 중요한 집록 대상으로 삼았던 것은 역시 전문서를 적극 활용하려고 했던 편찬자의 의도와 관련이 있다. 그리고 이 세 가지 저서는 모두 청나라 초기의 저술이므로 『해동역사』 「예문지」가 청대 학술, 특히 문학의 성과를 적극적으로 수용한 또 하나의 증거로 삼을 수 있다.

다음으로 '중국 서목'에 집록된 원전 문헌의 상황을 살펴보도록 하겠다. '중국 서목'은 사실 조선을 중심으로 동아시아 삼국에서 유통되었던 중국 서적과 중국에서 저술된 조선에 관한 서적을 모은 것이다.

이에 관한 기록들은 총 59종의 중국과 일본 문헌에서 채록되었다. 우선 '중국 서목' 중 경서사집 네 부분의 조목과 해당 제요 및 협주의 집록 원전을 정리하면 다음과 같다.

〈표 4-7〉『海東繹史』「藝文志」'中國書目' 부류의 집록 원전 (1)

條目: 提要와 夾註의 輯錄 原典			
經類	『易林式占』:『宋書』	史類	『東觀漢記』:『蠶尾集』
	『易經』:『和漢三才圖會』[日本]		『晉書』:『冊府元龜』,『舊唐書』
	京氏『周易占』十卷:『玉海』		『晉陽秋』:『舊唐書』
	『尙書』:『遂初堂書目』		『三十六國春秋』:『舊唐書』
	『毛詩』:『梁書』		『北史』:『東坡集』
	『唐禮』:『新唐書』		『通鑑綱目』:『明史』,『武備志』
	『吉凶要禮』:『舊唐書』		『太平御覽』:『宋史』
	宋『開寶通禮』:『宋史』		『冊府元龜』:『宋史』
	『三禮圖』:『經義考』		『列女傳』:『大明會典』
	宋『樂曲譜』一十冊·『指訣圖』一十冊:『寧和記聞』		『史記』·『漢書』·『後漢書』·『三國志』:『舊唐書』,『東坡集』
	『春秋公羊墨守』:『經義考』		宋『國朝登科記』:『宋史』
	『春秋會通』·『大學衍義』:『大明會典』		『大明會典』:『明史』
	『論語』·『孝經』:『和漢三才圖會』[日本],『時學鍼焫』[日本]		『吾學編』:『明史』
	『別序孝經』:『五代史』,『三朝藝文志』,『書錄題解』,『丹鉛錄』		刑法書:『宋史』
	『孝經雌圖』·『皇靈孝經』:『五代史』,『五代會要』,『經義考』		『太學勅式』:『東坡集』
	越王『孝經新義』:『冊府元龜』,『五代史』		『山海經』:『和漢三才圖會』[日本]
	宋本九經:『宋史』		
	王安石『三經新義』:『朱子語類』		
	朱子集註經書:『列朝詩集』		
	『五經傳註』:『異稱日本傳』[日本]		
	『玉篇』·『字統』·『字林』:『舊唐書』		

	條目: 提要와 夾註의 輯錄 原典		
子類	『顔子』:『甲乙剩言』	集類	『文選』:『舊唐書』
	劉向『說苑』「反質篇」:『玉海』		『千字文』:『和漢三才圖會』[日本]
	『性理大全』:『武備志』		『杜家新書』:『冊府元龜』
	『老子』:『新唐書』		『文館詞林』:『舊唐書』
	『九執曆』:『遊宦記聞』		柳文:『有學集』
	遁甲書·方術書: 『和漢三才圖會』[日本]		張鷟文:『舊唐書』
	陰陽地理書:『東坡集』		白居易文:『新唐書』
	『黃帝鍼經』:『宋史』		徐夤賦三篇:『全唐詩』
	『貞元廣利方』五卷:『文苑英華』		馮定「黑水碑」·「畵鶴記」:『舊唐書』
	『聖惠方』:『宋史』		『文苑英華』:『宋史』
	『涅槃經』:『梁書』		『歐陽公居上集』:『四庫全書總目』
	『法華經』:『和漢三才圖會』[日本]		『王安國詩集』:『墨客揮犀』
	『大藏經』:『宋史』(2번),『高麗圖經』		『高皇帝御製詩卷』:『許文穆集』
	『逍遙詠』·『蓮花心輪』:『宋史』		宋濂文集:『國朝獻徵錄』
	『華嚴經』:『西湖志』		王世貞『弇山堂別集』:『明史』
	『般若經』:『高麗圖經』		『汪伯玉集』:『太平淸話』
	『貝多葉經』:『遼史』(2번)		『列朝詩集』:『有學集』
	『天台教卷』:『佛祖統紀』		魏際瑞『伯子集』:『魏叔子集』
			徐釚『菊莊樂府』:『曝書亭集』,『漁洋集』,『西堂餘集』,『西河集』,『宸垣識略』

〈표 4-7〉『海東繹史』「藝文志」'中國書目' 부류의 집록 원전 (2)

	條目	提要와 夾註의 輯錄 原典
東國記事	崔頤『東征高麗記』	『冊府元龜』
	韋沖『經略高麗文』	『舊唐書』
	裴矩『高麗風俗記』	『新唐書』
	顧愔『新羅國記』	『新唐書』
	『奉使高麗記』	『新唐書』
	王宗禹『渤海軍司圖』	『舊唐書』

	僧顔『渤海行年記』	『通志』
	張建章『渤海國記』	『新唐書』
	章僚『海外使程廣記』	『文獻通考』, 『通志』, 『演蘩露續集』
	『奉使高麗故實』	『孫公談圃』
	呂祐之『海外覃皇澤詩』	『宋史』
	宋球『高麗圖紀』	『宋史』
	元豐『高麗入貢儀式條令』	『宋史』, 『玉海』
	元豐『高麗女卓排辨式』,	『宋史』
	孫穆『鷄林類事』	『文獻通考』, 『玉海』
	吳拭『鷄林志』	『玉海』
	王雲『鷄林志』	『文獻通考』, 『玉海』, 『高麗圖經』, 『淸波雜志』, 『宋史』
	徐兢『宣和奉使高麗圖經』	『文獻通考』, 『淸波雜志』, 『高麗圖經』(2번), 『震川集』, 『四庫全書總目』
	『奉使高麗記』	『浙江採集遺書總錄』(2번), 『四庫全書總目』
	『使高麗事纂』	『宋史』
	『宣和接送高麗勅令格式』	『宋史』
	『宣和奉使高麗勅令格式』	『宋史』
	『高麗勅令例儀範坐圖』	『玉海』
	『高麗表章』	『宋史』
	『高麗行程錄』	『遂初堂書目』
	楊應誠『建炎假道高麗錄』	『文獻通考』
	翁夢得『新羅國記』	『續文獻通考』
	閻子秀『鴨江日記』	『中州集』
	王約『高麗志』	『元史』, 『萬姓統譜』
	宋无『鯨背吟集』	『四庫全書總目』
	鄧鍾『高麗圖記』	『世善堂藏書目錄』
	倪謙『朝鮮紀事』	『明史』, 『浙江採集遺書總錄』, 『四庫全書總目』
	『遼海編』	『明史』, 『四庫全書總目』
	錢溥『朝鮮雜志』	『明史』
	張寧『奉使錄』	『明史』, 『四庫全書總目』

	董越『朝鮮賦』	『四庫全書總目』
	『使東日錄』	『寧都先賢傳』, 『四庫全書總目』
	『朝鮮雜志』	『浙江採集遺書總錄』, 『四庫全書總目』
	龔用卿『使朝鮮錄』	『明史』
	黃洪憲『朝鮮國記』	『四庫全書總目』
	魏時亮『遼東事宜』	『明史』
	鄭若曾『朝鮮圖說』	『浙江採集遺書總錄』, 『四庫全書總目』
	宋應昌『朝鮮復國經略』	『明史』
	『經略復國要編』	『浙江採集遺書總錄』
	蕭應宮『朝鮮征倭紀略』	『明史』
	茅瑞徵『萬曆三大征攷』	『明史』
	王士琦『封貢記略』	『明史』
	諸葛元聲『兩朝平壤錄』	『四庫全書總目』
	侯繼國『兩浙兵制』	『四庫全書總目』
	黃俣卿『倭患考原』	『四庫全書總目』
	王士驥『馭倭錄』	『四庫全書總目』
	吳明濟『高麗世紀』	『列朝詩集』
	朱之蕃『奉使朝鮮藁』	『明詩綜』, 『四庫全書總目』
	鄧少卿『奉使詩艸』	『小寒山集』
	張廷枚『奉使高麗紀事詩』	『榕城詩話』
	焦竑『朝鮮詩選』	『浙江採集遺書總錄』
	吳明濟『朝鮮詩選』	『列朝詩集』
	孫致彌『朝鮮採風錄』	『池北偶談』, 『漁洋詩話』

집록한 원전 중에서 총 9종 서적의 인용 횟수가 월등하게 높은 것을 알 수 있다. 이 부분에서 가장 많이 인용한 것은 21번을 인용한 『송사』이다. 그 뒤를 잇는 것이 17번을 인용한 『사고전서총목』, 14번을 인용한 『명사』, 12번을 인용한 『구당서』, 7번을 인용한 『신당서』와 『옥해』, 6번을 인용한 일본서 『화한삼재도회』, 5번을 인용한 『문헌통고』와 4번을 인용한 『고려도경』이다. 나머지 50종 서적은 3회 이하로 인용하

였는데 1번만 인용한 서적이 38종이므로 대부분 한 번만 인용했다는 것을 알 수 있다.

인용 횟수가 높은 9종 서적 가운데 『구당서』, 『신당서』, 『송사』, 『명사』는 모두 정사이자 관찬서(官撰書)이며 『사고전서총목』도 관찬서이다. 『옥해』는 원, 명, 청 삼대에 걸쳐 여러 차례 간인되었는데 관각본이 큰 비중을 차지한다. 대략 1307년에 편찬된 『문헌통고』는 비록 관찬서는 아니지만 1319년에 한 도사(道士)가 이 책을 발견하여 조정에 바치자 1322년 조정에서 이 책을 간행하게 하였다. 서긍은 1124년에 『고려도경』을 편찬하여 바로 어부(御府)에 바치고 부본(副本)을 자신의 집에 소장해두었다.[31] 비록 전란 등 원인으로 인해 송나라 조정에서 이 책을 간행하지는 못했지만 이 책의 사료적 가치가 일찍부터 한·중 양국 지식인 사이에서 널리 인정받은 것은 주지의 사실이다. 이렇게 보면 '중국 서목'에서 인용한 내용들은 정사나 관방(官方)의 인정을 받은 서적들에 주로 의존한 것이 특징이라고 볼 수 있다. 그리고 이러한 특징에는 정보의 권위성을 확보하려는 편찬의도가 담겨 있다고 생각된다. 공적인 기록을 인용하여 중국 서적들이 조선을 중심으로 유통되었던 사실을 보여주면 그 사실(史實)의 신빙성을 더 확보할 수 있기 때문이다.

한편 '경적' 부분에서 『사고전서총목』을 사류, 자류, 집류와 '동국기사' 네 자목에서 상대적으로 많이 인용하고 있다. 이 책은 청나라 '건가고증학'적 분위기가 농후한 시기에 편찬되었으므로, 사고관(四庫館)의 학자들은 고증적 방법을 매우 중시하여 다양한 역사고증학적 방법을 동원하여 이 책을 편찬하였다.[32] 한치윤이 이 책을 자주 인용했다는

31) 祁慶富, 「『宣和奉使高麗圖經』版本源流考」, 『社會科學戰線』 1996(3), 229~234면.

것은 그가 청나라 '건가고증학'의 성과와 접촉했고 또 필요에 따라 수용했음을 말해주고 있다.

이상에서 『해동역사』 「예문지」에서 원전의 내용을 그대로 옮기는 전재 집록 방법을 사용한 부분에 대해 고찰하였고 또한 '경적' 부류를 고찰대상으로 삼아 각 유목과 자목의 집록 대상으로 삼은 서적들이 분명한 전문성을 띠고 있다는 것을 확인하였다. 이 두 가지 고찰을 통해 한치윤이 『해동역사』 「예문지」에서 주이준을 위시한 청나라 초기 학자들의 저술을 수용한 것으로 확인되었고, 또한 청나라 '건가고증학'의 성과를 대표하는 『사고전서총목』에 상당히 의존했다는 사실이 확인되었다. 그리하여 한치윤이 진재 집록 방식과 전문서적을 해당 분야에 알맞게 활용한 양상을 통해 그가 청대 고증학 형성기의 성과를 적극적으로 수용하였으며 또한 청대 '건가고증학'의 성과도 필요에 따라 적극적으로 수용했음을 알 수 있다.

3. 再引用과 지식정보의 확대

『해동역사』는 「예문지」를 포함한 모든 부분에서 기사를 수록할 때 해당 기사 끝에 서명(書名)을 표시하여 인용한 원전을 일일이 밝히고 있다. 통계를 통해 『해동역사』 「예문지」는 총 201종의 중국과 일본 문헌에서 조선과 관련된 기록을 집록하였음을 확인할 수 있었다. 원전과의 대조 작업을 통해 「예문지」에서 밝힌 201종 문헌 기록은 모두 한치윤이 원전을 직접 보고 인용한 것은 아니며 일부 기록은 재인용의

32) 趙濤, 「論『四庫全書總目』的史學考證方法」, 『西北大學學報(哲學社會科學版)』 44, 2014 (2),144~151면.

방식을 통해 「예문지」에 수록하였다는 사실이 발견되었다. 재인용 편찬 방식도 여러 가지 경우로 나눌 수 있는데 본 절에서는 재인용 편찬의 유형에 따라 그 양상을 살펴보고자 한다.

『해동역사』 「예문지」의 '본국서목'에서는 앞서 언급했던 손승택이 편찬한 『홍범경전집의』의 내용을 채록하여 다음과 수록하였다.

> 조선본 『홍범』에는 '팔왈사(八曰師)' 아래에 '식왈생, 화왈절, 사왈경, 사공왈시, 사도왈덕, 사구왈신, 빈왈예, 사왈율, 생내번, 절내유, 경내결, 시내열, 덕내화, 신내인, 예내가, 율내유공'과 같은 52자가 있는데, 이 글은 기자(箕子)가 전한 것이다. 『홍범경전집의』
>
> **〈권42-27〉 朝鮮本「洪範」八曰'師'下有"食曰生, 貨曰節, 祀曰敬, 司空曰時, 司徒曰德, 司寇曰愼, 賓曰禮, 師曰律. 生乃番, 節乃裕, 敬乃缺, 時乃悅, 德乃化, 愼乃仁, 禮乃嘉, 律乃有功."五十二字. 此文是箕子傳. 『洪範經傳集義』**

『홍범경전집의』는 현재 한국의 도서소장기관에는 소장되어 있지 않은 것으로 확인된다. 조선시대까지는 전해졌으나 현재 전해지지 않을 가능성도 있지만 아예 조선에 유입되지 않아서 한치윤이 『해동역사』를 편찬할 때 다른 서적에서 『홍범경전집의』의 내용을 재인용하여 기재했을 가능성도 생각해 볼 수 있다. 특히 『해동역사』에서 이 책에 대해 집록한 것은 상기 제요 권42-27 하나뿐이라는 점이 이 추측을 더욱 뒷받침해 준다.

사실 비슷한 기록은 한치윤이 많이 참조했던 주이준의 『경의고』에서도 확인된다. 『경의고』 권260, 『일경』(逸經) 상(上)에는 다음과 같은 내용을 수록하였다.

「홍범」의 "팔왈사" 아래에 "식왈생, 화왈절, 사왈경, 사공왈시, 사도왈덕, 사구왈신, 빈왈예, 사왈율, 생내번, 절내유, 경내결, 시내열, 덕내화, 신내인, 예내가, 율내유공"라는 52자가 있다.

손승택은 "조선본에 이러한 글들이 있는데 **이**는 **기자가 전한 것이다**"라고 말했다.

우측 내용은 손씨의 『홍범경전집의』에서 인용한 것이다.

「洪範」"八曰師"下有"食曰生, 貨曰節, 祀曰敬, 司空曰時, 司徒曰德, 司寇曰愼, 賓曰禮, 師曰律. 生乃番, 節乃裕, 敬乃缺, 時乃悅, 德乃化, 愼乃仁, 禮乃嘉, 律乃有功."五十二字.

孫承澤曰: "朝鮮本有此文, 是箕子傳."

右孫氏『洪範經傳集義』

굵은 글씨체로 표시한 부분이 바로 『해동역사』 「예문지」의 제요 권42-27이 인용한 내용이다. 두 자료의 대조를 통해 그 내용이 크게 차이가 없음을 확인되며 이로부터 제요 권42-27은 손승택의 『홍범경전집의』가 아니라 주이준의 『경의고』를 재인용했을 가능성이 크다는 추측을 할 수 있다. 또 『홍범경전집의』에 대한 다른 조사결과를 통해 이러한 추측이 사실이라는 점을 확실하게 증명할 수 있었다.

필자는 우선 중국의 각종 고적 DB를 통해 『홍범경전집의』를 확인해 보려 하였으나 찾을 수 없었다. 심지어 이 책에 대한 소장 정보도 찾기 어려웠다. 한치윤과 비슷한 시기에 살았던 만청(晚淸) 목록학자 주중부(周中孚, 1768~1831)는 19세기 초에 쓴 『정당독서기』(鄭堂讀書記)에서 이 책이 "이미 산실되었다(已佚)"고 하였는데[33] 이를 통해 『홍범경전집의』는 당시 널리 유통되어 흔히 볼 수 있던 책이 아니었음을 알 수 있다. 그런데 20세기 초에 편찬된 『청사고』(淸史稿)에는 『홍범

---

33) 周中孚 著, 黃曙輝와 印曉峰 注釋, 『鄭堂讀書記』, 上海書店出版社, 2009.

경전집의』가 수록되어 있다.[34] 『청사고』의 편찬 사업은 1914년부터 1927년까지 진행되었다. 그렇다면 『홍범경전집의』는 20세기 초까지 실존하였다고 볼 수 있다. 하지만 사실 '예문지'는 문헌을 일일이 모두 직접 수집하고 확인하여 편찬하는 것이 아니라 선학들의 연구업적을 바탕으로 하여 주로 기존의 목록서를 참조하는 방법으로 편찬하는 것이 관례이다. 경서(經書) 목록 분야에서 중요한 위치를 차지하고 있는 주이준의 『경의고』는 분명 『청사고』의 예문지 편찬에서 참고했던 저서 중의 하나였을 것이다. 따라서 『청사고』의 예문지는 『경의고』를 참조해서 『홍범경전집의』의 내용을 수록했을 가능성이 크며 『홍범경전집의』는 널리 유통되었던 책으로 보기 어렵다. 현재 중국 남경도서관(南京圖書館)에 각본 1권의 형태로 소장되어 있다고 하지만 아직 실물을 확인하지 못하였다.[35]

한편 『홍범경전집의』의 편찬에 대해 손승택 본인은 자신의 다른 경학 저술 『상서집해』(尙書集解)에서 다음과 같이 밝힌 바가 있다.

> 한 편의 「홍범」 속에는 '경'도 있고 '전'도 있다. '경'은 대우(大禹)의 말이고 '전'은 기자의 말이다. 이러한 설명은 인산 김이상한테서 나온 것이며 그제야 「홍범」의 '경'에 대해 밝힐 수 있었다. 나는 일찍이 『홍범경전집의』를 쓴 적이 있는데 한결같이 그의 논설을 따랐으나 지금은 그 내용을 거듭 산정(刪定)함으로써 이 글을 완성시켰다.

---

34) 『淸史稿』 권145, 『志』120, 『藝文』1 '書類'에 다음과 같이 기록하였다. "『상서집해』 20권, 『구주산천고』 3권, 『홍범경전집해』 1권. 손승택이 편찬한 것이다(『尙書集解』 二十卷, 『九州山川考』 三卷, 『洪範經傳集義』 一卷. 孫承澤撰.)"

35) 張文의 「孫承澤史學硏究」(중국 淮北師範大學 석사학위논문, 2016, 24면)에 따르면 『홍범경전집의』 1권은 청나라 때 刻本으로 현재 중국 남경도서관에 소장되어 있다. 그러나 저자 장문이 역시 이 텍스트를 직접 확인하지 않았다고 밝혔다.

「洪範」一篇, 內**有經有傳**. 經者, 禹之言; 傳者, 箕子之言也. 此其說發于仁山金氏, 而經始明. 余向著『洪範經傳集義』, 一遵其說, 今重加刪定, 以成此篇.[36]

상기 인용문은 작은 글자의 쌍행협주(雙行夾註)의 형식으로 기재된 내용인데 『상서해집』 권12, 「홍범」의 첫 구절 뒤에 붙인 것이다. 『상서해집』 속의 「홍범」과 관련된 저술배경을 설명하는 주해이다. 이 주해를 통해 『홍범경전집의』가 여러 목록학 저술에 수록되었지만 널리 유통 되지 않았던 이유를 알아낼 수 있었다.[37]

1654년에 60세가 넘은 손승택은 관직생활을 그만 두고 북경 서산(西山) 와불사(臥佛寺) 옆에 집을 짓고 자신의 방대한 장서를 이용하여 20여 년간 학문과 저술에 전념하였다. 그가 소장하고 있었던 풍부한 서책과 회화작품은 경성의 명사(名士)들의 많은 관심과 주목을 받았다. 특히 고염무(顧炎武, 1613~1682), 손기봉(孫奇逢, 1584~1675), 위상추(魏象樞, 1617~1687), 주량공(周亮工, 1612~1672), 주이준 등 당시 유명한 문인학자들이 손승택의 풍부한 서화 소장을 경모하여 그와의 학문적 교유가 끊이지 않았다. 손승택 본인도 자신의 풍부한 소장품을 학술자료로 삼아 많은 저술을 남겼다.[38] 그 가운데 『홍범경전

---

36) 孫承澤, 「洪範」, 『尙書集解』 권12, 『四庫全書存目叢書』(經部) 第56冊(書類), 四庫全書存目叢書編纂委員會, 齊魯書社, 1997, 127면.

37) 한편 손승택의 姻親인 王崇簡(생몰년 미상)이 쓴 「孫公承澤行狀」에서도 손승택의 저술 23종을 기록하였는데 『홍범경전집해』가 포함되지 않았다. (錢儀吉, 『碑傳集』, 中華書局, 1993, 223면)

38) 손승택의 저술은 주로 사학, 경학, 문학 등 분야로 나눌 수 있는데 경학 분야에서의 대표적인 저술로는 『상서집해』, 『孔易』, 『詩經朱傳翼』, 『春秋程傳補』, 『五經翼』, 『易翼』, 『宋五先生學約』, 『學約續編』, 『藤陰札記』, 『硯山齋集』, 『考正晚年定論』, 『홍범경전집의』, 『論語或問錄要』 등 13종이다.

집의』는 1666년에 완성된 것이고 『상서집해』는 1672년에 각본으로 전해졌다.[39)]

상술 상황들을 종합하여 정리하면 손승택은 1666년에 『홍범경전집의』 한 권을 완성하였다. 이 책을 간인했지만 몇 년 지나 『상서집해』를 집필할 때 전에 썼던 『홍범경전집의』를 수정하여 「홍범」 편(篇)으로 산정하고 『상서집해』에 편입시켰다. 전에 간인했던 『홍범경전집의』는 널리 유통되지 못하였고 이에 후세 학자 가운데 이 책이 이미 산실되었다고 여기는 사람도 있었다. 그러나 주이준과 손승택의 학술적 교유관계, 특히 그의 『경의고』 편찬 사업이 손승택의 도움과 영향을 받았던 것을 감안하면[40)] 주이준은 『홍범경전집의』를 직접 보았을 것으로 추측할 수 있다. 그래서 그는 『경의고』에서 『홍범경전집의』의 내용을 인용할 수 있었다. 그러나 주이준은 손승택이 『홍범경전집의』를 『상서집해』에 편입시킨 사실을 밝히지 않고 『홍범경전집의』와 『상성집해』를 서로 다른 두 저서로 인식하여 각각 『경의고』의 '일경(逸經)'부류와 '서(書)' 부류에 수록하였다.[41)]

---

39) 손승택의 교유와 저술에 대해 張文이 앞의 논문(10~28면)에서 정리한 바가 있어 본고도 이를 참조하였다.

40) 劉仲華, 「朱彝尊與孫承澤的交遊及其對撰述『經義考』、『日下舊聞』的影響」, 『歷史文獻硏究』 33, 華東師範大學出版社, 2014.

41) 1686년부터 시작하여 1699년에 편성된 『경의고』는 『홍범경전집의』(1666)와 『상서집해』(1672) 보다 훨씬 뒤에 편찬하였다. 주이준이 손승택이 편낸 이 두 책의 관계를 모를 리가 없다. 그는 자신의 편찬의도에 따라 이 두 책을 상술한 바와 같이 처리했던 것이다. 『경의고』의 '일경' 부류는 경전의 모든 逸文, 逸句를 수집한 것이다. 『홍범경전집의』에서는 今文보다 52자가 더 많은 조선본 「홍범」을 수록했기 때문에 『경의고』에는 이를 '일경' 부류에서 인용했던 것이다. 그리고 주이준은 『상서집해』를 당대 학자의 『尙書』에 대한 대표 저술로 인식하여 그것을 '서' 부류에 수록했던 것이다.

손승택의 『홍범경전집의』는 조선에 전래되었을 가능성은 별로 없다고 본다. 그가 편찬한 『상서집해』도 한치윤이 『해동역사』를 편찬한 시기에 조선에 유입되지 않았던 것으로 보인다.[42] 한치윤은 『해동역사』 「예문지」 권42-27에서 『홍범경전집의』를 인용했다고 밝히고 또 안설 권42-30조에서는 『상서집해』를 직접 본 것처럼 그것의 서문(序文)을 인용하였다. 하지만 사실 이는 모두 주이준의 『경의고』에서 재인용한 것이다. 요컨대 한치윤은 『경의고』에 대한 재인용을 통해 『해동역사』 「예문지」에 실제 조선에 유입되지 않았던 『홍범경전집의』와 『상서집해』의 내용을 편입시켰다. 권42-27조에서는 『경의고』에 수록한 『홍범경전집의』의 내용을 발췌하여 인용했는데 『경의고』를 인용한 사실을 은폐하고 『홍범경전집의』를 인용 서적으로 밝혔다. 권42-30조에서는 『상서집해』의 자서(自序) 내용을 언급하였는데 이는 역시 『경의고』에서 상세히 인용된 『상서집해』의 서문을 참조한 것으로 판단된다.[43]

위와 같은 재인용 사례에 대해 두 가지 측면에서 그 편찬 의도를 설명할 수 있다. 하나는 지식정보의 확대를 위한 것이고 다른 하나는 인용 대상자의 학문에 대한 수용과 추종으로 볼 수 있다.

권42-27조와 같은 재인용 사례는 1차 자료인 『홍범경전집의』를 인

---

42) 손승택과 『상서집해』를 비롯한 그의 저서에 관한 조선지식인들의 언급은 『해동역사』의 편성보다 뒷시대의 金正喜(1786~1856)의 「書蘭亭後」(『阮堂全集』 권6, 『題跋』, 96면)와 李圭景(1788~1856)의 「十三經注疏及諸家經解五經四書大全辨證說」(『(국역)五洲衍文長箋散稿』 16, 『經史篇』 1, 『經傳類』 1, 『經傳叢說』, 한국고전번역원 사이트, 92면)에서 확인할 수 있다. 한편 현재 한국도서소장기관에서 확인된 손승택의 저서는 光緒9年刻本 『春明夢餘錄』, 乾隆26年盧文弨序文本 『康子銷夏記』, 嘉慶17年刻本 『思陵典禮記』 등이 있다.

43) 『經義考』 권92, 『書』, 「孫氏承澤尚書集解」.

용한 2차 자료인 『경의고』를 참조한 것인데 2차 자료를 참조한 사실을 밝히지 않고 본인이 실제로 확인한 적 없는 1차 자료를 인용출처로 기재하였다. 이와 같은 재인용 방식을 사용한 것은 '필요성'에 의한 결과로 보인다. 개별 사례에 따라 그 '필요성'의 구체적인 내용과 의미가 다르겠지만 우선 권42-27 같은 경우에는 조선본 『홍범』이 중국본과의 차이를 구체적으로 보여주는 자료이므로 반드시 기재해야 한다는 편찬자의 생각이 먼저 작용하였던 것으로 보인다. 그러나 2차 자료 『경의고』를 인용했다는 사실을 밝히지 않고 1차 자료 『홍범경전집의』의 서명만을 표기하였다. 이러한 방식을 통해 지식정보의 취재 범위를 넓히고 동시에 편찬물로 하여금 보다 많은 지식정보를 담을 수 있게 하였다.

비슷한 사례가 또 하나 있다. 제요 권42-34와 제요 권42-35는 각각 왕운(王惲)의 『중당기사』(中堂事紀)와 『경의고』에서 집록한 것으로 표시되어 있다. 그러나 원전과의 대조를 통해 이 두 기사는 모두 『경의고』의 기록과 일치하며 같은 책에서 채록한 것으로 판단할 수 있었다. (〈부록 4〉 참조) 그러나 『해동역사』 「예문지」에서는 『경의고』가 아닌 『중당기사』라는 책에서 취급해왔다고 기록하였는데 이렇게 함으로써 『해동역사』의 참고 서목을 늘린 셈이다. 이는 곧 지식정보의 확대를 시도한 편찬 방식이다.

물론 일부 개별 사례는 다른 특정한 목적에 따른 것일 수도 있지만, 전반적으로 보았을 때 집록한 원전의 수량을 실제보다 더 많게 수록한 목적은 자신의 편찬물이 더 많은 1차 자료를 기반으로 삼아 편성했다는 것을 보여주기 위한 것이다. 특히 『해동역사』와 같은 역사 편찬물은 최대한 지식정보를 많이 수집하고 또 그것을 바탕으로 편집하면서 편찬자의 고증 작업까지 들어간 경우, 수집한 1차 자료가 많을수록

'든든한 기반'을 통해 마련했다고 볼 수 있으며 그것의 역사서술의 신빙성(信憑性)도 획득할 수 있기 때문이다. 이러한 재인용 편찬 방식에는 '필요성'이 먼저 작용했기 때문에 거기서 출발한 것이지만 최종적 목적은 '신빙성'의 획득에 있었다. 그리고 이 과정에서 '지식정보의 확대'가 편찬 작업의 이념으로 작용하였는데 이는 18세기 말 19세기 초 조선 지식인들의 지식정보에 대한 갈망을 반영하고 있다.

한편 지식정보의 확대 수단으로 간주되는 『해동역사』 「예문지」의 재인용 방식, 그 이면에는 2차 자료에 대한 편찬자 한치윤의 긍정적 인식도 담겨져 있다. 권42-27을 통해 한치윤이 주이준의 학설을 적극적으로 받아들였으며 후자의 일부 편찬 성과에 대해 상당한 정도의 믿음을 가졌음을 감지할 수 있다.[44] 『경의고』에 수록된 내용을 재인용하고도 그 사실을 밝히지 않은 것은 『경의고』의 학술적 진실성을 의심하지 않았다는 의미로도 생각해 볼 수 있다. 그러므로 힌치윤은 주이준의 경학 연구 성과를 적극적으로 받아들였던 사람으로 평가할 수 있다. 그가 주이준의 『경의고』를 재인용하면서 그 사실을 밝히지 않았던 것은 주이준의 학술 성과에 대한 믿음과도 관련이 크다.

현대 학술의 가치 이념으로 볼 때 이러한 재인용 편찬 방식은 '진실의 은폐'라고 보일 수도 있다. 그러나 이러한 방식의 효과, 즉 지식정보의 확대와 전파는 당시 조선사회의 학술에 대해 상당히 긍정적인 의미가 있었던 것으로 생각된다. 예를 들어 손승택은 청나라 초기 학술사에서 꽤 중요한 위치를 차지하고 있었음에도 한치윤이 『해동역사』를

---

44) 『해동역사』와 『경의고』의 관계, 주이준에 대한 한치윤의 인식에 대해 앞에서 이미 서술하였으므로 여기에서 부연설명하지 않기로 한다. 다만 재인용 문제를 논하는 과정에서는 이 점을 한치윤이 주이준의 『경의고』를 재인용했던 배경으로 삼고자 한다.

편찬하기 전까지 손승택과 관련된 조선 측의 정보는 거의 찾기 힘들었다. 한치윤이 재인용 방식을 통해 처음으로 손승택과 그의 저술을 조선에 소개하였던 것이다.

하지만 한치윤이 재인용 방식을 지식정보의 확대만을 위해 사용했던 것은 아니다. 명나라 한림편수(翰林編修)를 역임했던 육익(陸釴, 1495~1534)의 『현식록』(賢識錄)에 조선과 관련된 일화를 기록하였는데 다음과 같다.

> **옛날에 전하기를 "동이(東夷)의 여러 나라들이 서책을 하사해 주기를 자주 청하였다. 그러나 책을 하사해 주면 순조롭게 도착할 수 없었다. 매번 책을 하사할 때마다 책을 실은 배가 번번이 전복되었다. 그러자 어떤 사람이 말하기를 '사람들로 하여금 외워서 가게 해라'고 하였는데 외워가는 사람 역시 도착하지 못했다. 사실인지 아닌지는 알 수가 없다." 『야기』(野記)에서 나온 것이다.**
>
> 舊傳東夷諸國多乞賜書, 及賜, 惟易不能達, 凡數賜, 每有之舟輒溺, 或曰:"令人誦記去." 人亦不達, 未察信否. 出『野記』.

『해동역사』「예문지」에서는 위의 인용문 중 굵은 글씨체로 표시한 부분을 선택하여 '본국서목'의 '총론(總論)' 부분의 주문으로 수록하였다. "『야기』에서 나온 것이다"라는 말을 제외한 나머지를 그대로 옮겨 수록하였다. 『야기』라는 책은 명나라 문인 축윤명(祝允明, 1461~1527)이 쓴 필기체(筆記體) 저서이다. 이 책에 대한 언급은 조선 문인들의 문집에서 찾아볼 수 없다. 그리고 『해동역사』에서 많이 참조하고 있는 『사고전서총목』에서는 이 책에 대해 비교적 부정적인 평가를 하였다. 『사고전서총목』에서는 축윤명의 『야기』에 기록한 일들이 대체로 '신빙성이 없다[失實]'고 하였으며 또 주맹진(朱孟震)의 평가를 빌

려 이 책에는 "믿을 만한 것이 백 개 가운데 하나도 없다(可信者百中無一)"라고 적었다.45)

한치윤은 『사고전서총목』을 통해 이미 『야기』라는 책의 정체를 파악했을 것이다. 위의 기록을 『해동역사』 「예문지」에 수록하고 출처를 밝힐 때는 두 가지 선택의 가능성이 있었다. 즉 육익의 『현식록』과 축윤명의 『야기』 중 하나를 그 출처로 기록하는 것이다. 비록 『야기』가 이 기록의 원래 출처였지만 한치윤은 『사고전서총목』의 영향으로 『현식록』을 선택하였다. 지식정보의 확대를 위해서라면 이 두 가지 문헌을 모두 출처로 밝힐 수 있었는데 "믿을 만한 것이 백 개 가운데 하나도 없다"는 원서(原書) 『야기』를 출처에서 제외시킨 것이다. 이러한 재인용에서는 지식정보의 확대보다는 자료의 신빙성을 확보하는 데 더 신경을 썼음을 알 수 있다.

오늘날의 관점에서 볼 때 재인용은 편찬서의 학술적 무게감을 감소시키고 편찬자의 학문적 능력에 대한 의심을 초래할 수 있다. 그러나 앞서 살펴본 것처럼 재인용을 하기 위해 2차 자료를 검토하는 것 역시 일종의 학술활동이었다. 이는 편찬자의 편찬 작업의 일환으로 대상 자료에 대한 지적 인식의 기초 위에서 최종적으로 여러 자료 가운데서 가장 문헌적 가치가 높은 자료를 선별해냈다. 그러므로 『해동역사』의 재인용 방식은 '허위 학문'과는 근본적으로 구별된다.

『해동역사』 「예문지」의 재인용 편찬 방식은 중국 서적만 대상으로

---

45) 『四庫全書總目』(권134, 「子部」 53)에 다음과 같이 기록하였다. "『野記』四卷. 浙江鮑士恭家藏本. 明祝允明撰. 允明有『蘇材小纂』, 已著錄. 是書所記多委巷之談. 如記張太後遺詔復建文年號一事, 張朝瑞『忠節記』已辨之. 至謂『永樂大典』修輯未成而罷, 則他事失實可知. 朱孟震『河上楮談』亦稱'允明所撰誌怪及此書, 可信者百中無一'云."

한 것이 아니라 조선의 문헌도 대상으로 삼았던 것으로 추정된다. 일례로 그는 '중국서목'의 '동국기사(東國記事)' 자목(子目)에 왕운(王雲)의 『계림지』(鷄林志)를 수록하였는데 다음과 같은 제요를 붙였다.

> 『계림지』 40권은 아울러 국신소(國信所) 행유안독(行遺案牘)에 기재되었으나 매우 길게 썼다. 그때에 유규(劉逵)와 오식(吳拭)이 함께 명을 받고서 갔었다. 『청파잡지』
>
> **〈권45-46〉** 『鷄林志』四十卷. 併載國信所行遺案牘, 頗備冗長. 時劉逵、吳拭, 幷命而往. 『淸波雜志』

비슷한 기록이 이덕무(李德懋)의 『청장관전서』(靑莊館全書)에서도 보인다.[46] 뿐만 아니라 『해동역사』에 기록된 내용들이 『청장관전서』의 기록과 여러 곳에서 같다.[47] 특히 『해동역사』의 여러 안설에서도

---

46) 『靑莊館全書』 권58, 「盎葉記」 5에 다음과 같은 기록이 있다. "**『淸波雜志』**, 周煇撰. 宣和奉使高麗路允廸, 傅墨卿, 爲使价. 其屬徐兢, 倣元豊中**王雲**所撰『鷄林志』, 爲『高麗圖經』, 考稽詳備, 物圖其形, 事爲其說. 蓋徐素善丹也. 宣和末, 老人在歷陽, 雖得其圖, 但能抄其文, 畧其繪畵. 乾道間, 刊于江陰郡齋者, 卽家間所傳之本. 圖亡而經存. 蓋兵火後, 徐氏亦失元本. **『雞林志』四十卷, 併載國信所行遺案牘, 頗傷冗長. 時劉逵, 吳拭, 幷命而往**. 案『雞林志』八條, 載於『圖書集成』. 徐兢『使高麗錄』十五葉, 亦載『集成』. 錢唐潘香祖庭筠, 嘗爲余言, 家藏抄本圖經五卷云."

47) 예를 들어 제요 권46-12는 다음과 같다. "金陵俞仲茅先生. 藏李泰和邕行書. 大照禪師缺二千餘字硬黃紙, 筆法精整, 有歐虞風味. 先生云: '此書自唐以來, 卽爲高麗所藏, 以故絶無宣和、政和等璽, 羣玉秋壑等印與蘇、米等跋, 神廟末年, 一弁按征倭將士得之平壤, 將獻之幕府, 媒進余策. 遼事之必敗戒其勿遽往, 已而果然. 此卷遂留余處.' 『六硏齋二筆』" 똑 같은 기록은 『靑莊館全書』 권55, 「盎葉記」 2, 「鹿脯帖」에서도 확인된다. 또한 제요 권46-5는 "十七帖, '淸晏歲豊又所使, 有豊一鄕故自名', 余不解'豊一鄕'作何語. 及得高麗刻本, 乃云'所出有異産', 讀之豁然. 因知王著但憑倣書入石耳. 猶憶辰玉按王衡字得此帖於蒙陰公

『청장관전서』의 내용을 인용한 것이 확인된다. 이에 한치윤이 『청장관전서』에 수록된 중국 문헌 내용을 재인용하였음을 추정할 수 있다.

4. '離合法'과 自國文化의 부각

이어 『해동역사』 「예문지」에서 원전의 내용을 그대로 옮기지 않고 일정한 변화를 통해 수록한 양상에 대해 살펴보겠다. 유득공(柳得恭)은 『해동역사』의 서문에서 한치윤이 이 책을 편찬하고 있던 모습을 묘사한 바 있다.

> 나의 친구인 상사(上舍) 한대연(韓大淵)은 성품이 고요하고 서책을 소장하기를 좋아하였다. 문을 닫고 들어앉아 역사를 연구하였으며 개연히 우리나라의 역사에 과심을 가졌으며 나와는 서로 상의하지 않아도 의기가 통하였다. 그리고 또 그 관심을 넓혀서 정사 이외의 문헌까지 두루 섭렵하였다. 우리 동방나라 수천 년의 사실에 대해 경전(經傳)부터 패관야설(稗官野說)에 이르기까지 여기저기 흩어져 있는 자료들을 최대한 찾아내고 베꼈다. **또 손수 자르고 붙이면서 분리된 자료들을 합치고 합친 자료들을 다시 분류하였다.** 머리는 헝클어지고 땀은 흘리면서 먹고 자는 것조차 잊은 채 5, 6년이나 공을 들여서 비로소 분류를 하게 되어 조목을 세우고 한 부의 서책을 편성하는 데 이르렀다.
>
> 吾友韓大淵上舍, 性恬靜, 喜畜書. 閉戶考古, 慨然有意于東史, 與余不謀而合. 又推而廣之, 汎濫乎正史之外. 我東國數千年事實, 自經傳以至叢稗, 在在散見者, 幾盡搜剔抄寫. **又手刀與糊, 離而合, 合而離.** 蓬首流汗, 殆忘寢食, 用五六年之力, 始分類立目, 勒成一部.[48]

氏, 亟報余展玩, 如得連城, 辰玉書法, 爲此一變. 『容臺集』"라고 기록하였는데 이는 역시 『청장관전서』 권55, 「앙엽기」 2, 「녹포첩」에도 수록되어 있다.

48) 「海東繹史序」, 『海東繹史』, 景仁文化社, 1974, 1면.

위의 내용은 서문의 한 부분을 인용한 것이다. 이 글을 통해 한치윤이 『해동역사』를 편찬하던 당시의 작업 현장을 상상하고 편찬 절차를 어느 정도 가늠할 수 있다. 그는 우선 경전부터 패관야설에 수록한 조선 관련 기록들을 모으고 베껴 썼다. 그리고 칼과 풀을 이용하여 베껴 놓은 자료들을 자르고 또 붙였다. "흩어진 자료들을 합치고 합쳐진 자료들을 분류하였다(離而合, 合而離)"라고 하는 것은 서로 관련성이 있는 자료를 한데 모으고 또 모은 자료들이나 원래부터 한 군데 기록한 내용을 다시 분류했다는 것이다. 즉 필사와 분류 작업은 『해동역사』를 편찬했던 1차적인 작업이었던 것이다.

이러한 작업을 통해 한치윤은 외국 문헌 속의 조선 관련 기록들의 전반적인 성격과 특징을 파악했을 것이고 또 이러한 상황 파악을 바탕으로 『해동역사』 편찬에 대해 대략적인 구상을 했을 것이다. 1차 작업 다음으로 한치윤은 분류 체계와 구체적인 조목을 설정하기 위해 또 몇 년 간의 공을 들었던 모양이다. 그리고 설정된 분류 체계와 조목에 따라 자료를 정리하고 삽입하였던 것으로 보이는데 책 속의 안설과 협주의 고증적 특징을 보았을 때 이들은 자료 삽입하는 과정에서 이루어진 작업으로 추정된다. 요컨대 『해동역사』 편찬 작업의 절차는 '자료 수집 → 자료 분류 → 분류 체계와 조목 설정 → 자료 삽입과 고증'으로 정리할 수 있다.

"흩어진 자료들을 합치(離而合)"는 것은 '자료 분류' 절차에 해당하는 작업이고 "합쳐진 자료들을 분류(合而離)"하는 것은 '자료 삽입' 절차에 해당하는 작업이었을 것이다. 지금 『해동역사』 「예문지」의 내용으로 보면 당시 한 가지 종류로 모아놓은 자료를 여러 해당 조목에 삽입할 때 자구(字句)를 단위로 관련 내용을 추려냈던 경우가 상당히 많았다. 이는 전재와 대비되는 집록 방법인데 곧 원전의 문장을 일부 변화시켜 『해동역사』 「예문지」에 기록하는 방법을 말한다. 이러한 방법에 대해서도 사실 유득공이 말한 '이이합[離而合]'과 '합이이[合而離]'로 그 특징을 설명할 수 있다. 말하자면 '이이합'은 서로 다른 곳에 있는 기록을 하나로 합치는 것이고, '합이이'는 한 문장을 여러 문장으로 만드는 것을 가리킬 수 있다. 즉 문구(文句)를 합치고 또 나누는 것이다. 이렇게 보면 유득공이 말한 '이이합'과 '합이이'는 편찬 절차와 편찬 방법을 모두 가리키는 것으로 볼 수 있다. 따라서 본고는 유득공의 말을 빌려 『해동역사』 「예문지」에서 사용했던 이와 같은 집록 방법을 '이합법(離合法)'이라고 부르고자 한다.

이렇게 추정하는 근거는 바로 원전과의 대조 작업의 결과에 있다. 『해동역사』 「예문지」 속의 상당수 기록들은 원전에서 흩어져 있는 여러 문구를 합치고 또 온전한 한 편의 글이나 한 단락의 문장을 다시 여러 문구로 나누는 방식을 통해 이루어졌다. 이와 같은 두 가지 방법으로 관련 정보를 추출하여 만들어진 『해동역사』 「예문지」의 기록들을 원전의 문장과 대조할 때 드러난 가장 큰 특징은 바로 자국문화(自國文化)의 부각을 지향하고 있다는 것이다.

앞서 제3장 제1절에서 『해동역사』 「예문지」의 분류 체계에 대한 고찰을 통해 서화(書畫) 내용을 기록한 『해동역사』 제46권과 잡철(雜綴)을 기록한 제59권을 제외하면 나머지 16권의 분량으로 구성된 서목, 한시, 외교문서 부분에서는 모두 '본국-중국'과 같은 이분법(二分法)에 따라 관련 기사를 분류하여 수록하였다. 이 세 부분에 수록한 '중국서목', '중국시', '중국문'은 전부 조선과 관련이 있는 내용인데 특히 '중국서목' 유목에는 조선을 중심으로 유통했던 중국 서적을 정리하였다. 그리하여 분류 체계 가운데 '중국서목' 유목이 가장 한치윤의 외국의 문화 기록을 통해 자국의 문화 역사를 부각 시키려는 역사서술 지향과 구체적 실천 양상을 잘 반영한다고 할 수 있겠다.

이에 본고는 '중국서목' 유목의 기록들을 편찬자의 자국문화 부각하려는 역사서술 지향을 구현하는 전형적인 기록들로 간주하고 이 부분의 기록들을 중심으로 그것의 원전과의 대조를 통해 한치윤이 '이합법'이라는 집록 방법을 어떻게 수행하였는지를 살펴봄으로써 그가 「예문지」에서 추구했던 자국문화를 부각시키려는 역사서술의 면모를 구체적으로 설명하고자 한다.

한치윤은 원전에 수록한 문장 속에서 조선의 문화역사와 관련된 정보를 채록할 때 우선 가장 핵심적인 구절부터 선택했을 것이다. 그러나 그 핵심적인 구절만으로는 온전한 역사 기록을 이루기 어려운 것이 분명하고 때로는 완결한 의미를 갖기에도 미치지 못했을 것이다. 예를 들면 명나라 성조(成祖, 1403~1424 재위)가 조선국왕 태종(太宗, 1400~1418 재위)에게 책을 하사했다는 『대명회전』(大明會典)의 기록을 『해동역사』 「예문지」에 수록하려고 할 경우, 우선 원전의 관련 원문은 다음과 같다.

> [조선국] 홍무(洪武) 연간에 국왕에게 대통력(大統曆)과 금수(錦繡) 및 융기(絨綺), 왕모비에게 금기(金綺)와 사라(紗羅), 상국을 비롯한 관원에게 채단(綵段)과 사라를 하사하였다. 또 묘사(廟社)에 쓰이는 악기를 하사하였다. 영락(永樂) 연간에 국왕에게 구장(九章)의 면복(冕服), 규옥(圭玉) 패물, 오경(五經), 사서(四書), 『춘추회통』(春秋會通), 『대학연의』(大學衍義) 등 책을 하사하였다. 부왕에게 저사(紵絲)와 사라, 왕비에게 주취 칠적관(珠翠七翟冠), 홍저 사대삼(紅紵絲大衫), 소저사 원령하피금추(素紵絲圓領霞帔金墜)를 내려주었다.
>
> [朝鮮國] 洪武間, 賜國王大統曆及錦繡絨綺, 王母妃金綺紗羅, 相國等官綵段紗羅. 又賜廟社樂器. **永樂間, 給國王冕服九章、圭玉、佩玉、五經、四書、『春秋會通』、『大學衍義』等書**. 王父紵絲紗羅, 妃珠翠七翟冠、紅紵

絲大衫、素紵絲圓領霞帔金墜.[49]

상기 『대명회전』의 기록에는 명나라 황제가 조선국왕에게 서적을 하사했다는 내용이 들어 있다. 바로 위의 인용문에서 굵은 글자로 표시한 부분인데 만약 이 부분의 내용만 채록하면 다음과 같다.

> ⇒ 영락연간에 국왕에게 오경, 사서, 『춘추회통』, 『대학연의』 등 책을 하사하였다.

이 문장만 보아서는 조선에 관한 내용이라는 것을 알 수 없다. 그리하여 한치윤은 이 문장에 '명나라'를 뜻하는 '명[明]'과 '조선[朝鮮]' 세 글자를 첨가하여 다음과 같은 제요를 만들었다.

> 명나라 영락 연간에 조선국왕에게 오경, 사서, 『춘추회통』. 『대학연의』 등 책을 내려주었다. 『대명회전』
> 〈권44-25〉 明永樂年間, 給朝鮮國王五經、四書、『春秋會通』、『大學衍義』等書. 『大明會典』

이는 원전에서 핵심 정보를 절취(截取)하되 글자와 단어를 덧붙여 확실히 조선과 관련된 내용임을 명시하는 집록 방법이다. 원전 『대명회전』의 기록과 비교하면 이러한 집록 방법을 통해 채록된 기록의 서술 중심은 '조선과 서적'으로 바뀌었다. 이와 비슷한 사례가 『해동역사』 「예문지」에서 상당히 많이 확인된다.[50] 문맥 상 의미를 명확하게 전달

49) 『大明會典』 권110, 「禮部」 69, 「外夷」 上 (明 萬曆內府刻本). 비슷한 조선 측의 기록은 『朝鮮王朝實錄』, 太宗 3년 癸未(1403) 10월 27일(辛未) 條에서 확인할 수 있다.

50) 〈부록 4〉: 『海東繹史』 「藝文志」 「經籍」의 提要와 注文의 原典 대조표를 볼 때

하기 위해 원전에서 발췌한 문구에 필요한 글자나 단어를 덧붙이는 이와 같은 방법은 곧 한치윤이 사용했던 집록 방법 가운데 가장 보편적인 방법 중의 하나라고 하겠다.

위의 방법과 마찬가지로 자주 사용했던 또 한 가지 '이합법' 집록은 원전에서 조선 관련 서술을 절취하고 연결만 시키는 것이다. 『해동역사』 「예문지」에 수록된 『사고전서총목』의 기록들은 전반적으로 장편(長篇)인 것으로 확인된다.[51] 특히 『사고전서총목』에 수록된 조선을 대상으로 저술한 전문 서적에 대한 해제는 『해동역사』 「예문지」 '중국서목' 유목의 '동국기사' 자목에서도 전편(全篇)을 그대로 옮겨 수록한 경우가 태반이다. 그러나 조선에 대한 전문 저술이 아닌 경우 선택적으로 수록한 현상이 확인된다. 아래는 『해동역사』 「예문지」 '중국서목' 유목의 '집류(集類)'에 수록한 구양수(歐陽脩: 1007～1072)의 『구양공거사집』(歐陽公居士集)에 대한 제요이다.

> 『구양공거사집』 50권은 ① 송나라 구양수가 찬한 것인데 앞에는 소식(蘇軾)이 지은 서문을 실었다. ② 이 판본은 순희(淳熙) 연간에 손익겸(孫益謙)이 교정하여 다시 간행한 것이다. 권말(卷末)에는 여러 본의 자구(字句)의 이동(異同)을 실어 놓아 매우 자세하다. 또 한 가지 판본이 있는데 명나라 때 조선에서 간행한 것이며 교정한 것이 역시 매우

'경적' 부분에서 '轉載' 방법을 사용한 경우를 제외하면 거의 모든 대조 欄에서 이러한 방법을 사용한 것이 확인된다.

51) 〈부록 4〉: 『海東繹史』 「藝文志」 「經籍」의 提要와 注文의 原典 대조표에 나열된 다음과 같은 조항들은 모두 『四庫全書總目』에서 집록한 것이다. 권43-16, 권43-36, 권43-57, 권43-58, 권43-163, 권43-190, 권43-197, 권44-155, 권45-55, 권45-60, 권45-87, 권45-93, 권45-96, 권45-102, 권45-105, 권45-108, 권45-111, 권45-115, 권45-120, 권45-133, 권45-135, 권45-137, 권45-139, 권45-144. 그리고 이 24개의 제요들은 『사고전서총목』에 대해 『해동역사』 「예문지」가 집록한 전부 내용이다.

정밀하고 자세하다. ③『사고전서총목』

〈권44-155〉『居士集』五十卷, ① 宋歐陽修撰, 前列蘇軾序. ② 此本取淳熙間孫益謙所校重鐫, 卷末列諸本字句異同, 極爲詳核. 又一本爲明代朝鮮所刊, 校正亦極精審. ③『四庫全書總目』

『사고전서총목』을 확인한 결과 ①로 표시한 위치에 4자가 더 있었고 ②로 표시한 부분에 152자가 더 있었으며 ③로 표시한 부분에 25자가 더 있었다.[52] ①에 있었던 내용은 해당 판본을 설명하는 주문이고 ②에 있었던 내용은 해당 판본의 구성 특징, 서문의 작성 시기, 편차(編次) 상황의 비교이며 ③에 있었던 내용은『사고전서』의 수록 상황에 대한 설명이다. 이러한 내용들에 대해『해동역사』「예문지」에서는 취하지 않았다. 이 기사를 채록한 주요 목적은 조선에서 간행했던 구양수 문집이 아주 정교하다는 사실을 기록하기 위해서이다. 그리고『사고전서총목』에서 조선본 구양수 문집을 높게 평가했다는 사실을 알리는 목적도 있다. 그리하여 원집의 판본, 구성 특징, 서문 작성 시기, 편차 상황,『사고전서』의 수록 상황을 비롯한 일련의 정보를 취하지 않았던 것이다. 비록 제요 권44-155의 서술 중심은 여전히 구양수의

---

52)『四庫全書總目提要』권174,「集部」27,「居士集五十卷」에 다음과 같이 수록하였다. "**『居士集』五十卷**, 內府藏本, **宋歐陽修撰**, **前列蘇軾序**及年譜舊本, 每卷有熙寧五年子發等編次數字, 而蘇序謂得於其子棐, 乃次而論之, 蓋序作於元祐六年, 時發已卒, 故序中不及耳. 慶元中, 周必大編次修集, 自『居士集』外有'外集'等九種, 通一百五十三卷, 此編僅三之一, 然出自修所手輯.『文獻通考』引葉夢得之言曰:"歐陽文忠公晚年取平生所爲文, 自爲編次, 今所謂『居士集』者, 往往一篇閱至數十過, 有累日去取未決者, 則其選擇爲最審矣. **此本**又**取淳熙間孫益謙所校重鐫, 卷末列諸本字句異同, 極爲詳核. 又一本爲明代朝鮮所刊, 校正亦極精審.** 以周必大所編『文忠集』已全部收入, 無庸復錄, 故今惟存其目焉."

문집에 있지만 『사고전서총목』의 기록 내용과 비교하면 조선본 구양수 문집에 대한 정보가 훨씬 더 부각되었다. 이것으로 '정교한 조선본 구양수 문집'이 제요 내용의 핵심정보 중 하나로 자리를 잡게 되었던 것이다. 원전의 문장을 부분적으로 절취하고 다시 연결시킴으로써 조선 관련 정보가 지면에서 부조(浮彫)적으로 반영되었다.

이상에서 볼 수 있듯이 한치윤이 조선을 중심으로 하는 역사서술을 만들기 위해 먼저 원전 속의 조선 관련 핵심 구절들을 절취하고 동시에 조선과 관련이 없는 일부 서술들을 제외시켰다. 그리고 조선을 서술의 중심에 두기 위해 절취한 구절들을 합치면서 필요한 글자와 단어도 첨가하였다. 이와 같은 '이합법'으로 원전 속의 조선 관련 내용을 부각시켰던 것이다. 원전에서 절취해낸 여러 문구를 하나로 만드는 이와 같은 정보 추출 방법은 '이합법' 중의 '이이합' 경우에 해당하는 것으로 볼 수 있다.

그리고 '합이이'의 경우는 원전에 수록된 조선 관련 기사 하나를 여러 개로 나누어 『해동역사』「예문지」에 재 편찬하는 정보 추출 방법을 가리킨다. 『해동역사』「예문지」에서 인용횟수가 가장 많은 것으로 조사된 관찬사서는 『송사』인데 이 책에 대한 집록에서 주요하게 사용한 정보 추출 방법은 바로 '합이이'인 것으로 확인된다. 원나라 때 편찬된 『송사』는 '이십사사(二十四史)' 가운데 내용 분량이 가장 방대한 정사로 본기(本紀) 47권, 지(志) 162권, 표(表) 32권, 열전(列傳) 255권 총 496권으로 구성되어 있다. 『송사』 권487, 「열전」 246, 「외국」 3에 「고려」 전(傳)을 수록하였는데 이 '고려전'은 『송사』에서 한 권의 분량을 자치하고 있다. 그 내용은 주로 북송 송태조(宋太祖) 건륭연간(建隆年間: 960~963)부터 남송 송녕종(宋寧宗) 경원연간(慶元年間: 1194~1200)까지 송나라와 고려의 교류관계를 기록한 기사들을 모은 것이다.

『해동역사』「예문지」의 제요와 협주에서 『송사』에 대한 인용횟수는 35번으로 조사되는데 사실 상당한 부분은 『송사』 속의 '고려전'에서 집록한 것으로 확인된다.

① 철종(哲宗) 원우(元祐) 원년(1086)에 고려의 왕이 사신을 파견하여 『개보통례』(開寶通禮)를 사 가지고 가게 하는 것을 청하였다. 『송사』

〈권44-16〉 哲宗元祐元年, 高麗王遣使請市『開寶通禮』. 『宋史』

② 철종 원우 원년에 고려의 왕이 『태평어람』(太平御覽)을 사가지고 가게 하는 것을 청하였다. 『송사』

〈권44-71〉 哲宗元祐元年, 高麗王遣使請市『太平御覽』. 『宋史』

③ 철종 원우 원년에 고려에서 사신을 파견하여 형법에 관한 서적을 사가지고 가게 하는 것을 청하였다. 『송사』

〈권44-84〉 哲宗元祐元年, 高麗遣使, 請市刑法之書以歸. 『宋史』

④ 철종 원우 원년에 고려의 왕이 사신을 파견하여 형법에 관한 서적, 『태평어람』, 『개보통례』, 『문원영화』(文苑英華) 등을 사가지고 가게 하는 것을 청하였지만 조명(詔命)을 내려 오직 『문원영화』 한 가지 책만을 하사하였다. 『송사』

〈권44-153〉 哲宗元祐元年, 高麗王遣使請市刑法之書、『太平御覽』、『開寶通禮』、『文苑英華』, 詔惟賜『文苑英華』一書. 『宋史』

이상 『해동역사』「예문지」 '중국서목'에 수록된 제요 4개는 사실 모두 『송사』의 '고려전' 중 다음과 같은 문단에서 채록한 것이다.

철종이 즉위하자 고려가 사신 김상기(金上琦)를 보내어 위문하고 임개(林暨)를 보내어 하례를 드리면서 형법에 관한 책과 『태평어람』, 『개보통례』, 『문원영화』를 사 가지고 가게 하는 것을 청하였다. 철종이 조명을 내려 오직 『문원영화』 한 가지 책만을 하사하였고 명마, 금기(錦綺), 금백(金帛) 등으로 고려의 하례를 답례하였다.(...)

哲宗立, 遣使金上琦奉慰, 林暨致賀, 請市刑法之書、『太平御覽』、『開寶通禮』、『文苑英華』. 詔惟賜『文苑英華』一書, 以名馬、錦綺、金帛報其禮...53)

고려의 사신이 송나라에 들어가 송철종(1086~1100 재위)의 즉위를 축하하면서 네 가지 서적을 요구하였다. 형법에 관한 책과 『태평어람』, 『개보통례』, 『문원영화』인데 송철종이 『문원영화』만 하사하고 명마와 비단 등 물품으로 고려의 하례를 답례하였다. 한치윤은 『송사』 '고려전' 속의 이 짧은 기록을 다시 4개의 기사로 만들어 『해동역사』 「예문지」에 수록하였다. 새로 탄생한 기사들은 바로 위에서 나열한 권44-16, 권44-71, 권44-84, 권44-153인데 당시 고려 사신이 한 번에 네 가지 서적을 요구했던 『송사』의 한 기록을 서적에 따라 사분(四分)한 셈이다. 즉 형법 관련 책을 요구한 기록, 『태평어람』을 요구한 기록, 『개보통례』를 요구한 기록, 『문원영화』를 요구한 기록과 같은 『해동역사』 「예문지」의 제요 4개를 재편한 것이다.

4개의 제요는 최대 4개의 조목을 지탱할 수 있다. 그래서 『송사』 '고려전'의 짤막한 한 문단을 통해 『해동역사』 「예문지」의 '중국서목'에서 권44-15 '송나라의 『개보통례』(宋『開寶通禮』)', 권44-70 '『태평어람』', 권44-83 '형법 책(刑法書)', 권44-152 '『문원영화』' 와 같은 4개의 조목을 설정할 수 있었다. 그리하여 이런 '합이이'의 집록 방법은 조목 수량을 늘리는 데 상당히 유효한 방법이라고 할 수 있다. 『송사』 '고려전'에는 송진종(宋眞宗) 대중상부연간(大中祥符年間: 1008~1016)과 천희연간(天禧年間: 1017~1021)의 양국 교류에 대해 또한 다

53) 『宋史』 권487, 「列傳」 246, 「外國」 3, 「高麗」.

음과 같이 기록하였다.

> 대중상부 3년(1010)...8년(1015)...고려에서 또 어사민관시랑(御事民官侍郎) 곽원(郭元)을 보내어 조공을 바쳤다...곽원은 말과 행동이 공손하고 정성스러웠으며 연회를 베풀어 줄 때마다 스스로 사례하는 표문을 지어 올렸는데 그 문장이 대개 잘 다듬어졌으므로 송나라 조정에서 그를 후하게 대우하였다. 9년에 곽원이 하직 인사를 올려 환국하려고 하자 조정에서 고려왕 왕순(王詢, 顯宗, 1010~1031 재위)에게 조서 7함(函)과 습의(襲衣), 금 띠, 기물과 폐백, 안장과 말 그리고 경사(經史), 역일(曆日), 『성혜방』(聖惠方)을 하사하였다. 곽원이 또한 『국조등과기』(國朝登科記)와 하사한 어제시(御製詩)를 베껴 가는 것을 청하였는데 그렇게 하도록 하였다. 천희 원년(1017)...5년(1021)에 왕순이 고주사(告奏使) 어사예부시랑(御事禮部侍郎) 한조(韓祚)를 위시한 179명을 보내어 사은하였으며 또 거란과 수호했다는 것을 고하였다. 그리고 또 표문을 올려 음양지리서(陰陽地理書)와 『성혜방』을 하사해 주기를 요청하였는데 모두 하사하였다.
>
> 大中祥符三年...八年...又遣御事民官侍郎郭元來貢...元辭貌恭恪, 每受宴賜, 必自爲謝表, 粗有文采, 朝廷待之亦厚. 九年, 辭還, 賜詢詔書七函、襲衣、金帶、器幣、鞍馬及經**史**、曆日、**『聖惠方』**等. 元又請錄**『國朝登科記』**及**所賜御詩**以歸, 從之. 天禧元年...五年, 詢遣告奏使御事禮部侍郎韓祚等一百七十九人來謝恩, 且言與契丹修好, 又表乞**陰陽地理書**、**『聖惠方』**, 幷賜之.[54]

위의 기록에 굵은 글자체로 표시한 부분은 조선 서적 문화와 관련된 핵심 정보들인데 『성혜방』, 『국조등과기』, 송나라 황제가 하사한 어시, 음양지리 관련 서적 등 네 가지가 있다. 『해동역사』 「예문지」에서는

---

54) 『宋史』 권487, 「列傳」 246, 「外國」 3, 「高麗」.

이러한 핵심 정보들을 추출하여 다음과 같은 3개의 제요들을 편집하였다.55)

〈권44-78〉 眞宗大中祥符九年, 高麗使郭元還, 請錄『國朝登科記』以歸, 從之. 『宋史』

〈권44-111〉 眞宗大中祥符九年, 高麗使郭元還, 賜『聖惠方』. 天禧五年, 高麗王遣韓祚等乞『聖惠方』, 賜之. 『宋史』

〈권59-7〉 大中祥符九年, 高麗使郭元還, 請錄所賜御詩以歸. 『宋史』

상기 제요 3개는 각각 『국조등과기』, 『성혜방』, 어제시에 대한 것인데 역시 원전 『송사』에서 시기, 인명, 관련 서적 등 필요한 정보만 뽑아 다시 조합한 것이다. 지금까지 살핀 바에 따르면 한치윤은 『송사』 '고려전' 속의 문헌교류와 관련된 특정한 한 부분의 기록을 그 문헌들의 종류에 따라 다시 3~4개 기록을 만들고 『해동역사』 「예문지」에 수록하였다. 그리하여 이를 원전의 한 가지 기록을 여러 개로 재편하는 '합이이'의 집록 방법을 가장 잘 구현하는 사례라고 할 수 있다. 이상에서 들었던 사례뿐만 아니라 『해동역사』 「예문지」에서 『송사』에 대한 집록은 사실 주로 '고려전'과 「예문지」 두 부분에 집중되어 있다. 그 집록 내용과 원전 출처를 다시 정리하면 다음 〈표 4-8〉과 같다.

---

55) 陰陽地理 관련 서적에 대해 권44-102 '陰陽地理書'로 조목 설정하였는데 해당 제요 권44-103는 『송사』 아닌 蘇軾의 『東坡集』을 인용출처로 밝혔다.

〈표 4-8〉『海東繹史』「藝文志」의 『宋史』 '高麗傳'에 대한 집록

순번	제요 순번	제요의 주요 내용	집록한 원전
1	권44-16	고려사신이 『開寶通禮』를 사 가지고 가는 것을 청했다.	『宋史』 '高麗傳' a
2	권44-71	고려사신이 『太平御覽』을 사 가지고 가는 것을 청했다.	
3	권44-84	고려사신이 형법 관련 책을 사 가지고 가는 것을 청했다.	
4	권44-153	고려사신이 여러 서적을 청하였지만 송황제가 『文苑英華』만 하사하였다.	
5	권44-45	고려왕이 九經을 하사하는 것을 청하였고 송 황제가 허락하였다.	b
6	권44-74	고려사신이 『冊府元龜』를 사 가지고 돌아갔다.	c
7	권44-106	고려사신이 『黃帝鍼經』을 바쳤고 송나라에서 이를 간행하였다.	
8	권44-78	고려사신이 『國朝登科記』를 베껴가는 것을 청하자 송황제가 허락하였다.	d
9	권44-111	고려사신에게 『聖惠方』을 하사하였다.	
10	권59-7	고려사신이 御製詩를 베께가는 것을 청하자 송황제가 허락하였다.	
11	권44-118	고려사신이 『大藏經』을 청하자 송황제가 하사하였다.	e
12	권44-119	고려사신에게 『藏經』을 하사하였다.	f
13	권44-123	고려사신에게 여러 불경을 하사하였다.	
14	권52-22	고려왕은 송황제가 고려의 賓貢에게 급제를 내리는 것을 사례하였다.	g
15	권52-24	고려왕은 송황제의 고려 죄인을 용서하라는 조지를 받고 사은하였다.	
16	권53-2	고려가 송나라에 조공을 하겠다고 답하였다.	h
17	권54-61	宋太祖가 고려 光宗을 책봉하였다.	i
18	권54-65	송황제가 거란 토벌에 고려의 군사 협력을 요청하였다.	j
19	권54-73	송황제가 고려왕에게 송으로 사신을 보내지 말라고 하였다.	k
20	권43-74	金富軾의 『奉使語錄』 한 권을 수록하였다.	『宋史』「藝文志」 A
21	권45-32	『高麗入貢儀式條令』 30권을 수록하였다.	B
22	권45-35	『高麗女眞排辦式』 한 권을 수록하였다.	
23	권45-63	『使高麗事纂』 한 권을 수록하였다.	C
24	권45-65	『接送高麗勅令格式』 일부가 있었는데 전하지 않았다.	D

순번	제요 순번	제요의 주요 내용	집록한 원전
25	권45-67	『奉使高麗勅令格式』 일부가 있었는데 전하지 않았다.	
26	권45-71	『高麗表章』 한 권이 있는데 저자의 이름이 없다.	E
27	권45-47	王雲이 고려에 사신으로 간 후 『鷄林志』를 찬술하여 올렸다.	『宋史』 '王雲傳'
28	권52-18	정안국 국왕이 송나라의 거란 토벌을 돕겠다고 하였다.	『宋史』 '定安國傳' ⓐ
29	권54-63	송태종이 정안국 국왕에게 거란 토벌에 군사 협력을 요청하였다.	
30	권45-28	呂祐之가 고려에서 돌아온 후 『海外覃皇澤詩』를 올렸다.	『宋史』 '呂祐之傳'
31	권45-30	宋球가 고려에서 돌아온 후 『圖紀』를 찬술하여 올렸다.	『宋史』 '宋守約傳'
32	권59-12	고려에서 范鎭의 문장을 전송하고 있었다.	『宋史』 '范鎭傳'

위의 표를 통해 『해동역사』 「예문지」에서 『송사』에 대한 집록은 주로 '고려전'과 「예문지」에 집중하였음을 확인하였다. 그 외에 '왕운전(王雲傳)'[56], '정안국전(定安國傳)'[57], '여우지전(呂祐之傳)'[58], '송수약전(宋守約傳)'[59], '범진전(范鎭傳)'[60]에서도 일부 내용을 채록하였다. '고려전'에서 채록한 내용을 통해 제요 19개를 만들었지만 원전과의 대조 결과에 따르면 사실 1번부터 4번까지는 '고려전'의 한 문장에서 '분화(分化)'한 것이고 6번과 7번, 8번부터 10번까지, 12번과 13번, 14번과 15번 역시 그러하다. 표에서 음영으로 표시한 셀은 모두

56) 『宋史』 권357, 「列傳」 116, 「王雲」.
57) 『宋史』 권491, 「列傳」 250, 「外國」 7, 「定安國」.
58) 『宋史』 권296 , 「列傳」 55, 「呂祐之」.
59) 『宋史』 권349 , 「列傳」 108, 「宋守約, 子球」.
60) 『宋史』 권337, 「列傳」 96, 「范鎭」.

원전의 한 문장으로부터 만들어낸 기록들이다. 요컨대 '합이이'의 집록 방법은 『송사』 '고려전' 전편에 작용한 것이 뿐만 아니라 그 속의 구체적인 문장 채록에 대해서도 이러한 방법을 사용했던 것이다. 또한 20번부터 26번까지 모두 『송사』 「예문지」에서 발췌한 정보인데 특히 21번과 22번, 24번과 25번은 역시 각각 한 문장을 통해 만들어낸 기록들이다.

'합이이'와 같은 집록 방법을 사용하는 것은 두 가지 효과를 얻을 수 있다. 첫째는 『해동역사』 「예문지」의 조목 설정과 같은 편찬 측면에서 보면 이러한 방법을 통해 조목 수와 제요 수를 늘림으로써 「예문지」의 내용을 풍부하게 하는 효과를 얻을 수 있다. 둘째는 『송사』의 내용 측면에서 보면 이러한 방법을 통해 『송사』에 조선 서적 역사에 관한 서술이 여러 번 있었던 것으로 느껴지게 하는 효과를 거둘 수 있다. 따라서 중국 정사에 기록된 조선 관련 문화역사에 대한 관심과 위상을 부각시키는 효과를 내고 있다. 이와 같은 집록 방법은 비단 「예문지」에서 자주 확인될 뿐만 아니라 『해동역사』 전서에서도 상당히 많이 확인되었다.

그러나 전술한 효과를 얻기 위해 한치윤이 「예문지」 편찬에서 '합이이' 방법을 기계적으로 사용했던 것은 아니다. 구체적인 조목 설정에 따라 편찬자의 세밀한 정보 조직 작업도 확인할 수 있었다. 이런 '합이이'의 집록 방법은 조목 수량을 늘리는 데 매우 효율적이었으며 조선의 문화를 풍부하게 만드는 데도 유효한 방법이라고 평가할 수 있다. 요컨대 한치윤은 원전에서 관련 기록을 수집한 후 '이합법'을 통해 재편집한 다음에 『해동역사』 「예문지」에 수록하였는데, 이러한 집록 방법은 자국문화를 부각시키는 데 효과적인 방법이었다.

한편 위에서 살펴본 '이합법' 사용 양상과 조금 차이가 있는 경우도 있다. 『해동역사』 「예문지」는 또 원전 기록에 대한 격식전환(格式轉換)을 통해 조선과 관련된 글을 수록하였다. 격식전환이라는 것은 곧 원전에 기록된 형식을 변화시켜 『해동역사』 「예문지」에 다른 형식으로 기록하다는 것을 가리킨다. 이러한 집록 방식은 적지 않게 확인되는데 일례로 제요 권42-22는 『명사』(明史)를 인용한 것인데 원전의 정문(正文)을 채록한 것이 아니라 작은 글자로 쓴 협주를 인용한 것을 들 수 있다. 『명사』의 기록은 다음과 같다.

> 풍방(**豊坊**)의 『고역세학』(古易世學) 50권
> **豊坊**『古易世學』五十卷
> 풍방의 집안에 옛날 『역서』(易書)를 소장하고 있는데 이는 그의 선조 풍직(豊稷)으로부터 전해 내려온 것이다. 또 **『고서세학』(古書世學) 6권이 있는데 조선본과 왜국본(倭國本) 두 책을 가지고 금문(今文), 고문(古文), 석경(石經)의 고본(古本)에 합친 것이라고 한다**. 『노시세학』(魯詩世學) 36권도 있는데 역시 풍직으로부터 전해 내려온 것이라고 한다. **전겸익은 이 책들이 모두 풍방이 위찬(僞撰)한 것이라고 했다**.
> 坊云**家有**古易, 傳自遠祖稷, 又**『古書世學』六卷, 言得朝鮮、倭國二本, 合於今文、古文、石經古本**. 『魯詩世學』三十六卷, 亦言豊稷所傳. **錢謙益謂皆坊僞撰也**.61)

상기 인용문 가운데 굵은 글씨체로 표시한 것은 『해동역사』 「예문지」에서 채록한 내용이다. 원래 『명사』에서는 풍방의 『고역세학』에 대해 수록하면서 협주로 풍방 집안에서 전해 내려온 『고서세학』과 『노시세학』에 대한 언급도 덧붙였다. 그리고 이 협주에는 조선에 대한 언급도 있었다. 바로 『고서세학』 6권을 구성한 자료 가운데 조선본

---

61) 『明史』 권96, 『志』 72, 『藝文』 1.

『상서』(尙書)가 있다는 내용이다. 한치윤은 조선에 관한 이 기록을 핵심내용으로 절취하고 또한 앞의 '풍방이 말했다'는 뜻을 담은 구절과 뒤의 전겸익의 판정내용과 함께 뽑아내어 합쳐서 다음과 같은 『해동역사』「예문지」의 제요를 편집하였다.

> 풍방(豐坊)은 집안에 『고서세학』 6권이 있는데 조선본과 왜국본 두 책을 구해 금문, 고문, 석경의 고본에 합한 것이라고 하였다. 전겸익은 이것들은 모두 풍방이 위찬한 것이라고 하였다. 『명사』 **〈권42-22〉** 豊坊云, 家有『古書世學』六卷, 言得朝鮮、倭國二本, 合於今文、古文、石經古本. 錢謙益謂皆坊僞撰也. 『明史』

한치윤은 『명사』에 작은 글자로 기록한 협주조차 놓치지 않고 이를 『해동역사』「예문지」의 '조선본 『상서』(朝鮮本『尙書』)'에 대한 첫 번째 제요로 배치하였다. 원전 속의 협주를 『해동역사』의 제요로 격식을 전환한 것은 해당 기록 내용에 가치를 부여함으로써 그것에 대한 재인식을 시도하기 위해서이다. 조선본 『상서』의 진위, 존일(存逸) 문제도 중요하지만 이런 경우에는 중국 문헌에 기록된 이와 관련한 내용들을 수집하는 것을 통해 중국 경학분야에서 조선본 『상서』에 대해 관심을 갖고 있음을 보여주는 것이 더 중요한 목적이라고 본다. 그리하여 한치윤은 조선본 『상서』와 조선본 『홍범』을 각각 '본국서목'의 첫 번째와 두 번째 조목으로 설정하고 이에 관한 총 11개 제요와 3개 안설을 배정하였다. 사실 조선본 『상서』와 관련된 문제는 이미 송나라 때 어느 정도 공론(公論)을 얻은 바이다. 즉 조선본 『상서』는 존재하지 않는다는 것이다. 그러나 청나라 초기부터 고증학의 흥행과 함께 이 문제를 다시 제기되었는데 풍방의 위서(僞書) 사건도 이러한 배경에서 생긴 일이다.

그러나 한치윤이 「예문지」에서 이 문제를 중요하게 다루었던 목적은 책이 전해지는지 여부를 따지는 것이 아니라 중국 지식인들이 이 문제에 대해 깊은 관심을 갖고 있음을 보여주고 또 그 관심을 통해 조선 문화의 위상을 높이자는 데 있다. 이 문제에 대해 한치윤은 『명사』, 『일지록』, 『경의고』, 『서하집』, 『홍범경전집의』, 『잠구차기』(潛邱箚記), 『중당사기』(中堂事記)와 같은 중국 저서를 집록 대상으로 삼았다. 『명사』는 당대의 사학분야에서 가장 권위적인 '이십삼사(二十三史)'의 마지막 책이고 나머지 저서의 저자는 고염무, 주이준, 모기령, 손승택, 염약거(閻若璩, 1638～1704), 왕운(王惲, 1227～1304) 등은 명청양대(明淸兩代) 학술사에서 중요한 위치를 차지하고 있는 이름이 쟁쟁한 학자들이다. 이들 논설 중의 조선본 『상서』관련 내용을 한 데 모음으로써 조선본 『상서』에 대한 중국인들의 상상과 기대, 나아가 당대 중국학자들의 조선문화에 관심과 인식을 보여주었다. 이로써 조선본 『상서』와 관련된 중국 측 기록들을 통해 조선 경학의 역사를 부각시키고 또한 조선 문인들에게 조선문화에 대해 다시 인식하게 하는 기회를 제공하고자 한 것으로 보인다.

원전 기록의 격식을 전환하여 다시 『해동역사』에 수록하는 사례는 적지 않게 발견된다. 이런 사례는 대부분 원전의 협주를 『해동역사』 「예문지」의 제요로 전환시키는 방식을 취하고 있다. 외국 서적에 선명하지 않게 기록된 조선 관련 내용을 『해동역사』 「예문지」에서는 잘 보이는 기록으로 부각시켰다. 그러나 그와 반대의 경우도 있다. 이는 원전의 정문(正文)을 『해동역사』 「예문지」의 협주로 전환시켜 수록하는 경우인데, 이런 협주의 내용에 대해서는 이미 제Ⅲ장 제2절과 제3절에서 서술한 바 있다.

『해동역사』 「예문지」에 수록한 편찬자의 안설에서 역시 자국문화를 부각하려는 의도가 확인된다. 일례로 조목 권45-5, 제요 권45-6, 안설 권45-7로 이루어진 기사를 살펴보도록 하겠다.

배구(裵矩)의 『고려풍속기』(高麗風俗記)

배구가 쓴 『고려풍속기』 한 권. 『신당서』(新唐書)

정초(鄭樵)의 『통지』(通志) 「예문략」(藝文略)에도 『고려풍속기』 한 권이 기록되어 있다. 마단림(馬端臨)의 『문헌통고』(文獻通考)에 수(隋)나라의 『동번풍속기』(東藩風俗記)를 인용하여 "신라의 김씨는 30여 대를 이었는데 그 왕은 지금도 김씨이다"라고 하였으니 아마도 배구가 찬한 이 책일 것이다. 또 『고려사』(高麗史)에 이자의(李資義)가 사신으로 송나라에 갔을 적에 관반(館伴)이 보내주기로 한 서목 가운데 『고려풍속기』 한 권이 있다.

〈권45-5〉 裵矩『高麗風俗記』

〈권45-6〉 裵矩『高麗風俗記』一卷. 『新唐書』

〈권45-7〉 鄭氏「藝文略」亦載『高麗風俗記』一卷. 馬氏『通考』, 引隋『東藩風俗記』云, "新羅金姓相承三十餘葉, 其王至今亦姓金", 疑卽裵矩所撰. 又『高麗史』, 李資義使宋, 館伴所求書目中, 有『高麗風俗記』一卷.

배구(547~627)의 『고려풍속기』를 기록한 조목이다. 제요에서는 『신당서』의 기록을 인용하였는데 저자, 서명, 권수와 같은 정보밖에 없다. 이에 대해 한치윤은 『고려풍속기』과 관련된 다른 세 가지 정보를 더 보충하였다. 하나는 『신당서』 외에 『통지』에도 이 책이 수록되었다는 정보이고 다른 하나는 『문헌통고』의 참고서 중 『동번풍속기』가 배구의 『고려풍속기』였을 가능성을 제시한 정보이며 나머지 하나는 『고려사』 기록으로 볼 때 고려에서 이 책을 송에서 입수하려고 했다는 정보이다. 안설을 통해 조목과 제요에 더 많은 정보들을 보충함으로써 『고려풍속기』의 가치를 부각시켰다. 이 밖에 안설 권45-13, 권45-20, 권45-39, 권45-48, 권45-56, 권45-61, 권45-97, 권45-103, 권45-158 등은 모두 해당 서목이 기타 문헌에 수록된 상황을 보충하고 있다.

이처럼 고증을 통해 작성된 보충설명형 안설은 해당 저술의 가치를 부각시키는 데 효과적임을 알 수 있다. 즉 안설을 통해 중국인이 조선에 대해 쓴 저술이 어떠한 책에서 어떻게 언급되어 있는지를 밝힘으로써 그 저술이 어느 정도 주목을 받고 있는지를 알렸는데, 그로써 저술의 가치도 자연스럽게 강조되는 효과를 거둘 수 있었다. 이와 같은 서술의 최종 목적은 자국의 위상을 높이는 데 있었다고 생각된다.

5. 史料取捨와 他者의 시선 중시

앞서 제2장 제3절에서 『해동역사』의 편찬에는 '타자의 시선을 의식'하는 사고가 작용하였다는 점에 대해 언급한 바가 있다. 이러한 사고방식으로 『해동역사』에서는 500종이 넘는 방대한 외국서적에 수록된 조선 관련 정보를 모았다. 그러나 『해동역사』「예문지」는 대상 원전의 모든 조선 문화와 관련된 내용을 전부 집록하지는 않았던 사실이 확인된다. 사료(史料)의 선택에 있어서 일정한 목적으로 취사(取捨)가 있었다. 즉 필요에 따라 원전 속의 조선 관련 내용을 차별적으로 집록하였던 것이다. 이것은 타자의 시선을 의식하는 경지를 넘어 타자의 시선을 점검하는 과정을 거쳤음을 의미한다. 이에 본 절에서는 사료의 선택이라는 측면에서 『해동역사』「예문지」의 다양한 수록 양상을 살펴보고 아울러 타자의 시선을 의식하는 사고가 어떻게 심화되었는지도 함께 살피고자 한다.

조목에 알맞은 내용을 기술하는 글을 채록하는 것이 원칙이긴 하지만 간혹 특별한 목적으로 과다 인용을 한 경우가 있다. 다음의 경우가 그러하다. '서법(書法)' 부류의 첫 번째 조목은 '조선삼자(朝鮮三咨)'이다. 이 조목 아래에 제요 두 개를 수록하였는데 그 중의 두 번째 기록은 다음과 같다.

「조선삼자」(朝鮮三咨)의 발문(跋文)에 "내가 구한 조선의 자문은 모두 세 편인데 이를 합하여 한 권으로 만들었다. 첫 번째 자문은 홍치(弘治) 8년(1495)에 요동도지휘사사(遼東都指揮使司)에게 보낸 것인데 동궁(東宮)의 천추절(千秋節)을 축하하기 위해 사신을 호송하는 데 대한 것이다. 두 번째 자문은 가정(嘉靖) 41년(1562)에 예부(禮部)에 올린 것으로 만수절(萬壽節)에 진하(進賀)하는 데 대한 것인데 먹은 마치 순칠(純漆)과 같아 주색(硃色)이 짙고 투명하였으며 자자(咨字)를 찍은 것이 상아(象牙)에 새겨 찍은 것처럼 성밀하였다. 세 번째 자문은 만력 11년(1583)에 예부에 올린 자문으로 자성황태후(慈聖皇太后)에게 진헌하는 데 대한 자문이다.

이들 자문은 전후의 기간이 90년이고 왕이 세 번이나 바뀌었는데도, 해서(楷書)로 쓴 것이 마치 한 종이에 쓴 것처럼 정성스럽고 옥묵(玉墨)으로 윤색한 것만 같은 바 공경스럽고 삼가면서 영구히 하기를 이와 같이 하니, 조선은 오랫동안 나라를 누리는 것이 마땅하다.

조선의 공물은 단지 각종의 세저(細苧), 화석(花席), 표피(豹皮), 종마(種馬)뿐이었다. 대개 홍치와 영락(永樂) 연간에 매번의 공물 가운데 금은(金銀)의 기식(器飾)이 있었는데 대략 천여 냥이 되었다. 선종황제(宣宗皇帝)는 금은 기식이 그 나라의 토산물이 아니라는 이유로 진봉(進封)하지 말라고 주의를 주었다. 그러나 이 일에 그 나라 사람들이 감격하여 직공(職貢)을 더욱더 부지런히 하였다. 머나먼 거리에 비하여 성스러운 황제의 조공을 적게 받는 어짊과 기이한 물품을 귀하게 여기지 않는 마음이 어찌 전대의 선황(先皇)들에 비해 훨씬 뛰어나지 않겠는가? 이에 삼가 이 사실을 기록하여 약한 자를 돌보아 주는 것과 큰 나라를 섬기는 것은 실로 서로를 인하여서 이루어지는 것임을 드러내는 바이다."라고 하였다. 『엄주속고(弇州續稿)』

〈권46-3〉「朝鮮三咨跋」: 余所得朝鮮國凡三咨, 合爲一卷. 其一乃弘

治八年, 咨遼東都指揮使司護送賀東宮千秋節者, 其二嘉靖四十一年咨禮部進賀萬壽儀者, 其墨若淳漆, 硃朱色濃透, 而咨字行押, 似以牙刻刷而精為. 三則萬歷十一年, 咨禮部進獻慈聖皇太后儀者. 前後相去九十年, 更三王, 而楷筆謹細, 若一紙, 若玉墨之潤色者. 其敬慎而能恒若此, 宜其享國之久遠也. **貢物止各色細苧、花席、豹皮、種馬. 蓋弘永之際, 每貢有金銀器飾, 大約可千餘兩. 宣宗皇帝以非其土物, 戒使勿進. 以故其國人感佩, 職貢益勤, 比於甸服, 聖主薄來之仁, 與不貴異之誼. 豈不踰越前古萬萬哉? 因竊識之, 以見字小之與事大, 實相因而成也.** 『弇州續稿』

제요 권46-3은 왕세정(王世貞: 1526~1590)의 『엄주속고』 제160권에 실린 「조선삼자의 발문」(朝鮮三咨跋)이라는 글을 그대로 옮겨 수록한 것이다. 문제는 조목 권46-1 '조선삼자'(朝鮮三咨)의 설정에 맞추려면 이 발문에서 조선의 자문 세 편을 언급한 내용만 채록했어야 하는데 한치윤은 명나라 선종황제(1425~1435 재위)가 조선에 금은으로 만든 물품을 조공하지 말게 하라는 일화와 관련된 내용도 전부 수록하였다. 즉 과다 인용을 했던 것이다. 과다 인용에 해당하는 내용은 바로 인용문 가운데 굵은 글자체로 표시한 마지막 단락이다.

과다 인용한 내용은 대국이 소국을 보살펴 주는 것과 소국이 대국을 섬기는 화이사상(華夷思想)을 반영하는 글이다. 이러한 내용을 수록한 것에는 조선의 자문을 통해 환기된 명나라 때의 한 지식인의 화이론적(華夷論的) 의론에 주목하려는 의도가 있다. 그리고 이것은 한치윤의 존명의식(尊明意識)이 작용한 결과라고 본다. 앞서 '이합법'을 살핀 부분에서 이미 한치윤이 특정한 집록 방법을 통해 자국문화를 부각시키려는 한다는 편찬의도를 파악하였다. 그렇다면 조선의 자문을 수록한 해당 제요에서 마땅히 자문의 예술적 가치를 최대한 높일 수 있는 집록 방법을 통해 알맞은 내용을 발췌해야 했다. 그러나 한치윤은 예술적 가치와 관련이 없는 내용까지 수록하였다. 즉 조선과 명나라의 조공 사례(事例)를 구체적으로 기술한 내용과 왕세정의 반론까지 수록하였다는 것이다. 곧이 과다 인용을 했던 이유는 편찬자가 대명의리론(對明義理論)을 버릴 수 없는 데서 설명된다. 이를 통해 19세기 초까지 이어지는 조선 지식인의 존명의식을 재확인할 수 있다.

과다 인용과 상반되는 형식의 집록 방식도 있는데 바로 조선과 관련된 내용을 인용하지 않은 경우이다. 예를 들면 명대 지식인의 화이론 관점에서 서술된 위의 자료를 과다하게 인용한 반면 청대 관찬 서목에서 기술된 화이론적 의논은 인용하지 않았다. 일례로 제요 권43-57은 『사고전서총목』의 『조선지』(朝鮮志)에 관한 제요를 수록하였다.(〈부록 4〉참조) 『사고전서총목』에 수록된 조선을 대상으로 한 각종 저서를 『해동역사』「예문지」는 일반적으로 그대로 옮겨 수록하는 전재 집록 방식을 취하였다. 그러나 권43-57에서는 달랐다. 『사고전서총목』에서 누가 지은 것인지를 알 수 없는 『조선지』 2권의 체례와 내용을 상세히 소개하였다.62) 그리고 다음과 같은 내용을 함께 수록하였는데 『해동

---

62) **『朝鮮志』二卷, 浙江范懋柱家天一閣藏本, 不著撰人名氏. 書中稱『大明一統志』, 則成於明代也. 卷首略敍疆域沿革, 而不標其目, 以下分六大綱爲經, 曰京都, 曰風俗, 曰古都, 曰古跡, 曰山川, 曰樓臺. 以所屬八道爲緯, 中曰京畿, 西南曰忠淸, 東南曰慶尙, 南曰全羅, 西曰黃海, 東曰江源, 西北曰平安, 東北曰咸鏡, 皆略如中國地志. 惟'京都'但載宮殿、曹署, 而不及城市風俗, 多載其國典制與故事, 混而爲一. 又諸道, 皆無四至八到, 古跡多雜以神怪, 頗同小說. 於體例皆爲未協. 然遺聞瑣事, 爲中國史書所未詳者, 往往而在, 頗足以資考證. 其敍述亦皆雅潔, 較諸州郡輿圖冗漫無緒者, 轉爲勝之. 宋王雲嘗撰『雞林志』, 其書不傳. 徐兢『高麗圖經』於山川古跡亦略. 此書出其國人所述, 當不失眞**我. 國家威德覃敷八紘砥屬, 朝鮮一國道里旣近, 歸化尤先, 雖號藩封, 實同郡縣, 其山川疆域皆宜隷籍於職方, 錄而存之, 亦足備輿記之一種也. 『四庫全書總目提要』 권71, 「史部」 27, 「朝鮮志二卷」

역사』「예문지」에서 이 내용을 수록하지 않았다.

나라의 위덕(威德)이 멀리 뻗쳐 온 천하가 평정되어 귀순하였다. 조선 이 나라는 도리(道里)가 가까워 귀화도 먼저 하였다. 비록 번국으로 봉해졌으나 사실 군현과 비슷하며 그 산천과 강역이 모두 직방(職方)에 예적(隸籍)을 올리는 것이 마땅하니 이를 수록하여 보존하고자 하며 또한 여기(輿記)의 한 가지로 갖추기에 족하다.

國家威德覃敷八紘砥屬, 朝鮮一國道里既近, 歸化尤先, 雖號藩封, 實同郡縣, 其山川疆域皆宜隸籍於職方, 錄而存之, 亦足備輿記之一種也.

지금까지 살펴본 바에 따르면 한치윤의 『해동역사』「예문지」는 청나라의 학술을 적극적으로 수용하였다. 그러나 위의 기록에는 조선을 중국의 한 군현으로 간주하려는 관점이 들어있다. 한치윤은 이러한 내용에 대해서는 『해동역사』「예문지」에 수록하지 않고 제외시켰다. 비록 청나라의 학술을 인정하였지만 청나라 공식적인 입장을 대변하는 저술에 위와 같은 화이론적 견해가 들어있는 경우에는 상당히 경계하였던 것이다.

다음 제요 권42-8은 고려의 장서(藏書)와 관련된 기사이다. 『귀이집』(貴耳集)이라는 책에서 인용한 것인데 원전의 기록은 다음과 같다.

선화(宣和) 연간에 고려에 사신으로 간 자가 있었는데, 그 나라에는 신기한 서적이 아주 많았다. 선진(先秦) 이후부터 진(晉), 당(唐), 수(隋), 양(梁)에 이르기까지의 서책이 모두 있는데 몇 천 가(家), 몇 천 집(集)이나 되는지조차 알 수가 없었다. 대개 전쟁과 화재의 피해를 입지 않은 것이다. 지금 중비(中秘)에 소장한 서적도 아마 이처럼 두루 모으고 방대하게 축적하지는 못했을 것이다.

宣和間, 有奉使高麗者, 其國異書甚富, 自先秦以後, 晉唐隋梁之書皆有之, 不知幾千家幾千集, 盖不經兵火. 今中秘所藏, 未必如此旁搜而博

蓄也.[63]

굵은 글씨체로 표시한 부분은 『해동역사』 「예문지」에 수록된 내용이다. 그러나 원전을 보면 「예문지」에서 수록한 내용 뒤에 관련 내용이 더 있었다. "대개 전쟁과 화재의 피해를 입지 않은 것이다. 지금 중비에 소장한 서적도 아마 이처럼 두루 모으고 방대하게 축적하지는 못했을 것이다(盖不經兵火. 今中秘所藏, 未必如此旁搜而博蓄也)"인데 이를 인용하지 않았다. 이 내용을 인용하지 않은 것은 실제 사실(史實)과 맞지 않아서 제외한 것으로 보인다. 역사상 조선의 서적이 여러 번의 재화를 입은 것은 주지의 사실이다. 이러한 내용을 인용하지 않은 것은 조선의 서적 문화에 대한 중국측의 잘못된 인식을 수정하려고 했기 때문이다.

조선과 관련된 내용인데 그것을 취급하지 않은 이유 또한 '필요성'에 대한 고려 때문이다. 즉 「예문지」의 해당 위치에 그 기록을 인용할 필요가 없기 때문이다. 이는 『열조시집』과 『명시종』에 기록된 시인들의 약력에 대한 집록에서 집중적으로 반영된다. 『열조시집』과 『명시종』 모두 수록한 조선시의 저자에 대해 비교적 상세한 약력 정보를 제공하고 있다. 그러나 『해동역사』 「예문지」에서는 이런 정보에 대해 선택적으로 취하였다. 특히 한시를 수록한 부분에서는 시인에 대해 소개와 같은 정보를 기록할 때 『열조시집』이나 『명시종』의 기록을 전반적으로 인용하지 않았다. 한시 작품을 수록하는 것이 주목적이었기에 상세한 저자를 기록할 필요가 없었기 때문이다. 그리고 「예문지」와 별로도 「인물고」(人物考)에서 두 중국 시집에 기록된 조선시인에 관한

63) 『貴耳集』 卷上.

정보를 수록하였다.

한시를 수록한 부분에서는 총 63종 문헌을 대상으로 집록한 것으로 조사된다. 집록 대상으로 삼은 원전문헌에 대해서는 주로 시구를 기록한 제요와 관련 정보를 기록한 주문에서 밝혔는데 구체적인 서명은 다음과 같다. '본국시'에서는 『사기』(史記), 『상서대전』(尙書大傳), 『고금주』(古今注), 『고시경』(古詩經), 『속박물지』(續博物志), 『명의별록』(名醫別錄), 『고시기』(古詩紀), 『수서』(隋書), 『당서』(唐書), 『전당시』(全唐詩), 『요산당외기』(堯山堂外記), 『봉창일록』(蓬窓日錄), 『역대음보』(歷代吟譜), 『보필담』(補筆談), 『송시기사』(宋詩紀事), 『고려도경』(高麗圖經), 『석림연어』(石林燕語), 『일하구문』, 『명시종』, 『명시별재』(明詩別裁), 『열조시집』, 『이칭일본전』, 『간재잡설』(艮齋雜說), 『지북우담』, 『정지거시화』, 『감구집』(感舊集), 『태평청화』(太平淸話), 『균랑우필』(筠廊偶筆), 『신원식략』(宸垣識略), 『양조평양록』(兩朝平攘錄), 『서하집』(西河集) 등 31종 문헌을 인용한 것으로 확인된다.

그리고 '중국시' 부류에서는 『고시기』, 『전당시』, 『이태백집』(李太白集), 『문원영화』(文苑英華), 『동파집』(東坡集), 『산곡집』(山谷集), 『송시초』(宋詩鈔), 『중주집』(中州集), 『귀잠지』(歸潛志), 『당송시본』(唐宋詩本), 『중봉광록』(中峰廣錄), 『도원학고록』(道園學古錄), 『원시선』(元詩選), 『열조시집』, 『경세굉사』(經世宏辭), 『봉사록』(奉使錄 · 저자 張寧), 『서애집』(西涯集), 『승암집』(升菴集), 『명시종』, 『허문목집』(許文穆集), 『북해집』(北海集), 『초학집』(初學集), 『명시선』(明詩選), 『회암집』(悔菴集), 『위백자집』(魏伯子集), 『폭서정집』, 『추가집』(秋笳集), 『담원집』(憺園集), 『어양집』(漁洋集), 『감구집』, 『서피류고』(西陂類稿), 『청문집』(靑門集), 『원서집』(苑西集), 『객관필담』(客館筆談), 『봉도유주』(蓬島遺珠), 『일본명가시선』(日本名家詩選) 등 36종 문헌을 인

용한 것으로 조사된다. 이 가운데 『고시기』, 『전당시』, 『명시종』, 『감구집』 네 가지 문헌은 '본국시' 부류에서도 인용되었다.

그러나 문헌별 인용빈도는 매우 큰 차이가 보인다. 우선 '본국시' 부류에서 원전에 대한 집록 빈도를 조사한 결과, 『열조시집』에 대한 인용 횟수는 153번으로 가장 많았고 그 뒤를 잇은 것은 『명시종』인데 인용 횟수가 137번으로 조사된다. 이어서 『지북우담』에 대한 인용 횟수는 35번, 『간재잡설』에 대한 인용 횟수는 13번, 『전당시』에 대한 인용 횟수는 9번, 『정지거시화』에 대한 인용 횟수는 8번, 『감구집』에 대한 인용 횟수는 7번, 『이칭일본전』에 대한 인용 횟수는 6번, 『고려도경』에 대한 인용 횟수는 4번, 『양조평양록』에 대한 인용 횟수는 3번으로 확인된다. 나머지 서적에 대한 인용은 한 번이나 두 번에 불과하다.[64]

'중국시' 부류에서 원전에 대한 집록 빈도를 조사한 결과, 『전당시』를 인용한 횟수가 56번으로 가장 많고 그 다음이 44번을 인용한 『허문목집』과 32번을 인용한 『봉사록』이다. 나머지 문헌에 대한 인용 횟수 가운데 비교적 많은 것은 10번을 인용한 『명시종』과 8번을 인용한 『열조시집』, 그리고 7번을 인용한 『중주집』과 6번을 인용한 『산곡집』이다. 그 외의 문헌들에 대한 인용 횟수는 한 번부터 네 번까지 조금씩 다르다.[65]

---

64) '본국시' 부류에서 한 번만 인용한 원전 문헌은 『尙書大傳』, 『古今注』, 『古詩經』, 『續博物志』, 『名醫別錄』, 『堯山堂外記』, 『西河集』 등이 있다. 그리고 두 번 인용한 원전 문헌은 『史記』, 『古詩紀』, 『隋書』, 『唐書』, 『蓬窓日錄』, 『歷代吟譜』, 『補筆談』, 『宋詩紀事』, 『石林燕語』, 『日下舊聞』, 『明詩別裁』, 『太平淸話』, 『筠廊偶筆』, 『宸垣識略』 등이 있다.

65) '중국시' 부류에서 4번 인용한 원전 문헌은 『元詩選』과 『秋笳集』이고 3번 인용한 원전 문헌은 『古詩紀』, 『東坡集』, 『客館筆談』이다. 그리고 두 번 정도 인용한

이상의 조사결과에 의하면 사실 『해동역사』 「예문지」에 수록된 한시작품과 관련 내용들은 주로 『열조시집』, 『명시종』, 『전당시』, 『지북우담』, 『허문목집』, 『봉사록』 등 여섯 종 원전 문헌에서 집록하였음을 알 수 있다. 이 여섯 종 문헌에 대한 인용 횟수는 전체 인용 횟수의 약78%를 차지하고 있다. 조금 더 구체적으로 말하면 『해동역사』 「예문지」의 '본국시' 부류의 편찬은 주로 『열조시집』, 『명시종』, 『지북우담』에 의거하였고 '중국시' 부류의 편찬은 주로 『전당시』, 『허문목집』, 『봉사록』에 의거하였으며 그 외에 57종의 다양한 원전 문헌을 참조하였던 것이다.

『열조시집』은 '역조시집(歷朝詩集)'이라고도 부르는데 명말청초 '시단의 맹주(詩壇盟主)'로 명성을 떨쳤던 전겸익(錢謙益, 1582~1664)이 편찬한 시선집이다. 이 책은 건(乾), 갑(甲), 을(乙), 병(丙), 정(丁), 윤(閏) 여섯 집(集)으로 구성되어 있는데 이 중 '윤집'에 조선의 시를 수록하였다. 수록된 조선의 시는 총 42인의 143제 171수로 기록되어 있다.[66] 하지만 실제로는 41인의 한시 작품을 수록하였으니, 최경창(崔慶昌)의 시를 그의 호인 '최고죽(崔孤竹)'으로 중복 수록했기 때문이다. 전겸익은 '고죽'이 최경창의 호인 것을 몰랐기 때문에 이러한 오류를 범했다. 『열조시집』과의 대조를 통해 『해동역사』 「예문지」에

것으로 조사된 원전 문헌은 『初學集』, 『悔菴集』, 『曝書亭集』, 『歸潛集』, 『漁洋集』, 『西陂類稿』, 『蓬島遺珠』이고 한 번만 인용한 것으로 조사된 원전 문헌은 『李太白集』, 『文苑英華』, 『宋詩鈔』, 『唐宋詩本』, 『中峰廣錄』, 『道園學古錄』, 『經世宏辭』, 『魏伯子集』, 『感舊集』, 『靑門集』, 『苑西集』, 『憺園集』, 『西涯集』, 『升菴集』, 『日本名家詩選』이다.

66) 『列朝詩集』에 수록된 조선의 한시에 대한 고찰은 박현규의 앞의 논문, 이종묵의 앞의 논문, 임형택의 앞의 논문, 엄지웅의 앞의 논문 등의 논문이 그 대표적 연구 성과이다.

서는 166수를 수록하고 다섯 수를 제외시켜 수록하지 않았다는 것이 확인되었다. 수록하지 않은 다섯 수의 한시는 다음과 같다. 정몽주(鄭夢周)의 「감우(感遇)」 네 수 중의 세 수, 이숭인(李崇仁)의 「고의(古意)」, 이방원(李芳遠)의 「명나라 영락황제에게 바치며(獻大明永樂皇帝)」이다. 이 중에서 정몽주와 이숭인의 시는 고려의 왕을 그리워하는 내용을 담은 것이기 때문에 수록하지 않은 것으로 보인다. 이방원의 시를 수록하지 않은 것은 군왕의 시를 일반 사람의 시와 섞어서 수록할 수 없어서였던 것으로 보이는데 이는 '존군사상(尊君思想)'과 '존명의식'에 대한 반영으로 해석할 수 있다.67)

『명시종』은 주이준이 명대의 시를 가려 모은 시선총집이다. 100권에 이르는 방대한 분량인데, 권1에는 명대 왕실의 제왕들의 시를 수록하였고 권2부터 권82까지는 일반 문인들의 시를 시대 순으로 실었으며 권83 이하에는 악장(樂章), 궁액(宮掖), 종황(宗潢), 규문(閨門), 중연(中涓), 외신(外臣), 우사(羽士), 석자(釋子), 여관(女冠), 토사(土司), 속국(屬國), 무명씨(無名氏), 잡류(雜流), 기녀(妓女), 귀신(鬼神), 속요(俗謠) 등 다양한 분류에 따라 시를 수록하였는데 그 가운데 권94와 권95에는 조선 사람들의 한시작품을 수록하였다. 여기에 수록한 조선의 한시는 총 91인의 129제 134수 한시로 기록되어 있지만 사실은 90인의 한시작품을 수록하였다. 고려시대 시인 이달(李達)의 한시를 '이달'과 '손곡집에 수록된 시(蓀谷集詩)' 두 조목으로 중복 수록하였기 때문이다. 주이준은 이달의 호가 '손곡(蓀谷)'인 것을 몰랐고 '손곡집'이라는 자료가 바로 이달의 문집인 것을 몰랐던 탓에 이와 같은

---

67) 중국에서 황제의 시를 일반 문집에 수록하기 시작한 것은 청나라 때로부터 보이며, 그것도 황제의 허락을 받은 후에 수록하였던 것으로 보인다.

오류가 생겼던 것이다. 『해동역사』「예문지」는 『명시종』에 실린 조선의 한시작품을 거의 전부 수록했다. 다만 앞에서와 같은 이유로 정몽주의 「감우」 한 수만은 수록하지 않았다. 『명시종』에 실린 정몽주의 「감우」는 사실 『열조시집』의 「감우」 네 수 중의 네 번째 작품이다. 『해동역사』「예문지」는 『열조시집』에 대한 채록 작업에서도 이 작품을 제외했던 것이다.

이렇게 보면 『해동역사』「예문지」는 사실 『열조시집』과 『명시종』의 실린 조선의 한시작품 가운데 몇몇 작품을 제외하고 거의 모두 수록한 셈이다. 이 두 시선집에 중복된 작품에 대해서는 각각의 작품 끝에 두 시선집의 서명을 병기하여 공동 출처로 밝혀놓았다. 그러나 한치윤은 비록 『열조시집』과 『명시종』을 모두 주요 집록 대상 자료로 삼기는 했지만 이 두 시선집에 대해 다르게 인식했던 것으로 보인다.

『열조시집』과 『명시종』의 관계에 대해서는 이미 선행연구에서 여러 차례 언급된 바 있다.68) 전겸익은 뚜렷한 문예 사상 내지 기준으로 한시를 선별하여 『열조시집』을 편찬하였다. 특히 전겸익은 '시로 역사 기록을 보존하는 것(以詩存史)'을 『열조시집』의 편찬 이념으로 삼아, 한시의 가치를 역사 기록 측면에서 부여하고 이 점을 강조하였다. 『열조시집』에 실린 작품들과 그의 평어는 이러한 사상을 그대로 반영하고 있다. 그러나 주이준은 『열조시집』이 문호에 얽매여 공정치 못하다고 지적하였다.69) 그리고 『열조시집』에 대한 그의 불만은 곧 그가 『명

68) 『列朝詩集』과 『明詩綜』의 관계에 대한 대표적인 연구는 蔣寅의 「朱彝尊的明詩研究」(『北京大學學報(哲學社會科學版)』 45, 2008, 77~86면)가 있다.

69) 明自萬歷後, 作者散而無紀. 常熟錢氏不加審擇, 甄綜寥寥. 當嘉靖七子後, 朝野附和, 萬舌同聲, 隆慶巨公稍變而歸於和雅. 定陵初禩, 北有於無垢、馮用韞、於念東、公孝與暨季木先生,　南有歐楨伯、黎惟敬、李伯遠、區用孺、徐惟和、鄭允

시종』을 편찬한 동기가 되었다. 『명시종』의 편찬 목적 가운데 가장 중요한 하나가 바로 『열조시집』을 보충하는 것이다. 『열조시집』에는 1,392인의 한시 21,897수가 수록되었는데 『명시종』에는 3,306인의 한시 10,172수가 수록되었다.[70] 숫자를 통해 두 시선집의 성격을 다시 확인할 수 있다. 『열조시집』이 '이시존사(以詩存史)'를 선시 기준으로 삼았다면 『명시종』은 '집존유질(輯存遺秩)'을 목적으로 삼아 편찬 작업에서 일관되게 관철시켰다.

『열조시집』과 『명시종』의 이와 같은 편찬 경향의 차이는 조선의 한시 수록에도 고스란히 반영되었다. 두 시선집에 실린 조선의 한시는 21인의 28제 29수가 중복된 것이고[71] 『명시종』 중에 『열조시집』에 없는 작품수는 105수이다. 앞서 밝힌 대로 몇몇 작품을 제외하고 두 시선집에 수록한 조선의 한시는 거의 모두 『해동역사』 「예문지」에 망라되었다. 『해동역사』 「예문지」에 수록된, 두 시선집에서 중복된 29수의 한시작품을 살펴보면 한치윤이 상대적으로 전겸익의 『열조시집』에 편향되어 있었고 그것을 표준으로 삼았다는 사실을 확인할 수 있다. 이 29수 한시의 시구는 『열조시집』과 『명시종』에서의 기록에서 적지

升、歸季思、謝在杭、曹能始, 是皆大雅不群. 即先文恪公不以詩名, 而諸體悉合. 竊謂正、嘉而後, 於斯爲盛. 又若高景之恬雅, 大類柴桑, 且人倫規矩. 乃錢氏概為抹殺, 止推松圓一老, 似非公論矣. 故彝尊於公安、竟陵之前, 詮次稍詳, 意在補『列朝詩』選本之闕漏, 若啟、禎死事諸臣, 復社文章之士, 亦當力爲表揚之, 非寬於近代也. (『曝書亭集』, 「答刑部王尚書論明詩書」)

70) 蔣寅(2008), 앞의 논문.

71) 『열조시집』과 『명시종』에 수록한 金時習의 「和鍾陵山居詩」, 허초희의 「望仙謠」와 「效崔國輔」는 제목이 같지만 시구가 다르다. 이러한 경우에 『해동역사』 「예문지」에서는 모두 같은 제목으로 수록하였다. 또한 鄭夢周의 「使日本旅懷」(二首) 중의 첫 번째 작품은 『열조시집』에 수록되어 있고 두 번째 작품은 『열조시집』과 『명시종』에 모두 수록되어 있다.

않은 차이점을 보이는데 『해동역사』 「예문지」에서는 우선 『열조시집』의 기록을 따르고 있으며 작은 글자체로 『명시종』에서 다르게 기록된 글자를 적었다. 일례로 김시습(金時習)의 작품을 다음과 같이 수록하였다.

〈권48-52〉

蛺蝶雙雙飛〔'詩綜'作'舞'〕藥畦	호랑나비 쌍쌍이 약초밭 위 나르고 『명시종』에는 '飛'는 '舞'로 되어 있다.
山禽饒語竹籬西	산새들은 대 울타리 서쪽에서 지저귀네.
〔'詩綜'作'薔薇架架采登梯'〕	『명시종』에는 '薔薇架架采登梯'로 되어 있다.

一叢枸杞花初遍	한 떨기 구기자는 이제 막 꽃 활짝 피고
五椏人參葉初齊	다섯 잎새 인삼은 이제 막 잎 벌어졌네.
翠竹林中香麝睡	푸르른 대숲 속선 사슴이 졸고 있고
紫荊枝上畫眉啼	가시나무 가지 위선 두루미 울고 있네.
千峯昨夜疎疎雨	천 산에 지난밤에 소리 없이 비 오더니
泛濫〔'詩綜'作'不分'〕南溪漲小〔'詩綜'作'入'〕溪	남쪽 시내 범람하고 작은 시내 물 불었네. 『명시종』에는 '泛濫'이 '不分'으로 되어 있다. 『명시종』에는 '小'가 '入'로 되어 있다.
『列朝詩集』及『明詩綜』	『열조시집』과 『명시종』

이처럼 『해동역사』 「예문지」의 조선 한시 수록은 『열조시집』을 우선하는 모습을 보여주고 있다. 『열조시집』의 텍스트를 그대로 인용한 다음에 『명시종』에서 다르게 기록한 시어나 시구를 작은 글자체로 표

기하였다. 『명시종』뿐만 아니라 『열조시집』의 한시 작품이 다른 문헌의 것과 중복될 때 역시 『열조시집』의 텍스트를 우선적으로 기록하였다. 이는 한치윤이 전겸익의 시사적(詩史的) 문학론에 동조하였기 때문이라고 생각된다.

전겸익과 주이준은 『열조시집』과 『명시종』에서 작품 선정에서 뿐만 아니라 고증자료를 보충하고 작품을 품평함으로써 문학에 대한 자신들의 주장을 밝혔는데, 그러한 내용들을 『해동역사』「예문지」는 거의 수록하지 않은 대신 『해동역사』「인물고」(人物考)에서 확인할 수 있다. 따라서 「인물고」에 대한 고찰을 통해 한치윤이 전겸익과 주이준의 시론(詩論)에 대해 어떻게 인식하였는지를 밝힐 수 있을 것이다.

앞서 본장의 제2절에서 해당 유목과 자목에서 전문 서적에 치중하여 몇몇 원전을 주요 집록 대상으로 삼고 있는 것을 밝혔다. 그러나 한시를 수록한 상황에 대한 고찰을 통해 주요 원전 가운데서도 우선적으로 선택하거나 기준으로 삼은 문헌이 있다는 것을 알 수 있다. 우선 선택 현상은 특히 '본국시' 부류에서 선명하게 보이는데 이는 중국에서 편성된 조선 시선집에 대한 한치윤의 인식이 반영된 결과이다.

중국시와 일본시를 집록한 경우에는 한 작품에 대해 여러 출처를 표기한 상황을 발견하지 못하였다. 이는 편찬자의 수록 목적이 달랐기 때문이다. '본국시' 부류에서는 중국에 전해진 조선의 한시와 그 수록 문헌을 최대 보여주는 데 주력하였으나 '중국시' 부류에서는 조선과 관련이 있는 한시작품을 망라하여 중국 한시 속의 '조선'을 보여주는 것이 주목적이었다. 즉 조선의 한시에 대해서는 작품의 내용과 형태 그리고 수록된 문헌을 중시한 반면 중국의 한시에 대해서는 작품의 내용에만 집중하여 편찬한 것으로 보인다.

한편 앞서 제요를 고찰하는 부분에서 『해동역사』「예문지」의 구체적인 내용에 대한 소개를 통해 『해동역사』「예문지」에서 제요를 통해 다양한 자료를 수집하고 다각적으로 관련 내용을 보여주었음을 서술한 바 있다. 그러나 원전과의 대조를 통해 다양한 내용을 담은 제요를 하나의 조목 아래로 묶을 때 편찬자 한치윤이 단순히 자료의 다양성만을 추구한 것이 아니라 문화 발전의 가능성을 제시하려는 의도도 드러낸 것으로 보인다. 이는 한 가지 조선 역사문화 콘텐츠에 대해 여러 각도에서 서술된 자료들을 모아 다각적으로 관조(觀照)하는 시각을 보여준다. 그 다양한 시각으로 서술된 역사서술은 그 역사 사실의 진위(眞僞)가 아닌, 그 다양성에 의해 가치가 부여된다.

『해동역사』「예문지」에서 한 조목 아래 여러 제요를 수록한 경우가 바로 이와 같은 다양성을 지향하는 것인데 이러한 다양성 추구의 이면에는 사실 문화 발전의 가능성을 제시하려는 편찬 의식이 숨겨져 있다. 이 점에 대해서는 '본국시'를 수록한 부분의 원전과의 대조를 통해 알아볼 수 있다. '본국시'에서 31종 문헌에 대해 집록하였다. 같은 한시 작품인데 서로 다른 중국 시선집에서 다르게 수록되었을 경우 대부분 상이한 부분을 밝혀놓았다. 예를 들어 정지승(鄭之升)의 「유별(留別)」을 수록하였는데 이 시가 『명시종』, 『지북우담』, 『간재잡설』, 『명시별재』 네 종의 시선집에 모두 수록한 것으로 시구 끝에 모두 출처로 밝혔다. 그리고 첫 번째 구절이 『명시별재』에서 다르게 수록한 것도 다음과 같이 표시해두었다.

> 가는 풀과 한가한 꽃이 물가의 정자에 있고
> 『명시별재』(明詩別裁)에 다음과 같이 기록하였다. "물가의 정자에서 석양을 바라보니"
> **〈권48-245〉** 細草閑花水上亭 『明詩別裁』作"悵望溪亭夕照明"

이는 『해동역사』 「예문지」의 일반적인 한시 수록 방식이다. 중국의 여러 시선집에 다르게 수록한 조선 한시작품을 보여주기 위한 것으로 설명된다. '본국시'에서 위의 시구처럼 이문(異文)을 제시한 경우는 총 15곳으로 확인된다. 그러나 원전과의 대조를 통해 이러한 『해동역사』 「예문지」의 한시 편찬 작업은 단순히 문헌 간의 상이한 부분을 표시하는 교감 차원의 작업이 아니다. 편찬자는 이문에 대해서도 선택적으로 수록하였는바 이를 통해 시문 수록에 대한 한치윤의 편찬의식을 엿볼 수 있다.

'본국시'에는 유독 『열조시집』과 『명시종』에 대한 인용횟수가 압도적으로 많다. 이 두 시선집에 중복 수록된 작품에 대해 『해동역사』 「예문지」에서는 『열조시집』을 기준으로 삼아 시구를 기록하면서 『명시종』에 수록된 상이한 시어(詩語)를 작은 글자체로 표시하였다. 그러나 문제는 『명시종』에서 『열조시집』과 다르게 수록한 조선 한시 작품에 대해 한치윤은 모든 이문을 전부 표시하지 않고 일부만 표시해두었다는 것이다. 예를 들면 '본국시'에 수록된 정몽주가 그러하다.

使日本旅懷 二首

生平南與北	평생토록 남과 북을 떠돌았건만
心事轉蹉跎	마음먹은 일은 자꾸 어그러지네.
故園海西岸	고국 땅은 바다 서쪽 저편에 있고
孤舟天一涯	외론 배는 하늘가에 홀로 떠 있네.
梅牕春色早	매화꽃 핀 창가에는 봄빛 이른데
板屋雨聲多	판잣집엔 빗소리 후두둑 울리네.
獨坐消長日	이국 땅에 홀로 앉아 긴 해를 보내니
那堪苦憶家	집 생각에 괴로운 맘 어이 견디리.
仝上	위와 같다

水國春光動	낯선 섬나라에 봄이 왔건만
天涯客未行	하늘가의 나그네는 못 돌아가네.
草連千里綠	풀은 천리를 이어져서 푸르러 있고
月共故鄕明	달은 타향 고향 모두 함께 밝구나.
游說黃金盡	섬 오랑캐 달래느라 황금 다 썼고
思歸白髮生	고향 집이 그리워서 흰머리 났네.
男兒四方志	남아가 사방 유람에 뜻 두는 것은
不獨爲功名	공명만을 위해서는 아닌 거라오.
仝上. 及『明詩綜』	위와 같다. 그리고 『명시종』.

조목은 '「일본으로 사신을 가면서 나그네의 회포를 읊다」(使日本旅懷) 두 수'이다. 앞의 시는 『열조시집』에 수록된 부분만 수록한 것이다. 출처를 '위와 같다(仝上)'라고 하였는데 곧 이 시 앞의 시 「일본으로 사신 간다」(使日本)처럼 모두 『열조시집』에서 채록했다는 의미이다. 그리고 두 번째 시를 수록하였다. 출처를 앞의 시와 같은 『열조시집』 그리고 『명시종』이라고 밝혔다. 그러나 사실 두 번째 시는 『명시종』에 「일본으로 사신을 가면서 회포를 읊다」(使日本書懷)라는 제목으로 수록되어 있다. 한 글자 차이지만 의미가 조금 다르게 느껴진다. 그리고 두 번째 시 중의 세 번째 구절 '풀은 천리를 이어져서 푸르러 있고(草連千里綠)'은 『명시종』에서 "풀빛은 천리에 이어져 있고(草連千里色)"로 되어있다. 즉 『열조시집』의 '푸르다'를 뜻하는 '녹(綠)'자가 『명시종』에서 '빛'을 뜻하는 '색(色)'으로 수록되었던 것이다. 그러나 『해동역사』 「예문지」에서는 이러한 『명시종』의 수록 상황을 표시하지 않았다. 이처럼 숨겨진 『명시종』의 조선시 이문은 『해동역사』 「예문지」에서 대략 30여 개가 확인된다.

한치윤이 『명시종』의 이문을 밝히지 않은 원인은 그가 『명시종』에 수록한 일부 조선 한시에 대해 부정적으로 보고 있었던 것과 관련이 있다. 『명시종』은 주이준이 전겸익의 『열조시집』의 자극을 받아 편찬한 시선집이다. 전겸익과 주이준은 각각 자신의 문학 주장에 근거하여 시집을 편찬하였는데 『열조시집』과 『명시종』은 많은 면에서 서로 다른 면모를 보여주고 있다. 그러나 주이준에 한시 편찬에서 가장 많은 지적을 받았던 점은 바로 그가 임의로 한시작품에 대해 개작했다는 것이다. 한치윤이 일부 『명시종』의 이문을 반영하지 않았던 원인은 바로 여기에 있다고 생각된다. 한치윤은 주이준이 조선 한시를 임의로 개작한 것에 불만을 가졌던 모양이다. 그래서 그는 『명시종』에서 다르게 기록한 조선 한시 시구를 모두 표시하지 않았던 것으로 보인다.

이문을 표시하지 않은 시구가 『명시종』에서 채록한 작품에서 집중적으로 확인되었으므로 시구의 이문을 표시한 것이 단순히 다양성을 보여주기 위한 것이라고 설명하기에는 적합하지 않다. 이런 수록 방식에는 한시에 대한 편찬자의 감식안이 작용하였음이 분명하다. 즉 한치윤이 긍정적으로 평가하고 있는 이문은 기록한 반면 그렇지 않은 이문에 대해서는 수록 작업에서 제외했던 것이다. 그는 자신이 긍정적으로 생각하는 한시 이문은 모두 작은 글자체로 된 주문을 통해 밝혔다. 그럼으로써 조선 한시 창작의 다양성과 가능성도 함께 모두 제시하였다고 볼 수 있다.

한치윤은 특히 중국 시선집에 수록된 허초희의 한시 작품은 모두 문집과 대조하였다. 조선의 허초희의 문집과 상이한 부분을 표시해 두었는데 시구는 중국시집에 수록된 대로 수록하고 문집과 다른 부분은 작은 글자로 표시해 두었다. 이런 경우에는 편찬자가 한시 창작의 다양성과 가능성을 추구한다기보다는 중국 시선집에 다르게 수록된 조선 한시를 수정하려는 의도가 담겨있다고 할 수 있다.

한편 한치윤은 중국 문헌에 대한 비판적인 태도도 보여주고 있었다. 앞서 『해동역사』 「예문지」에 수록된 한시의 안설을 살핀 부분에서 시인의 자호나 관직 같은 인적사항을 보충하는 내용이 비교적 많음을 밝혔다. 그러나 『해동역사』 「예문지」 속의 안설은 단순하게 정보를 보충, 수정하는 정보전달의 차원을 넘어 편찬자의 편찬의식도 상당 부분 반영하고 있는 바 보여주는데 권49-54의 안설을 통해 이점을 확인할 수 있다.

이달(李達, 1539~1612)의 「병중에 술을 대하다」(病中對酒)

『열조시집』(列朝詩集)에 이르기를, "조선의 『손곡시집』(蓀谷詩集) 여섯 권에는 저자의 성씨가 실려 있지 않은데, '지난 일을 생각하는 노래. 정랑(正郎) 신설(申渫, 1560~1631)에게 주다'라고 한 것을 보면 그가 만력 연간의 배신(陪臣)이라는 것을 알 수 있다" 하였다.

살펴보건대, 이달의 자는 달부(達夫)이고 호는 손곡(蓀谷)이다. 『열조시집』에는 손곡의 시 36수를 실으면서 저자의 성명은 싣지 않았다. 죽타(竹坨) 주이준의 『명시종』에는 이달의 시 한 수를 실어 놓고는, 또 손곡의 시 다섯 수를 실으면서 "그의 이름은 미상이다"라고 하였다. 중국 사람들이 외국의 시를 기록하는 데 이처럼 소루(踈漏)한 것은 이상할 것이 없다.

〈권49-54〉 李達「病中對酒」

『列朝詩集』曰: 朝鮮『蓀谷詩集』六卷, 不載姓氏[72], 觀其'憶昔行贈申正郎渫'云云, 知其爲萬曆間陪臣.

按達, 字達夫, 號蓀谷, 『列朝詩集』載蓀谷詩三十六首, 而不載姓氏. 竹坨『詩綜』旣載李達詩一首, 又載蓀谷詩五首, 而曰"不詳其名". 中國人記外國詩, 毋恠[73]踈漏之若是也.

---

72) 규장각본에 '氏'로 되어 있으나 국도본에 '名'으로 되어 있다. 안설 중의 '氏'자도 마찬가지다.

73) 규장각본에 '恠'로 되어 있으나 국도본에 '慅'로 되어 있다.

위의 인용문은 조목 권49-54 '이달의 「병중에 술을 대하다」' 밑에 작은 글자로 적은 주문과 안설이다. 주문은 『열조시집』을 인용하여 시인의 신분을 설명하고 있지만 안설을 통해 시인의 이름과 자호를 명확하게 밝혔고 또 『열조시집』의 설명이 불분명한 것을 지적하였다. 더불어 주이준이 편찬한 『명시종』에도 '손곡'을 이달과 다른 사람이라고 오해하여 잘못 수록했다는 점도 지적하였다. 이에 중국 사람이 외국의 시를 기록하는 데 있어서 정밀하지 못하고 엉성하다고 비평하였다. 이를 통해 편찬자 한치윤이 중국 문헌에 수록된 조선 한시를 원전보다 정밀하게 정리하려고 하는 의지를 감지할 수 있으며, 이와 같은 한치윤의 중국 문헌에 대한 비판적인 태도는 『해동역사』 「예문시」에 보이는 그의 일관된 편찬의식이기도 하다.

제5장

『海東繹史』「藝文志」의 문화교류사적 의의

한치윤이 직접 편찬한 『해동역사』는 제1권부터 제70권까지이다. 그의 사후 조카 한진서가 「지리고」(地理考) 15권을 편찬하였는데 이는 한치윤의 유지(遺志)를 실현한 것이다. 한진서가 편찬한 「지리고」의 기본 자료도 한치윤이 사전에 어느 정도 마련했던 것이다.[1] 호한한 외국 서적에서 자국과 관련된 기록을 찾아내어 완정된 역사서 체제를 구축하고, 찾아낸 기록들을 일일이 검토하면서 체제에 맞게 분류하여 수록하는 작업은 고된 노동을 요구하는 동시에 편찬자가 박학한 지식을 축적하고 상당한 수준의 학문적 역량을 갖출 것을 필요로 한다.

한치윤의 사후에 그의 지인들이 잇따라 만장(輓章)을 지었는데[2] 사관(史官)을 역임했던 홍명주(洪命周, 1770～?)[3]는 만장에서 "중국을

---

1) 한지서는 「海東繹史地理考識」에서 "家叔父病東史之無徵, 檃括中國書籍之載東國事者, 傍及日本書, 無徵不採. 分類立目, 積十數年工. 書成, 名曰『海東繹史』. 獨地理未及卒業, 而叔父棄世. 小子懼先志未遂, 謹編舊草又博採他書, 以補地志闕焉..."라고 하여 자신이 한치윤의 遺志를 실현하여 그가 남긴 舊草를 바탕으로 편집했다는 사실을 밝혔다. 한편 유득공은 『해동역사』의 서문에서 앞의 말을 이어 또한 "凡幾卷, 有世紀焉, 有列傳焉, 天文、地理、禮樂、兵刑、輿服、藝文, 各有其志"라고 하였다. 유득공은 한치윤의 사후에 편성된 「지리고」를 보지 못하였는데 책 속에 '지리지'가 있다고 말한 것을 보면 그는 『해동역사』의 전서를 보지 못하고 단지 한치윤이 편찬하려고 한 『해동역사』의 기본 綱目과 일부 편성된 내용을 보고 서문을 지었던 것으로 추정된다.

2) 이하 여러 사람이 지은 輓章은 모두 「玉蕤堂韓公行狀」(黃元九, 「韓致奫의 史學思想-海東繹史를 中心으로」, 延世大學校 人文科學硏究所, 『人文科學』, 1962, 360~361면)에 수록되어 있다.

3) 『朝鮮王朝實錄』, 「純祖 5年 乙丑」, 10월15일, 10월18일, 12월24일의 기사에 따르면 홍명주는 1805년에 李書九가 왕비에게 음식을 지나치게 공급한 일을 탄핵하다가 삭직되었다. 이 일로 그는 1년 간 유배생황을 하였다. 또한 그가 남긴 서문 「松隱先生文集序」(朴翊의 『松隱先生文集』, 한국고전종합DB)를 보면 홍명주는 성리학에 입각하여 시문의 가치를 품평하고 있었다. 따라서 성리학을 엄수했던 전형적인 조선 지식인의 모습이 포착된다.

다녀와 경력을 넓히고 동사(東史)를 편찬하여 정신을 남기셨네(眼闊中州恢地步, 手編東史駐精神)"라고 하여 연행과 사서 편찬이 한치윤의 생애에서 매우 중요한 활동이었음을 언급하였다. 청백리로 유명했던 제주목사 심영석(沈英錫, 1767~?)이 지은 만장도 마찬가지다. 심영석은 "글을 지어 동국의 역사를 편찬하고 북경에 가서 산천을 두루 유람하셨네(文字編成東國史, 山川周覽北京行)"라고 하여 한치윤의 사서 편찬과 연행을 생전의 주요 활동으로 꼽았다. 『계산기정』(薊山紀程)을 남긴 이해응(李海應, 1775~1825)[4]은 만장에서 "풍격이 청백한 것은 모계위(茅季偉)와 같고, 성품이 온후한 것은 곽임종(郭林宗)과 같네(耿潔風裁茅季偉, 溫存性度郭林宗)"라고 하여 한치윤의 탈속적인 풍격을 도교 모산파(茅山派) 시조 중 한 사람인 모고(茅固)에 비교하고 성품을 한나라 고서(古書)에 박통했던 학자 곽태(郭泰, 128~169)에 비기고 있다. 순조 말기 무렵에 승정원(承政院)과 춘추관(春秋館)에서 벼슬을 했던 김유헌(金裕憲, 생몰년 미상)도 "맑은 성품은 옥과 같고, 온화한 기질은 난과 같네. 문장은 맑고 물들지 않아 박식함을 짐작하기 어렵네(皎皎人如玉, 溫溫氣似蘭. 文章淘不染, 辯博測無端)"라는 만장을 지어 한치윤의 성품과 학문을 평가하였다.

한치윤의 만장을 지은 문사 가운데 가장 주목되는 사람은 김정희(金正喜, 1786~1856)이다. 한치윤이 별세하던 해에 김정희는 28세였다. 그와 한치윤의 교유는 망년지교였을 것이다. 당시 한치윤과 교유했던

---

4) 이해응은 사대부 집안에서 태어났지만 과거 시험에 여러 차례 실패한 끝에 1825년에 51세의 나이로 비로소 과거에 급제하였던 인물이다. 1803년에 연행에 참여하고 『薊山紀程』이라는 연행록을 지었다. 이 연행록에서 이해응은 청나라 민속 문화에 대해 깊은 관심을 보여주었다. 이에 관한 연구는 김미경, 『東華 李海應의 薊山紀程 연구』, 민속원, 2012를 참고할 수 있다.

인물 가운데 김정희는 가장 젊은 나이였지만, 사실 그는 1809년 24세 때 이미 연행을 떠나 청나라 문학가이자 금석학자 옹방강(翁方綱: 1733～1818)과 완원(阮元: 1764～1849)을 만났고 그 이후에도 부단한 서신 교류를 하였다. 『해동역사』의 「인용서목」(引用書目)에는 옹방강의 저술이 확인되지 않지만, 『해동역사』 권46, 「예문지」5 '비각(碑刻)' 부분의 안설(按說)에 옹방강의 글 두 편이 초록되어 있다. 「평제탑탁본제발」(平濟塔拓本題跋)과 「소미제란정고」(蘇米齊蘭亭考)가 그것이다. 이 두 편의 글을 안설에 인용한 사람은 한진서이다. 이는 한치윤의 사후에 한진서가 「지리고」를 편찬하면서 『해동역사』를 보충하고 수정하는 과정에서 추가한 것으로 보인다. 비록 옹방강의 글을 인용한 사람이 한치윤 본인은 아니지만 김정희를 통해 한치윤·한진서 숙질도 일찍이 옹방강의 학술을 접했던 것으로 추정할 수 있다. 김정희는 한치윤에 대해 20구로 구성된 만장을 지었다.

宏雅王伯厚	굉대하고 박아함은 백후(伯厚) 왕응린(王應麟)과 같고
精博顧亭林	정확하고 해박함은 정림(亭林) 고염무(顧炎武)와 같다네.
以此評君者	이렇게 그대를 평가하는 사람들
猶非識君深	오히려 그대를 깊이 이해한 것이 아니라네.
淸弱僅勝衣	여위고 약하기로는 겨우 옷을 이길 뿐이나
獨具千古心	홀로 천고를 마음을 품었네.
世人盆與盎	세상 사람은 정(情)이 동이처럼 얕지만
而君古罍罋	그대는 정이 옛 항아리처럼 두껍다네.
世人濮與桑	세상 사람은 천박한 소리를 내지만
而君大雅音	그대는 대아(大雅)의 순정(淳正)한 음을 울렸다네.
白葦黃茅裡	희고 누른 잡초 속에 섞여 있어도
天花不染襟	천화(天花)는 옷깃도 물들지 않는 법이요.

五十年著書	오십 년 한세상 저술에 파묻혀
兀兀甘銷沉	홀로 앉아 쇠잔해지는 걸 감수했다네.
生無范雲釜	살아서는 범운(范雲)처럼 여유를 누리지는 못했어도
死惟黔婁衿	저승에서 검루(黔婁)와 함께 회포를 풀리라.
玄亭無人問	생전의 서재도 들르는 이 없었거니
黃壚竟誰尋	사후의 황천인들 누가 찾아 줄거나.
獨坐撫甁書	남긴 저서를 홀로 어루만져 보매
雙涕自淫淫	두 줄기 눈물이 절로 흘러내리네.[5]

김정희는 한치윤의 삶과 학문에 대한 깊은 이해를 시를 통해 형상화하였다. 그는 한치윤의 학문을 송나라 학자 왕응린(1223~1296)과 명말청초 때 학자 고염무(1613~1682)에 견주어 평가하였다. 『옥해』(玉海)를 저술한 왕응린과 『일지록』(日知錄), 『천하군국리병서』(天下郡國利病書) 등 다수 저술을 남긴 고염무의 학문적인 공통점은 박학(博學)을 추구하고 고증적 방법을 중시하는 데서 찾을 수 있다. 김정희의 이와 같은 평가에 의거하여 한치윤의 학문적 경향을 '박학'과 '고거(考據)'로 파악하는 견해도 있었다.[6] 그러나 박학과 고증을 추구하는 것은 18세기 이후 청나라 초기 학풍의 영향으로, 특히 북학파의 제창하에 조선의 학문에 현저한 변화가 일어났음을 보여주는 학문적 경향이었다. 이러한 시대적 흐름을 감안한다면 한치윤을 왕응린과 고염무에게 견주는 것은 고인에 대한 극찬으로 보는 것이 타당하다.

그러나 김정희는 이렇게 한치윤을 평가하는 것이 사실 한치윤을 제

5) 만장의 번역은 김태영, 앞의 논문을 참고하되 약간의 수정을 가하였다.

6) 李泰鎭, 「『海東繹史』의 學術史的 검토」, 『진단학보』 53, 1982. 이태진은 위의 구절을 한치윤의 왕응린에 대한 관심으로 해석하였지만 대부분 선행연구에서는 김정희의 이와 같은 논평을 비유법으로 보고 있었다.

대로 모르고 한 말이라고 하였다. 그러면서 그는 한치윤의 성품과 삶을 중심으로 평가하였다. 한치윤은 속세와 단절된 삶을 살았으며 오로지 저술에만 전력하였다. 그는 침식(寢食)을 잊을 정도로 저술에 전념하였으며[7] 몹시 야위어서 겨우 옷을 지탱할 수 있는 것처럼 보였다. 김정희는 특히 한치윤이 고된 사서 편찬 작업을 완수하기까지 긴 시간 동안 고독함과 고달픔을 견뎌내었음을 찬탄하였다. 그는 또 한치윤이 생전에 양(梁)나라 현상(賢相) 범우처럼 현달하지 못했지만 사후에 안빈낙도한 노나라 검루와 마음을 나눌 것이라고 하였다. 고대 현사(賢士)와 관련된 전고를 활용하는 시적 발상을 통해 한치윤이 청빈한 삶에 의미를 부여하였다. 김정희는 한치윤이 남긴 저서를 어루만지면서 그의 일생에 대해 회고하고 감개무량해 하였던 것이다. 이렇게 보면 국립중앙도서관에 소장한 '김정희인(金正喜印)'이 찍혀 있는 『해동역사』의 속편은 물론이고 『해동역사』의 원편도 편성되는 대로 바로 김정희 손에 들어갔던 것으로 보인다.

위의 만장을 보면 한치윤이 지인들과 자주 왕래하지 않고 홀로 저술에 전념하고 두문불출하면서 보냈던 것으로 묘사되었지만 사실 동시대 활동했던 지식인들은 그의 편찬 작업을 꽤 주목했던 것 같다.

유득공이 『해동역사』에 쓴 서문에서 "5, 6년이나 공을 들여서 비로소 분류를 하게 되어 조목을 세우고 한 부의 서책을 편성하는 데 이르렀다(用五六年之力, 始分類立目. 勒成一部)"[8]고 한 것을 보면 이 서문은 한치윤이 『해동역사』 편찬에 착수한 지 5, 6년 지난 무렵인 1804년

---

7) 유득공이 지은 『海東繹史』의 서문에서 한치윤이 이 책을 편찬할 때 '殆忘寢食'하였다고 말하였다.

8) 「海東繹史序」, 『海東繹史』, 景仁文化社, 1974, 1면.

~1805년에 지은 것으로 추측된다. 유득공은 1807년에 별세하였고 한치윤은 1814년에 세상을 떠나기 전까지 『해동역사』의 편찬에 매진하고 있었다.

1801년 연행에서 돌아온 유득공은 모친상을 당하였는데 그 이후의 행적이 거의 알려지지 않았고, 다만 서울 근교의 여러 문사들과 교유하면서 지냈던 것으로 추측될 뿐이다. 한치윤과의 교유도 이 무렵에 돈독해졌을 것으로 보인다. 특히 한치윤보다 17살이 많았던 유득공은 학문적으로 적지 않은 도움과 영향을 주었으리라 판단된다. 규장각 검서관이었던 유득공은 방대한 서적을 열람한 경험의 보유자이자 풍부한 장서를 보유했던 사람이다. 그와의 교유도 한치윤의 사료 수집에 어느 정도 일조했을 것이다. 또한 유득공의 뚜렷한 역사의식도 한치윤의 사관(史觀)에 일정한 영향을 주었던 것으로 추정된다.[9]

한치윤은 1799년에 족형 한치응을 따라 연행을 갔었다. 당시 정사는 판중추(判中樞) 조상진(趙尙鎭, 1740~1820)이었고 부사는 예조판서(禮曹判書) 서형수(徐瀅修, 1749~1824)였으며, 서장관은 바로 한치응이었다. 한치응의 사행을 전별하는 자리에서 정약용(丁若鏞, 1762~

---

9) 앞서 제2장에서 이미 柳得恭이 중국문헌을 활용하여 『渤海考』를 편찬했던 방식이 한치윤의 『해동역사』에게 시사한 바가 있음을 지적하였다. 또한 의 『발해고』 「國書考」에 수록한 「武王與日本國聖武天皇書」, 「文王與日本國聖武天皇書」, 「康王與日本國桓武天皇書」(4편) 등 글들은 모두 『海東繹史』 권52, 「藝文志」 11에 수록하였다. 다만 『발해고』에서 글의 출처를 밝히지 않았으나 『해동역사』에서는 모두 『日本逸史』에서 발췌한 것으로 표시하였다. 또한 『발해고』 「屬國考」에서 定安國을 대상으로 관련 기사를 수록하였는데 『해동역사』에서 역시 정안국 관련 기록을 분류에 따라 수록한 바이다. 『해동역사』에서 참고서목을 書頭에 나열한 편찬 방식도 『발해고』와 일치하다. 이 한치윤의 史書 편찬의식에 끼친 구체적 영향에 대해 두 저술 속의 관련 내용의 비교를 통해 밝힐 수 있으리라 생각한다. 앞으로 이러한 연구에 대해 주목할 필요가 있다.

1836)은 한치응과 한치윤에게 「연경 가는 서장관 한혜보와 진사 한대연을 배웅하며(送別韓徯父書狀大淵進士赴燕)」[10]라는 송별시(送別詩)를 지어주었다. 대연(大淵)은 한치윤의 자(字)이다. 정약용은 한치윤과 어느 정도 왕래가 있었던 것으로 보인다.[11] 1808년에 그는 아들에게 준 편지에서 한치윤의 저술을 언급하였는데 서명을 '동사즐(東事櫛)'이라고 하였다.[12] 지금 '동사즐'이라는 책은 확인되지 않는다. 다만 이름만 보았을 때 이것은 『해동역사』 편찬의 전반(前半) 단계에서 편성된 자료집일 가능성이 있다. 정약용은 순조 17년(1817)에 편찬한 『경세유표』(經世遺表)에서 과거제도를 논하면서 역사 공부에 읽어야 할 서적들을 나열하였다. 그 가운데 '동사(東史)'를 편찬하여 공부할 것을 주장한 내용이 있다. 그가 말한 '동사'는 자국 역사서 내용과 구별되는, 중국의 역사서에서 관련 내용을 뽑아 편찬한 역사서를 가리킨다. 그리고 그는 이와 같은 '동사' 편찬은 "한치윤의 『해동역사』를 가져다가 간략하게 할 것은 깎아내고 자세하게 할 것은 보태는 것이 마땅하다"고 하였다.[13]

---

10) "御史非專對, 書生始遠游. 晚雲低碣石, 秋雪下幽州. 弱國虔侯度, 名城壯客眸. 軍官頗博雅, 才士定相求." 『與猶堂全書』 권3, 「詩文集」.

11) 『與猶堂全書』 권21, 「書」, 「寄兩兒」, "嗟乎, 韓可久大夫人, 吾兄弟當事之如叔母. 吾昔入謁, 汝輩亦不可不恪修此誼. 況可久不渝急難之義, 尤宜感謝. 汝何不於家奴入城時, 恭致問安之詞於權淑人, 以修舊好耶. **須從大淵探淑人生辰,** 以致時果. 又於南居丈忌辰, 每送園果, 以助祭可也." 정약용이 아들들에게 쓴 편지에서 한치윤을 통해 韓可久의 대부인의 생신을 알아보라고 당부하였다.

12) 『與猶堂全書』 권21, 「書」, 「寄淵兒戊辰冬」, "雖然我邦之人, 動用中國之事, 亦是陋品. 須取『三國史』、『高麗史』、『國朝寶鑑』、『輿地勝覽』、『懲毖錄』、『燃藜述』(李道甫所輯), 及他東方文字. 採其事實, 考其地方, 入於詩用. 然後方可以名世而傳後. 柳惠風『十六國懷古詩』, 爲中國人所刻, 此可驗也. **『東事櫛』本爲此設, 今大淵無借汝之理?** 十七史「東夷傳」中, 必抄採名跡, 乃可用也."

신위(申緯, 1769~1845)는 한치응과 친분이 있는 사이였다. 한치응은 1799년 한치윤을 데리고 연행을 다녀온 후 순조 17년(1817)과 20년(1820)에도 연행을 갔었는데 연행을 갈 때마다 신위가 한치응에게 송별시를 지어 주었다.[14] 그리고 신위는 이 두 수의 송별시에서 모두 한치윤의 『해동역사』에 대해 언급하였다. 특히 그는 시의 협주에서 『해동역사』가 "반드시 세상에 전해질 책이다(必傳之書)"라고 높이 평가하였다.

이유원(李裕元, 1814~1888)도 여러 번 『해동역사』에 대해 언급하였다.[15] 특히 그는 서유구(徐有榘, 1764~1845)로부터 『해동역사』「지리고」 한 질을 받아 매우 귀하게 여겼다고 밝혔다. 그리고 나중에 신위의 문집을 통해 『해동역사』가 이미 중국에 유입된 사실을 알게 되었다고 밝혔다.[16]

---

13) 『經世遺表』 권15, 「春官修制」, 「科擧之規」 1. "東史輯成者, 取中國全史, 輯東事以成編者也. 宜取韓致奫『海東繹史』, 刪其所宜略, 增其所宜詳."

14) 1817년에 지은 시 「送韓㑺山尙書致應賀至之行其二」(『警修堂全藁』 4, 『蘓齋續筆』)는 다음과 같다. "**至寶焉能久假人, 大淵去後緖言堙(㑺山從弟大淵進士, 聰明賅洽, 所著有東『繹史』, 曾隨㑺山入燕京, 可恨修文限促)**. 車中聞有俱來客, 增重憐才愛士身(權左衡贍敏博通, 硏究六書, 余夙所願交者, 而聞君携入燕, 爲之神往)." 그리고 1820년에 지은 시 「㑺山尙書, 充進香正使入燕, 賦此爲別(其二)」(『警修堂全藁』 8, 「碧蘆坊藁」 5)는 다음과 같다. "朝廷不少賢卿相, 君獨胡爲數數爲. **記室每携名士去, 車箱兼有異書隨(尙書昔年, 與大淵行, 前年與米山行, 今又與大淵之子鎭圖行, 皆一時之佳士也. 『海東繹史』, 聞入行篋中, 此乃必傳之書, 深喜其渡鴨也)**. 棲遲或偃都休問, 專對其難此一時. 戈葉諸生如可見, 爲言紅豆最相思(星原稚子引達今又八歲, 當入小學也. 幸爲之訪問)."

15) 「文獻指掌編序」, 「文獻指掌編」, 『林下筆記』 권11; 「玉磬觚賸記」, 『嘉梧藁略』 14.

16) 『林下筆記』 권33, 「華東玉糝編」, 「海東繹史」에 다음과 같이 기록되어 있다. "史

이상의 고찰을 통해 한치윤의 『해동역사』는 19세기 전반에 성명이 쟁쟁한 지식인들의 관심을 받았음을 알 수 있다. 이들이 『해동역사』에 관심을 두었던 이유는 무엇보다도 한치윤이 독특한 편찬 방식을 통해 이 책에서 새로운 지식 체계를 이루었다는 데 있다. 한치윤은 동아시아라는 넓은 자료적 범주를 기반으로 타자의 시선을 통해 새로운 조선의 지식 체계를 구축하였던 것이다.

위의 고찰을 통해 『해동역사』 「예문지」는 예문지 편찬의 전통을 계승하면서도 적지 않은 창의적인 면모를 지녔음을 확인할 수 있었다. 그 창의적인 면모는 세 가지 측면에서 지적할 수 있다.

첫째는 외국 문헌에서 자국의 역사기록을 찾아내어 예문지를 편찬했다는 점이다. 외국 문헌의 기록들이 『해동역사』 「예문지」의 편찬 근간을 이룬 기본 자료이다. 역사서 편찬에 있어서 이와 같은 기본 자료의 성격은 상당히 독특하다. 특히 예문지의 편찬사(編纂史)에서 볼 수 없었던 것이다. 외국의 기록을 통해 자국의 문화역사서술을 시도한 것에 대해 우선 문화교류사 측면에서 그 의의를 찾을 수 있다.

사실 조선에서는 특히 중국 문헌에 기록된 조선의 역사 사실에 대해 지속적인 관심을 가져왔다. 특히 서적 유입의 축적으로 18세기부터 이러한 관심이 더욱 고조된 것으로 보인다. 조선의 지식인들이 중국 문헌 속의 자국 관련 기록을 채록하여 수집하며 책으로 편찬하는 작업까지 이르렀다. 그리고 여러 분야에 대한 기록 가운데 특히 중국 서적 속의 조선 시문에 대한 기록에 더욱 관심을 모였던 듯하다. 중국 문헌에 실린 조선의 한시에 가장 먼저 본격적인 관심을 가졌던 사람은

韓冽上鎭書所輯也. 東蹟之見於中州使者, 鈔出者也. 徐楓石授余一帙, 甚珍玩. 後見『警修堂集』, 此書竟入於中國."

이의현(李宜顯, 1669~1745)이다. 그는 연행을 통해 구입해온 『열조시집』(列朝詩集)과 『명시종』(明詩綜)의 장점과 한계를 지적하였고 두 책에 실린 조선의 한시를 확인하였다. 그 후 박지원과 이덕무도 이 두 책에 실려 있는 조선의 한시를 주목하였다.[17] 한치윤과 같은 시대에 활동했던 이서구(李書九, 1754~1825)는 1778년에 『강산필치』(薑山筆豸)를 편찬하였다. 그는 이 책을 통해 『열조시집』과 『명시종』의 잘못을 바로잡아 조선 한시에 대한 정확한 정보를 중국 문인에게 알려지기를 바랐다.[18]

그 밖에 신경준(申景濬, 1712~1781)은 중국 문헌에 수록된 신라 전까지의 조선 한시를 정리한 바도 있다.[19] 그리고 홍만종(洪萬宗, 1643~1725)의 『시화총림』(詩話叢林)에 수록한 『백운소설』(白雲小說)에는 이규보(李奎報)의 생존시기보다 후대의 문헌인 『요산당외기』(堯山堂

---

17) 이종묵, 「17-18세기 中國에 전해진 朝鮮의 漢詩」, 『한국문화』 45, 2009, 27~28면.

18) 남재철, 「『薑山筆豸』 연구」, 『한국한시연구』 10, 2002.

19) "東詩以崔孤雲爲唱首, 有集五十一卷載唐『藝文志』, 而孤雲乃羅季人也. 孤雲以前, 未嘗無詩. 俗荒陋, 且世有戎蕩如, 蔑之傳也. 古有「浿江永明嶺歌」, 其辭軼而箕子時作. 有「箜篌引」, 朝鮮女麗玉作, 玉津吏之妻, 而猶能於詩如此. 當時士大夫, 豈無作者乎? 攷諸三國樂府, 百齊倣華制, 而其亡卽散失. 句麗至唐武后時, 餘存二十曲. 新羅三竹三絃一千四百五十一曲, 鄕樂會蘇辛熱突阿枝兒詩. 惱憂息美知都領歌, 捺絃引諸曲亦多. 此皆太常所志. 而今亡一存. 況閭閻巾衍之儲乎? 句麗乙支文德與隋將詩四句一首, 因戎功而著. 新羅最崇文, 強首, 帝文, 守眞, 良圖, 風訓, 骨番, 其翹楚也. 強首又荷奬於唐帝, 而無一篇傳焉. 時羅人入唐肄業者衆. 故唐進士, 有賓貢科榜無闕名, 而無一人傳焉. 『唐詩品彙』, 外國止一人, 乃眞德女君上天子詩, 而眞德所作, 本國無他傳焉. 國相有酷愛白香山詩, 市之中國, 率篇易一金, 是必能詩者也. 使臣航海有詩二句, 而賈島詐爲梢人以角勝, 是必名動中國者也. 惟見於『白傳集』, 『堯山外紀』, 甚矣, 寥寥也. 東方之古調, 其盡亡矣." 「杜機翁詩集敍」, 「跋」, 『旅菴遺稿』 5.

外記)의 기록까지 수록하였다. 이러한 편찬 오류를 범했던 것은 역시 중국 문헌 속의 자국 기록에 대한 관심에서 비롯된 것으로 생각된다.

이처럼 18세기부터 조선인들이 중국 문헌에 수록한 자국 기록에 관심을 기울였고 정리와 수정 작업까지 가하였다. 그러다 한치윤의 『해동역사』에 이르러 이러한 작업이 집대성되었던 것이다. 한치윤의 『해동역사』는 문학뿐만 아니라 역사, 천문, 서적문화, 지리 등 당방면의 기록들 모아 정연한 체제를 갖춘 역사서 형태로 정리된 것이다. 19세기에 들어서서 한·중·일 삼국의 문화교류가 전대보다 훨씬 더 활발한데도 불구하고 민족주의의 영향으로 각자 자국의 역사에만 몰두하는 역사서술을 진행해왔다. 그러나 『해동역사』는 타국과의 관계 속에서 자국의 역사서술을 시도하였다. 특히 이 속의 「예문지」는 타국 문헌 속의 관련 기록을 통해 조선의 문화교류사의 중요한 한 부분을 정리해냈다.

그리고 한·중 양국의 시문을 수록하는 창의적인 방식이 나중에 김병선(金秉善, 1830~1891) 이 『화동추창집』(華東酬唱集)을 편찬하는데 중요한 영향을 주었다. 한·중 문화교류사에서 중요한 의미를 지닌 『화동추창집』에는 수많은 자료를 참조하여 편찬되었는데 한치윤의 『해동역사』가 가장 중요한 참고자료 중의 하나이다.[20] 실제 대조를 통해 『해동역사』에 수록한 조선의 한시는 전부 『화동추창집』에 수록한 것을 확인된다.

상술한 내용들은 또한 자아에 대한 타자의 인식을 부단히 확인하는 행위로도 볼 수 있는데, 이는 곧 자기의식과 연결된 문제이기도 하다.

---

20) 김영진, 「'華東酬唱集' 연구」, 『한국학논집』 53, 2013; 김영진, 「한중 문학 교류 자료의 총집 『華東酬唱集』」, 『한문학논집』 44, 2016.

「예문지」 뿐만 아니라 『해동역사』 전서의 편찬도 이러한 맥락에서 관조(觀照)할 수 있다. 본고는 우선 「예문지」에 한하여 이 점을 생각해보고자 한다. 『해동역사』 「예문지」의 편찬은 1차적으로 중국과 일본의 조선 문화사에 대한 인식을 집중적으로 보여주었다. 이러한 타자의 인식에 대해 편찬자는 안설과 협주를 통해 재인식하려는 시도를 보여주었다. 한치윤의 사후 아들 한진국이 그가 편찬한 『해동역사』의 원편을 중국으로 가져가 중국 문인들에게 소개하려고 했던 사실을 보면 한치윤은 '타자의 재인식'을 바랐던 것이다. 앞서 살핀 바에 따르면 『해동역사』 「예문지」의 안설과 협주는 자료와 정보를 보충하는 경향이 상대적으로 강하다. 따라서 한치윤이 바랐던 타자의 재인식이란 중국과 일본에서 조선 문화사를 보다 온전하게 인식하기를 바라는 것이었다고 설명할 수 있다. 자아에 대한 타자의 온전한 인식을 바란다는 것은 자신에 대한 보다 더 나은 평가를 기대하는 것으로 해석할 수도 있다. 즉 한치윤이 『해동역사』 「예문지」를 편찬하는 동기의 이면에는 조선 문화사에 대한 외부 인식을 보다 더 온전하고 더 긍정적인 방향으로 유도하려는 목적이 있다고 할 수 있다. 이러한 목적이 달성되면 최종적으로 한자문화권에서의 조선의 위상을 한층 더 높일 수 있을 것이다.

둘째는 전통적인 예문지와 확연히 다른 분류체계를 구성했다는 것이다. 『해동역사』 「예문지」는 비록 전통적인 예문지의 '부류(部類)〉 유목(類目)〉 자목(子目)'과 같은 3단계 분류 구조를 계승하고 있기는 하지만 구체적인 항목 설정에 있어서 독특한 면모를 지니고 있다. 전통적인 예문지의 부류는 일반적으로 사부분류법(四部分類法)에 따라 경부(經部), 사부(史部), 자부(子部), 집부(集部) 네 개로 설정한다. 그리고 각 부류 아래 구체적인 해당 유목을 배치하고 또 유목 아래에 자목을 설정한다. 그러나 『해동역사』「예문지」는 이와 같은 예문지의 전통 분류체계를 타파하여 자목 설정에 와서야 비로소 사부분류법을 적용하였다. 전통적인 예문지 분류체계에 구속을 받지 않고 유연하게 새로운 예문지 분류체계를 수립하였다.

이와 같은 창신적인 면모는 조선후기에 편찬된 기타 예문지에서 찾아볼 수 없었다. 중국과 달리 조선의 관찬 역사서 『삼국사기』(三國史記)와 『고려사』(高麗史)에는 예문지가 없다. 예문지의 편찬은 조선 후기의 역사서에 이르러서야 확인된다. 1855년 배상현(裵象鉉, 1814~1884)이 편찬한 『동국십지』(東國十志)에 「예문지」를 수록하였는데 이 「예문지」의 분류체계는 전통적인 예문지의 경부와 자부에 해당하는 유목으로 부류를 설정하였다. 즉 『동국십지』「예문지」에는 역리(易理), 시(詩), 예악(禮樂), 춘추(春秋), 논어(論語), 효경(孝經), 소학(小學), 시부(詩賦), 소설가(小說家), 유가(儒家), 농가(農家), 병가(兵家), 음양가(陰陽家), 복서(卜筮), 의방가(醫方家) 등 15개 부류를 설정하였는데 그 아래에 유목과 자목을 설정하지 않아 전형적인 예문지의 3단계 분류 구조를 갖추지 못하였다. 1868년 박주종(朴周鍾, 1813~1887)이 편찬한 『동국통지』(東國通志)에도 「예문지」를 수록하였는데 역시 전통적인 예문지의 사부분류법을 따르지 않고 22개 부류를 1단계 분류 구조에 설정하고 그 아래 유목 설정을 하지 않았다. 이 두 가지 조선후기 사찬사서(私撰史書)의 「예문지」와 비교하면 『해동역사』「예문지」의 분류체계는 전통적인 예문지를 계승하면서도 그것에 대한 창안적인 면모를 지니고 있다. 그리고 이런 창안은 예문지 편찬사 내지 목록학 범주에서 긍정적인 평가를 받아야 마땅하다.

한편 한치윤이 특별한 예문지 분류체계를 구상할 수 있었던 원인은 유서(類書) 편찬의 영향, 대상 자료의 특성, 문화교류인식의 작용 등 측면에서 찾을 수 있다고 본다. 그리고 분류체계에 대한 창신을 통해 한시와 외교문서도 수록할 수 있었다. 한시 수록의 문화교류사적 의의에 대해서는 앞에서 언급한 바 있다.

앞서 살핀 바에 따르면 한치윤은 역사서 편찬 측면에서 유득공, 마숙(馬驌), 마쓰시타 겐린(松下見林)의 영향을 받았고 문헌 정보의 수집에서는 이덕문의 『청장관전서』에 크게 의존하였다. 그리고 그는 집록 방법을 통해 역사 자료를 재편찬하였고 또 자신의 고증작업의 결과를 『해동역사』「예문지」에 반영하였다. 한치윤의 고증작업은 특히 안설과 협주 부분에서 잘 드러난다.

경학에 대한 훈고에서 비롯된 고증학이 하나의 학문적 방법으로 여러 학문 분야에 널리 사용되었던 것은 주지의 사실이다. 일반적으로 고증학적 방법은 객관적 문헌자료 제시를 통해 오류를 시정하고 사실을 규명하는 방법을 말한다. 이러한 학문적 방법은 청대에 이르러 크게 발전하였는데 조선후기 학술에서도 고증학적 성격이 확인된 바이다.[21]

『해동역사』의 고증학적 성격은 일찍부터 논의되었지만[22] 학문 방법으로서 활용된 '고증'이 어떻게 이 책에서 구체적으로 행해졌는지에 대해서는 아직 거론된 적이 없다. 앞서 제3장 제2절과 제3절에서 안설에 대한 내용 개관과 유형화 작업을 통해 그것이 주로 서목과 한시 두 가지 분야로 구분되고 각 분야의 안설의 내용적 특징에 차이가 있다는 것을 확인하였다. 서목과 서화 부분의 안설은 '보충설명형', '의논평가형', '질의고증형'으로 구분되며 한시 부분의 안설은 '집일류'

21) 徐坰遙, 「朝鮮朝 後期 學術의 考證學的 性格」, 『유교사상문화연구』 7, 1994.
22) 李泰鎭, 앞의 논문.

와 '고정류'로 나눌 수 있었다. 그러나 안설 유형의 수량을 보면 서목과 서화 부분에는 기타 문헌 자료를 보충하거나 편찬자가 관련 정보를 정리하는 '보충설명형' 안설이 압도적으로 많다. 한시 부분에도 마찬가지로 정보를 보충하는 '집일류' 안설이 훨씬 더 많았던 것으로 확인된다.

따라서 『해동역사』 「예문지」 속의 안설의 고증은 관련 문헌 자료를 제시하는 데 주력했던 것으로 볼 수 있다. 일반적으로 안설에서 인용한 자료는 제요에 기록된 내용에 대한 보충이다. 보충한 내용을 통해 조목에 대해 보다 입체적인 인식을 얻을 수 있었다. 그러나 편찬자의 편찬의식에 입각하여 살펴보면 '보충설명형' 안설은 또한 특정한 목적에 의해 작성된 것이기도 하다. 일례로 '동국기사' 자목에 수록한 안설을 정리하면 다음과 같다.

〈표 5-1〉 '東國記事' 子目에 수록한 안설의 인용문헌

안설의 순번	해당 條目 내용	해당 提要에서 인용한 原典	按說에서 보충한 기타 수록 문헌
권45-7	裴矩『高麗風俗記』	『新唐書』	『通志』「藝文略」, 『文獻通考』, 『高麗史』
권45-13	顧愔『新羅國記』 『奉使高麗記』	『新唐書』	『通志』「藝文略」
권45-20	張建章『渤海國記』	『新唐書』	『通志』「藝文略」, 『宋史』 「藝文志」, 『愛日齋叢鈔』
권45-39	孫穆『鷄林類事』	『文獻通考』, 『玉海』	『說郛』
권45-48	王雲『鷄林志』	『文獻通考』, 『玉海』, 『高麗圖經』, 『淸波雜志』, 『宋史』	『說郛』
권45-56	徐兢 『宣和奉使高麗圖經』	『文獻通考』, 『淸波雜志』, 『高麗圖經』, 『震川集』, 『四庫全書總目』	『遂初堂書目』, 『知不足齋叢書』

안설의 순번	해당 條目 내용	해당 提要에서 인용한 原典	按說에서 보충한 기타 수록 문헌
권45-61	『奉使高麗記』	『浙江採集遺書總錄』, 『四庫全書總目』	『說郛』
권45-97	『遼海編』	『明史』, 『四庫全書總目』	『世善堂藏書目錄』
권45-103	張寧『奉使錄』	『明史』, 『四庫全書總目』	『陳眉公秘笈』
권45-158	孫致彌 『朝鮮採風錄』	『池北偶談』, 『漁洋詩話』	『明詩綜』, 『艮齋雜說』

표를 통해 알 수 있듯이 중국인이 쓴 조선 전저(專著)에 대해 다양한 중국문헌의 관련 기록을 제요로 수록한 후 안설을 통해 제요에서 인용하지 않은 기타 수록 문헌 정보를 보충하고 있다. 안설을 통해 보충한 정보는 기타 문헌에 수록되었다는 사실을 명시한 외에 때로 필요에 따라 구체적인 수록 상황과 관련한 내용도 함께 제시하였다. 예를 들어 조목 권45-18에 대해 제요 권45-19는 『신당서』를 인용하여 "장건장의 『발해국기』 3권(張建章『渤海國記』三卷)"과 같은 내용을 기재하였다. 이에 대해 편찬자 한치윤은 다음과 같은 안설을 붙였다.

살펴보건대, 정초의 『통지』 「예문략」과 『송사』 「예문지」에도 『발해국기』 3권을 수록하였다. 『송사』에 이르기를, "송태조(宋太祖)가 조보(趙普)에게 '배례(拜禮)를 할 때 어째서 남자는 무릎을 꿇고 여자는 꿇지 않는가?'라고 물었다. 조보가 예관(禮官)에게도 물어보았으나 대답하지 못하였다. 왕부(王溥)의 손자 왕이손(王貽孫)은 학문에 통달한 것으로 알려졌는데 그가 말하기를, '옛 시에 길게 꿇어앉아서 고부에게 묻는다(長跪問故夫)는 시구가 있었으니 여자도 역시 무릎을 꿇었습니다. 그러나 당대(唐代) 무후(武后) 때부터 처음으로 절만 하고 꿇어앉지 않았습니다. 태화(太和) 연간에 유주 종사(幽州從事) 장건장(張建章)이 지은 『발해국기』에 이 사실에 대해 상세히 기록되어 있습니다.' 이에 조보가 몹시 칭찬하였다." 섭몽득(葉夢得)의 『애일재총초』(愛日

齋叢鈔)에도 이 일을 실었다.

〈**권**45-20〉 按鄭氏「藝文略」及宋「藝文志」, 亦載『渤海國記』三卷. 『宋史』"太祖問趙普, '拜禮何以男子跪而婦人不跪?'普問禮官, 不能對. 王溥孫貽孫以練達稱, 曰: '古詩, 長跪問故夫, 卽婦人亦跪也. 自唐太后朝, 始拜而不跪. 太和幽州從事張建章著『渤海國記』, 備言其事.' 普大稱之. 葉氏『愛日齋叢鈔』, 亦載是事.

상기 안설 권45-20의 인용문에서 편찬자는 우선 『통지』 「예문략」과 『송사』 「예문지」에도 장건장의 『발해국기』를 수록한 사실을 밝혔다. 이어서 『송사』에 기록한 『발해국기』와 관련된 일화를 인용하였다. 이 기록에서 송태조, 문신 조보(趙普, 922~992), 당직 예관 등이 모두 설명할 수 없는 남녀 배례 차이 문제에 대해 학식이 높은 왕이손(王貽孫, 생몰년 미상)이 답변을 드렸는데 그가 또 이 문제에 대해 『발해국기』에서 상세히 기록한 바 있다는 것을 밝혔다. 마지막에 섭몽득(1077~1148)의 『애일재총초』에도 같은 일화를 실었다는 것을 밝혔다. 『통지』, 『송사』, 『애일재총초』에 모두 『발해국기』를 수록하거나 언급하였다는 것을 조사하고 또 학식이 풍부한 문인이 『발해국기』에 의거하여 황제의 질문을 답변했다는 내용을 통해 주로 서목을 기록하는 예문지에서 최대한 『발해국기』의 가치를 부각시켰다.

이처럼 '보충설명형' 안설은 단순히 관련 정보를 나열하는 것이 목적이 아니라 특정한 편찬 목적을 가지고 작성하였던 것이다. 그리고 '질의고증형' 안설에서 사료 비교와 분석을 통해 사실(史實)에 대한 결론을 도출하는 것과 같은 전형적인 역사 고증 방법을 시도하는 모습도 확인된다.

십칠첩에 "태평한 풍년에 또다시 사신으로 나가니 풍일향이 있어서 스스로 이름 지었네(淸晏歲豊又所使, 有豊一鄕故自名)"라는 말이 있는데 나는 '풍일향'이 무슨 말인지 몰랐다. 그러던 차에 고려의 각본을 얻어 거기에 '생산하는 것이 특산이 있다(所出有異産)'라고 하는 것을 읽고 그제야 확연하게 깨달았다. 그리하여 왕희지의 글씨가 모사본(模寫本)을 따라 돌에 새겨 넣은 것일 뿐이라는 사실을 알았다. 진옥[살펴보건대, 왕형(王衡)의 자이다]을 생각하건대, 몽음 공씨(蒙陰公氏)한테서 이 첩(帖)을 얻고 서둘러 나에게 와서 감상하라고 펼쳐놓았는데 마치 가치가 몇 개의 성에 맞먹는 큰 보물을 얻은 듯하였다. 진옥의 필체도 이 때문에 일변하였다. 『용대집』

〈권46-5〉 十七帖, '淸晏歲豊又所使, 有豊一鄕故自名', 余不解'豊一鄕'作何語. 及得高麗刻本, 乃云'所出有異産', 讀之豁然. 因知王著但憑倣書入石耳. 猶憶辰玉[按王衡字]得此帖於蒙陰公氏, 亟報余展玩, 如得連城, 辰玉書法, 爲此一變. 『容臺集』[23]

이는 권46-6은 '서법' 부류의 유일한 일반 안설이다. 이 안설은 조목인 권46-4와 제요인 권46-5를 잇고 있으며, 여기에 기록된 왕희지의 글씨와 관련된 내용에 대한 안설이다. 조목 권46-4는 '왕희지(王羲之)의 십칠첩을 모각한 글(摸刻王右軍十七帖)'이다. 제요 권46-5는 앞의 조목에 관해 동기창(董其昌: 1555~1636)의 『용대집』(容臺集)의 내용을 인용한 것이다.

동기창이 '십칠첩'의 고려 각본을 보고 전에 이해하지 못했던 시어의 뜻을 풀게 되었다는 내용으로 시작한 글인데 이어서 그 고려 각본은 왕형(1562~1609)[24]이 몽음 공씨[25]에게 얻은 것이고 그 각본으로

---

23) 『해동역사』 권46, 「예문지」 5, 「서법」, 「摸刻王右軍十七帖」.

24) 왕형은 명나라 때의 유명한 서예가이자 南劇 작가이다. 그는 자가 辰玉이고 호가 緱山이며 江蘇 太倉 사람이다. 그는 동기창과 마찬가지로 한림원편수를 역임하였으며 두 사람은 돈독한 우정을 맺었다. 문집은 『緱山集』이 있다.

인해 왕형의 필체도 변화가 생겼다는 이야기를 했다. 사실 이 제요는 고려에 일찍이 왕희지의 '십칠첩' 각본이 있다는 것을 보여주기 위한 것이다. 이와 관련하여 편찬자 한치윤은 다음과 같은 안설을 덧붙였다.

살펴보건대, 증굉보(曾宏父)의 「난정도지」(蘭亭圖識)에 왕대순(王大淳)의 시를 인용하였는데, 그 시에,

昭陵永閟千年跡　소릉(昭陵)에는 천년의 자취를 영원히 감췄는데
定武猶傳幾樣碑　정무(定武)의 탁본은 여전히 몇 개가 전하는구나.
此是中原舊時本　이것은 중원(中原)의 옛날 탁본인데
石今焉往落東夷　그 돌은 어디 갔고 탁본만 동이(東夷) 땅에 있는가?

하였다. 만약 이렇다면 왕우군(王右軍)의 「난정첩」(蘭亭帖) 역시 우리 동방에 전해졌구나.

〈권46-6〉 按曾宏父「蘭亭圖識」, 引王大淳詩云: 昭陵永閟千年跡, 定武猶傳幾樣碑. 此是中原舊時本, 石今焉往落東夷. 若然, 則右軍之「蘭亭帖」亦傳于我東歟.26)

이 안설은 먼저 왕대순27)이라는 사람의 시를 재인용하였다. 소릉은 당나라 태종의 황릉을 가리킨다. 당태종은 왕희지의 서예를 좋아하여 「난정서」(蘭亭序)의 진적(眞跡)을 얻어 비석에 새겼고 또 임종 때 「난

---

25) 蒙陰 公氏는 '五世의 進士'를 배출하여 부자가 동시에 한림원에서 벼슬을 했던 명나라의 명문이다. 여기서 말한 '몽음 공씨'는 한림원편수, 南京戶部主事를 역임했던 名臣인 公家臣(?~1583)의 아들 公鼐(1558~1626)로 보인다.

26) 『해동역사』 권46, 「예문지」 5, 「서법」, 「摸刻王右軍十七帖」.

27) 왕대순은 未詳이다. 曾宏父은 南宋 淳祐 연간의 사람으로 『石刻鋪敍』가 있다. 그가 왕대순의 시를 인용한 것을 보면 두 사람이 같은 남송 시대 문인임을 알 수 있다.

정서」를 순장할 것을 명하였다.[28] 그 비석은 전란으로 잃어버렸다가 북송 때 하북성(河北省) 정주(定州)에서 다시 발견되었다. 정주는 송나라 때 '정무군(定武軍)'에 속하였으므로 이곳에 있던 그 석각과 탁본을 '정무의 난정서(定武蘭亭序)', '정무의 비석(定武石刻)'이라고 불렀다. 그런데 이 비석은 북송이 망한 뒤에 다시 사라지고 말았고 이 비석에서 뜬 탁본만 전해졌다고 한다. 그리하여 왕대순은 마치 고려의 「난정서」 탁본을 직접 확인한 것처럼 "이것은 중원의 옛날 탁본인데, 그 돌은 어디 갔고 탁본만 동이(東夷) 땅에 있는가?"라고 읊었던 것이다. 이 시를 인용한 다음에 편찬자 한치윤은 시의 내용을 따르면 왕희지의 난정서 탁본이 조선에 전해졌다는 것도 사실로 볼 수 있다고 판정하였다. 인용한 이 시는 조목과 제요에 대한 자료보충이며 편찬자가 특정한 사실을 판단하는 증빙자료이기도 하다.

제요에서 제시한 자료와 또 다른 자료를 제시하는 것을 통해 왕희지의 난정서 탁본이 정말로 조선에 전해졌다는 사실을 판단한 것은 고증적 방법을 활용한 것처럼 보인다. 그러나 의거한 자료의 신빙성이 부족하고 또 추리 과정이 거칠다는 느낌이 없지 않다. 그렇기는 하지만 한 가지 문제에 대해 다양한 자료를 제시하고 또한 자료 속의 사실관계를 짚어보는 방법 자체는 고증적 방법으로 사료를 다루려는 연구행위로 평가받을 수 있다. 따라서 한치윤이 안설에서 시도했던 이와 같은 고증학을 지향하는 학문적 행위는 정보의 수집, 분류 단계를 넘어서 한 층 더 과학적으로 자료를 다루는 연구 단계로 진입했다고 생각된다.

요컨대 『해동역사』 「예문지」 속의 안설은 일정한 편찬 목적에 따라

---

28) 이에 대해 何延之의 「蘭亭記」(『書法要錄』 25)에 자세히 서술되어 있다.

상당한 객관적 자료를 보충하여 고증학적 성격을 띠었지만 고증에 필요한 추리와 논의 과정이 충분하지 못해, 확론을 내리거나 신빙성 있는 역사를 재현하는 경지에는 이르지 못한 것으로 보인다. 이 점에 대해서는 앞으로 조선후기 학계의 고증학적 수준에 대한 전반적인 고찰 위에서 다시 좀 더 심화된 연구가 이루어져야 할 것이다.

청나라 초기 학계에 대량으로 등장한 '보사예문지(補史藝文志)'에도 협주를 활용하는 특징이 보이는데 특히 뒤 시대에서 편성된 보사예문지일수록 주문이 더 많이 확인된다.[29] 『해동역사』「예문지」에서 확인된 협주들도 적지 않다. 이는 청대의 보사예문지와 어떠한 관련성이 있다기보다는 예문지 자체 발전의 필연적인 현상으로 보아야 한다. 지식 정보가 일정한 시간 동안 축적되면 필연적으로 양에서 질에 이르는 변화를 가져오게 된다. 예문지의 편찬에서 협주가 점차 많아지는 현상이 바로 이런 질적인 변화를 보여준다고 할 수 있다. 즉 처리해야 할 정보가 많기 때문에 다양한 형식을 활용하여 정보를 전달하는 것이다. 요컨대 협주를 활용하는 것은 보다 많은 관련 정보를 효율적으로 저서에 담아내려고 하는 의도에서 출발한 것으로 볼 수 있다.

『해동역사』「예문지」의 협주 가운데서 인용주(引用注)와 자주(自注)로 분류할 수 있는 보주(補注)는 편찬자가 원전 기록에 없던 내용을 보충한 것인데, 필요한 곳에 관련 정보를 보충하는 학문적 행위는 광의적 의미에서 고증적 방법의 실천으로 볼 수 있다. 또 협주의 내용 자체를 보더라도 그것은 고증적 성격을 지니고 있다고 판단할 수 있다.

29) 伍媛媛, 『淸代補史藝文志硏究』, 合肥: 時代出版傳媒股份有限公司·黃山書社, 2012, 135면 참고.

협주의 내용을 해당 조목, 제요, 안설의 내용과 비교하면 그것은 없는 정보를 보충하는 것과 상이(相異)한 기록을 제시하는 것 두 가지 종류로 나눌 수 있다. 여기에서 상이한 기록을 제시하는 것은 비슷한 내용을 담은 기록을 보여주거나 자구(字句) 상의 차이를 밝히는 것을 말한다. 앞서 살핀 바에 따르면 『해동역사』「예문지」의 협주에서 상이한 기록을 제시하는 이 두 가지 경우가 상당히 많이 확인된다.

하나의 역사 사건이나 역사 문물에 대해 여러 문헌에서 다르게 기록할 경우가 있다. 서로 다른 문헌의 기록을 수집하고 그 속의 공통점과 차이점을 따지는 것은 고증학 중에서 '고이학(考異學)'이라고 한다.[30] 『해동역사』「예문지」는 협주를 통해 다른 기록을 제시하였지만 비교하고 따지는 작업이 다소 결여된 모습이다. 이 책의 협주가 지닌 고증적 성격은 그것의 안설이 지닌 고증적 성격과 같다고 볼 수 있다. 즉 안설과 협주는 모두 정보에 대해 '보충·설명'하는 경향을 보이고 있다.

고찰을 통해 『해동역사』「예문지」의 제요는 전형적인 집록체(輯錄體)의 기록 방식을 취하고 있고 안설과 협주의 내용은 서목을 수록한 경적 부류에서 목록학(目錄學)적 전문성을 갖추고 있으며 한시 부분에서 한시 비평의 전문성을 띠고 있다는 것을 확인할 수 있다. 이와 같은 특징을 도출하고 『해동역사』「예문지」의 안설과 협주를 통해 한치윤의 학문을 재평가할 수 있는바, 본고에서는 그의 학술적 성격을 '집록고증학(輯錄考證學)'이라고 조심스럽게 명명하고자 한다.

이와 같은 학문 방법을 실천하기 위해서는 지식정보의 '수집과 분류-편집-고증'과 같은 학문 작업 절차를 밟아야 했다. 한치윤이 『해동역사』「예문지」에서 실천한 고증학적 방법의 특징은 다음과 같이 요약

---

30) 祁龍威, 『考證學集林』, 廣陵書社, 2003, 97면.

할 수 있다. 일정한 편찬의식 하에 조목을 설정한 다음에 관련 자료를 제요, 안설, 협주와 같은 세 가지 형식으로 나누어 수록하였다. 제요에 수록한 기록은 일정한 집록 방법 및 방식에 따라 재편집한 것이다. 안설과 협주에서는 역시 집록 방법을 활용하지만 편찬자가 고증한 작업도 함께 반영한다. 그러한 고증작업의 성격은 자료와 정보를 보충하는 것에 치중한다는 것이다.

『해동역사』「예문지」만으로 『해동역사』 전서의 의미까지 포괄적으로 설명하는 것이 무리이다. 「예문지」 외에 이 책의 「세기」, 「인물고」, 「지리고」 등이 모두 해당 분야에서 일정한 학술적 위치를 지니고 있기 때문이다. 그리하여 앞으로 문헌학적으로 면밀하게 『해동역사』의 각 부분에 대해 검토한 후, 그러한 검토를 바탕으로 전반적인 분석을 거쳐 이 책의 학술사적 위치를 판단할 것이 요구된다. 그리고 다른 문인들의 자료 집록 작업에 대한 고찰을 통해 조선후기 지식인들이 중국이나 일본 문헌을 어떻게 구체적으로 집록했는지에 대해서도 살펴볼 필요가 있다. 앞서 원전의 대조 판본을 논한 자리에서 주이준의 『경의고』는 상당히 이른 시기에 조선으로 유입된 것으로 보인다고 밝혔다. 그러나 조선에서 주이준의 경학 성과에 대해 거론한 내용은 18세기 중반에 이르러서야 비로소 확인된다.[31] 이덕무는 1778년에 자신이 유리창에서 구입한 주이준의 『경해』(經解)를 열람하고 그 책이 간행된 지 100여년이 지났는데도 조선에서 그 존재를 모른다고 한탄하였다. 『경의고』의 초판이 조선에 유입되었던 사실을 감안하면 당시 사신들이 정말로 '낙후'한 서적만 가져왔던 것은 아닌 것 같다. 다만 존명의식(尊明意識)이 고조되었던 시대에는 청나라 학자의 저술을 공공연하게

31) 신재제, 「조선후기 『古文尙書』 논변과 朱彝尊의 영향」, 『대동문화연구』 100, 2017.

거론하는 것이 꺼려졌기 때문이라고 보인다. 이는 이익(李瀷)이 『성호사설』(星湖僿說)에서 청나라 문인의 서적을 인용하면서도 출처를 밝히지 않은 일로 방증할 수 있다. 이덕무가 연행한 당시 조선의 대청의식(對淸意識)에 이미 변화가 생겼고 30년 뒤, 한치윤이 『해동역사』의 편찬에 몰입하고 있었을 때에는 아마 더 큰 사상적 변화가 있었을 것이다. 조선의 일부 지식인들은 청대의 학술에 대해 전대보다 조금 더 적극적인 수용적 태도를 취하였는데 한치윤이 바로 그러한 지식인 중의 한 명이다. 따라서 청대 학술에 대한 수용은 그의 진보적인 면모로 평가할 수 있다.

제6장

결론

본고는 조선후기 학자 한치윤이 편찬한 『해동역사』 중의 「예문지」를 연구 대상으로 삼아 분류체계와 기술방식 그리고 원전에 대한 집록 양상을 고찰하였다. 그간 『해동역사』에 대해 주로 사학 분야에서 거시적 시각으로 조명한 일련의 연구들이 있었으나 1990년대 이후에는 더 이상 연구가 거의 진행되지 않았다. 그 원인은 85권이라는 방대한 분량과, 외국문헌에 대한 집록으로 편성되었다는 독특한 성격 때문이라고 본다. 이에 본고는 『해동역사』에서 가장 풍부한 내용을 담고 있는 「예문지」를 연구 대상으로 삼았다. 본고는 『해동역사』 「예문지」의 체계 등 그 자체에 대한 고찰을 했을 뿐만 아니라 편찬자 한치윤이 집록 대상으로 삼았던 원전과의 대조 작업도 진행하였다. 원전과의 대조를 통해 『해동역사』 「예문지」의 집록 양상과 그 의미를 밝혔고 최종적으로 문화교류사 측면에서 이 책의 의의를 규명하였다.

본고는 세 부분으로 구성되어 있다. 첫 번째 부분은 예비적 고찰로 우선 『해동역사』의 두 가지 필사본에 대해 고찰하고 이 두 필사본이 모두 본고의 기본 텍스트가 되었음을 밝혔다. 그리고 학술사 안에서의 문헌적 영향관계라는 측면에서 『해동역사』의 편찬 배경을 밝혔다. 두 번째 부분은 『해동역사』의 일부인 「예문지」 부분에 대해 집중적으로 고찰하였다. 이 부분은 「예문지」에 대한 표면적 고찰과 이면적 탐색 두 가지로 나뉜다. 즉 『해동역사』 「예문지」의 분류체계와 기술방식을 살핀 다음에 그것을 바탕으로 이 책이 집록 대상으로 삼았던 200여 종의 원전 문헌과 비교함으로써 편찬자 한치윤이 사용했던 집록 방법과 그 의미를 해명하였다. 세 번째 부분은 문화교류사 측면에서 『해동역사』 「예문지」의 의의를 규명한 것이다.

『해동역사』 외에 한치윤이 쓴 글은 전하지 않으므로, 한치윤에 대한 정보는 후손이 쓴 행장이나 그와 교유 관계를 맺었던 일부 문인의 단편적인 언급에서 얻을 수 있을 뿐이다. 따라서 『해동역사』의 편찬배경은 개인의 측면에서 밝히기 쉽지 않다. 이에 본고는 문헌적 영향관계에 입각하여 이 책의 편찬 배경에 대해 탐구하였다. 제2장에서는 우선 조선후기 사찬사서의 편찬 상황을 알아보았다. 선행연구에서 밝혀낸 조선후기 사찬사서의 사상적 특징 외에 본고는 사찬사서의 문헌적 특징에 주목하였는데, 특히 자국의 역사서술에서 중국 쪽 역사기록을 적극적으로 활용했다는 점에 주목하였다. 『해동역사』 이전의 사찬사서에서도 외국 문헌을 활용하긴 했지만 한치윤에 이르러 그러한 작업을 집대성한 셈이다.

국내의 학적 배경을 살펴본 후 이어서 두 가지 외국 문헌에 주목하여 『해동역사』와의 연관성을 고찰하였다. 하나는 중국 청나라 초기 역사학자인 마숙의 『역사』이고 다른 하나는 일본 마쓰시타 겐린의 『이칭일본전』이다. 『해동역사』는 편찬 목적, 일부 기술방식, 체계의 창신, 실사구시적 학문 자세 등에서 『역사』와 상통한다는 점이 확인된다. 또한 『해동역사』의 기록방식은 『이칭일본전』과도 상당히 유사할 뿐만 아니라, 특히 '타자의 시선을 의식'하다는 사고방식이 상통한다. 그리하여 본고는 『이칭일본전』이 발상에 있어서 『해동역사』에 직접적인 영향을 주었다고 본다.

제3장 제1절에서는 『해동역사』 「예문지」의 분류 체계와 기본 내용을 살펴보았다. 이러한 작업을 통해 『해동역사』 「예문지」를 전통적인 예문지의 전개사라는 큰 틀에서 조명할 수 있었다. 분류는 예문지 편찬에 있어 관건이 되는 작업이다. 『해동역사』 「예문지」의 분류 층위는 부류, 유목, 자목의 3단계 구조로 설정되어 있다. 그 아래에 '경적', '서법', '비각', '그림', '본국시', '중국시', '본국문', '중국문', '잡철' 등 총 9개 부류를 두었는데, 수록한 내용에 따라 크게 3부분으로 나눌

수 있다. 즉 ①서목과 서화, ②한시, ③외교문서와 잡철이다.

서목을 수록한 부분은 '본국서목' 유목과 '중국서목' 유목으로 구성되어 있다. '본국서목' 유목에는 경사자집(經史子集) 4개의 자목에 따라 관련 문헌을 수록하였고 '중국서목' 유목에는 경사자집 외에 또 '동국기사'라는 자목을 설정하였다. 그리고 서화 부분의 내용은 비교적 소략하다. 한시를 수록한 부분은 '본국시'와 '중국시'로 분류하였다. 편찬자는 외국 문헌에 수록된 본국의 한시는 시대 순으로 정리하였으나, 조선과 관련이 있는 중국 한시는 제재별로 분류하여 수록하였다. 그리고 외교문서 부분도 역시 '본국문' 부류와 '중국문' 부류로 나누어 주로 양국의 관련 공문들을 수록하였다.

전통적인 예문지와의 대비를 통해 『해동역사』 「예문지」는 분류 측면에서 전자를 계승한 부분도 있지만 자료의 특성과 내용적 제한으로 전통적인 예문지와 다른, 나름의 독특한 분류 설정도 있음을 밝혔다. 다시 말해, 전통적인 예문지의 '부류〉 유목〉 자목'과 같은 분류체계를 계승하고 있으나, 한편으로는 전통적인 예문지에서 볼 수 없는 독특한 항목 설정들도 확인된다. 『해동역사』 「예문지」의 분류체계가 지닌 특징은 세 가지로 지적할 수 있다. 첫째, 전통적인 예문지에서는 1차적인 '부류' 분류 층위에 사부분류법을 사용하였지만 한치윤은 3차 분류 층위인 '자목'에서 이 분류법을 사용하였다. 이렇게 설정한 이유는 예문지에서 '시문'을 수록하기 위한 것으로 설명된다. 그리고 두 번째 특징은 시문을 대량으로 수록한 점이고, 세 번째 특징은 '본국-중국'과 같은 이분법을 여러 번 사용했다는 점이다. 이러한 특징들에 대한 분석을 통해 한치윤이 일본의 학술과 문학을 달리 인식했다는 것을 추측하였고 또한 자신의 저술을 중국 학계에 알리고 싶어 하였던 목적을 포착하였다.

제3장의 제2절과 제3절에서는 『해동역사』「예문지」의 기술방식에 대해 고찰하였다. 분류체계를 살핀 결과를 바탕으로 『해동역사』「예문지」도 전통적인 예문지의 '조목-제요'와 같은 기본 형식을 엄수하고 있음을 확인할 수 있었다. 그러나 이러한 기본 형식은 원래 예문지의 서목에만 적용해왔지만 시문에도 적용한 점은 새로운 형식으로 보아야 한다. 따라서 이 부분에서는 '서목과 서화' 그리고 '한시와 외교문서' 두 가지 범주로 나누어 고찰하였다.

『해동역사』「예문지」는 '제요가 있는 예문지'이다. 따라서 이 예문지의 기본 구성 요소는 조목, 제요, 안설, 협주 등 네 가지이다. 그러나 모든 기사가 이 네 가지 요소를 전부 갖추고 있는 것은 아니다. 『해동역사』「예문지」의 기본 조항은 조목과 제요인데 간혹 협주와 편찬자의 안설도 삽입되어 있다. 그리하여 조목, 제요, 안설, 협주 네 가지 내용 구성 요소에 따라 '서목과 서화의 기술방식'과 '한시와 외교문서의 기술방식'으로 나누어 그 내용적 특징을 고찰하였다.

고찰한 결과를 종합하면 『해동역사』「예문지」에 설정된 총 868개 조목을 내용상 크게 두 종류로 분류할 수 있는데, 하나는 서목으로서의 조목이고 다른 하나는 작가와 시문의 제목을 제시하는 조목이다. 서목으로서의 조목은 총 213개인데 조선의 문헌자료를 표기한 조목은 81개이고 중국의 문헌자료를 표기한 조목은 132개이다. 수록된 조선의 문헌자료를 조사해 본 결과 시대로는 조선시대의 문헌이 41종으로 가장 많았고 서적의 종류로는 역사자료와 개인문집이 도합 63종으로 가장 많았다. 중국문헌을 기록한 조목에는 조선을 중심으로 유통되었던 중국서적과 조선을 대상으로 저술된 중국서적을 수록하였다. 시대별로 볼 때 송, 원의 문헌이 가장 많았고 종류별로 볼 때 조선을 대상으로 삼아 편찬한 문헌이 가장 많았다.

조선 문헌의 조목 기록 방식을 볼 때 서명이 분명한 조목과 서명이 불분명한 조목으로 구분된다. 구체적인 서명을 밝힌 조목은 '편저자+서명'과 같은 구조를 취하고 있는데 이는 역시 『해동역사』「예문지」 '경적' 부류의 조목 기본 형식이기도 하다. 이러한 조목 기본 형식은 간명하다는 장점이 있다. 서명이 불분명한 조목들은 고구려, 백제, 낙랑의 서적문화사의 공백을 메우는 역할을 하고 있다. 그 외에 다양한 목적과 원인으로 기본 형식을 취하지 않은 조목들도 있다. 중국 문헌의 조목 기록 방식은 '양분화'라는 특징을 지니고 있다. '경사자집'에 수록된 조목들은 주로 서명만 기록하는 방식을 취하고 있었고 '동국기사'에 수록된 조목들은 전반적으로 '편저자+서명'과 같은 구조를 취하고 있었다.

한시 부분에는 총 484개 조목을 설정하였는데 '본국시' 부류에 304개, '중국시' 부류에 180개를 설정하였다. 이 조목들은 '시인+시제' 혹은 '시제'만 기록하는 형식으로 되어 있다. 이러한 조목 설정을 통해 '본국시'에는 138인의 300제 342수의 한시를 수록하였고 '중국시'에는 106인의 182제 232수의 한시를 수록하였다. '본국시' 부류는 시대 순으로 수록한 데 비하여 '중국시' 부류는 주제별로 작품을 모았다. 분류 기준에서 드러난 이러한 차이는 자국 문화를 부각시키려는 편찬자의 의도가 작용한 결과이다. 그런데 외교문서를 주로 수록한 부분에서는 조목 설정이 일관성을 보여주고 있다. 이 부분에서 34개 조목을 통해 조선의 공식적 글을 36편을 수록하였고 116개 조목을 통해 조선과 관련된 중국의 공식적인 글 130편을 수록하였다.

『해동역사』「예문지」의 제요는 '집록체'와 '집고체' 두 가지가 있으나 수량적으로 집록체 제요가 압도적으로 많기 때문에 이 책의 제요를 '집록체 제요'로 규정하였다. 한치윤은 이와 같은 제요 수록 방식을 통해 다양한 자료를 보여주었다. 서목과 서화 부분의 제요는 모두 조목에 대한 해제이고 한시와 외교문서 부분의 제요는 시구(詩句)나 문장으로 구성하였다. 즉 한시 조목에는 시인과 시제를 수록하고 제요에는 해당 시구를 수록하였으며, 외교문서 조목에는 발신자와 작성자, 사연을 요약한 내용, 수신자 등을 수록하고 제요에는 문장을 인용하였다. 서목과 서화 부분에 수록된 361개 제요는 조목과의 관계에 따라 두 가지로 구분된다. 하나는 일대일 유형이고 다른 하나는 일대다 유형이다. 일대다 유형에 속하는 제요의 내용은 다양하다는 점이 확인된다. 또 한시와 외교문서 부분의 제요는 조목과 거의 '일대일' 관계를 맺고 있다.

안설은 한치윤이 자신의 고증이나 견해를 보여주기 위해 작성한 것인데 그의 학술 수준과 사상을 평가할 수 있는 중요한 자료이다. 서목과 서화 부분에는 총 85개 안설을 수록하였는데 그 내용은 목록학을 지향하는 것이 특징이다. 우선 서목 부분에 76개 안설이 확인되는데, '동국기사'에 실린 안설이 19개로 가장 많았다. 형식으로 볼 때 작은 글자체로 제요 속에 붙인 안설은 7개이고 조목, 제요와 같은 큰 글자체로 적은 안설은 69개이다. 그리고 내용 측면에서 볼 때 이들 안설은 '보충설명형' 안설, '의논평가형' 안설, '질의고증형' 안설 세 가지로 나눌 수 있다. 뿐만 아니라 서화 부분의 9개 안설도 이와 같은 세 가지 유형에 포함된다.

한시 부분 안설은 기록된 형식에 따라 '조목 속의 안설', '제요 속의 안설', '일반 안설' 세 가지로 분류할 수 있다. '본국시'의 '조목 속의 안설'은 모두 시인에 대한 안설로 '시인이 살았던 세대를 규명하는 안설', '시인의 자호, 관직과 관련된 정보를 보충하는 안설', '해당 시인의 작품 여부 문제를 다루는 안설' 세 가지로 분류된다. '제요 속의 안설'은 이문을 밝히는 안설, 다르게 수록한 상황을 고찰한 안설, 원문에서 생략한 내용에 대해 보충하는 안설 세 가지가 있다. 한시 부분의 일반 안설은 모두 한시 비평에서 사용되는 전형적인 '집일류' 안설과 '고정류' 안설인데, 이런 안설을 통해 중국인이 편찬한 여러 조선 시선집들 사이의 상호관계를 밝히고 있어서 매우 중요한 의미가 있다. 한편 '중국시' 부분의 안설은 모두 '조목 속의 안설'로 시인의 신분과 작시배경을 밝히고 있다. 한편 외교문서 부분에서는 안설이 나타나지 않는다.

『해동역사』「예문지」의 협주는 채록한 원전 내용 속에 있는 협주를 그대로 인용한 '원주'와 편찬자 한치윤이 보충한 '보주'로 나눌 수 있다. 그리고 보주는 또한 인용문을 활용한 '인문주'와 편찬자가 스스로 작성한 '자주'로 나눌 수 있다. 협주를 붙인 위치를 기준으로 보면 또한 '조목 속의 협주', '제요 속의 협주', '안설 속의 협주' 세 가지가 있다. 본고에서는 우선 '조목 속의 협주'을 살폈고 그 다음으로 '제요와 안설 속의 협주'을 고찰하였다. '조목 속의 협주'은 시문을 수록한 부분에 집중되어 있는데 총 164개 협주가 있다.

제4장에서는 원전과의 대조를 통해 『해동역사』「예문지」의 원전 집록 양상을 밝혔다. 제1절에서는 먼저 집록 대상으로 삼은 원전의 특징에 대해 고찰하였다. 본격적인 원전 대조에 앞서 우선 선정한 대조할 원전의 판본을 살펴보았다. 이에 일정한 기준에 따라 한치윤이 참조했을 가능성이 있는 판본들을 조사하였다. 그리고 인용횟수에 대한 조사를 통해 『해동역사』「예문지」에서 가장 많이 참조했던 서적들을 밝히고 아울러 이러한 서적들의 특징을 밝혔다. 선정 기준에 따라 선택된 원전의 판본들은 크게 여섯 가지로 구분되는데 '참조했을 가능성이 있는 여러 판본', '개작을 확인하는 데 필요한 여러 판본', '참조했을

가능성이 있는 유일한 판본', '총서류 판본', '필사본으로 추정되는 원전 자료', '조선본 중국서와 중국본 조선서' 등이다. 이것으로 『해동역사』「예문지」에서 집록 대상으로 삼았던 원전의 유통과 판본의 특징을 알아볼 수 있었다.

그리고 인용횟수에 대한 조사를 통해 『해동역사』「예문지」는 명청시대의 서적을 집중적으로 활용하였는데, 특히 청나라 초기 학자 주이준과 왕사정의 저술을 많이 참조하였고 또 관찬 서적을 주로 참조하였음을 확인할 수 있었다. 또한 『해동역사』「예문지」의 분류에 따라 원전 집록 상황을 살펴보면, 경적 부분에서 95종 외국 문헌을 참조하였는데 관찬 사서와 유서에 대해 인용 빈도가 상대적으로 높은 것을 알 수 있다.

그 다음으로 특정한 집록 방법의 사용과 분류체계에 따라 원전의 활용상황에 대한 고찰을 진행하고 이 작업을 통해 청대 학술에 대한 한치윤의 수용상황을 알아보았다. 원전 중의 해당 내용에 대해 『해동역사』「예문지」에서 어떠한 집록 방법을 통해 기사를 재편성했는지를 밝히고 그렇게 편찬한 의도를 추정해 보았다. 그 결과 『해동역사』「예문지」에서는 문장을 그대로 옮겨 수록하는 전재 방법을 통해 청나라 경학의 연구성과를 수용하였고, 또 한시 부분에서는 『열조시집』과 『명시종』에 대한 인용횟수가 압도적으로 많으며 이 두 시선집 중에서는 『열조시집』에 대해 우선 선택 원칙을 적용하였음을 확인하였다. 그리고 '경적' 부류를 고찰대상으로 삼아 각 유목과 자목의 집록 대상으로 삼은 서적들이 분명한 전문성을 띠고 있다는 것을 확인하였다. 이 두 가지 고찰을 통해 한치윤이 『해동역사』「예문지」에서 주이준을 위시한 청나라 초기 학자들의 저술을 수용한 것으로 확인되었고, 또한 청나라 '건가고증학'의 성과를 대표하는 『사고전서총목』에 상당히 의존했다는 사실이 확인되었다. 그리하여 한치윤이 전재 집록 방식과 전문 서적을 해당 분야에 알맞게 활용한 양상을 통해 그가 청대 고증학 형성기의 성과를 적극적으로 수용하였으며 또한 청대 '건가고증학'의 성과도 필요에 따라 적극적으로 수용했음을 알 수 있다.

『해동역사』「예문지」에서는 또한 재인용과 같은 집록 방법의 활용을 통해 지식정보의 확대를 시도하였다. 이러한 재인용은 전대에 축적된 지식과 정보의 성과를 충분히 계승한 결과이다. 특히 1차 자료를 재인용한 것은 물론 필요에 따른 것이지만 최종적 목적은 '신빙성'의 획득에 있었다. 그리고 '지식정보의 확대'가 편찬 작업의 이념으로 작용한 것은 18세기 말 19세기 초 조선 지식인들의 지식정보에 대한 갈망을 반영하고 있었다.

이어서 원전 문장에 대한 구체적인 채록 방법을 살펴보았는데 본고에서는 이러한 집록 방법을 '이합법'으로 명명하였다. 『해동역사』「예문지」에서는 '이이합'과 '합이리' 같은 원전 문장을 채록하는 방법을 사용하였는데 본고는 이를 '이합법'으로 규명한다. 편찬자 한치윤이 이러한 집록 방법의 활용을 통해 자국의 문화 역사를 부각하려는 목적을 이루었다.

다섯 번째는 『해동역사』「예문지」에서 편찬자가 어떠한 생각으로 사료를 취사하였는지에 대한 고찰이다. 한치윤은 외국문헌을 집록하는 방식을 통해 역사서를 편찬하였으므로 타자의 시선을 상당히 의식했던 것으로 파악된다. 그러나 외부 문헌의 자국 기록에 대해 객관적으로 그것을 보여주는 부분도 있지만 자신의 편찬 의식에 따라 일부 내용을 수용하지 않는 것도 발견된다.

제5장에서는 『해동역사』「예문지」의 의의를 규명하였다. 『해동역사』「예문지」는 전통 예문지의 분류 체제와 편찬 체계를 계승하는 동시에

뚜렷한 창의적인 면모를 보이고 있다. 한치윤은 이 책에 시문을 대폭 수록하여 문학적 가치와 문헌적 가치를 확보하였고 또한 유기적인 편찬 구조를 구축하였다. 그리고 다양한 외부자료와 자국의 자료를 수집하여 편집함으로써 조선 문화사를 풍부하게 하였는데 이 역시 중요한 의미를 지닌다. 한편 고찰을 통해 『해동역사』 「예문지」의 안설과 협주는 서목을 수록한 경적 부류에서 목록학적 전문성을 갖추고 있고 한시 부분에서 한시 비평의 전문성을 띠고 있으며 실용문을 수록한 부분에서 역사고증의 면모를 보여주고 있음이 확인되었다. 따라서 이 책은 내용과 형식 두 가지 측면에서 모두 독특한 면모를 지니고 있으며, 한국과 중국의 예문지 편찬사와 양국의 문화교류사에서 중요한 위치를 차지하고 있다고 평가할 수 있다.

부록 1

『海東繹史』「藝文志」 '本國詩' 부류에 수록된 한시작품

* '按說과 夾註(출처)'란에 안설과 주문이 있는지 여부를 표기하고 주문의 출처가 있는 경우 괄호 안에 해당 출처를 표기하였다.

순번	시인	한시작품	詩句의 출처	按說과 夾註(출처)
1	箕子	麥秀歌	『史記』	夾註(『史記』、『尙書大傳』)
2	麗玉	箜篌引	『古今注』	夾註(『古詩經』)
3	高句麗人	人蔘讚	『續博物志』	夾註(『名醫別錄』)
4	定法師	詠孤石	『古詩紀』	夾註(『古詩紀』)
5	乙支文德	遺于仲文詩	『隋書』	按說, 夾註(『隋書』)
6	新羅王	太平頌	『唐書』	按說, 夾註(『唐書』)
7	王巨仁	憤怨詩	『全唐詩』	夾註(『全唐詩』)
8	薛瑤	返俗謠	『全唐詩』	按說, 夾註(『全唐詩』)
9	金地藏	送童子下山	『全唐詩』	夾註(『全唐詩』)
10	新羅使	過海聯句	『全唐詩』	按說, 夾註(『堯山堂外記』)
11		古鏡細字	『全唐詩』	夾註(『全唐詩』)
12	高麗文宗	夢至汴京作	『蓬窓日錄』	夾註(『蓬窓日錄』)
13	朴寅亮	泗州龜山寺	『歷代吟譜』	按說, 夾註(『歷代吟譜』)
14	高麗使	觀燈詩	『補筆談』	夾註(『補筆談』)
15	李資諒	睿謀殿賜宴恭和御製	『宋詩紀事』	夾註(『宋詩紀事』)
16	無名氏	廣化門春帖字	『高麗圖經』	夾註(『高麗圖經』)
17		咸寧節宴口號	『高麗圖經』	夾註(『高麗圖經』)
18	韓皦如	書笏呈葉館伴	『石林燕語』	夾註(『石林燕語』)
19	鄭可臣	詠摩訶鉢國駱駝鳥卵	『日下舊聞』	夾註(『日下舊聞』)
20	偰遜	山雨	『明詩綜』	夾註(『明詩別裁』)
21	鄭夢周	皇州	『列朝詩集』	夾註
22		感遇	『列朝詩集』	
23		江南柳	『列朝詩集』	
24		聞鴈	『列朝詩集』	
25		使日本	『列朝詩集』	
26		使日本旅懷(二首)	『列朝詩集』、『明詩綜』	
27		偶題	『列朝詩集』、『明詩綜』	
28		望景樓	『列朝詩集』	
29		舟中	『列朝詩集』	
30		贈日本僧永茂	『列朝詩集』	
31		征婦吟	『列朝詩集』	

순번	시인	한시작품	詩句의 출처	按說과 夾註(출처)
32		客中行	『列朝詩集』	
33		驪興淸心樓	『列朝詩集』	夾註(『異稱日本傳』)
34	成石璘	送人之金剛山	『列朝詩集』	
35	李穡	瀼浦弄月	『列朝詩集』	
36		早行	『列朝詩集』、『明詩綜』	
37		驪興淸心樓	『異稱日本傳』	夾註(『異稱日本傳』)
38	李崇仁	詠史	『列朝詩集』	
39		僧舍	『列朝詩集』	
40		挽金太常	『列朝詩集』、『明詩綜』	
41	鄭樞	汚吏	『列朝詩集』	
42	金九容	江水	『列朝詩集』、『明詩綜』	
43	李詹	雜詠	『明詩綜』 (원전 출처 표기 없음)	
44	權遇	竹長寺	『明詩綜』	夾註(『明詩綜』)
45	權近	題鶴鳴樓	『明詩綜』	
46	趙云仡	卽事	『列朝詩集』、『明詩綜』	
47		自題墓誌	『明詩綜』	夾註(『明詩綜』)
48	李仁老	杏花鸜鵒圖	『艮齋雜說』、『明詩綜』	
49	鄭知常	醉後	『艮齋雜說』、『明詩綜』、『池北偶談』	夾註
50	韓脩	驪興淸心樓	『異稱日本傳』	按說, 夾註(『異稱日本傳』)
51	鄭道傳	重九	『列朝詩集』、『明詩綜』	
52		嗚呼島吊田橫	池北偶談』	
53	曹庶	五靈廟	『列朝詩集』、『明詩綜』	
54	鄭希良(亮)	有懷	『列朝詩集』	夾註(『明詩綜』)
55		輓歌	『列朝詩集』	
56		夜雨	『列朝詩集』	
57		秋望(二首)	『列朝詩集』	
58		江村	『列朝詩集』	
59		偶題	『列朝詩集』、『明詩綜』	夾註
60		塞上	『列朝詩集』	

순번	시인	한시작품	詩句의 출처	按說과 夾註(출처)
61		漫書	『列朝詩集』	
62	朴元亨	登漢江樓次張黃門韻(二首)	『列朝詩集』,『明詩綜』	
63		渡大同江次韻	『列朝詩集』,『明詩綜』	
64	申叔舟	陽德驛	『列朝詩集』,『明詩綜』	
65		寄權正卿	『列朝詩集』	
66		次韻登漢江樓	『明詩綜』	
67	權擥	登漢江樓(二首)	『明詩綜』	
68		楊花渡次陳給事韻	『明詩綜』	
69	尹子雲	登漢江樓次韻(三首)	『明詩綜』	夾註(『明詩綜』)
70	金時習	和鍾陵山居詩(二首)	『列朝詩集』,『明詩綜』	按說, 夾註
71	金宗直	會蘇曲	『列朝詩集』	夾註(『列朝詩集』)
72		黃昌郎	『列朝詩集』	夾註(『列朝詩集』)
73		聖母祠禱雨	『列朝詩集』	
74		華山畿	『列朝詩集』	
75		答晋山相公	『列朝詩集』	
76		送李節度赴鎭	『列朝詩集』	
77		佛國寺	『明詩綜』,『池北偶談』	
78		仙槎寺	『池北偶談』	
79	姜渾	贈妓	『明詩綜』,『艮齋雜說』	
80	李克堪	登漢江樓次韻	『明詩綜』	
81	徐居正	古意	『列朝詩集』	
82		春日	『列朝詩集』	
83		卽事	『列朝詩集』,『明詩綜』	
84	申從濩	傷春	『明詩綜』,『艮齋雜說』	
85	許琮	登浮碧樓次韻	『明詩綜』	
86		安興道中次王黃門韻	『明詩綜』	
87		登鳳山樓次韻	『明詩綜』	
88		松林晚照次韻	『明詩綜』	
89		所串館道中卽事次韻(二首)	『明詩綜』	

순번	시인	한시작품	詩句의 출처	按說과 夾註(출처)
90		(句)	『靜志居詩話』	
91	成俔	擬古	『列朝詩集』、『明詩綜』	
92		木綿詞	『列朝詩集』	
93	成侃	古曲	『列朝詩集』	夾註(『明詩綜』)
94		田父行	『列朝詩集』	
95		囉嗊曲	『明詩綜』、『艮齋雜說』	
96		漁父	『艮齋雜說』	
97	白元恒	秋夜	『列朝詩集』	
98	崔應賢	次慶州壁上韻	『列朝詩集』	
99	金訢	對馬島舟中夜作	『列朝詩集』	
100	南孝溫	西江寒食	『列朝詩集』	
101	盧公弼	鳳山樓次董內翰韻	『明詩綜』	
102		開城太平館次艾兵部韻	『明詩綜』	
103	李荇	開城館次董圭峯韻	『明詩綜』	
104		過臨津江	『明詩綜』	
105		答鹿峯給事	『明詩綜』	
106	李希輔	蔥秀山次唐先生韻	『明詩綜』	
107		次唐修撰夜宿太平館醉起韻	『明詩綜』	
108	蘇世讓	箕子操	『明詩綜』	
109		東方五章答陳給事	『明詩綜』	
110		蔥秀山次唐先生韻	『明詩綜』	
111		漢江陪宴	『明詩綜』	
112		答鹿峰給事	『明詩綜』	
113		良策道中次韻	『明詩綜』	
114		太平館次韻	『明詩綜』	
115		初見杜鵑花次雲崗修撰韻	『明詩綜』	
116	崔淑生	贈採芝	『艮齋雜說』	
117	魚無迹(跡)	逢雪	『明詩綜』、『池北偶談』	

순번	시인	한시작품	詩句의 출처	按說과 夾註(출처)
118	李孝則	鳥嶺	『明詩綜』	
119	鄭士龍	長虹	『明詩綜』	
120		釋悶	『池北偶談』	
121		(句)	『靜志居詩話』	
122	金安老	望遠亭次韻	『明詩綜』	
123		漢江陪宴次韻	『明詩綜』	
124	尹仁鏡	太平館次韻	『明詩綜』	
125		登漢江樓次韻	『明詩綜』	
126	金麟孫	次韻別吳副使	『明詩綜』	
127	沈彦光	太平館次韻	『明詩綜』	
128		望遠亭詩	『靜志居詩話』	
129	許洽	漢江陪宴次韻	『明詩綜』	夾註
130		(句)	『靜志居詩話』	
131	金謹思	別吳副使次韻	『明詩綜』	
132	尹殷輔	游漢江次韻	『明詩綜』	
133	黃琦	開城	『明詩綜』	
134	金安國	開城太平館次韻	『明詩綜』	
135	申光漢	次華使張承憲公遊漢江	『列朝詩集』	
136		癸巳三日寄茅洞瑞山(二首)	『列朝詩集』	
137		寄稷山宰閔君	『列朝詩集』	
138		望三角山有感	『列朝詩集』	
139		書事	『列朝詩集』	
140		暮景	『列朝詩集』、『明詩綜』	
141	林百齡	游漢江次韻	『明詩綜』	
142	李潤慶	漢江次韻	『明詩綜』	
143	李潔	泛臨津江	『明詩綜』	
144	南袞	鄭夢周死節詩(二首)	『列朝詩集』	
145	徐敬德	山居	『明詩綜』	
146		靈通寺次題壁韻	『明詩綜』	

순번	시인	한시작품	詩句의 출처	按說과 夾註(출처)
147	辛應時	送歐大行還朝	『明詩綜』	
148	朴淳	太平館次歐公韻	『明詩綜』	
149	李珥	辱(?)編修黃公示沿塗之作賦呈	『明詩綜』	
150		送黃公還朝	『明詩綜』	
151	金瞻	送別正使黃公還朝	『明詩綜』	
152	高敬命	別正使黃公	『明詩綜』	
153	金宏弼	書懷	『池北偶談』	
154	崔瀣	雨荷	『艮齋雜說』	
155	姜克誠	湖堂早起	『艮齋雜說』、『明詩綜』	夾註(『明詩別裁』)
156	月山大君 婷	古寺尋花	『列朝詩集』、『明詩綜』	按說, 夾註(『列朝詩集』、『靜志居詩話』)
157	吳時鳳	小雪堂	『池北偶談』	
158	金淨	遊鄭氏池亭	『列朝詩集』	
159		禱龍潭	『列朝詩集』	
160		村舍	『列朝詩集』	
161		秋閨	『列朝詩集』	
162		旅懷	『列朝詩集』、『明詩綜』、『艮齋雜說』、『池北偶談』	夾註(『艮齋雜說』、『池北偶談』)
163	崔壽城	驪江	『明詩綜』	
164		題畫	『池北偶談』	
165	鄭之升	留別	『明詩綜』、『艮齋雜說』、『池北偶談』	夾註
166	鄭碏	聞笛	『池北偶談』、『明詩綜』	夾註
167	林億齡	送友還山	『池北偶談』	夾註(『明詩綜』)
168	柳根	萬曆丙午五月送蘭嵎太史還朝	『明詩綜』	
169	李好閔	郊院(園)別席	『明詩綜』	
170	林悌	閨怨	『艮齋雜說』	夾註
171		中和道中	『明詩綜』、『池北偶談』	
172	白光勳	弘景廢寺	『池北偶談』	

순번	시인	한시작품	詩句의 출처	按說과 夾註(출처)
173		奉恩寺	『池北偶談』	
174	白光勉	懸津晩泊	『池北偶談』,『明詩綜』	夾註(『明詩綜』)
175	趙希逸	謫中	『明詩綜』	按說, 夾註(『靜志居詩話』)
176		次延曙都郵韻	『池北偶談』	
177		龍灣偶成	『池北偶談』	
178	趙昱	贈江湖主人	『明詩綜』,『池北偶談』	
179	成運	竹西樓	『池北偶談』	
180	奇邁	直禁咏懷	『明詩綜』,『池北偶談』	夾註
181	安璲	從軍行	『列朝詩集』	
182	崔慶昌	李少婦詞	『列朝詩集』	按說, 夾註(『列朝詩集』)
183		武陵溪(曲)	『池北偶談』	
184		采蓮曲	『池北偶談』	
185		仙桂曲題月娥帖, 和蓀谷韻	『列朝詩集』	
186	金質忠	病出湖堂	『池北偶談』	
187	柳永吉	福泉寺	『明詩綜』,『池北偶談』	夾註
188	李嶸	題僧軸	『明詩綜』	
189	李承召	詠燕	『明詩綜』	
190	朴文昌	題郭山雲興館畫屛	『明詩綜』	
191	申欽	寄友	『明詩綜』	
192	權韠	淸明	『明詩綜』	
193	金壍	寄友	『明詩綜』,『池北偶談』	
194	許篈	牽情引	『列朝詩集』,『明詩綜』	夾註(『明詩綜』,『列朝詩集』
195		出山別元參學	『列朝詩集』	夾註
196		鏡囊詞	『列朝詩集』	
197		感遇	『列朝詩集』	夾註(『列朝詩集』)
198		謝編修黃公惠詩扇	『明詩綜』	
199		奉別正使黃公	『明詩綜』	
200	許筠	송送참參군軍오吳자子어魚대大형兄환還천天조朝	『列朝詩集』	

순번	시인	한시작품	詩句의 출처	按說과 夾註(출처)
201		聽子野琴	『列朝詩集』	
202		送盧判官	『列朝詩集』	
203		平壤送南士還天朝(二首)	『列朝詩集』	
204		江天曉思	『列朝詩集』	
205		蕊珠曲	『列朝詩集』	
206		吳子魚南庄歸興次韻	『列朝詩集』	夾註
207		柬吳子魚先生	『列朝詩集』	
208		陪吳參軍子魚登義城	『列朝詩集』、『明詩綜』	夾註(『明詩綜』)
209		晩咏	『池北偶談』	
210	李秀才	呈吳子魚先生	『列朝詩集』	
211	藍秀才	席上賦呈吳子魚先生	『列朝詩集』	
212	尹國馨	感懷呈吳子魚參軍	『列朝詩集』	
213	梁亨遇	游龍山呈吳子魚先生	『列朝詩集』	
214	李植	泊漢江	『明詩綜』、『池北偶談』	
215	李子敏	賀聖節詩	『明詩綜』	按說, 夾註(『明詩綜』)
216	李達	病中對酒	『明詩綜』	按說, 夾註(『列朝詩集』)
217		斑竹怨	『池北偶談』	按說
218		憶昔行贈申正郎渫	『列朝詩集』	夾註
219		別李季獻之京	『列朝詩集』	
220		夜泊大灘	『列朝詩集』	
221		公山逢宋廷玉	『列朝詩集』	
222		曉行板橋村	『列朝詩集』	
223		寄問許典翰	『列朝詩集』	
224		書懷	『列朝詩集』	
225		道中感懷	『列朝詩集』	
226		贈別韓景洪濩	『列朝詩集』	
227		立春吳體	『列朝詩集』	
228		謝勤上人	『列朝詩集』	
229		無題	『列朝詩集』	
230		龍城次玉峰韻	『列朝詩集』	

순번	시인	한시작품	詩句의 출처	按說과 夾註(출처)
231		渡淸川江	『列朝詩集』、『明詩綜』	
232		題淸道李家壁	『列朝詩集』、『明詩綜』	夾註
233		客懷	『列朝詩集』、『明詩綜』	
234		平調四時詞(四首)	『列朝詩集』	
235		步虛詞(七首)	『列朝詩集』	夾註
240		宮詞(三首)	『列朝詩集』	
241		江陵東軒	『列朝詩集』	
242		題畫	『列朝詩集』	
243		嘉山道中	『列朝詩集』	
245		題僧軸	『列朝詩集』	
246		送尹佐郎暉之上京	『列朝詩集』	
247		贈樂師許億鳳	『列朝詩集』、『明詩綜』	
248		悼亡	『列朝詩集』、『明詩綜』	
249	朴瀰	題平壤館壁西京古蹟詩, 遺田儀曺(六首)	『池北偶談』	夾註(『明詩綜』)
250	崔澱	春日	『明詩綜』	
251		贈人	『明詩綜』	
252		鏡浦臺	『靜志居詩話』	
253	李廷龜	輓崔彦沉詩	『明詩綜』	
254	具면	輓崔彦沉	『靜志居詩話』	
255	權應仁	山居	『池北偶談』	
256	金尙憲	登州夜坐聞擊柝	『感舊集』、『明詩綜』	夾註(『感舊集』)
257		曉發平島	『感舊集』	
258		登州次吳秀才韻(二首)	『感舊集』	
259		東方朔故里	『感舊集』	
260		次同行金御史韻	『感舊集』	
261		早春(二首)	『感舊集』、『明詩綜』	
262		初至登州	『池北偶談』、『明詩綜』	
263		九日	『池北偶談』、『明詩綜』	
264		蓬萊閣	『池北偶談』	

순번	시인	한시작품	詩句의 출처	按說과 夾註(출처)
265	尹根壽	懷汪伯玉王元美兩先生詩	『太平淸話』	夾註(『太平淸話』)
266	李爾瞻	楊經理祠碑詩	『筠廊偶筆』	夾註(『筠廊偶筆』)
267	仇元吉	題徐菊莊樂府	『宸垣識略』	夾註(『宸垣識略』)
268	朝鮮主試官	(詩)(無題)	『明詩綜』	夾註(『明詩綜』)
269	洛師浪客	安定館北驛	『明詩綜』	
270	無名氏	沈駙馬碧波亭(臺)	『明詩綜』	
271	釋宏演	游紫淸宮	『列朝詩集』	
272	成氏	楊柳詞(二首)	『列朝詩集』	
273		書懷次叔孫兄弟	『列朝詩集』	
274		竹枝詞	『明詩綜』	
275	兪汝舟妻	別贈	『列朝詩集』	
276	李淑媛	斑竹怨	『列朝詩集』	夾註(『列朝詩集』)
277		歸來亭	『列朝詩集』	
278		採蓮曲	『列朝詩集』、『明詩綜』	
279		登樓	『列朝詩集』	
280		詠(咏)雪次韻	『列朝詩集』	
281		謾興贈郞	『列朝詩集』	
282		登樓	『列朝詩集』	
283		秋思	『列朝詩集』	
284		秋恨	『列朝詩集』	
285		寶泉灘卽事	『列朝詩集』	
286		自適	『列朝詩集』、『明詩綜』	
287		七夕	『兩朝平攘錄』	
288	許妹氏	古別離	『列朝詩集』	夾註(『列朝詩集』)
289		感遇(三首)	『列朝詩集』	
290		寄伯氏篈	『列朝詩集』	
291		鳳臺曲	『列朝詩集』	
292		望仙謠(二首)	『列朝詩集』、『明詩綜』	按說
293		湘絃曲	『列朝詩集』	

순번	시인	한시작품	詩句의 출처	按說과 夾註(출처)
294		四時歌(四首)	『列朝詩集』	按說
295		寄女伴	『列朝詩集』	
296		送兄篋謫甲山	『列朝詩集』	
297		塞上次伯氏	『列朝詩集』	
298		次伯兄高原望高臺韻	『列朝詩集』、『明詩綜』	夾註(『明詩別裁』)
299		次仲兄筠高原望臺韻	『明詩綜』	
300		雜詩	『明詩綜』	
301		效崔國輔(二首)	『明詩綜』、『列朝詩集』	
302		貧女吟	『列朝詩集』	按說
303		賈客詞	『列朝詩集』	
304		塞下曲	『列朝詩集』	
305		西陵行	『列朝詩集』	
306		遊仙曲百首(選四)	『兩朝平攘錄』	
307		宮詞(二首)	『兩朝平攘錄』	
308	德介氏	送行	『列朝詩集』	夾註(『列朝詩集』)
309	朝鮮妓	詠(咏)洗粒(粧)水	『西河集』	按說

부록 2

『海東繹史』「藝文志」 '中國詩' 부류에 수록된 한시 작품

* 작품의 배열은 『해동역사 예문지의 순서를 따르지 않고 시인의 생몰년 순으로 다시 정리하였다.
* '所屬 類目'란에 표시한 것은 『해동역사』「예문지」를 따른 것이다.

순번	시인	작품	밝힌 출처	所屬 類目
1	王胄 (558~613)	紀遼東(二首)	『古詩紀』	紀事
2	隋煬帝 (569~618)	紀遼東(二首)	『古詩紀』	紀事
3	唐太宗 (598~549)	遼城望月	『全唐詩』	題詠
4	孫逖 (696~761)	送新羅法師還國	『全唐詩』	贈和本國人
5	李白 (701~762)	高句麗樂府	『李太白集』	紀事
6	陶翰 (730년 진사 급제)	送金卿歸新羅	『全唐詩』	贈和本國人
7	皇甫曾 (약 756년 전후)	送歸中丞使新羅	『全唐詩』	送使本國
8	皇甫冉 (약718~약771)	送歸中丞使新羅	『全唐詩』	送使本國
9	沈頌 (唐玄宗 때)	送金文學還日東	『全唐詩』	贈和本國人
10	錢起 (약722~780)	送陸珽侍御使新羅	『全唐詩』	送使本國
11	顧況 (약727~약815)	送從兄使新羅	『全唐詩』	送使本國
12	李端 (737~784)	送歸中丞使新羅	『全唐詩』	送使本國
13	竇常 (746~825)	奉送職方崔員外攝中丞新羅冊使	『全唐詩』	送使本國
14	釋法照 (약747~821)	送無著禪師歸新羅國	『文苑英華』	贈和本國人
15	孟郊 (751~814)	奉同朝賢送新羅使	『全唐詩』	送使本國
16	權德輿 (759~818)	送韋中丞奉使新羅	『全唐詩』	送使本國
17	耿湋 (약 763년 전후)	送歸中丞使新羅	『全唐詩』	送使本國
18	竇鞏 (762~821)	新羅進白鷹		詠物
19	吉中孚 (약 786년 전후)	送歸中丞使新羅冊立吊祭	『全唐詩』	送使本國
20	張籍 (약766~약830)	送金少卿副使歸新羅	『全唐詩』	贈和本國人
21		送新羅使	『全唐詩』	贈和本國人
22		贈海東僧	『全唐詩』	贈和本國人
23	劉禹錫 (772~842)	送源中丞充新羅冊立使	『全唐詩』	送使本國
24	姚合 (약779~약855)	寄紫閣無名新羅頭陀	『全唐詩』	贈和本國人
25	殷堯藩 (780~855)	送源中丞使新羅	『全唐詩』	送使本國
26	許渾 (약791~약858)	送友人罷擧歸新羅	『全唐詩』	贈和本國人
27	項斯 (약 836년 전후)	送客歸新羅	『全唐詩』	贈和本國人
28	劉得仁 (약 838년 전후)	送新羅人歸本國	『全唐詩』	贈和本國人
29	顧非熊 (약 836년 전후)	紫閣無名新羅頭陀僧	『全唐詩』	贈和本國人
30		送樸處士歸新羅	『全唐詩』	贈和本國人

순번	시인	작품	밝힌 출처	所屬 類目
31	章孝標 (791~873)	送金可紀歸新羅	『全唐詩』	贈和本國人
32	馬戴 (799~869)	送朴山人歸新羅	『全唐詩』	贈和本國人
33	張喬 (약 890년 전후)	送朴充侍御歸新羅	『全唐詩』	贈和本國人
34		送棊待詔朴球歸新羅	『全唐詩』	贈和本國人
35		送賓貢金夷吾一作魚奉使歸本國	『全唐詩』	贈和本國人
36		送新羅僧	『全唐詩』	贈和本國人
37		送僧雅覺歸海東	『全唐詩』	贈和本國人
38		送人及第歸海東	『全唐詩』	贈和本國人
39	張蠙 (약 900년 전후)	送友人及第歸新羅	『全唐詩』	贈和本國人
40	楊夔 (약 900년 전후)	送新羅僧遊天台	『全唐詩』	贈和本國人
41	溫庭筠 (약812~약866)	送渤海王子歸本國	『全唐詩』	贈和本國人
42	曹松 (828~903)	送胡一作王中丞使日東	『全唐詩』	送使本國
43	皮日休 (약838~약883)	送新羅弘惠上人	『全唐詩』	贈和本國人
44	杜荀鶴 (약846~약907)	送賓貢登第後歸新羅	『全唐詩』	贈和本國人
45	徐寅 (약 904년 전후)	贈渤海賓貢高元固	『全唐詩』	贈和本國人
46	姚鵠 (843년 진사 급제)	送僧歸新羅	『全唐詩』	贈和本國人
47	釋貫休 (약 896년 전후)	送新羅人及第歸	『全唐詩』	贈和本國人
48		送新羅僧歸本國	『全唐詩』	贈和本國人
49		送新羅衲僧	『全唐詩』	贈和本國人
50	釋齊己 (863~937)	送高麗二僧南遊	『全唐詩』	贈和本國人
51	陸龜蒙 (?~881)	和襲美爲新羅弘惠上人撰靈鷲山周禪師碑送歸詩	『全唐詩』	贈和本國人
52	李昌符 (?~887)	送人使新羅	『全唐詩』	送使本國
53	蘇軾 (1037~1101)	次韻王晉卿奉詔押高麗燕射	『東坡集』	紀事
54		題高麗亭館	『東坡集』	紀事
55		和張耒高麗松扇	『東坡集』	詠物
56	黃庭堅 (1045~1105)	次韻錢穆父贈高麗松扇	『山谷集』	詠物
57		戱和文潛謝穆父高麗松扇	『山谷集』	詠物
58		謝鄭閎中惠高麗畫扇(二首)	『山谷集』	詠物
59		詠鵝青紙與高麗使(二首)	『山谷集』	詠物

순번	시인	작품	밝힌 출처	所屬 類目
60		和答錢穆父詠高麗猩猩毛筆	『山谷集』	詠物
61		戱詠高麗猩猩毛筆(二首)	『山谷集』	詠物
62	韓駒 (1080~1135)	謝錢珣仲惠高麗墨	『宋詩鈔』	詠物
63	吳激 (1090~1142)	鷄林書事	『中州集』	題詠
64	蔡松年 (1107~1159)	賦石州慢贈高麗館妓	『歸潛志』	贈和本國人
65		高麗館中(二首)	『中州集』	題詠
66	李晏 (1123~1197)	高麗平州中和館後草亭	『中州集』	題詠
67	王寂 (1128~1194)	送張仲謀使三韓	『中州集』	送使本國
68	張翰 (?~1217)	奉使高麗過平州館	『中州集』	題詠
69		金郊驛	『中州集』	題詠
70	樓鑰 (1137~1213)	題高麗行看子	『唐宋詩本』	紀事
71	王褒 (1140년 전후)	高句麗樂府	『古詩紀』	紀事
72	趙可 (1154년 진사 급제)	望海潮詞贈高麗館妓	『歸潛志』	贈和本國人
73	李遹 (1208년 전후)	使高麗	『中州集』	送使本國
74	釋明本 (1263~1323)	次韻瀋陽王題眞際亭	『中峰廣錄』	紀事
75	虞集 (1272~1348)	贈別兵部崔郎中暫還高麗卽回中朝	『道園學古錄』	贈和本國人
76	張翥 (1287~1368)	送式無外歸高麗	『元詩選』	贈和本國人
77	梵琦 (1296~1370)	高麗海東靑行	『列朝詩集』	詠物
78	傅若金 (1303~1342)	送幻上人還高麗	『元詩選』	贈和本國人
79	黃石翁 (약 1307년 전후)	送高麗五(玉)明馬	『元詩選』	詠物
80	迺賢 (1309~?)	送李中父使高麗頒曆	『元詩選』	送使本國
81	劉基 (1311~1375)	次韻和新羅嚴上人秋日見寄(二首)	『列朝詩集』	贈和本國人
82		重用韻, 答新羅嚴上人 (二首)	『列朝詩集』	贈和本國人
83	高啟 (1336~1374)	朝鮮兒歌	『列朝詩集』	紀事
84	唐之淳 (1350~1401)	詠高麗石燈		詠物
85	陳汝言 (1360년 전후)	送周仲瞻架閣使高麗	『列朝詩集』	送使本國
86	袁凱 (1360년 전후)	題王叔明畵雲山圖歌		詠物
87	任亨泰 (1388년 진사 급제)	送高麗貢使還 (二首)	『經世宏辭』	贈和本國人
88	王璲 (?~1425)	送文淵閣待詔端孝文使朝鮮	『列朝詩集』	送使本國

순번	시인	작품	밝힌 출처	所屬 類目
89	張寧 (1426~1496)	贈李府君	『奉使錄』	贈和本國人
90		贈李觀察	『奉使錄』	贈和本國人
91		贈曺觀察	『奉使錄』	贈和本國人
92		贈朴判書	『奉使錄』	贈和本國人
93		贈孫壽山	『奉使錄』	贈和本國人
94		贈朴枝	『奉使錄』	贈和本國人
95		贈醫官鄭次良	『奉使錄』	贈和本國人
96		書竹與知印黃致和	『奉使錄』	贈和本國人
97		書蘭竹與察訪李扶	『奉使錄』	贈和本國人
98		渡大同江	『奉使錄』	題詠
99		登黃州廣遠樓	『奉使錄』	題詠
100		登鳳山樓留題	『奉使錄』	題詠
101		午發釼(劍)水道中望龍泉	『奉使錄』	題詠
102		登金郊驛樓	『奉使錄』	題詠
103		渡臨津	『奉使錄』	題詠
104		三月三日寓太平館	『奉使錄』	題詠
105		登太平館樓六十韻	『奉使錄』	題詠
106		登漢江樓(十首)	『奉使錄』	題詠
107		登漢江樓又成	『奉使錄』	題詠
108		題韓判書鴨鷗亭詩卷	『奉使錄』	題詠
109		浮碧樓	『奉使錄』	題詠
110		和陳先生登萬景樓(二首)	『奉使錄』	題詠
111	李東陽 (1447~1516)	送祁郎中順奉建儲詔使朝鮮	『西涯集』	送使本國
112	邵寶 (1460~1527)	題王敬止使朝鮮卷		送使本國
113	楊愼 (1488~1559)	送唐皐守之使朝鮮	『升菴集』	送使本國
114	魏時亮 (?~1585)	平壤拜箕子墓, 幷訪井田遺跡	『明詩綜』	題詠
115	許國 (1527~1596)	贈靜觀齋朴判書	『許文穆集』	贈和本國人
116		贈陽原李司成	『許文穆集』	贈和本國人
117		贈高峯奇司藝	『許文穆集』	贈和本國人
118		贈鵝溪李校理	『許文穆集』	贈和本國人
119		贈也足窩魚護軍	『許文穆集』	贈和本國人

순번	시인	작품	밝힌 출처	所屬 類目
120		贈松溪居士權散人	『許文穆集』	贈和本國人
121		贈藕塘李司勇	『許文穆集』	贈和本國人
122		贈竹溪柳醫官	『許文穆集』	贈和本國人
123		贈洪司譯純彦	『許文穆集』	贈和本國人
124		贈白司譯元凱	『許文穆集』	贈和本國人
125		贈金參隨海	『許文穆集』	贈和本國人
126		贈秦參隨洵	『許文穆集』	贈和本國人
127		朝鮮國王挽詞 (四首)	『許文穆集』	紀事
128		朝鮮世子權署國事贈言 (二首)	『許文穆集』	紀事
129		登太平樓(二首)	『許文穆集』	題詠
130		迴瀾石	『許文穆集』	題詠
131		蔥秀山	『許文穆集』	題詠
132		玉溜泉	『許文穆集』	題詠
133		太虛樓	『許文穆集』	題詠
134		巾車同魏諫議出平壤城東北, 竝江行登浮碧樓, 雨憇永明寺, 晩霽, 觀麒麟窟, 遂泛舟南下, 還大同館作	『許文穆集』	題詠
135		登風月樓, 度凌波橋, 憩愛蓮堂觀荷, 有作	『許文穆集』	題詠
136		觀箕子井田有感	『許文穆集』	題詠
137		練光亭晩眺	『許文穆集』	題詠
138		快哉亭	『許文穆集』	題詠
139		望月亭	『許文穆集』	題詠
140		齊山亭	『許文穆集』	題詠
141		和魏給諫發簇林溪韻	『許文穆集』	題詠
142		和沙里院道中韻	『許文穆集』	題詠
143		望蟠松	『許文穆集』	題詠
144		使旋遂至松下, 復次前韻	『許文穆集』	題詠
145		阻雨, 同魏諫議坐快哉亭	『許文穆集』	題詠
146	王穉登 (1535~1612)	送萬伯修經略朝鮮	『列朝詩集』	送使本國
147	區大相 (1549~1616)	紀朝鮮事	『明詩綜』	紀事

순번	시인	작품	밝힌 출처	所屬 類目
148		定朝鮮	『明詩綜』	紀事
149	王士騏 (1554~?)	送顧太史冊封朝鮮 (二首)	『列朝詩集』及『明詩綜』	送使本國
150	馮琦 (1559~1603)	送邢司馬經略朝鮮 (五首)	『北海集』	送使本國
151	李應徵 (1573년 전후)	聞王師東援朝鮮	『明詩綜』	紀事
152	錢謙益 (1582~1664)	送劉編修鴻訓頒詔朝鮮 (十首)	『初學集』	送使本國
153		寄東江毛揔戎	『初學集』	送使本國附錄
154	姜曰廣 (1583~1649)	朝鮮玉溜泉	『明詩選』	題詠
155		渡大同江, 和董內翰	『明詩綜』	題詠
156		登浮碧樓	『明詩綜』	題詠
157		過箕子古城有感	『明詩綜』	題詠
158	洪瞻祖 (1596년 진사 급제)	題李都督朝鮮圖	『明詩綜』	紀事
159	丁學乾 (1604년 전후)	送劉太史使朝鮮		送使本國
160	袁懋謙 (1601년 진사 급제)	東封日本歌	『明詩綜』	紀事
161	尤侗 (1618~1704)	賀孫愷似高麗使回秋捷詩	『悔菴集』	送使本國附錄
162		朝鮮竹枝詞(四首)	『悔菴集』	紀事
163	魏祥 (1620~1677)	贈朝鮮使者(二首)	『魏伯子集』	贈和本國人
164	朱彝尊 (1629~1709)	孫愷似使旋夜話用李十九韻解連環	『曝書亭集』	送使本國附錄
165		高麗蔆歌賦, 謝納蘭院長	『曝書亭集』	詠物
166	吳兆騫 (1631~1684)	送哈佐領之朝鮮	『秋笳集』	送使本國
167		送金譯使之朝鮮	『秋笳集』	送使本國
168		送人之平遠朝鮮屬道	『秋笳集』	送使本國
169		高麗鶯	『秋笳集』	題詠
170	徐乾學 (1631~1694)	詠朝鮮牡丹(二首)	『憺園集』	詠物
171	王士禎 (1634~1711)	送孫愷似南歸詩	『漁洋集』	送使本國附錄
172		詔罷高麗貢鷹歌	『感舊集』	紀事

순번	시인	작품	밝힌 출처	所屬 類目
173	宋犖 (1634~1714)	題董文敏江山秋霽圖	『西陂類稿』	詠物
174		詠朝鮮牡丹	『西陂類稿』	詠物
175	邵長蘅 (1637~1704)	題秋霽圖奉和漫堂先生詩	『青門集』	詠物
176	高士奇 (1645~1704)	送孫愷似孝廉	『苑西集』	送使本國附錄
177	[일본] 木實聞	寄別青泉申公	『客館筆談』	附 日本詩: 贈和本國人
178		寄別耕牧姜公	『客館筆談』	
179		寄別西樵白公(二首)	『客館筆談』	
180	[일본] 朝文淵	奉呈青泉申公	『蓬島遺珠』	
181		呈姜張兩詩伯	『蓬島遺珠』	
182	[일본] 山縣孝儒	朝鮮二丈席上出示梅瓶要詩, 押以梅開盃字	『日本名家詩選』	

부록 3

『海東繹史』「藝文志」
'本國文' 부류와 '中國文'
부류의 수록 상황 일람표

조목 번호	條目	夾註의 내용과 출처	提要의 출처	提要의 내용
이하 '本國文 事大'				
권52-1	百濟蓋鹵王上宋孝武帝表	연대	『宋書』	관직을 내려달라는 표문
권52-3	百濟蓋鹵王上後魏孝文帝表	연대와 배경	『後魏書』	군사를 보내주어 고구려를 정벌하기를 요청하는 표문
권52-5	百濟東城王上南齊武帝表(二首)	연대와 배경	『南齊書』(2)	여러 사람에게 正職을 제수해 주기를 청하는 표문
권52-8	百濟東城王上南齊明帝表(二首)	연대와 배경	『南齊書』(2)	沙法名 등에게 정식 관직을 제수해 주기를 청하는 표문
권52-11	新羅聖德王上唐玄宗進奉表	연대와 배경	『冊府元龜』	朝貢하는 표문
권52-13	新羅聖德王上唐玄宗謝恩表	연대와 배경	『冊府元龜』	하사를 받고 謝恩하는 표문
권52-15	又	연대와 배경	『冊府元龜』	땅을 하사한 것에 사은하는 표문
권52-17	定安國王上宋太宗表	연대	『宋史』	송나라의 密書대로 거란을 토벌하는 것을 돕겠다는 표문
권52-19	高麗太祖上南唐烈祖箋	연대와 배경 『南唐書』	『南唐書』	남당 황제의 즉위를 축하는 전문
권52-21	高麗成宗上宋太宗謝表	연대와 배경 『宋史』	『宋史』	고려의 賓貢에게 급제를 내리는 것에 대해 사례하는 표문
권52-23	又	연대와 배경 『宋史』	『宋史』	고려의 죄인의 죄를 용서하라는 조지를 받고 사은하는 표문
권52-25	高麗賀金國正朝表	고증결과 설명	『松漠紀聞』	금나라 황제에게 正朝를 축하하는 표문
권52-27	我仁廟上皇明熹宗疏	연대와 배경	『明史』	毛文龍의 誣告에 대해 해명하는 상소문
권52-29	我仁廟上皇明毅宗疏	연대와 배경 『文獻備考補』	『春明夢餘錄』	인조가 부모를 추봉할 것을 청하는 상소문
이하 '本國文 與隣國'				
권52-31	渤海武王與日本聖武天皇書	연대와 배경 『續日本記』	『日本逸史』	통호하자는 국서
권52-33	渤海文王與日本聖武天	연대와 배경	『日本逸史』	표류한 일본인을 돌려보내면

조목 번호	條目	夾註의 내용과 출처	提要의 출처	提要의 내용
	皇書	『日本逸史』		서 통호할 것을 요청하는 국서
권52-35	渤海康王與日本桓武天皇書	연대와 배경 『日本逸史』	『日本逸史』	國喪을 알리고 우호를 닦을 것을 요청하는 국서
권52-37	又	고증결과 설명	『日本逸史』	물품을 선물한 것에 대해 사례하고 양국의 交聘을 제안하는 국서
권52-39	又	연대와 배경 『日本逸史』	『日本逸史』	일본천황의 交聘 관련 국서에 답하는 국서
권52-41	又	고증결과 설명	『日本逸史』	일본천황의 교빙관련 국서에 답하는 국서
권52-43	我世宗朝與日本國王書	연대와 배경 『異稱日本傳』	『異稱日本傳』	통신사를 파견하여 축하의 뜻을 전하는 국서
권52-45	我宣祖朝與日本國王書	연대와 배경 『日本史』	日本人 『征伐記』	통신사를 파견하여 우호 관계를 증진할 것을 요청하는 국서
이하 '本國文 牒, 狀, 呈文, 書, 記, 序, 銘'				
권53-1	高麗禮賓省移宋福建轉運使牒文	연대와 배경 『宋史』	『宋史』	고려와 송의 우호 관계를 맺을 것을 요청한 것에 대해 답하는 牒文
권53-3	高麗李資德進奉狀	연대와 배경 『遊宦紀聞』	『遊宦紀聞』	조공할 때 올린 狀 (四六文)
권53-5	金富軾進奉狀	『遊宦紀聞』		조공할 때 올린 장 (사륙문)
권53-7	本朝柳溥辨國系呈皇明禮部文	연대와 배경 『春明夢餘錄』	『春明夢餘錄』	조선 국계에 대해 서술한 呈文
권53-9	本朝蘇世讓請許勿禁拘呈皇明禮部文		『春明夢餘錄』	예전의 규례를 참조해서 조선의 사신들을 마음대로 출입하도록 허락해달라는 정문
권53-11	本朝金繼輝上皇明太宗伯書	연대와 배경	『明文奇賞』	조선의 國係 및 傳國에 대한 모함을 씻어 줄 새 『대명회전』의 반포를 기다리는 것을 요청하는 편지
권53-13	金繼輝再上宗伯書		『明文奇賞』	(위와 같음)

조목 번호	條目	夾註의 내용과 출처	提要의 출처	提要의 내용
권53-15	高麗金綠寶文閣燕記	배경과 위치 설명 『高麗圖經』	『高麗圖經』	예종이 청연각에서 신하들에게 연회를 베풀었던 일을 기록한 기문
권53-17	本朝崔恒皇華集序		『奉使錄』	文運論에 입각하여 명나라 사신 張寧의 시문을 찬양하는 서문
권53-19	本朝許筠朝鮮詩選後序	편집상황 설명 『列朝詩集』	『列朝詩集』	중국으로 游學갔던 선인을 부러워하는 서문의 일부
권53-21	李元楨送華使還京詩序		『池北偶談』	사신의 청렴한 인품을 찬양하는 서문
권53-23	本朝李廷龜楊經理生祠碑銘	배경 『筠廊偶筆』	『筠廊偶筆』	임진왜란 때 楊鎬의 事跡을 찬양한 銘
이하 '中國文 詔, 制, 勅'				
권54-1	宋武帝策高句麗長壽王百濟腆支王詔	연대	『宋書』	南朝 宋의 개국을 알리면서 고구려왕과 백제왕을 책봉하는 조서
권54-3	宋少帝賜高句麗長壽王詔	연대	『宋書』	사신을 파견하여 황제의 뜻을 전하고 노고를 위로하는 조서
권54-5	宋文帝賜百濟久爾辛王詔	연대	『宋書』	칙지를 선포하여 노고를 위로하는 조서
권54-7	宋孝武帝策高句麗長壽王詔	연대	『宋書』	고구려왕에게 벼슬과 封號를 내려주는 조서
권54-9	後魏孝文帝賜百濟蓋鹵王詔二首	연대와 배경	『後魏書』	백제에서 보내온 중국사신의 물건이 중국의 것을 아님을 알리는 조서 당장 고구려를 정벌하지 않겠다는 뜻을 전하는 조서
권54-12	後魏孝文帝賜高句麗長壽王詔	연대와 배경	『後魏書』	고구려 사신을 돌려보내면서 송과 통호한 것을 질책하는 조서
권54-14	南齊武帝策百濟東城王詔	연대	『南齊書』	貢物을 받고 백제왕을 책봉하는 조서
권54-16	梁武帝策高句麗文咨王詔	연대	『梁書』	고구려왕을 책봉하는 조서

조목 번호	條目	夾註의 내용과 출처	提要의 출처	提要의 내용
권54-18	梁武帝策百濟武寧王詔	연대와 배경	『梁書』	백제왕을 책봉하는 조서
권54-20	隋文帝賜百濟威德王詔	연대와 배경	『隋書』	하례 표문을 답하고 해마다 바치던 조공을 면제할 것을 알리는 조서
권54-22	隋文帝賜高句麗嬰陽王璽書	연대와 배경	『隋書』	항거할 계획을 세운 고구려왕을 질책하는 국서
권54-24	唐高祖賜高句麗榮留王書	연대와 배경, 사후 결과	『舊唐書』	중국 포로를 되돌려 보내라는 뜻을 전하는 국서
권54-26	唐太宗賜百濟武王璽書	연대	『舊唐書』	신라와의 停戰을 호소하는 국서
권54-28	唐太宗冊贈百濟武王詔	연대와 배경, 주요내용	『冊府元龜』	백제의 武王을 추증하며 내린 조서
권54-30	唐高宗與百濟義慈王璽書	연대와 배경	『舊唐書』	신라와 停戰을 권하는 조서
권54-32	唐玄宗賜新羅聖德王詔	연대와 배경(『冊府元龜』)	『冊府元龜』	조공을 받고 하사품을 보내면서 내린 조서
권54-34	又	연대와 배경(『冊府元龜』)	『冊府元龜』	당나라 사신이 돌아오자 신라왕에게 내린 조서
권54-36	唐玄宗勅新羅聖德王書	저자, 연대, 배경(『冊府元龜』)	『文苑英華』	당나라 사신이 신라로 갈 때 내린 조서
권54-38	又	저자,연대 고증(『冊府元龜』)	『文苑英華』	浿江에 堡壘 설치를 허락하는 조서
권54-40	又	저자, 고증내용 설명	『文苑英華』	신라왕의 표문에서 요청한 것을 허락하는 勅書
권54-42	唐玄宗勅渤海國武王書	저자, 연대 고증(『唐書』)	『文苑英華』	大門藝를 嶺南으로 보낸 후 통보하는 칙서
권54-44	又	저자, 고증 내용 설명	『文苑英華』	전에 올린 표문에 대한 답신
권54-46	又	저자, 연대	『文苑英華』	渤海 武王에게 내린 칙서

조목 번호	條目	夾註의 내용과 출처	提要의 출처	提要의 내용
		고증, 배경 (『冊府元龜』)		
권54-48	又	저자, 고증 결과 설명	『文苑英華』	突厥과의 관계에 대해 내린 칙서
권54-50	唐憲宗與新羅哀莊王書	저자, 연대 (『冊府元龜』), 고증 연대	『文苑英華』	신라가 陳謝한 것에 대해 내린 국서
권54-52	唐授新羅使金忠良官歸國制	저자, 연대 고증	『文苑英華』	신라 사신 金忠良에게 관직을 제수하고 귀국하게 하면서 내린 制書
권54-54	唐授新羅王子金元弘等太常寺少卿監丞簿制	저자, 연대 고증	『文苑英華』	신라 왕자 등에게 관직을 제수하면서 내린 제서
권54-56	附 唐封右武威將軍沙吒忠義郟國公制	저자, 추측 (『唐書』), 수록원인 설명	『文苑英華』	沙吒忠義를 郟國公에 봉하면서 내린 제서
권54-58	後唐明宗冊高麗太祖妃柳氏河東郡夫人制	연대	『冊府元龜』	고려 태조의 妃 柳氏를 책봉하면서 내린 제서
권54-60	宋太祖賜高麗光宗制	연대	『宋史』	고려 光宗을 책봉하면서 내린 제서
권54-62	宋太宗賜定安國王詔	연대	『宋史』	거란 토벌에 군사 협력을 요청하는 조서
권54-64	宋太宗諭高麗成宗詔	연대와 배경	『宋史』	(위와 같음)
권54-66	宋徽宗賜高麗仁宗詔	연대와 배경, 작성 상황 설명 (『高麗史』)	『高麗圖經』	새로 즉위한 왕에게 弔慰하는 조서
권54-68	慰高麗仁宗詔		『高麗圖經』	祭奠과 조위의 임무를 수행하는 사신을 파견하는 조서
권54-70	附 賜祭高麗睿宗文		『高麗圖經』	예종에게 내린 祭文
권54-72	宋高宗賜高麗仁宗詔	저자, 연대와 배경	『宋史』	고려 인종에게 사신을 보내지 마라라는 조서
권54-74	元世祖命高麗世子元宗	저자,	『元史』	세자 元宗을 고려의 왕으로 삼

조목 번호	條目	夾註의 내용과 출처	提要의 출처	提要의 내용
	歸國爲王仍賜其境內制	연대와 배경		고 귀국하게 하는 제서
권54-76	元世祖賜高麗元宗中統曆詔	연대	『弘簡錄』	中統曆을 하사하면서 내린 조서
권54-78	元世祖諭高麗元宗詔	연대와 배경, 내용	『元史』	군사협력과 군량 수송을 요청하는 조서
권54-80	元世祖諭高麗國僚屬軍民, 以討林衍之故詔	연대와 배경, 내용	『元史』	林衍을 토벌하기 위하여 내린 조서
권54-82	元世祖遣高麗元宗歸國諭官吏軍民詔	연대와 배경, 내용	『元史』	고려 원종의 귀국을 알리는 조서
권54-84	元世祖賜高麗忠烈王功臣號制	연대와 배경, 내용	『元史』	忠烈王에게 功臣號를 하사하면서 내린 制書
권54-86	元封高麗忠烈王妃忽都魯揭里迷失賜號安平公主制	저자, 인물 소개	『弘簡錄』	安平公主에게 봉호를 하사하면서 내린 조서
권54-88	元成宗高麗忠烈王加恩制	저자, 연대	『三續古文奇賞』	충렬왕에게 은혜를 더하고서 내린 제서
권54-90	元追贈高麗忠宣王三代制	저자, 인물 설명, 수록 순서 설명	『元文類』	忠宣王의 三代를 추숭하면서 내린 제서
권54-92	皇明太祖封高麗恭愍王詔	저자, 연대와 배경, 내용	『華川集』	恭愍王을 책봉하면서 내린 조서
권54-94	皇明太祖諭高麗恭愍王詔	연대와 배경	『明史』, 『武備志』	謝恩하는 것에 대해 내린 조서
권54-96	附 明太祖祭高麗山川祭文	저자, 연대 고증 결과	『華川集』	고려의 山川 제사한 祝文
권54-98	皇明穆宗封我懿仁王妃誥文	저자, 연대	『震川集』	懿仁王后를 책봉하면서 내린 誥文
권 54-100	皇明神宗諭我宣廟勅	연대와 배경	『明史』	왜적을 평정하고 조선에 내린 칙서
권 54-102	皇明熹宗賜我仁廟詔	연대와 배경	『明史』	毛文龍이 誣告한 일이 밝히자 仁宗에게 내린 조서
이하 '中國文 隋唐征高麗詔'				
권55-1	隋煬帝征高麗涿郡詔	연대	『隋書』	고구려를 정벌하기 위해 涿郡

조목 번호	條目	夾註의 내용과 출처	提要의 출처	提要의 내용
				에 내린 조서
권55-3	隋煬帝親征高麗詔	연대와 배경	『隋書』	隋煬帝가 고구려를 친히 정벌하면서 내린 조서
권55-5	隋煬帝親征高麗後大赦詔	연대	『冊府元龜』	고구려를 정벌한 뒤 大赦하면서 내린 조서
권55-7	隋煬帝三征高麗詔	연대, 결과	『隋書』	세 번째 고구려를 정벌하면서 내린 조서
권55-9	唐太宗命張儉伐高麗詔	연대와 배경	『冊府元龜』	고구려를 정벌하는 조서
권55-11	唐太宗征高麗諭衆詔	시기와 배경	『冊府元龜』	고구려를 정벌할 때 군사들에게 유시하면서 내린 조서
권55-13	唐太宗親征高麗詔	시기	『冊府元龜』	고구려를 친히 정벌하면서 내린 조서
권55-15	唐太宗征高麗誓師詔	시기와 배경, 宣旨人	『冊府元龜』	고구려를 정벌할 때 군사들에게 맹세하면서 내린 조서
권55-17	唐太宗拔高麗遼東城詔	시기와 배경	『冊府元龜』	遼東城을 함락시킨 후 내린 조서
권55-19	唐太宗拔高麗白巖城詔	시기와 배경	『冊府元龜』	白巖城을 함락한 후 내린 조서
권55-21	唐太宗攻安市城詔	시기와 배경	『冊府元龜』	安市城을 공격하면서 내린 조서
권55-23	唐太宗征高麗班師詔	시기와 배경	『冊府元龜』	군사를 철수시키면서 내린 조서
권55-25	唐太宗却高麗朝貢詔	시기와 배경	『冊府元龜』	고구려가 조공하는 것을 내치면서 내린 조서
권55-27	唐高宗停征高麗造船詔	시기와 배경	『冊府元龜』	고구려를 정벌하기 위한 배를 만드는 것을 정지시키면서 내린 조서
이하 ‘中國文 表, 疏, 狀, 劄, 議, 奏’				
권56-1	段文振勸伐高麗遺表	연대와 배경, 事後상황	『冊府元龜』	빨리 출정하여 平壤城을 함락시킬 것을 권하는 遺表
권56-3	褚遂良諫親征高麗疏	연대와 배경, 事後상황(『舊唐書』)	『舊唐書』	당태종이 친히 고구려를 정벌하는 것을 반대하는 상소
권56-5	房玄齡諫伐高麗表	연대와 배경(『舊唐書』)	『舊唐書』	당태종이 고구려를 정벌하는 것을 반대하는 표문
권56-7	李君球諫伐高麗疏	연대와 배경(『舊唐書』)	『舊唐書』	唐高宗이 친히 고구려를 정벌하는 것을 반대하는 상소

부록 4

海輯錄 原典의
관련 정보 일람표

* '인용 횟수'란에는 『해동역사』 「예문지」 속의 인용 횟수에 한한다.
* 해당 저서의 편성시기와 초판 간행 시기가 일치한 경우 '편성시기/초판 간행 시기'란에 하나만 기재한다.
* '참고 판본'란에는 『해동역사』 편찬에 참조했을 가능이 있는 판본과 그 외의 본고에서 또 참조한 판본을 적은 것이다.
* '소장'은 한국 도서기관에 소장여부를 가리킨다.

시대	순번	서명	대표 편저자	서적 성격	인용 횟수	편성시기/초판 간행 시기	참고 판본	소장
漢	1	『史記』	司馬遷 (B.C.145~?)	史書	2	B.C.90년/	①明 萬曆4년(1576)凌稚隆校本; ②清 萬曆二十四本의 重刊本; ③[조선본]肅宗年間印金屬活字本(顯宗實錄字)	○
	2	『說文』(『說文解字』)	許愼 (58?~147?)	字書	1	建光원년(121)	明 萬曆26년(1598)木版本	○
	3	『尙書大傳』	伏勝 (B.C.260~B.C.161)	經書	1		①清 乾隆9년(1744)木版本; ②清 嘉慶庚申(1800)刊本; ③清 嘉慶17년(1812)鄭元注本	○
晉	4	『古今注』	崔豹(晉惠帝 시대)	考證書	1	西晉시대/	四部叢刊三編景宋本	
	5	『三國志』	陳壽 (233~297)	史書	1		清 康熙39년(1700)刻本	○
南朝	6	『宋書』	沈約 (441~513)	史書	6	永明6년(488)/	清 乾隆4년(1739)武英殿刻本	○
	7	『名醫別錄』 (『本草經集注』의 일부)	陶弘景 (456~536)	醫書	1		『本草綱目』에 수록한 내용	○
	8	『南齊書』	蕭子顯 (489~537)	史書	5	天監연간 (502~519)/	①明 崇禎年間刊本; ②清 康熙39년(1700)刊本;	○
							③清 乾隆武英殿刻本	
唐	9	『後魏書』 (『魏書』)	魏收 (506~572)	史書	3	天保5년(554)/	清 乾隆4년(1739)武英殿刻本	○

시대	순번	서명	대표 편저자	서적 성격	인용 횟수	편성시기/초판 간행 시기	참고 판본	소장
	10	『梁書』	姚察(533~606) 姚思廉(557~637)	史書	5	貞觀10년(636)/	①明 萬曆3년(1575)北監本; ②明 崇禎6년(1633)毛晋汲古阁本; ③淸 乾隆4년(1739)武英殿刻本;	○
							④百衲本二十四史本	
	11	『陳書』		史書	1		①明 崇禎5년(1632)毛晋汲古阁本; ②淸 順治16년(1659)萬曆重校本;	○
							③淸 乾隆4년(1739)武英殿刻本	
	12	『隋書』	魏徵(580~643)	史書	8	顯慶원년(656)/	①明 萬曆22년(1594)木版本; ②淸 乾隆4년(1739)武英殿刻本	○
	13	『南史』	李延壽(貞觀연간)	史書	1	顯慶4년(659)/	①明 萬曆연간國子監刊本; ②明 崇禎연간刊本	○
	14	『後周書』(『周書』)	令狐德棻(583~666)	史書	2	貞觀10년(636)/	①明 崇禎5년(1632)毛晋汲古阁本; ②淸 順治16년(1659)萬曆重校本; ③淸 乾隆4년(1739)武英殿刻本	○
							④百衲本二十四史本(宋元明三朝本)	
	15	『貞觀公私畫史』	裴孝源(貞觀연간)	書畫書	2		叢書版(『說郛』百卄卷宛委山堂刻本)	○
	16	『唐朝名畫錄』	朱景玄(憲宗연간)	書畫書	2		淸 文淵閣『四庫全書』本	
	17	『李太白集』	李白(701-762)	詩文集	1	北宋시대	北宋 宋敏求增補刻本	
	18	『通典』	杜佑(735~812)	政書	1	貞元17년(801)/	①[조선] 嘉靖39년(1560)金屬活字本(乙亥字本); ②[조선] 萬曆39(1611)後刷本;	○
							③淸 武英殿刻九通本	
	19	『柳河東集』	柳宗元(773~819)	詩文集	1	819년 이후/	①淸 文淵閣『四庫全書』本	

시대	순번	서명	대표 편저자	서적 성격	인용 횟수	편성시기/초판 간행 시기	참고 판본	소장
							②日本 寬文4년(1664)刊本	○
	20	『歷代名畵記』(『名畵記』)	張彥遠 (815-907)	書畫書	1	大中원년 (847)/	①明 毛晉汲古閣『津逮秘書』本; ②叢書版(『說郛』百卄卷宛委山堂刻本『名畵記』)	○
	21	『舊唐書』	劉昫 (887~946)	史書	27	開運2년(945)/	①乾隆4년(1739)武英殿校刊本	○
							②百衲本二十四史本(南宋紹興刊本/聞人詮覆宋本)	
宋	22	『續博物志』	李石(北宋 초기)	筆記雜錄	2		叢書版(『說郛』百卄卷宛委山堂刻本)	○
	23	『淸異錄』	陶穀 (903~970)	雜錄	1		①叢書版(『說郛』百卄卷宛委山堂刻本); ②寶顏堂秘笈本	○
	24	『歷代吟譜』	蔡傳(1066~?)	人物辭典	2		『吟窓雜錄』에 수록한 내용	
	25	『唐會要』(『新編唐會要』)	王溥 (922~982)	史書	2	建隆2년(961)/	淸 武英殿聚珍版叢書本	○
	26	『五代會要』		史書	1	建隆2년(961)/慶曆6년(1046)	南宋 乾道7년(1171)施元復刊本	
	27	『文苑英華』	李昉 (925~996) 외	文章總集	17	雍熙4년(987)/嘉泰4년(1204)	①明 嘉靖45년(1566)胡維新重刻本; ②中宗 14년(1519)丙子字刊印本	○
	28	『冊府元龜』	王欽若 (962~1025)	類書	28	祥符6년 (1013)/	①宋殘本; ②明 崇禎黃國琦重刊本;	
							③淸 康熙11년(1672)序文本	○
	29	『墨客揮犀』	彭乘(약1086 전후)	筆記雜錄	1	徽宗시대 (1100~1126)	叢書版(『說郛』百卄卷宛委山堂刻本)	○
	30	『益州名畵錄』	黃休復(咸平연간)	書畫書	1		①明 萬曆19년(1591)『王氏書畵苑』刊本; ②叢書版(『說郛』百卄卷宛委山堂刻本)	○
	31	『新唐書』	歐陽修	史書	9	嘉祐5년	淸 順治16년(1659)明淸混	○

시대	순번	서명	대표 편저자	서적 성격	인용 횟수	편성시기/초판 간행 시기	참고 판본	소장
						(1060)/	成板	
	32	『五代史』	(1007~1072)	史書	4	皇祐5년 (1053)/	①明 萬曆28년(1600); ②明 崇禎3년(1630)毛晋汲古阁本; ③清 乾隆4년(1739)武英殿本	○
	33	『臨川集』	王安石 (1021~1086)	文集	1	紹興10년 (1140)	四部叢刊景明嘉靖本	
	34	『澠水燕談』(『澠水燕談錄』)	王辟之 (1031-?)	筆記雜錄	1		①叢書版(『御覽知不足齋叢書』)	○
							②清 文淵閣四庫全書本(叢書版『稗海』)	
	35	『補筆談』(『夢溪筆談』의 일부)	沈括 (1031-1095)	筆記雜錄	2	元祐연간 (1086~1093)	①叢書版『稗海』;	○
							②明 崇禎馬元調刊本; ③四部叢刊續編景明本	
	36	『東坡集』	蘇軾 (1037~1101)	文集	19		①[조선본] 成宗年間甲辰字『蘇文忠公集』; ②明 萬曆丙午(1606)茅維『蘇文忠公全集』本	○
	37	『黃山谷集』(『山谷集』)	黃庭堅 (1045~1105)	詩文集	7		①清 『四庫全書』本;	
							②『山谷詩集注』本	○
	38	『石林燕語』	葉夢得 (1077~1148)	雜錄	2	建炎2년 (1128)/	①清 四庫全書本	
							②叢書版(『說郛』百廿卷宛委山堂刻本)	○
	39	『孫公談圃』	劉延世(元祐연간)	筆記雜錄	1		叢書版(『說郛』百廿卷宛委山堂刻本)	○
	40	『圖畫見聞志』	郭若虛(熙寧연간)	繪畫書	2		①明 毛晉汲古閣本; ②明 津逮秘書本; ③清 『四庫全書』本	
							④清 掃葉山房石印本	○
	41	『宣和畵譜』	미상	書畫書	1	宣和2년 (1120)/	明 毛晉汲古閣『津逮秘書』本	○
	42	『鴻慶集』	孫覿	文集	1		清 文淵閣『四庫全書』本	

시대	순번	서명	대표 편저자	서적 성격	인용 횟수	편성시기/초판 간행 시기	참고 판본	소장
		(『鴻慶居士集』)	(1081~1169)					
	43	『松漠紀(記)聞』	洪皓 (1088~1155)	筆記雜錄	1	1155이후	①明『宋人百家小說』本;	○
							②清『四庫全書』本; ③明顧氏文房小說本	
	44	『高麗圖經』(『宣和奉使高麗圖經』)	徐兢 (1091~1153)	奉使錄	17	宣和5년 (1123)/ 乾道3년(1167)	清 乾隆58년(1793)『知不足齋叢書』本	○
	45	『四六談麈』	謝伋 (1099~1165)	文論書	1	紹興11년 (1141)/	①宋 百川學海本; ②清『四庫全書』本	
	46	『畫繼』	鄧椿(약 1100~1178)	書畫書	1	乾道·淳熙연간	①明 毛晉汲古閣『津逮秘書』本;	○
							②清『四庫全書』本	
	47	『通志』	鄭樵 (1104~1162)	史書	4	紹興31년 (1611)/	①[조선본] 英祖 23년(1747)刊行本; ②清 乾隆14년(1749)序文本	○
	48	『孟子集注』	朱熹 (1120~1200)	經書	2	淳熙3년 (1177)/	[조선본] 英祖30년(1754)간행본	○
	49	『南唐書』	陸游 (1125~1210)	史書	1		①四部叢刊續編景明鈔本;	
							②清 嘉慶15년(1810)戚光音釋本	○
	50	『遂初堂書目』	尤袤 (1127~1194)	私撰書目	4	慶元5년 (1199)/	①叢書版(『說郛』百廿卷宛委山堂刻本);	○
							②清 海山仙館叢書本; ③清『四庫全書』本	
	51	『清波雜志』	周輝 (1127~1199 이후)	雜錄	2	紹熙3년 (1192)/	①叢書版(『御覽知不足齋叢書』); ②叢書版(『說郛』百廿卷宛委山堂刻本);	○
							③四部叢刊續編景宋本	
	52	『貴耳錄』(『貴耳集』)	張端義 (1179~1248)	筆記雜錄	1	淳祐연간 (1241~1252)/	叢書版(『說郛』百廿卷宛委山堂刻本)	○
	53	『書錄解題』(『直齋書錄	陳振孫 (1183~?)	私撰書目	1	寶慶3년 (1227)/	清 乾隆38년(1773)武英殿本	○

시대	순번	서명	대표 편저자	서적 성격	인용 횟수	편성시기/초판 간행 시기	참고 판본	소장
		解題』)						
	54	『歸潛志』	劉祁 (1203~1250)	筆記 雜錄	2	瑞平원년 (1234)경/至大 연간 (1308~1311)	①叢書版(『知不足齋叢書』); ②清 乾隆44년(1779) 武英殿刊本	○
	55	『佛祖統紀』 (『佛祖統記』)	釋志磐 (약1218~약 1278)	佛教 歷史 書	1	咸淳5년 (1269)/	①大正新修大藏經本; ②日本寬政9년(1797)木版本; ③후쇄본	○
	56	『玉海』	王應麟 (1223~1296)	類書	11	/后至元6年 (1340)	①[조선본] 中宗연간(1506-1544)丙子字刊行本; ②明 1589년國子監萬曆癸未補刊本; ③清 乾隆3년(1738)刊行本; ④清 乾隆56년(1791)刊行本	○
	57	『朱子語類』	黎靖德 (?~?)	語錄 集	2	景定4년 (1263)/ 咸淳6년(1270)	①明 成化9년(1473)刊行本; ②明 萬曆32년(1604)刊行本; ③[조선본] 英祖 47년(1771)『朱子語類大全』; ④[조선본] 1774년『朱子語類考文解義』; ⑤[조선본] 丁酉字로 간행한『朱子語類抄』	○
	58	『遊宦紀聞』	張世南 (약1195~약 1264)	雜錄	4		①叢書版(『說郛』百卄卷宛委山堂刻本); ②叢書版(『知不足齋叢書』)	○
	59	『盛事美談』	미상	筆記 雜錄	1		叢書版(『說郛』百卄卷宛委山堂刻本)	○
	60	『丹青記』	미상(元 이전)	書畵 書	1		『熱河日記』,『青莊館全書』에 수록된 기사	○
金	61	『中州集』	元好問 (1190~1257)	詩選 集	8	海迷失2년 (1250)	①明 崇禎年間毛晉汲古閣刊本; ②清 四部叢刊景元刊本	○
元	62	『湛然居士集』 (『湛然居士	耶律楚材 (1190~1244)	文集	1	天興2년 (1233)/	①清 四部叢刊景元鈔本; ②清鈔本	

시대	순번	서명	대표 편저자	서적 성격	인용 횟수	편성시기/초판 간행 시기	참고 판본	소장
		文集』)						
	63	『寧和記聞』	江萬里 (1198~1275)	筆記雜錄	2		叢書版(『說郛』百廿卷宛委山堂刻本)	○
	64	『演繁露續集』	程大昌 (1123~1195)	政書	1		①清『四庫全書』本;	
							②叢書版(『說郛』百廿卷宛委山堂刻本)	○
	65	『中堂事記』	王惲 (1227~1304)	筆記雜錄	1		清 四庫全書本	
	66	『文獻通考』	馬端臨 (1254~1323)	政書	6	大德11년 (1307)/	①明 嘉靖3년(1524)序文刊本; ②清 乾隆12년(1747)武英殿本	○
	67	『松雪齋集』	趙孟頫 (1254~1322)	文集	1		①清 四部叢刊景元本;	
							②清 康熙연간刊本	○
	68	『中峰廣錄』(『天目中峰和尚廣錄』)	中峰明本 (1263~1323)	禪宗書	1		北京圖書館古籍珍本叢刊(第77卷)本	
	69	『道園學古錄』	虞集 (1272~1348)	文集	1	/至正원년 (1341)	清『四部叢刊』本	○
	70	『元文類』	蘇天爵 (1294~1352)	詩文選集	1	元統2년 (1334)/	①四部叢刊景元至正二年(1342)本(杭州路西湖書院刊本);	
							②明 嘉靖16년(1537)序文本	○
	71	『宋三朝藝文志』	(저자 미상)	書目	1		(『文獻通考』 인용문)	
	72	『畫鑑』(『古今畫鑑』)	湯垕 (天曆연간)	書畫書	1		①清『四庫全書』本;	
							②叢書版(『說郛』百廿卷宛委山堂刻本)	○
	73	『遼史』	脫脫 (1314~1356)	史書	5	至正4년 (1344)/	①明 萬曆4년(1576) 刊記本;	○
							②清 武英殿本二十四史本	
	74	『宋史』	脫脫 (1314~1356) 阿魯圖(?~?)	史書	35	至正5년 (1345)/ 至正6년 (1346)	①明 成化16년(1480)元刻本抄本成化本; ②明 嘉靖6년(1578)南監本; ③明 萬曆27년(1599)北監本; ④清 康	○

시대	순번	서명	대표 편저자	서적 성격	인용 횟수	편성시기/초판 간행 시기	참고 판본	소장
							熙39년(1700)刊行本; ⑤淸 乾隆4년(1739)武英殿本; ⑥[조선본] 成宗5년(1474)乙亥字刊行本	
	75	『農田餘話』	長谷眞逸 (元末明初로 추정)	筆記雜錄	1		①叢書版(『說郛』百廿卷宛委山堂刻本); ②叢書版(『尙白齋鐫陳眉公訂正秘笈』)	○
明	76	『元史』	宋濂 (1310~1381)	史書	7	洪武3년 (1370)	①明 萬曆30년(1602)北監本; ②淸 康熙25년(1686)重修本;	○
							③淸 乾隆4년(1739)武英殿本	
	77	『宋學士全集』	宋濂 (1310~1381)	文集	2		①淸 康熙48년(1709)刊本; ②明 嘉靖歲在庚戌(1550)序文本	○
	78	『華川集』	王禕 (1322-1374)	詩文集	2		淸『四庫全書』의『王忠文公集』本	
	79	『原始秘書』	朱權 (1378~1448)	類書	1	建文2년 (1400)/	①明 萬曆23년(1595)周氏萬卷樓刻本; ②明 永樂9년(1411)印本	
	80	『奉使錄』	張寧 (1426~1496)	使行記錄	36	天順4년 (1460)경/	①明 天啓3년(1623)樊維城刻『鹽邑志林』本; ②淸 乾隆46년(1781)『四庫全書』校正『方洲集』;	
							③[조선본] 영조49년(1773)『皇華集』本	○
	81	『大明會典』	徐溥 (1428~1499)	法典	2	弘治15년 (1502) /正德연간 (1506~1521)	①[조선본] 1552년 丙子字朝鮮刊本; ②明 萬曆4년(1576)增補本	○
	82	『朝鮮賦』	董越 (1430~1502)	見聞記文	2	/弘治연간 (1488~1505)	①明 王政校刊甲辰字活字本; ②[조선본] 蘇世讓太斗南刊行本(1490序文); ③[조선본] 中宗26년(1531)刊記木版本	○

시대	순번	서명	대표 편저자	서적 성격	인용 횟수	편성시기/초판 간행 시기	참고 판본	소장
	83	『升菴集』	楊愼 (1488-1559)	文集	1	萬曆연간	清文淵閣四庫全書補配清文津閣四庫全書本	
	84	『丹鉛錄』(『丹鉛總錄』, 『丹鉛輯錄』)	楊愼 (1488~1559)	筆記雜錄	2	嘉靖26년 (1547)/	①1601년 『升庵先生文集』本; ②1774년 陳愷序文題名丹鉛總錄本; ③1795년 養拙山房『升菴全集』本	○
	85	『賢識錄』	陸釴 (1495~1534)	筆記小說	1		叢書版(『續說郛』刊本)	
	86	『西湖志餘』(『西湖游覽志餘』)	田汝成 (1503~1557)	筆記雜錄	1	/嘉靖26년 (1547)	①明 萬曆47년(1619)本;	○
							②清 文淵閣『四庫全書』本	
	87	『震川集』	歸有光 (1507~1571)	文集	2		清 康熙『歸震川先生全集』刊本	○
	88	『蓬窓日錄』	陳全之 (1512~1580)	雜錄	2	/嘉靖44년 (1565)	明 嘉靖44년(1565)序文刊本	
	89	『古詩紀』(『詩紀』)	馮惟訥 (1512~1572)	詩選集	9	/嘉靖37년 (1558)	①明 王世貞校勘嘉靖本; ②叢書版(『御覽知不足齋叢書』);	○
							③清 文淵閣『四庫全書』本	
	90	『世善堂藏書目錄』(『世善堂目錄』)	陳第 (1541~1617)	目錄書	1	萬曆44년 (1616)/	叢書版(『御覽知不足齋叢書』)	○
	91	『明詩選』	李攀龍 (1514~1570)	詩選集	1	崇禎연간/	明 崇禎16년(1642)刊本	
	92	『弇州別集』(『弇山堂別集』)	王世貞 (1526~1590)	雜錄	1	萬曆18년 (1590)	①明 萬曆18년(1590) 刊行本; ②叢書版(『說郛』百卄卷宛委山堂刻本)	○
	93	『弇州續稿』		文集	2		明 崇禎연간刻本	○
	94	『藝苑卮言』		讀書劄記	1		明 萬曆十七年武林樵雲書舍刻本	
	95	『許文穆集』(『許文穆公集』)	許國 (1527-1596)	文集	45		明 萬曆許立言외 刻本	○

시대	순번	서명	대표 편저자	서적 성격	인용 횟수	편성시기/초판 간행 시기	참고 판본	소장
	96	『兩朝平攘錄』	諸葛元聲(萬曆연간)	雜史	6	1606년 이전/	明 萬曆刻本	
	97	『圖書編』	章潢 (1527~1608)	類書	1	/萬曆13년 (1585)	明 天啓3년(1623)岳元聲校訂本	○
	98	『萬姓統譜』	淩迪知 (1529~1600)	人名辭典	1		明 萬曆7년(1579)刊本	○
	99	『皇明文選』	汪宗元 (1530~1570)	詩文集	3	嘉靖33년 (1554)	明 嘉靖33년(1554)初刻本	
	100	『三才圖會』	王圻 (1530~1615) 王思義(미상)	圖錄類書	1	萬曆35년 (1607) /萬曆37년 (1609)	①明 萬曆37년(1609)初刻本;	
							②明 崇禎연간 曾孫爾賓重校本; ③清 康熙연간 潭濱黃晟東曙氏重校本	○
	101	『續文獻通考』	王圻	政書	3		明 萬歷31년(1603)刊本	○
	102	『閩大紀』 (『閩大記』)	王應山 (1531~?)	地理志	1		『福建舊方志叢書』(2005)	
	103	『復宿山房集』	王家屏 (1535~1603)	文集	1		明 萬歷魏養蒙刻本	
	104	『經世宏辭』	沈一貫 (1531~1615)	수험서	2	萬曆연간	①明萬曆18년(1590)序周氏萬卷樓本; ②[조선]필사본	○
	105	『國朝獻徵錄』 (『國史獻徵錄』)	焦竑 (1541~1620)	傳記集	2	萬曆중엽	明 萬曆44년(1616)曼山館刊印本	
	106	『大泌山房集』	李維楨 (1547~1626)	詩文集	1		明 萬曆39년(1611)序文本	○
	107	『甲乙剩言』	胡應麟 (1551~1602)	雜錄	2		①叢書版(『說郛』百廿卷宛委山堂刻本); ②叢書版(『尙白齋鐫陳眉公訂正秘笈』)	○
	108	『容臺集』	董其昌 (1555~1636)	文集	1	崇禎3년(1630)	明 崇禎3년(1630)初刻本	○
	109	『名山藏』	何喬遠 (1558~1631)	史書	1	萬曆연간	崇禎13년(1640) 木版本	○
	110	『弘簡錄』	邵經邦	史書	2	嘉靖38년	①清 康熙刻本	

시대	순번	서명	대표 편저자	서적 성격	인용 횟수	편성시기/초판 간행 시기	참고 판본	소장
			(?~1558)			(1559)경/	②清 乾隆18年(1753)凝秀山房本	○
	111	『太平淸話』	陳繼儒 (1558~1639)	雜錄	4		①叢書版(『尙白齋鐫陳眉公訂正秘笈』);	○
							②清 四庫全書本	
	112	『妮古錄』		雜記	1		①『寶顔堂祕笈祕集』本; ②『尙白齋鐫陳眉公訂正秘笈』本	○
	113	『眉公秘笈』	진계유 교정	叢書	5		陳繼儒編輯叢書6종	○
	114	『北海集』	馮琦 (1558-1604)	文集	2		明人文集叢刊(26)	
	115	『六硏齋筆記』	李日華 (1565~1635)	書畫 雜錄	1		①淸 明刻淸乾隆修補本; ②淸『四庫全書』本	
	116	『松江志』	미상	方志	1			
	117	『堯山堂外記』	蔣一葵(萬曆연간)	雜史	3	萬曆연간	明 萬曆34년(1606)序文本	○
	118	『中川集』	高克正(萬曆연간)	文集	1		馮琦의 『宗伯集』 기록	
	119	『三續古文奇賞』	陳仁錫 (1581~1636)	文選集	1			
	120	『明文奇賞』		文選集	2	/天啓3년 (1623)	明 天啓3년(1623)蘇州酉酉堂刻本	○
	121	『續說郛』	陶珽	叢書	1			
	122	『初學集』(『牧齋初學集』)	錢謙益 (1582~1664)	文集	3	/崇禎16년 (1644)	①明 崇禎16년 初刻本; ②錢曾의 『牧齋初學集詩註』	○
淸	123	『列朝詩集』		詩選集	175	順治6년 (1649)/ 順治9년(1652)	淸 順治9년 毛晋汲古閣刻本	○
	124	『有學集』(『牧齋有學集』)		文集	4	康熙2년 (1663)/ 康熙3년(1664)	淸 康熙甲辰年(1664)鄒鎡序文本	○
							淸 康熙四部叢刊景本	

시대	순번	서명	대표 편저자	서적 성격	인용 횟수	편성시기/초판 간행 시기	참고 판본	소장
							清 錢曾의『牧齋有學集詩註』	
	125	『武備志』	茅元儀 (1594~1640)	類書	3		明 天啓元年(1621)李維楨序文本	○
	126	『小寒山集』	陳函煇 (?-1646)	文集	1			
	127	『正字通』	張自烈 (1597~1673)	字書	1		清 康熙10년(1671)弘文書院板刻本 清 康熙24년(1685)吳氏畏堂刊本	○ ○
	128	『洪範經傳集義』	孫承澤 (1592~1676)	經學書	1		孫承澤의『尙書集解』「洪範」	
	129	『尙書集解』		經學書	1		清 康熙11년(1672)孫氏刻本	
	130	『春明夢餘錄』		筆記雜錄	4		清 文淵閣『四庫全書』本	
	131	『萬曆疏草』	吳亮輯(萬曆연간)		1		明 萬曆37년(1609)刻本	○
	132	『因樹屋書影』	周亮工 (1612~1672)	雜錄	1		清 康熙6년()刻本 清代刻本(연대 미상)	 ○
	133	『日知錄』	顧炎武 (1613~1682)	筆記雜錄	2	/康熙9년 (1670)	清 康熙34년(1695)本 清 乾隆60년(1795)本	○
	134	『亭林集』		文集	1			
	135	『憺園集』	徐乾學 (1631~1694)	文集	1			
	136	『艮齋雜說』	尤侗 (1618~1704)	筆記雜錄	13	/康熙29년 (1690)	清 康熙刻西堂全集本	
	137	『西堂餘集』		詩文集	1		清 康熙刻西堂全集本	
	138	『明史擬藁』		史書	1		『西堂餘集』本	○
	139	『悔菴集』		詩文集	3			
	140	『魏伯子集』	魏際瑞	文集	1		清 康熙연간林時益『寧都	○

시대	순번	서명	대표 편저자	서적 성격	인용 횟수	편성시기/초판 간행 시기	참고 판본	소장
			(1620~1677)				三魏全集』	
							『魏氏全集』本	
	141	『西河集』(『西河合集』)	毛奇齡 (1623~1716)	文集	5	/康熙38년 (1699)	『西河合集』本 清 『四庫全書』本	○
	142	『魏叔子集』	魏禧 (1624~1680)	詩文集	3		清 康熙연간林時益『寧都三魏全集』	○
	143	『韻石齋筆談』	姜紹書 (?~1680)	筆記雜錄	1		叢書版(『御覽知不足齋叢書』)	○
	144	『曝書亭集』	朱彝尊 (1629~1709)	詩文集	9	康熙48년 (1709)/	清 康熙53년原刻本	○
							清 康熙四部叢刊景本	
							清 嘉慶9년(1804)	○
	145	『日下舊聞』		地理志	5	/康熙14년 (1688)	清 康熙27년(1688)朱昆田補遺本	○
	146	『經義考』		經書書目	17	康熙38년 (1699)/ 1709년	清 乾隆20년 盧見曾補刻本	○
							清 乾隆42년 汪汝瑮補刻本	○
	147	『明詩綜』		詩選集	166	康熙41년 (1702)/ 康熙44년 (1705)	清 康熙間刻白蓮涇刻本	○
							清 康熙六峯閣藏版	○
							清 四庫全書本	
	148	『靜志居詩話』		詩話集	19		清 嘉靖扶荔山房刻本	○
	149	『寧都先賢傳』(『魏季子詩文集』)	魏禮 (1628~1693)	文集	1		清 康熙연간『魏氏三子文集』刊本	○
	150	『秋笳集』	吳兆騫 (1631~1684)	文集	4		清 雍正4년(1726)刻本	
	151	『潛邱劄記』	閻若璩 (1638~1704)	劄記	2		清 四庫全書本	
	152	『香祖筆記』	王士禎 (1634~1711)	筆記集	1	康熙44년 (1705)	清 康熙乙酉刻本	○
							清 四庫全書本	
	153	『池北偶談』		筆記	38	康熙28년	清 康熙28년(1689)閩中刊	

시대	순번	서명	대표 편저자	서적 성격	인용 횟수	편성시기/초판 간행 시기	참고 판본	소장
							本	
							清 康熙39년(1700)臨汀郡署本	
				雜錄		(1689)	清 康熙30년(1691)三槐堂刊本	○
							清 康熙40년(1701)文粹堂刊本	
							清 康熙40년金谿李化自怡草堂校勘本	
							清 四庫全書本	
							필사본 (충남대학교 도서관 소장)	○
	154	『漁洋詩話』		詩話集	2	康熙47년(1708)/	清 雍正3년(1725)木版本	○
							清 乾隆13년(1748)木版本	○
							清 四庫全書本	
	155	『蠶尾集』		詩文集	1		清 乾隆12년(1747)『帶經堂集』本	○
	156	『感舊集』		詩集	8		清 乾隆17년(1752)廣居堂刻本	○
	157	『漁洋集』(『帶經堂集』)			3		清康熙57년(1718)程哲七略書堂刻本	○
	158	『筠廊偶筆』	宋犖(1634~1713)	筆記	4		清 康熙刻本	
	159	『西陂類稿』		詩文集	2	/康熙50년(1711)	清 康熙50년(1711)刊本	○
	160	『青門集』	邵長蘅(1637~1704)	文集	1		清 康熙연간『邵子湘全集』本	○
	161	『字典』(『康熙字典』)	張玉書(1642~1711) 陳廷敬(1639~1712)	字書	1	康熙55년(1716)/	清 康熙55년(1716)武英殿本	○
							清 四庫全書本	
	162	『宋詩鈔』	吳之振(1640~1717)	詩選集	1		清 鑑古堂刊本	○
							清 文淵閣四庫全書本	
	163	『佩文齋書畫	王原祁	類書	3	/康熙47년	清 康熙47년(1708)靜永堂	○

시대	순번	서명	대표 편저자	서적 성격	인용 횟수	편성시기/초판 간행 시기	참고 판본	소장
		譜』	(1642~1715)			(1708)	藏初刊本	
	164	『苑西集』	高士奇 (1645~1704)	文集	1		清 康熙1년(1662)朗潤堂『清吟堂全集』本	○
	165	『全唐詩』(『欽定全唐詩』)	彭定求 (1645~1719) 외 여러 사람	詩集	66	康熙45년 (1706)/	清 康熙46년(1707)初刻本	○
							清 文淵閣四庫全書本	
	166	『魏興士集』	魏世傑 (1645~1677)	文集	1		『魏氏全集』本	○
	167	『魏昭士集』	魏世效 (1655~1725)	文集	1		『魏氏全集』本	○
	168	『魏敬士集』	魏世儼 (1662~1617)	文集	1		『魏氏全集』本	○
	169	『虞初新志』	張潮(1659~?)	傳奇小說集	1		清 康熙39년(1700)刻本	○
	170	『四朝詩選』(『御選宋金元明四朝詩』, 『御製四朝詩選』)	張豫章(康熙 연간) 외	詩選集	1	康熙48년 (1709)/	清 內府揚州詩局刻本	
	171	『清一統志』(康熙『大清一統志』와 乾隆『大清一統志』)	蔣廷錫 (1669~1732) 외 여러 사람	地理書	1	乾隆8년 (1743)1차,乾隆49년(1784)2차/ 乾隆9년(1744)	清 乾隆9년(1744) 1차 간행본	○
							清 乾隆49년(1784) 2차 四庫全書本	
	172	『元詩選』	顧嗣立 (1669~1722)	詩選集	4	康熙32년 (1693)/ 康熙33년 (1694)	清 文淵閣四庫全書本	
	173	『明詩別裁』	沈德潛 (1673~1769) 周準(雍正연간)	詩集	2		清 乾隆4년(1739)刊本	○
	174	『明史』	張廷玉	史書	22	乾隆4년(1739)	清 乾隆4년(1739)武英殿本	○

시대	순번	서명	대표 편저자	서적 성격	인용 횟수	편성시기/초판 간행 시기	참고 판본	소장
			(1672~1755)					
	175	『宋詩紀事』	厲鶚 (1692~1752)	詩選集	4		淸 乾隆11년(1746)刊記本	○
	176	『榕城詩話』	杭世駿 (1696~1773)	詩話集	1	雍正10년 (1732)/	叢書版(『御覽知不足齋叢書』)	○
	177	『四庫全書總目』	紀昀 (1724~1805)	官撰書目	24	乾隆46년 (1781)/ 乾隆54년 (1789)	淸 乾隆54년(1789)武英殿刻本	
							淸 乾隆60년(1795)浙江杭州本	
	178	『浙江採集遺書總錄』	鍾音 (1736~1796)	官撰書目	9	乾隆39년 (1774)	淸 乾隆39년(1774)刻本	○
	179	『寰宇訪碑錄』	孫星衍 (1753~1818)	碑刻書	5	嘉慶2年 (1797)/ 嘉慶7年(1802)	淸 嘉慶7년(1802)刻本	○
	180	『宸垣識略』	吳長元 (1770년 전후)	歷史地理書	3		淸 乾隆53년(1788)池北草堂刻本	○
	181	『白石餘稿』	미상		1			
	182	『南豊集』	미상		1			
	183	『全唐詩注』	미상		1			
	184	『韋氏書說』	미상		1			
조선	185	『東醫寶鑑』 [중국본]	許浚 (1539~1615)	醫書	1	광해군2년 (1610)/ 광해군5년 (1613)	朴趾源『熱河日記』에 수록한 序文	○
							淸 乾隆31년(1766)壁漁堂沃根園刻本	○
							淸 乾隆31년凌漁序刊本	○
							淸 嘉慶1년(1796)江寧敦化堂刊本	○
							淸 嘉慶1년(1796)英德堂刊本	
일본	186	『蓬島遺珠』	晁文淵(?~?)		2			
	187	『時學鍼焫』	高志(?~?)		1			

시대	순번	서명	대표 편저자	서적 성격	인용 횟수	편성시기/초판 간행 시기	참고 판본	소장
	188	『孝經』	藤益根 (?~?) 編	經書	1	/寬政3년 (1791)	寬政3년(1791)藤益根編本	○
	189	『異稱日本傳』	松下見林 (1637~1704)	史書	29	元祿戊辰 (1688)/ 元祿6년(1693)	元祿6년(1693) 刊行本	○
	190	『日本逸史』	鴨祐之 (1659~1723)	史書	9	/享保9년 (1724)	享保9년(1724)紫軒烏谷長庸刊行本	○
	191	『徂徠集』	荻生徂徠 (1666~1728)	文集	2		元文5년(1740)武江書林本	○
	192	『客館筆談』 (『客館璀璨集』)	木下蘭皐 (1681~1752)	筆談集	6	1719년/ 1720년	享保五庚子年(1720)刊行本	
	193	『和漢三才圖會』	寺島良安 (?~?)	類書	8	正德2년 (1712)/ 正德3年(1713)	正德3年(1713) 日本木版本	○
	194	『續日本記』	管野朝臣眞道	史書	1			
	195	『征伐記』	미상		1			
	196	『日本紀』			1			
	197	日本『文德實錄』			1			
	198	『日本史』			2			
	199	『日本名家詩選』			1			

부록 5

『海東繹史』「藝文志」「經籍」부분 提要와 夾註의 原典 대조표

* 인용된 원전내용은 '인용한 원전과의 비교'란에서 **굵은 글자체**로 표시한다.
* 원전과 일치하거나 異文이 적을 경우 '인용한 원전과의 비교'란에 '전재(轉載)'나 이문에 대한 교감 및 구체적인 출처만 제시한다.
* 『해동역사』에서 '同上(앞의 책과 같음)'로 표시한 출처에 대해 이 부록에서 모두 해당 출처로 바꾼다.
* 집록되지 않은 원전 내용 가운데 본고의 논의와 관련성이 없다고 판단될 경우, 원문 제시를 생략하며 '...'로 표시한다.

순번	[상란] 『해동역사』, 『예문지』의 제요와 주해 [하란] 인용한 원전과의 대조 및 출처
권42-1	周武王封箕子於朝鮮, 中國之禮樂、詩書、醫藥、卜筮皆流于此. 『三才圖會』
	高麗國, 古名鮮卑, **周**名**朝鮮**, **武王封箕子於**其國, **中國之禮樂、詩書、醫藥、卜筮皆流于此**. 『三才圖會』, 『人物』 권12, 「高麗國」
권42-2	高句麗書籍有'五經'、'三史'、『三國志』、『晉陽秋』. 『後周書』
	高麗者, 其先出於夫餘....自號曰**高句麗**, 仍以高爲氏....**書籍有'五經'、'三史'、『三國志』、『晉陽秋』**. 『周書』 권49, 『列傳』 제41, 「異域」上
권42-3	高麗俗愛書籍. 『舊唐書』
	高麗者, 出自扶餘之別種也....**俗愛書籍**...『舊唐書』 권199, 『列傳』 제149, 「東夷」
권42-4	百濟俗愛墳史, 其秀異者, 頗解屬文, 又解陰陽五行及醫藥、卜筮、占相之書. 『後周書』
	百濟者, 其先蓋馬韓之屬國, 夫餘之別種....**俗**重騎射, 兼**愛墳史**. **其秀異者, 頗解屬文**. **又解陰陽五行**. 用宋『元嘉曆』, 以建寅月爲歲首. 亦解**醫藥、卜筮、占相之**術. 『周書』 권49, 『列傳』 제41, 「異域」上
권42-5	百濟其書籍有五經、子、史. 『舊唐書』
	百濟國本亦扶餘之別種, 嘗爲馬韓故地....**其書籍有五經、子、史**. 又表疏並依中華之法...『舊唐書』 권199, 『列傳』 제149, 「東夷」
권42-6	①梁世百濟國請講禮博士, ②詔使陸詡行. ③詡少習崔靈恩三禮義宗. 『陳書』
	陸③**詡少習崔靈恩三禮義宗**, ①**梁世百濟國**表求**講禮博士**, ②**詔**令**詡行**. **還**除給事中, 定陽令. 『陳書』 권33, 『列傳』 제27, 「儒林」
권42-7	元祐七年, 秘省言, 高麗獻書多異本, 館閣所無, 詔校正二本別寫, 藏太淸樓、天章閣. 『玉海』
	元祐七年五月十九日, **秘省言**, **高麗獻書多異本**, **館閣所無**, **詔校正二本別寫**, **藏太淸樓、天章閣**. 『玉海』 권52, 『藝文』, 「景德太淸樓四部書目」, <嘉祐補寫太淸樓書>
권42-8	宣和間, 有奉使高麗者, 其國異書甚富, 自先秦以後, 晋唐隋梁之書皆有之, 不知幾千家幾千集. 『貴耳集』
	宣和間, 有奉使高麗者, 其國異書甚富, 自先秦以後, 晋唐隋梁之書皆有之, 不知幾千家幾千集, 蓋不經兵火. 今中秘所藏, 未必如此旁搜而博蓄也. 『貴耳集』 卷上
권42-9	韓无咎嘗說, 高麗入貢時, 神宗諭其進先秦古書. 及進來, 內有六經不曾焚者. 神宗喜, 卽欲頒行天下. 王介甫恐壞他新經, 遂奏云: "眞僞未可知, 萬一刊行後爲他所欺, 豈不傳笑夷夏?" 神宗遂止. 今本亦不傳. 以某觀之, 實未必有是事, 蓋招徠高麗時, 介甫已不在相位, 且神宗是甚次第剛明, 設使所進, 直有契于上心, 豈介

순번	[상란]『해동역사』,『예문지』의 제요와 주해 [하란] 인용한 원전과의 대조 및 출처
	甫所能止之? 記得『文昌雜錄』, 高麗進孝經、緯經, 只是讖緯之書, 無進先秦古書事.『朱子語類』
	嘗見**韓无咎說, 高麗入貢時, 神宗諭其進先秦古書. 及進來, 內有六經不曾焚者. 神宗喜, 卽欲頒行天下. 王介甫恐壞他新經, 遂奏云:"眞僞未可知, 萬一刊行後爲他所欺, 豈不傳笑夷夏?"神宗遂止. 本亦不傳. 以某觀之, 未必有是事, 盖招徠高麗時, 介甫已不在相位, 且神宗是甚次第剛明, 設使所進, 直有契于上心,** 亦**豈介甫所能止之?** 又**記『文昌雜錄』中, 高麗**所**進孝經**門上下一二句記未眞、**緯經, 只是讖緯之書, 無進先秦古書事**. 但嘗聞尤延之云,『孟子』·「仁也者人也」章下, 高麗本云 "義也者, 宜也. 禮也者, 履也. 智也者, 知也. 信也者, 實也. 合而言之, 道也." 此說近是. (儒用)『朱子語類』 권133,『本朝』7,「夷狄」
권42-10	高麗臨川閣, 在會慶殿西會同門內, 其中藏書至數萬卷, 又有淸讌閣, 亦實以經史子集四部之書.『高麗圖經』 △『初學集』: 高麗臨川閣, 其聚書籍之所.
	①臨川閣, 在會慶殿西會同門內. 爲屋四楹, 窓戶洞達, 外無重簷, 頗類臺門, 非燕集之地. **其中藏書**數萬卷而已.『高麗圖經』권6·「宮殿二」·「臨川閣」 ②…誾誾秋秋, 服膺儒學. 雖居燕韓之左僻, 而有齊魯之氣韻矣. 比者, 使人到彼. 詢知臨川閣藏書, **至數萬卷, 又有淸燕閣, 亦實以經史子集四部之書**. 立國子監以選擇儒官, 甚備.『高麗圖經』권40·「儒學」 △寶文淸燕集襟裾, 飛閣臨川類石渠. 試按圖經問遺跡, 輶軒莫忘訪遺書. 寶文淸燕皆**高麗**秘閣. **臨川閣, 其聚書籍之所**.『初學集』 권2,『還朝詩集』下, <送劉編修鴻訓頒詔朝鮮十首>
권42-11	『高麗史』文宗十年八月, 西京留守報, 京內進士明經等諸業擧人所業書籍, 率皆傳寫. 字多乖錯. 請分賜秘閣所藏九經、『論語』、『孝經』置於諸學院, 命有司各印一本送之. 肅宗六年三月, 制以秘書省經籍板本, 委積損毁, 命置書籍鋪於國子監, 移藏之, 以廣摹印.『經義考』 △ 朱彛尊曰: "按『高麗史』所稱文宗, 仁孝王徽也. 肅宗, 明孝王顒也. 文宗以宋仁宗慶曆七年立, 肅宗以哲宗紹聖二年立."
	『高麗史』文宗十年八月, 西京留守報, 京內進士明經等諸業擧人所業書籍, 率皆傳寫. 字多乖錯. 請分賜秘閣所藏九經、『論語』、『孝經』置於諸學院, 命有司各印一本送之. 十二年四月, 知南原府事試禮部員外郎李靖恭進新雕『三禮圖』五十四版, 詔置秘閣. **肅宗六年三月, 制以秘書省經籍板本, 委積損毁, 命置書籍鋪於國子監, 移藏之, 以廣摹印.** **按『高麗史』所稱文宗, 仁孝王徽也. 肅宗, 明孝王顒也. 文宗以宋仁宗慶曆七年立, 肅宗以哲宗紹聖二年立**.『經義考』 권293,『鏤板』

순번	[상란] 『해동역사』, 『예문지』의 제요와 주해 [하란] 인용한 원전과의 대조 및 출처
권42-12	洪武元年, 賜高麗王六經,四書,『通鑑』,『漢書』. 『名山藏』·「王享記」 △『農田餘話』: 上海章了堂宋故家也, 家藏書至全備. 元時, 高麗成金千兩欲易之, 不允. △『賢識錄』: 舊傳東夷諸國多乞賜書, 及賜, 惟易不能達, 凡數賜, 每有之舟輒溺, 或曰:“令人誦記去.” 人亦不達, 未察信否.
	明興, 王高麗者王顓. 高帝卽位之**元年**, 遣使賜璽書. 明年, 顓表賀, 願世世備外屬. 上喜, 賜之明曆封爲王. 予金印, 送還其國流人. 其秋, 王遣其總部尙書成惟德千牛衛大將軍金甲兩表貢方物, 謝幷賀天壽節, 中宮及皇太子皆有獻, 幷請祭服制度. 上召問使者政俗,城郭,甲兵,居室之詳, 所以敎王修德治民守國備禦之意, 甚至賜王冠服,藥器,陪臣冠服及六經,**四書,「通鑑」,「漢書」**. 『名山藏』·『王享記』一, 「東南夷」, <朝鮮日本> △**上海章了堂宋故家也, 家藏書至全備**, 前**元**文宗**時**, 講筵芈及唐昏夷中詩, 上詢其有文集否, 諸學士皆以未聞對, 或進言章氏藏書之富. 遂特旨下訪其家, 果有聶集. 上之勅授某州敎授以旌之. 厥後, **高麗成金千兩欲易之, 不允**. 子孫後不振. 張氏有國時已散失多矣. 『農田餘話』 下 △ **舊傳東夷諸國多乞賜書, 及賜, 惟易不能達, 凡數賜, 每有之舟輒溺, 或曰:“令人誦記去.” 人亦不達, 未察信否**. 出『野記』. 『賢識錄』
권42-14	永樂元年, 朝鮮 國王表請經籍, 賜之. 『明史』
	永樂元年, 芳遠遣使朝貢...芳遠**表**謝, 因**請**冕服書**籍**, 帝嘉其能慕中國禮, **賜**金印,誥命,冕服,九章,圭玉,珮玉,妃珠翠,七翟冠,霞帔,金墜及經籍,綵幣表裏. 『明史』 권320, 『列傳』 208, 『外國一』, 「朝鮮」
권42-15	六年朝鮮 世子禔來朝, 賜御製詩,書籍. 『弇州別集』
	六年, 又**賜**舍楊白金二百兩,鈔百錠,紵絲紗羅金織襲衣, **朝鮮世子**李**禔御製詩**,白金錦綺,**書籍**,筆墨,鞍馬, 其王白金千兩...『弇山堂別集』 卷七十七·『賞賚考』下·「四夷來朝之賞」
권42-16	宣德八年, 朝鮮 國王遣弟子詣太學, 不許, 賜五經,四書,‘性理’,‘通鑑’,‘綱目’諸書, 俾學國中. 『明史』
	宣德二年三月...八年, 裪奏**遣子弟詣**大**學**或遼東學, 帝**不許**, **賜五經,四書,‘性理’,‘通鑑’,‘綱目’諸書**. 正統元年...『明史』 권320, 『列傳』 208, 『外國一』, 「朝鮮」
권42-17	劉玄子從朝鮮還, 言彼中書集多中國所無者, 且刻本精良, 無一字不傚. 趙文敏惜爲倭奴殘毁, 至踐履之間, 往往以書幅拭穢, 亦典籍一大厄會也. 因目不忍見, 每命部卒聚而焚之. 『甲乙剩言』 △『香祖筆記』: 華州郭宛委宗昌, 嘗從遼左得倭帥豊臣書一紙, 書間行草古雅蒼勁, 有晉唐風, 是朝鮮破後求其典籍之書也. 鱗介之族, 乃能好古如此.

순번	[상란]『해동역사』, 『예문지』의 제요와 주해 [하란] 인용한 원전과의 대조 및 출처
	劉玄子從朝鮮還, 言彼中書集多中國所無者, 且刻本精良, 無一字不倣. 趙文敏惜爲倭奴殘毁, 至圜溷**之間, 往往以書幅拭穢, 亦典籍一大厄會也. 因目不忍見, 每命部卒聚而焚之**. 余乃知 國初朝鮮獻『顔子』, 朝議以僞書却之. 此四庫之所以不及前代也. 且如今中秘所藏, 如子華,關尹,亢倉之類, 果皆出於諸賢手乎? 嗟嗟! 眞以爲, 僞或爲眞. 惟具眼者, 能別其眞與僞耳. 『甲乙剩言』·「劉玄子」 **△華州郭宛委宗昌, 嘗從遼左得倭帥豊臣書一紙, 書間行草古雅蒼勁, 有晉唐風, 是朝鮮破後求其典籍之書也. 鱗介之族, 乃能好古如此**. 王弘撰『山史』云. 『香祖筆記』 卷3
권42-18	朝鮮人最好書, 凡使臣入貢, 限五六十人, 或舊典､新書､稗官小說在彼所缺者, 日出市中, 各寫書目, 逢人偏問, 不惜重直購回, 故彼國反有異書藏本. 『太平淸話』
	朝鮮人最好書, 凡使臣入貢, 限五六十人, 或舊典､新書､稗官小說在彼所缺者, 日出市中, 各寫書目, 逢人遍問, 不惜重直購回, 故彼國反有異書藏本. 『太平淸話』
권42-19	余曾見朝鮮所刻『皇華集』乃中朝勅封使臣與彼國文臣唱和之什, 鏤板精整, 且璽紙瑩潔如玉, 海邦緗帙洵足稱奇. 『韻石齋筆記』
	朝鮮人最好書, 凡使臣入貢, 限五六十人, 或舊典或新書或稗官小說在彼所缺者, 日出市中, 各寫書目, 逢人遍問, 不惜重直購回, 故彼國反有異書藏本也. **余曾見朝鮮所刻『皇華集』乃中朝**冊**封使臣與彼國文臣唱和之什, 鏤板精整, 且繭紙瑩潔如玉, 海邦緗帙洵足稱奇**. 『韻石齋筆談』 上, 「朝鮮人好書」
권42-22	豊坊云, 家有『古書世學』六卷, 言得朝鮮､倭國二本, 合於今文､古文､石經古本. 錢謙益謂皆坊僞撰也. 『明史』
	豊坊『古易世學』五十卷 坊**云家有**古易, 傳自遠祖稷, 又『**古書世學**』**六卷, 言得朝鮮､倭國二本, 合於今文､古文､石經古本**. 『魯詩世學』三十六卷, 亦言豊稷所傳. **錢謙益謂皆坊僞撰也**. 『明史』 권96, 『志』 72, 『藝文』 1
권42-23	五經得於秦火之餘, 其中固不能無錯誤. 學者不幸而生乎二千餘載之後, 信而闕疑, 乃其分也. 近世之說經者, 莫病乎好異. 以其說之異於人, 而不足以取信. 於是舍本經之訓詁, 而求之諸子百家之書. 猶未足也, 則舍近代之文, 而求之遠古, 又不足. 則舍中國之文, 而求之四海之外. 如豊熙之古書世本, 尤可怪焉. 鄞人言, 出其子坊僞撰. 曰箕子朝鮮本者, 箕子封於朝鮮, 傳書古文, 自帝典至微子止, 後附「洪範」一篇. 曰徐市倭國本者, 徐市爲秦博士, 因李斯坑殺儒生, 託言入海求仙, 盡載古書, 至島上, 立倭國, 卽今日本是也. 二國所譯書, 其曾大父河南布政使慶錄得之, 以藏於家. 按宋歐陽永叔「日本刀歌」: “徐福行時書未焚, 逸書百篇今尙存.” 盖昔時已有是說, 而葉少蘊固已疑之. 夫詩人寄興之詞, 豈必眞有其事哉? 日本之職貢於唐久矣. 自唐及宋, 歷代求書之詔, 不能得. 而二千載之後, 慶乃得之, 其得

순번	[상란] 『해동역사』, 『예문지』의 제요와 주해 [하란] 인용한 원전과의 대조 및 출처
	之, 又不以獻之朝廷, 而藏之家. 何也? 至曰箕子傳書古文, 自帝典至微子, 則不應別無一篇逸書, 而一一盡同於伏生、孔安國之所傳, 其曰後附「洪範」一篇者, 徒見『左氏傳』三引「洪範」, 皆謂之商書, 而不知王者周人之稱, 十有三者周史之記, 不得謂商人之書也. 「禹貢」以'導山導水'移於'九州'之前, 此不知古人先經後緯之義. 「五子歌」"爲人上者奈何不敬", 以其不叶而改之曰"可不敬乎". 謂本之鴻都石經, 據正義言, 蔡邕所書石經尙書, 止今文三十四篇, 無「五子之歌」, 熙又何以不考而妄言之也, 夫天子失官, 學在四夷, 使果有殘編斷簡, 可以裨經文而助聖道, 固君子之所求之, 而惟恐不得者也. 若乃無益於經, 而徒爲異以惑人, 則其於學也. 亦謂之異端而已. 愚因歎, 夫昔之君子, 遵守經文, 雖章句先後之間, 猶不敢輒改. 乃近代之人, 其於讀經, 鹵莽滅裂不及昔人遠甚, 又無先儒爲之據依而師心, 妄作刊傳記未已也, 進而議聖經矣. 更章句未已也. 進而改文字矣. 此陸游所致慨於宋人. 而今且彌甚. 徐防有言, 妄生穿鑿, 以遵師爲非義, 意說爲得理, 輕侮道術, 寖以成俗. 嗚呼, 此學者所宜深戒, 若豊坊之徒, 又不足論也. 『日知錄』
	五經得於秦火之餘, 其中固不能無錯誤(悮: 건릉본). **學者不幸而生乎二千餘載之後, 信古而闕疑, 乃其分也. 近世之說經者, 莫病乎好異. 以其說之異於人, 而不足以取信. 於是舍本經之訓詁, 而求之諸子百家之書. 猶未足也, 則舍近代之文, 而求之遠古, 又不足. 則舍中國之文, 而求之四海之外. 如豊熙之古書世本, 尤可怪焉. 鄞人言, 出其子坊僞撰**. 又有子貢詩傳, 後儒往往惑之. **曰箕子朝鮮本者, 箕子封於朝鮮, 傳書古文, 自帝典至微子止, 後附「洪範」一篇. 曰徐市倭國本者, 徐市爲秦博士, 因李斯坑殺儒生, 託言入海求僊, 盡載古書, 至島上, 立倭國, 卽今日本是也. 二國所譯書, 其曾大父河南布政使慶錄得之, 以藏於家. 按宋歐陽永叔「日本刀歌」: "徐福行時書未焚, 逸書百篇今尙存." 盖昔時已有是說, 而葉少蘊固已疑之. 夫詩人寄興之詞, 豈必眞有其事哉? 日本之職貢於唐久矣. 自唐及宋, 歷代求書之詔, 不能得. 而二千載之後, 慶乃得之, 其得之, 又不以獻之朝廷, 而藏之家. 何也?** 宋(건릉본에 없음)咸平中, 日本僧奝然以鄭康成注考『孝經』來獻, 不言有尙書. **至曰箕子傳書古文, 自帝典至微子, 則不應別無一篇逸書, 而一一盡同於伏生、孔安國之所傳, 其曰後附「洪範」一篇者, 徒見『左氏傳』三引「洪範」, 皆謂之商書**. 文公五年, 引"沈漸剛克, 高明柔克". 成公六年, 引"三人占從二人". 襄公三年, 引"無偏無黨, 王道蕩蕩". 正義曰:"箕子商人所說, 故謂之商書. **而不知王者周人之稱, 十有**三者(年: 건릉본)**周史之記, 不得**爲**商人之書也. 「禹貢」以**'道山道水'**移於'九州'之前, 此不知古人先經後緯之義**也. 孔安國傳"道岍及岐", 卽云更理. 說所治山川首尾所在, 是自漢以來, 別無異文. 『史記·夏本紀』亦先'九州'而後'道山道水'. **「五子之歌」"爲人上者奈何不敬", 以其不叶而改之曰"可不敬乎". 謂本之鴻都石經, 據正義言, 蔡邕所書石經尙書, 止今文三十四篇, 無「五子之歌」, 熙又何以不考而妄言之也**. 「五子之歌」乃孔氏古文, 東晉豫章內火梅賾所上. 故『左傳·

순번	[상란] 『해동역사』, 『예문지』의 제요와 주해 [하란] 인용한 원전과의 대조 및 출처
	成公十六年』引“怨豈在明, 不見是圖”. 「哀公六年」引“惟彼陶唐, 有此冀方.” 杜預注, 並以為逸書. 『國語·周單襄公』引“民可近也, 而不可上也”. 「單穆公」引“關石和鈞, 王府則有.” 韋昭解, 亦以為逸書. **夫天子失官, 學在四**裔, **使果有殘編斷簡, 可以裨經文而助聖道, 固君子之所求之, 而惟恐不得者也. 若乃無益於經, 而徒爲異以惑人, 則其於學也. 亦謂之異端而已. 愚因歎, 夫昔之君子, 遵守經文, 雖章句先後之間, 猶不敢輒改**. 故元行沖奉明皇之旨, 用魏徵所注類『禮』, 撰為‘疏義’, 成書進上, 而為張說所駁. 謂章句隔絕, 有乖舊本, 竟不得立於學官. 夫『禮記』二戴所錄, 非夫子所刪, 況其篇目之次, 元無深義, 而魏徵所注, 則又本之孫炎. 字叔然, 漢末人. 以累代名儒之作, 申之以詔旨, 而不能奪經生之所守. 蓋唐人之於經傳, 其嚴也如此. 故啖助之於『春秋』, 卓越三家, 多有獨得, 而史氏猶譏其一本所承, 自用名學, 謂後生詭辯為助所階. **乃近代之人, 其於讀經, 鹵莽滅裂不及昔人遠甚, 又無先儒爲之據依而師心, 妄作刊傳記未已也, 進而議聖經矣. 更章句未已也. 進而改文字矣. 此陸游所致慨於宋人**. 陸務觀曰:“唐及國初學者不敢議孔安國、鄭康成, 況聖人乎?” 自慶曆後諸儒發明經旨, 非前人所及. 然排系辭, 毁『周禮』, 疑『孟子』, 譏書之胤征顧命, 不難於議經, 況傳記乎? 趙汝談至謂「洪範」非箕子之作. **而今且彌甚. 徐防有言, 妄生穿鑿, 以遵師爲非義, 意說爲得理, 輕侮道術, 寖以成俗. 嗚呼, 此學者所宜深戒, 若豊熙之徒, 又不足論也**. 『日知錄』 권2, 「豊熙僞尚書」
권42-24	陸元輔曰:“‘古書’云者, 以今文、古文、石經列於前, 而後以楷書釋之, 且采朝鮮、倭國二本以合於古本, 故曰‘古書’也. ‘世學’云者, 豊氏自宋迄明, 四世學古書, 稷爲『正音』, 慶爲『續音』, 熙爲『集說』, 道生爲『考補』, 故曰‘世學’也. 『續音』中多異聞新說, 其「序」云: 正統六年, 慶官京師, 朝鮮使臣嬀文卿、日本使臣徐睿入貢, 因召與語, 二人皆讀書能文辭, 議論六經, 亹亹出人意表, 因以『尚書』質之. 文卿曰:‘吾先王箕子所傳, 起神農「政典」至「洪範」而止.’ 睿曰:‘吾先王徐市所傳, 起「虞書·帝典」至「秦誓」而止.’ 又笑:‘官本錯誤甚多, 孔安國偽「序」皆非古經之舊. 如「虞書·帝告」紀堯、舜禪授之事, 「汨作」紀四凶之過, 「九共」紀四岳九官十二牧考績之事, 「槀飫」紀后稷種植之法, 「序」皆不知. 吾國之法, 有傳古經一字入中國者夷九族. 使臣將行, 搜檢再三, 遣兵衛之出境.’ 則六一翁‘令嚴不許傳中國’者, 不信然歟? 固請訂其錯誤, 僅録一「典」、二「謨」、「禹貢」、「盤庚」、「泰誓」、「武成」、「康誥」、「酒誥」、「洛誥」、「顧命」見示. 謹録附先清敏公「正音」之下, 俾讀是經者, 尚有考於麟角鳳毛之遺雋云. 又曰: 梁姚方興妄分「堯典」、「舜典」為二篇, 伏生今文、孔安國古文、鴻都古經、魏三體石經合為一篇, 止名「堯典」. 箕子朝鮮本、徐市倭國本總作「帝典」, 與子思『大學』合. 王魯齋、王深寧皆以為最是, 今從之. 『考補』云: 姚方興本齊簒主蕭道成之臣, 偽增‘曰若稽古帝舜曰’七字於‘重華’之上, 變亂其文, 分為二「典」. 於建武二年上之, 後事簒主蕭衍, 以罪見誅. 箕子封於朝鮮, 傳『書』古文, 自「政典」至「微子」而止, 後附「洪範」一篇. 徐市為秦博士, 因李斯坑殺儒生, 託言入海求仙, 盡載古

순번	[상란] 『해동역사』, 『예문지』의 제요와 주해 [하란] 인용한 원전과의 대조 및 출처
	書至島上, 立倭國, 即今日本是也. 二國所繹『書經』, 先曾祖通奉府君與楊文懿公皆嘗録得, 以藏於家. 觀其「序」說, 依託之迹顯然. 鄞人萬斯大曰:“此吾鄕豐禮部廢棄於家, 窮愁著書而僞託者, 名為‘世學’, 其實一手所為, 五經皆有僞撰, 不獨古『書』也.” 吁! 可怪哉.” 『經義考』
	(전재) 『經義考』 권89, 『書』, 「豐氏坊古書世學」
권42-25	或言甬東袁六符, 好攻古文, 有『尚書』, 即豐氏世學本, 惟新羅『尚書』無「大禹謨」、「五子之歌」、「旅獒」、「君陳」四篇, 而多「舜典」半篇, 在‘愼徽五典’之前, 其餘句, 字多不同. 吉安曾弘副使, 在康熙甲辰年, 得其書, 未經入獻, 而弘死, 遂藏于家. 今將詣吉安求之, 其人曾介沈生士安謁予, 不値而去. 予急遣沈生, 告其所知, 幸勿為僞. 君鄕人豐氏世為僞書, 在明嘉靖間, 曾造海外書二本, 名為『古書世學』. 其一稱‘朝鮮本’者, 箕子封於朝鮮, 傳書古文, 自「帝典」至「微子」止, 而附「洪範」一篇于其末. 其一稱‘徐市倭國本’. 二國所譯書, 其曾王父河南布政司使豐慶錄得之, 以藏于家. 而豐熙述之, 實則豐坊僞為也. 幸其書不攻古文故, 不為大害. 然而作僞之惡, 漸不可長, 已為世唾詬擯斥久矣. 若曾弘則本鄕人所不齒, 即其人亦不知何等, 而可與之語此等事乎? 況海外無『尚書』在列朝記載甚明. 周顯德中, 新羅獻『孝經』言無『尚書』本, 即元祐中求高麗百篇『尚書』, 亦言無有. 甚至外國史官載中國歷求『尚書』不得, 是海外『尚書』絶無影響, 後布出者, 皆屬贋作. 『西河集』
	或言甬東袁六符, 好攻古文, 故見予冤詞頗自沮然, **時時來杭, 道其鄕人通洋者, 每得海外書.** 有日本『孝經』, 是仲尼閑居曾子侍坐, 有千文互異八字, **有『尚書』, 即豐氏世學本, 惟新羅『尚書』無「大禹謨」、「五子之歌」、「旅獒」、「君陳」四篇, 而多「舜典」半篇, 在‘愼徽五典’之前, 其餘句, 字多不同. 吉安曾弘副使, 在康熙甲辰年, 得其書, 未經入獻, 而卽死, 遂藏于家. 今將詣吉安求之, 其人曾介沈生士安謁予, 不値而去. 予急遣沈生, 告其所知, 幸勿為僞.** 自為僞以僞聖經, 罪當加等. 上有皇天下有厚土, 勿謂此中, 可欺也. **君鄕人豐氏世為僞書, 在明嘉靖間, 曾造海外書二本, 名為『古書世學』. 其一稱‘朝鮮本’者, 箕子封於朝鮮, 傳書古文, 自「帝典」至「微子」止, 而附「洪範」一篇于其末. 其一稱‘徐市倭國本’**者, 云市為秦博士, 因李斯坑儒, 託言入海, 盡載古書, 至島上, 立為倭國, 即今日本是也. **二國所譯書, 其曾王父河南布政司使豐慶錄得之, 以藏于家. 而豐熙述之, 實則豐坊僞為也. 幸其書不攻古文, 故不為大害. 然而作僞之惡, 漸不可長, 已為世唾詬擯斥久矣. 若曾弘**副使**則本鄕人所不齒, 即其人亦不知何等, 而可與之語此等事乎? 況海外無『尚書』在列朝記載甚明. 周顯德中, 新羅獻『孝經』.** 宋咸平中, 日本獻鄭註『孝經』, 並言**無『尚書』本, 即元祐中求高麗百篇『尚書』, 亦**并**言無有. 甚至外國史官載中國歷求『尚書』不得, 是海外『尚書』絶無影響, 後**有**出者, 皆屬贋作.** 行僞之徒, 其亦可以廢然矣. 士君子生抱才質, 苟知力學, 亦何事不可爲, 而必出于此. 夫必欲出此, 吾亦無如何然, 何苦乃爾. 『西河合集』, 『經集』, 『經問』 권18

순번	[상란]『해동역사』,『예문지』의 제요와 주해 [하란] 인용한 원전과의 대조 및 출처
권42-27	朝鮮本「洪範」八曰‘師’下有“食曰生, 貨曰節, 祀曰敬, 司空曰時, 司徒曰德, 司寇曰愼, 賓曰禮, 師曰律. 生乃番, 節乃裕, 敬乃缺, 時乃悅, 德乃化, 愼乃仁, 禮乃嘉, 律乃有功.”五十二字. 此文是箕子傳.『洪範經傳集義』
	「洪範」八曰‘師’下有“食曰生, 貨曰節, 祀曰敬, 司空曰時, 司徒曰德, 司寇曰愼, 賓曰禮, 師曰律. 生乃番, 節乃裕, 敬乃□, 時乃悅, 德乃化, 愼乃仁, 禮乃嘉, 律乃有功.”五十二字. 孫承澤曰:“朝鮮本有**此文, 是箕子傳**.” 右孫氏『洪範經傳集義』『經義考』 권260, 『逸經』 上, 「書」
권42-28	按退谷先生『洪範集義』, 分「禹疇」、「箕傳」, 以五紀、皇極、五福、六極等處. 大約多依宋元諸儒, 惟三八政, 向無傳. 取朝鮮本實之. 余嘗叩先生曾親見朝鮮本否? 曰: “未也, 仁山金氏言之.” 後得仁山註, 初無此文, 然先生豈欺我者? 或其所藏本與余所見有不同爾.『經義考』
	一卷 存 **按退谷先生『洪範集義』, 分「禹疇」、「箕傳」, 以**一五行以下爲「禹疇」, **以**水曰潤下以下爲「箕傳」, 如**五紀、皇極、五福、六極等**傳. **大約多依宋、元諸儒. 惟三八政, 向無傳. 取朝鮮本實之. 余嘗叩先生曾親見朝鮮本否? 曰:“未也, 仁山金氏言之.” 後得仁山注, 初無此文, 然先生豈欺我者? 或其所藏本與余所見有不同爾**.『經義考』 권97, 『書』 26, 「孫氏承澤洪範經傳集義」
권42-29	近有謂得朝鮮本『尙書』, 於「洪範」‘八政’之末, 添多五十二字者. 按元王惲『中堂事記』, 高麗世子禃曰:“書與中國不殊.” 是知此五十二字者, 亦僞撰也.『日知錄』
	近有謂得朝鮮本『尙書』, 於「洪範」‘八政’之末, 添多五十二字者. 按元王惲『中堂事記』, 中統二年, **高麗世子禃** 來朝宴於中書省, 問曰:“傳聞汝邦有古文尙書及海外異書.”答**曰:“書與中國不殊.” 是知此五十二字者, 亦僞撰也**.『日知錄』 권2, 「豐熙僞尙書」의 小注
권42-32	『高麗史』「宣宗世家」, 辛未八年為宋元祐六年, 五月丙午, 戶部尙書李資義還自宋, 奏云:“帝問我國書籍多好本, 命館伴書所求書目錄, 授之, 乃曰:‘雖有卷第不足者, 亦須傳寫附來.’” 書目則百篇『尙書』以下, 『計然子』十五卷以上, 凡一百二十九部. 內『黃帝鍼經』. 『哲宗本紀』, 元祐八年春, 正月庚子, 詔頒高麗所獻『黃帝鍼經』于天下. 卽其事, 不聞別有所獻, 則其國之書籍亦未備. 況百篇『尙書』乎? 原哲宗意, 或聞先臣歐陽脩有「日本刀歌」:“傳聞其國居大海, 土壤沃饒風俗好. 前朝貢獻屢往來, 士人往往工詞藻. 徐福行時書未焚, 逸書百篇今尙存. 令嚴不許傳中國, 擧世無人識古文.” 謂日本既有, 高麗應不獨無. 故命其使者往求於海外. 不知歌特詩人寄興之辭, 不必核實, 曷足據?『潛邱箚記』
	『高麗史』「宣宗世家」, 辛未八年為宋元祐六年, 五月丙午, 戶部尙書李資義還自

순번	[상란] 『해동역사』, 『예문지』의 제요와 주해 [하란] 인용한 원전과의 대조 및 출처
	宋, 奏云:"帝問我國書籍多好本, 命館伴書所求書目錄, 授之, 乃曰:'雖有卷第不足者, 亦須傳寫附來.'" 書目則百篇『尚書』以下, 『計然子』十五卷以上, 凡一百二十九部云. 內**『黃帝鍼經』**丸卷. 『宋史』·『高麗列傳』, 元祐七年, 遣黃宗慤來獻『黃帝鍼經』. **『哲宗本紀』, 元祐八年春, 正月庚子, 詔頒高麗所獻『黃帝鍼經』於天下. 即其事, 不聞別有所獻, 則其國之書籍亦未備. 況百篇『尙書』乎? 原哲宗意, 或聞先臣歐陽修有「日本刀歌」:"傳聞其國居大島, 土壤饒沃風俗好. 前朝貢獻屢往來, 士人往往工詞藻. 徐福行時書未焚, 逸書百篇今尙存. 令嚴不許傳中國, 擧世無人識古文." 謂日本旣有, 高麗應不獨無. 故命其使者往求於海外. 不知歌特詩人寄興之辭, 不必核實, 曷足據?** 乃明豐坊之之父豐熙忽稱家藏古書世本, 曰箕子朝鮮本, 曰徐市倭國本. 倭國即日本. 若以實歐陽公之歌辭, 殆怪而可笑者矣. 『潛邱劄記』 권1
권42-34	中統二年, 高麗世子禃來朝, 宴於中書省, 問曰:"傳聞汝邦有古文尙書及海外異書." 答曰:"與中國書不殊."『中堂事記』 △『經義考』:"然則高麗之書猶夫中國之書耳." △『潛邱劄記』:"王惲『中堂事記』所云, 此盖得其實也."
	中統二年...是日, **高麗世子植來朝**, 詔館於都...宣撫姚公口傳:**"傳聞汝邦有古文尙書及海外異書."曰:"與中國書不殊."** 『秋澗集』 권82, 『中堂事記』 下 △ 按歐陽永叔「日本刀歌」云...王惲『中堂事紀』載: **中統二年, 高麗世子禃來朝, 宴於中書省, 問曰:"傳聞汝邦有古文尙書及海外異書." 答曰:"與中國書不殊." 然則高麗之書猶夫中國之書耳**...『經義考』 권73, 『書』 2, 「百篇尙書」 △ **王惲『中堂事記』云**: 世祖中統二年, 高麗世子植『元史』『世祖本紀』「高麗列傳」幷作愖植, 乃國王愖之父也. 來朝, 宴於中書省, 問曰:"傳聞汝邦有古文尙書及海外異書." 答曰:"與中國書不殊." **此盖得其實也**. 『潛邱劄記』 권1
권42-35	按歐陽永叔「日本刀歌」, 永叔雖有是說, 而葉少藴疑之, 馬翔仲亦疑之. 鄭麟趾『高麗史』, 宣宗八年五月, 李資義還自宋, 奏云: "帝聞五國書籍多好本, 命館伴書所求書目錄授之." 首開百篇『尙書』, 而高麗未之有也. 宣宗八年者, 實宋元祐六年. 先是咸平中, 日本僧奝然, 以鄭康成註『孝經』來獻, 不言有『尙書』. 百篇『尙書』高麗且無之, 況日本乎? 乃萬曆初, 尙書郎葉春及上書, 請命封倭使臣多方索之以歸, 眞無異癡人說夢矣. 『經義考』
	...**按歐陽永叔「日本刀歌」**云: 傳聞其國居大海, 土壤沃饒風俗好. 前朝貢獻屢往來, 士人往往工詞藻. 徐福行時書未焚, 逸書百篇今尙存. 令嚴不許傳中國, 擧世無人識古文. **永叔雖有是說, 而葉少藴疑之, 馬翔仲亦疑之. 鄭麟趾『高麗史』, 宣宗八年五月, 李資義還自宋, 奏云: "帝聞五國書籍多好本, 命館伴書所求書目錄授之.** 且曰, 雖有卷第不足者, 亦須傳寫附來目錄." **首開百篇『尙書』, 而高麗未之有也. 宣宗八年者, 實宋元祐六年. 先是咸平中, 日本僧奝然, 以鄭康成註『孝經』來獻,**

순번	[상란] 『해동역사』, 『예문지』의 제요와 주해 [하란] 인용한 원전과의 대조 및 출처
	不言有『尙書』. 王惲『中堂事紀』載, 中統二年, 高麗世子禃來朝, 宴於中書省, 問曰:"傳聞汝邦有古文尙書及海外異書." 答曰:"與中國書不殊." 然則高麗之書猶夫中國之書耳. **百篇『尙書』高麗且無之, 況日本乎? 乃萬曆初, 尙書郎葉春及上書, 請命封倭使臣多方索之以歸, 眞無異癡人說夢矣**. 『經義考』 권73, 『書』 2, 「百篇尙書」
권42-36	蔡氏請徵海外古文『尙書』一疏. 因宋人多有攻古文爲僞者. 歐陽修「日本刀歌」云:"徐福行時書未焚, 逸書百篇今尙存. 令嚴不許通中國, 擧世無人識古文." 意必海外有其書, 故欲取以爲証. 按『崇文總目』, 載咸平中日本僧奝然, 以鄭註『孝經』來獻, 不言有『尙書』古文. 又鄭麟趾『高麗史』, 宣宗八年卽宋之元祐六年, 李資義使宋還, 奏云: "帝聞五國書籍多好本, 館伴書所求書目錄授之. " 首開百篇『尙書』, 答云無有也. 是高麗尙未有, 況日本乎? 『西河集』
	蔡氏請徵海外古文『尙書』一疏. 因宋人多有攻古文爲僞者. 歐陽修「日本刀歌」末有云:"徐福行時書未焚, 逸書百篇今尙存. 令嚴不許通中國, 擧世無人識古文." 意必海外有其書, 故欲取以爲証. 按『崇文總書目』, 載咸平中日本僧奝然, 以鄭康成**註『孝經』來獻, 不言有『尙書』古文. 又鄭麟趾『高麗史』, 宣宗八年卽宋之元祐六年, 李資義使宋還, 奏云: "帝聞五國書籍多好本, 館伴書所求書目錄授之." 首開百篇『尙書』, 答云無有也. 是高麗尙未有, 況日本乎?** 歐陽氏狡獪之詞甚, 言擧世人不能辨古文耳. 若眞求之, 則癡人前難說夢矣. 『西河合集』, 『經集』, 『經問』 권3
권42-39	高麗『投壺儀』. 佚. 『經義考』
	(전재) 『經義考』 권147, 『禮記』 10. 「高麗『投壺儀』」
권42-40	『高麗史』睿宗十一年十二月, 御淸燕閣, 命內侍良醞令池昌洽, 講『禮記』「中庸」「投壺」二篇. 謂寶文閣學士等曰: "投壺, 古禮也, 廢已久矣. 宋帝所賜其器, 極爲精備. 將試之. 卿等可纂定'投壺儀', 幷圖以進." 『經義考』
	(전재) 『經義考』 권147, 『禮記』 10. 「高麗『投壺儀』」
권42-42	金氏仁存『論語新義』. 佚. 『經義考』
	(전재) 『經義考』 권220, 『論語』 10, 「金氏仁存『論語新義』」
권42-43	『高麗史』, 金仁存, 字處厚, 少登科, 直翰林院, 睿宗在東宮, 講『論語』, 仁存撰『新義』進講. 『經義考』 △ 朱彜尊曰, 按『高麗史』所稱, 睿宗者, 文孝王俁也, 以宋徽宗崇寧五年嗣立.
	『高麗史』, 金仁存, 字處厚, 少登科, 直翰林院, 睿宗在東宮, 講『論語』, 仁存撰『新義』進講. 移中書舍人, 歷開府儀同三司檢校太師門下侍中, 卒謚文成. **按高麗**國**史所稱睿宗者, 文孝王俁也, 以宋徽宗崇寧五年嗣立**. 『經義考』 권220, 『論語』 10, 「金氏仁存『論語新義』」

순번	[상란] 『해동역사』, 『예문지』의 제요와 주해 [하란] 인용한 원전과의 대조 및 출처
권42-45	孟子曰:"仁也者人也." 或曰: 外國本"人也"之下有"義也者宜也, 禮也者履也, 智也者知也, 信也者實也."凡二十字. 『孟子朱子集注』
	孟子曰:"仁也者人也. 合而言之道也." 仁者, 人之所以爲人之理也. 然仁理也, 人物也. 以仁之理, 合於人之身而言之, 乃所謂道者也. 程子曰, 『中庸』所謂率性之謂道, 是也. **或曰: 外國本"人也"之下有"義也者宜也, 禮也者履也, 智也者知也, 信也者實也."凡二十字**. 今按此, 則理極分明. 然未詳其是否也. 『四書大全』, 『孟子集注』 권14
권42-46	尤延之云, 『孟子』"仁也者, 人也"下, 高麗本云云, 此說近是.
	(전재) 『四書大全』, 『孟子集注』 권14
권42-47	外國本『孟子』, 世儒莫有見者, 『朱子集註』有云: "或問: 信乎? 曰: 不可知也." 『經義考』
	...右外國本『孟子』. 按**外國本『孟子』, 世儒莫有見者, 『朱子集註』有云: "或問: 信乎? 曰: 不可知也."** 『經義考』 권262, 『逸經』 下, 「孟子」
권42-50	權氏近『五經淺見錄』. 佚. 『經義考』
	(전재) 『經義考』 권251, 『群經』 13, 「權氏近『五經淺見錄』」
권42-51	『高麗史』, 近初名晋, 字可遠, 一字思叔. 辛禑時, 左司議大夫. 著『五經淺見錄』. 『經義考』
	『高麗史』, 近初名晋, 字可遠, 一字思叔. 辛禑時, 左司議大夫. 禑曰: "此人爲諫官, 使予不得游幸, 何可近侍?"合令防倭耳. **著**『入學圖說』、『**五經淺見錄**』. 『經義考』 권251, 『群經』 13, 「權氏近『五經淺見錄』」
권42-54	新羅無文字, 刻木爲信. 『梁書』
	新羅...**無文字, 刻木爲信**. 『梁書』 권48, 『諸夷』, 「東夷」
권42-55	新羅文字同於中國. 『隋書』
	新羅...其**文字**、甲兵**同於中國**... 『隋書』 권81, 「列傳」 46, 「東夷·新羅」
권42-56	百濟有文字籍, 記時月如華人. 『新唐書』
	百濟有文籍, 紀時月如華人... 『新唐書』 권220, 『列傳』 145, 「東夷」
권42-57	高麗俗, 知文字, 喜讀書. 『五代史』
	高麗俗, 知文字, 喜讀書...『五代史』 권74, 『四夷附錄』 3
권42-58	高麗文字, 合楷隸. 『高麗圖經』
	高麗文字, 合楷隸... 『宣和奉使高麗圖經』 권22, 『雜俗』 1
권42-59	倭辰餘國, 或橫書, 或左書, 或結繩, 或鍥木, 惟高麗摹寫穎法取正中華. 『續博物

순번	[상란] 『해동역사』, 『예문지』의 제요와 주해 [하란] 인용한 원전과의 대조 및 출처
	志』
	倭辰餘國, 或橫書, 或左書, 或結繩, 或鍥木, 惟高麗摹寫潁法取正中華. 『續博物志』
권42-60	高麗用中國書, 獨以姦爲奸字, 奸爲姦字. 『正通字』
	姦…**又高麗用中國書, 獨以姦爲**奸**字,** 奸**爲姦字.** 見『正通字』『康熙字典』
권42-61	朝鮮文與華同, 惟改朝廷二字爲國家. 『朝鮮賦注』
	(전재) 『朝鮮賦』와 『朝鮮雜志』
권42-62	,『朝鮮國志』, 慶尙道有 原郡, 或云音漆. 『字典』
	(전재) 『康熙字典』
권42-64	余刻鄭註『孝經』, 發聲例點其異義, 近來蒙士, 暗於四聲, 讀法用倒置也故. 余創意點上去兩聲, 異意用半點. 近觀朝鮮所刻諺文、千字文, 點上去二聲, 如余創意, 故定以從之. 日本人『孝經』「凡例」
	余刻鄭註『孝經』… 一 發聲例點其異義, 近來蒙士, 暗於四聲, 讀法用倒置也故. 余創意點上去兩聲, 異意用半點. 近觀朝鮮所刻諺文、千字文, 點上去二聲, 如余創意, 故定以從之. 滕益根 編 『孝經』, 「凡例」 세 번째 조항
권42-65	朝鮮信使別書諺文惠余, 如左:ㄱㄴㄷㄹㅁㅂㅅㅣㅇ 가갸거겨고교구규그기ᄀᆞ 나냐너녀노뇨누뉴느니ᄂᆞ 다댜더뎌도됴두듀드디ᄃᆞ 라랴러려로료루류르리ᄅᆞ 마먀머며모묘무뮤므미ᄆᆞ 바뱌버벼보뵤부뷰브비ᄇᆞ 사샤서셔소쇼수슈스시ᄉᆞ 아야어여오요우유으이ᄋᆞ 자쟈저져조죠주쥬즈지ᄌᆞ 차챠처쳐초쵸추츄츠치ᄎᆞ 타탸터텨토툐투튜트티ᄐᆞ 카캬커켜코쿄쿠큐크키ᄏᆞ 파퍄퍼펴포표푸퓨프피ᄑᆞ 하햐허혀호효후휴흐히ᄒᆞ 日本人『客館筆談』
	(蘭皐)問: "諺文, 未審子體, 如何?" (耕牧子)答: "字似梵字, 而以方言譯字義." **別書諺文惠余, 如左: ㄱㄴㄷㄹㅁㅂㅅㅣㅇ 가갸거겨고교구규그기ᄀᆞ 나냐너녀노뇨누뉴느니ᄂᆞ 다댜더뎌도됴두듀드디ᄃᆞ 라랴러려로료루류르리ᄅᆞ 마먀머며모묘무뮤므미ᄆᆞ 바뱌버벼보뵤부뷰브비ᄇᆞ 사샤서셔소쇼수슈스시ᄉᆞ 아야어여오요우유으이ᄋᆞ 자쟈저져조죠주쥬즈지ᄌᆞ 차챠처쳐초쵸추츄츠치ᄎᆞ 타탸터텨토툐투튜트티ᄐᆞ 카캬커켜코쿄쿠큐크키ᄏᆞ 파퍄퍼펴포표푸퓨프피ᄑᆞ 하햐허혀호효후휴흐히ᄒᆞ** 과궈와워솨숴화훠 以呂波譯字 이ㄹ하니허헤도 지리므르어와가… 『客館璀璨集』 後編
권42-69	三韓有國字, 有諺音. 朝鮮人崔世珍抄編『四聲通解』上下卷, 言之耳. 『異稱日本傳』
	今按祇摩尼師, 今祇摩王也. 尼師, 今麻立于等語者, 國諺王號也. 後朝鮮人惡國諺, 稱王非舊也. **三韓有國字, 有諺音. 崔世珍抄編『四聲通解』上下**卷, 言之十年、

순번	[상란] 『해동역사』, 『예문지』의 제요와 주해 [하란] 인용한 원전과의 대조 및 출처
	十一年, 當垂仁天皇六十五年. 『異稱日本傳』 下之三, 「三國史記卷第一」
권43-2	『三國史記』五十卷, 高麗金富軾撰. 首載新羅, 次高句麗, 次百濟, 有紀表. 『玉海』
	『三國史記』. 書目**五十卷, 高麗金富軾撰. 首載新羅, 次高句麗, 次百濟, 有紀表**. 『海東三國通曆』十二卷, 高麗高得相撰, 係以中朝歷代正朔. 『唐志』裴矩『高麗風俗』一卷. 『玉海』 권16, 「地理」
권43-3	淳熙元年五月二十九日, 明州進士沈悫上海東『三國史記』五十卷. 賜錦幣百, 付秘閣. 『玉海』
	(전재) 『玉海』 권16, 「地理」
권43-4	『三國史記』五十卷, 記新羅､高麗､百濟三國事, 與『東國通鑑』有異同. 『異稱日本傳』
	今按新羅始祖元年, 當日本垂仁天皇六年. 多婆那國在倭國東北一千里, 『東國通鑑』亦有之, 本出于此. 謂倭國東北, 則蓋蝦夷之地也. **『三國史記』五十卷, 記新羅､高麗､百濟三國事, 與『東國通鑑』有異同**, 今竝存之. 『異稱日本傳』 下之三, 「新羅本紀第一」
권43-5	『三國史記』, 自第十三至二十二『高麗本記』也. 一言無我國事, 粗略之甚也. 『異稱日本傳』
	今按當日本陽成天皇元慶六年, 此年我無遣使于新羅事. 『三代實錄』曰“十二月廿七日乙未, 加賀國馳驛言, 今月十四日渤海國入覲使裵頲等一百五人著岸”. 渤海國, 高麗別種也, 及高麗衰, 其地多入渤海. **『三國史記』, 自第十三至二十二「高麗本紀」也. 一言無我國事, 粗略之甚也**. 『異稱日本傳』 下之三, 「又卷第十一 新羅本紀第十一」
권43-8	海東『三國通曆』十二卷, 高麗高得相撰, 繫以中朝歷代正朔. 『玉海』
	(전재: 권43-2 하란 밑줄 친 부분) 『玉海』 권16, 「地理」
권43-9	海東『三國通曆』十卷. 『通志』「藝文略」
	東海**『三國通曆』十卷**. 『通志』 권65, 「藝文略」 3, 「史類」 5.
권43-11	海東『三國通錄』, 闕名. 『遂初堂書目』
	...『天下大定錄』, **海東『三國通錄』**, 『蜀書』. 『遂初堂書目』 「僞史類(夷狄附各國史後)」
권43-14	「書『高麗史』後」: 『高麗史』, 「世家」四十六卷, 「志」三十九卷, 「表」二卷, 「列傳」五十卷, 目錄二卷, 合計一百三十九卷. 國人正憲大夫工曹判書集賢殿大提學知經筵春秋館事兼成均大司成鄭麟趾等三十二人編纂. 以明景泰二年八月表進, 並鏤板行于國. 觀其體例, 有條不紊, 王氏一代之文獻, 有足徵者. 卷中樂志歌辭, 率本宋祐陵所賜『大晟府樂譜』. 若輿服志, 載蒙古俗, 剃頂至額, 方其形, 留髮其中, 謂

순번	[상란] 『해동역사』, 『예문지』의 제요와 주해
	[하란] 인용한 원전과의 대조 및 출처
	之開剃. 忠烈王四年二月, 令境內皆服上國衣冠開剃. 十六年九月, 百官始著笠朝謁. 此『元史』所不載, 至若庚申, 君遁走沙漠之後, 君臣事跡不得而詳. 高麗間猶通使, 稱爲'北元'. 北元主奔應昌, 以洪武三年庚戌四月殂落. 國人追謚曰'惠宗', 即順帝也. 其子嗣立, 以餘兵走和林. 十年丁巳, 遣使至高麗, 行宣光年號, 國人不允. 後二年, 又遣僉院甫非, 告紀年天元. 辛禑遣永寧君王彬往賀. 相傳立十一年而殂, 北元謚爲昭宗者也. 凡此明之載籍, 皆隱而不書, 藉其史略存事迹, 後之論世紀年者, 所當述也. 『曝書亭集』
	(전재) 『曝書亭集』 권40, 「書『高麗史』後」
권43-15	靖難君臣改修『明太祖實錄』, 因方孝孺, 而其父克勤, 循吏也, 乃沒其實. 黃觀、景清修『書傳會選』, 而削其名, 且誣方先生叩頭乞哀. 觀于鄭麟趾『高麗史』夢周猶知贈官易名, 麟趾等亦直書其事, 是下國之史官, 勝于楊士奇輩多矣. 可歎也夫. 『曝書亭集』
	靖難君臣改修「明太祖實錄」, 因方孝孺, 而其父克勤, 循吏也, 乃沒其實. 黃觀、景清修「書傳會選」, 而削其名, 且誣方先生叩頭乞哀. 觀于鄭麟趾「高麗史」夢周圖李成桂不克, 爲芳遠所殺, 芳遠**猶知贈官易名, 麟趾等亦直書其事, 是**簒竊之, 芳遠賢于長陵. 而**下國之史官, 勝于楊士奇輩多矣. 可歎也夫.** 『曝書亭集』 권40, 「又」
권43-16	『高麗史』二卷. 編修汪如藻家藏本. 舊本題正憲大夫、工曹判書、集賢殿大提學、知經筵春秋館事成均館大司成, 臣鄭麟趾奉勅撰. 考『明實錄』, 景泰二年高麗使臣鄭麟趾, 嘗表進是書於朝. 凡『世家』四十六卷, 『志』三十九卷, 『表』二卷, 『列傳』五十卷, 目錄二卷. 朱彝尊『曝書亭集』, 有是書題跋, 稱爲'體例可觀, 有條不紊'. 此本僅世家一卷、后妃列傳一卷. 蓋偶存而殘缺, 非完書矣. 『四庫全書總目』
	「高麗史」二卷. 編修汪如藻家藏本. 舊本題正憲大夫、工曹判書、集賢殿大提學、知經筵春秋館事兼成均館大司成, 臣鄭麟趾奉勅撰. 考「明實錄」, 景泰二年高麗使臣鄭麟趾, 嘗表進是書於朝. 凡「世家」四十六卷, 「志」三十九卷, 「表」二卷, 「列傳」五十卷, 目錄二卷. 朱彝尊「曝書亭集」, 有是書題跋, 稱爲'體例可觀, 有條不紊'. 此本僅世系一卷、后妃列傳一卷. 蓋偶存之殘帙, **非完書矣.** 『四庫全書總目』 권66, 『史部』 22, 「高麗史二卷」
권43-19	高麗鄭可臣, 從世子如元. 召對紫檀殿, 賦詩. 可臣在東國, 撰『千秋金鏡錄』. 『日下舊聞』
	高麗忠烈王十八年八月, 遣郎將秦良弼押咒人巫女如元, 帝召之也. 九月, 帝御紫檀殿引見, 世子令咒人巫女等入殿執帝手足咒之, 帝笑. 『高麗史』「世家」 高麗**世子如元**, 謁帝便殿, 問讀何書, 對曰:"有師儒**鄭可臣**、閔漬從行, 宿衛之暇時從質問『孝經』、『論語』. 帝悅, 命世子引與俱入, 賜坐, 問本國世代相傳之序、理亂之跡、風俗之宜, 聽之不倦. 其後命公卿議征交趾, 又召與同議, 二人對稱旨, 於是

순번	[상란] 『해동역사』, 『예문지』의 제요와 주해 [하란] 인용한 원전과의 대조 및 출처
	授可臣翰林學士, 瀆直學士. 『東國史略』 帝召見世子於**紫檀殿**, 可臣從, 帝使之坐, 仍命脫笠, 曰:"秀才不須編發, 宜著巾." 御案前有物, 大圓小銳, 色潔而貞, 高尺有五寸, 內可受酒數斗, 云摩訶鉢國所獻駱駝鳥卵也. 帝命世子觀之, 仍賜世子及從臣酒, 命可臣**賦詩**. 可臣獻詩云: "有卵大如甕, 中藏不老春. 願將千歲壽, 醺及海東人." 帝嘉之, 輟賜御羹. 『高麗史』「列傳」 高麗世子即忠宣王璋, 嘗構萬卷堂於京師者. **可臣在東國, 撰「千秋金鏡錄」**, 瀆增修之曰『世代編年節要』七卷, 又撰本國『編年綱目』四十二卷. 惜其書不可得見也. 『日下舊聞』 권30, 「宮室」, 「元一」
권43-22	閔漬增修鄭可臣『千秋金鏡錄』曰『世代編年節要』七卷. 『日下舊聞』
	(권43-19 하란 밑줄 친 부분) 『日下舊聞』 권30, 「宮室」, 「元一」
권43-25	閔漬又撰本國『編年綱目』四十二卷, 惜其書不可得見也. 『日下舊聞』
	(권43-19 하란 밑줄 '__' 친 부분) 『日下舊聞』 권30, 「宮室」, 「元一」
권43-28	高麗所志『古今錄』稱"大遼統和十二年, 始改曆頒正朔." 『遼史』
	高麗所志大遼**「古今錄」稱"統和十二年, 始**頒**正朔**, 改曆驗矣." 『遼史』 권42, 「志」 12
권43-31	外藩惟高麗著述, 往往流入中土. 若鄭麟趾『高麗史』, 申叔舟『海東諸國紀』, 以及『東國通鑑』、『史略』諸書, 多可考證. 『曝書亭集』
	『吾妻鏡』五十二卷, 亦名『東鑒』, 撰人姓氏未詳. 前有慶長十年序, 後有寬永三年國人林道春後序, 則鏤版之歲也. 編中所載始安德天皇治承四年庚子, 訖龜山院天皇文永三年七月, 凡八十有七年歲, 月日陰晴必書. 餘紀將軍執權次第及會射之節, 其文義鬱轖, 又點倭訓於旁, 繹之不易. 而國之大事, 反略之所謂不賢者, 識其小者而已. **外藩惟高麗人著述往往流入中土, 若鄭麟趾「高麗史」、申叔舟「海東諸國紀」, 以及「東國通鑒」、「史略」諸書, 多可考證**. 日本職貢不修, 故其君長授受次第, 自奝然所紀外相傳頗有異同. 臨淮侯李言恭撰『日本考』, 紀其國, 書土俗頗詳. 而國王世傳未明晰, 合是編以勘『海東諸國紀』, 則不若叔舟之得其要矣. 康熙甲辰, 獲覩是書於郭東高氏之稽古堂, 後四十三年乃歸插架, 惜第六、第七二卷失去. 慶長十年者, 明萬曆三十二年, 寬永三年者, 明天启四年也. 『曝書亭集』 권44, 「跋」 3, 「跋吾妻鏡」
권43-35	『朝鮮史略』十二卷. 撰人姓名不著, 倣編年例, 紀朝鮮諸國興廢始末, 附史臣論斷, 首卷載檀君、箕子及三國始立, 二卷至四卷『新羅記』, 五卷至十二卷爲『高麗記』, 其紀年, 斷自帝堯戊辰始. 『浙江書目』
	「朝鮮史略」十二卷. 寫本. 右書, 不著**撰人姓名, 倣編年例, 紀朝鮮諸國興廢始末, 附史臣論斷, 首卷載檀君、箕子及三國始立, 二卷至四卷爲「新羅紀」, 五卷至十二**

순번	[상란] 『해동역사』, 『예문지』의 제요와 주해
	[하란] 인용한 원전과의 대조 및 출처
	卷爲「高麗紀」, 其紀年, 斷自帝堯戊辰歲始. 『浙江採集遺書總錄』 丁集, 『史部』, 「地理類」 4, 「異域」
권43-36	『朝鮮史畧』六卷浙江鮑士恭家藏本, 一名『東國史畧』, 不著撰人名氏, 乃明時朝鮮人所紀其國治亂興廢之事. 始於檀君, 終於高麗恭讓王王瑤. 自新羅朴氏以前稍畧, 而高麗王氏以後, 則皆編年紀載, 事蹟頗具. 其稱太祖太宗乃其臣子之事, 又間附史臣論斷及歷年圖於書. 蓋鄭麟趾『高麗史』倣紀傳之體, 而此則倣編年之體者. 故其國中兩行之. 錢曾『讀書敏求記』以其於王氏遺臣鄭夢周等事, 不沒其實, 稱爲良史. 今觀其序事詳畧, 雖不盡合體要, 而裒輯遺聞, 頗爲賅具, 讀別史外國傳者, 亦可以資參考焉. 書末有萬曆庚戌趙琦美跋, 稱借錄於馮仲纓家. 蓋倭陷朝鮮, 出師東援時所得之本也. 『四庫全書總目』
	『朝鮮史畧』六卷浙江鮑士恭家藏本, 一名『東國史畧』, 不著撰人名氏, 乃明時朝鮮人所紀其國治亂興廢之事. 始於檀君, 終於高麗恭讓王王瑤. 自新羅朴氏以前稍畧, 而高麗王建**以後, 則皆編年紀載, 事蹟頗具. 其稱**李成桂(殿本:柱)、李芳遠爲**太祖太宗乃其臣子之**詞, **又間附史臣論斷及歷年圖**等**書. 蓋鄭麟趾『高麗史』倣紀傳之體, 而此則倣編年之體者. 故其國中兩行之. 錢曾『讀書敏求記』以其於王氏遺臣鄭夢周等**欲害李成桂**事, 不沒其實, 稱爲良史. 今觀其序事詳畧, 雖不盡合體要, 而裒輯遺聞, 頗爲賅具, 讀列史外國傳者, 亦可以資參考焉. 書末有萬曆庚戌趙琦美跋, 稱借錄於馮仲纓家. 蓋倭陷朝鮮, 出師東援時所得之本也.** 『四庫全書總目』 권66, 『史部』 22, 「朝鮮史略六卷」
권43-39	高麗所進『大遼事蹟』載諸王冊文, 頗見月朔因附入. 『遼史』
	(전재) 『遼史』 권44, 「志」14, 「曆象志」 下, 「朔考」
권43-42	「書『海東諸國紀』後」: 屬國惟高麗有史, 有通鑑, 有史略. 其次則安南國人, 有志略. 若日本之『東鑑』,(卽『吾妻鏡』) 烏言侏儺, 辭不能達, 往時亡友鍾廣漢, 撰『歷代建元考』, 自生民以來, 迄于明, 外極重譯, 凡有僭號, 靡不書之, 旣獲『東鑑』, 喜劇, 著之于錄. 然『東鑑』只紀其國八十七年事, 中間闕漏尙多. 予晩得朝鮮人申叔舟『海東諸國紀』, 雖非完書, 而此邦君長授受改元, (由)自周至于明初, 珠連繩貫, 因取以補廣漢遺書, 至其分壤之廣, 八道六十六州, 若聚米于前, 山川在目, 比于張洪、薛俊、侯繼高、李言恭、鄭若曾所述, 尤瞭如指掌矣. 叔舟, 字汎翁, 仕朝鮮, 官至議政, 封高靈君, 書成於成化七年十二月. 『曝書亭集』
	「書『海東諸國紀』後」: 屬國惟高麗有史, 有通鑑, 有史略. 其次則安南國人, 有志略. 若日本之『東鑑』, 卽『吾妻鏡』, **烏言侏儺, 辭不能達, 往時亡友鍾廣漢, 撰『歷代建元考』, 自生民以來, 迄于明, 外極重譯, 凡有僭號, 靡不書之, 旣獲『東鑑』, 喜劇, 著之于錄. 然『東鑑』只紀其國八十七年事, 中間闕漏尙多. 予晩得朝鮮人申叔舟『海東諸國紀』, 雖非完書, 而此邦君長授受改元,** 由**周至于明初, 珠連繩貫, 因**

순번	[상란] 『해동역사』, 『예문지』의 제요와 주해 [하란] 인용한 원전과의 대조 및 출처
	取以補廣漢遺書, 至其分壤之廣, 八道六十六州, 若聚米于前, 山川在目, 比于張洪、薛俊、侯繼高、李言恭、鄭若曾所述, 尤瞭如指掌矣. 叔舟, 字汎翁, 仕朝鮮, 官至議政, 封高靈君, 書成於成化七年十二月. 『曝書亭集』 권40, 「書『海東諸國紀』後」
권43-43	臨淮侯李言恭撰『日本考』, 紀其國, 書土俗頗詳, 而國王世傳未明晰, 合是編以勘『海東諸國紀』, 則不若叔舟等之得其要矣. 『曝書亭集』
	(권43-31 밑줄 친 부분) 『曝書亭集』 권44, 「跋」 3, 「跋吾妻鏡」
권43-44	申叔舟成化七年十二月奉國令撰『海東諸國紀』, 書成, 作序, 紀書日本代序及八道六十六州, 頗詳. 『靜志居詩話』
	申叔舟, 字汎翁, 自右弼善、歷禮曹判書、積官至議政府領議政, 以功封高靈君, 有『汎翁集』. 考叔舟於景泰二年八月國人鄭麟趾進「『高麗史』表」, 修史官三十二人, 叔舟與焉, 書銜曰"中訓大夫集賢殿直提學知制敎世子右輔德兼春秋館記注官知承文院事臣申叔舟." 天順元年, 官議政府右贊成. 四年, 進左議政. **成化七年十二月, 奉國令撰『海東諸國紀』, 書成, 作序**, 書銜曰"輸忠協策靖難同德佐翼保社炳幾定難翊戴純誠明亮經濟宏化佐理功臣大匡輔國 崇祿大夫議政府領議政兼領經筵藝文館春秋館宏文館觀象監事禮曹判書高靈府 院君臣申叔舟". **紀書日本代序及八道六十六州, 頗詳**...所著詩集二十卷, 孫從濩編寧都董尙書越使其國爲作序, 陽德驛, 云"北塞歸遠塗, 千里度陵谷. 日暮投陽德, 館宇半茅屋. 輕風吹枯枝, 短垣依斷麓. 雨歇低行雲, 山深聽鳴鹿. 坐久正蕭然, 淸溪走寒玉喜. 遠客自無寐, 呼童剪殘燭." 「次韻登漢江樓」云:"綺席登樓迥, 春江碧玉流. 早梅香澗曲, 芳草滿汀洲. 賓主歡情洽, 江山喜氣浮. 良辰須酩酊, 莫惜更遲留." 『靜志居詩話』 권24, 「屬國」, 「申叔舟」
권43-45	明成化七年辛卯季冬, 申叔舟作『海東諸國記』, 序云, 國於東海之中者, 非一, 而日本最久且大, 其地始於黑龍江之北, 至于我濟州之南, 與琉球相接, 其勢甚長, 厥初處處保聚, 各自爲國. 周平王四十八年, 其始祖挾野起兵誅討, 始置州郡, 大臣各占分治, 猶中國之封建, 不甚統屬. 習性强悍, 精於釰槊, 慣於舟檝. 與我隔海相望, 撫之得其道, 則朝聘以禮, 失其道, 則輒肆剽竊云. 今按挾野, 挾野尊神武天皇也. 後撥平天下, 奄有八州, 故復加號曰'神日本盤余彦尊'. 所紀前後日本圖, 差訛失眞. 其外郡鄕島之名, 多傳聞之訛. 『異稱日本傳』
	明成化七年辛卯季冬, 申叔舟『海東諸國記』序云, 竊觀**國於東海之中者, 非一, 而日本最久且大, 其地始於黑龍江之北, 至于我濟州之南, 與琉球相接, 其勢甚長, 厥初處處保聚, 各自爲國. 周平王四十八年, 其始祖挾野起兵誅討, 始置州郡, 大臣各占分治, 猶中國之封建, 不甚統屬. 習性强悍, 精於劍槊, 慣於舟楫. 與我隔海相望, 撫之得其道, 則朝聘以禮, 失其道, 則輒肆剽竊**. 今按挾野, 挾野尊神武天皇

순번	[상란] 『해동역사』, 『예문지』의 제요와 주해 [하란] 인용한 원전과의 대조 및 출처
	也. 『日本書紀』曰, 所稱挾野者, 是年少時之號也. **後撥平天下, 奄有八**洲, **故復加號曰'神日本**磐**余彦尊'**. 凡例云, 道路, 用日本里數, 其一里准我國十里. 計田, 用日本町段, 其法以中人平步兩足相距爲一步, 六十五步爲一段, 十段爲一町, 一段准我五十負.(지도 4葉 삽입)今按**前後日本圖, 差訛失眞**. 富士山高四十里, 四時有雪. 其言殆近. 秀吉征朝鮮時, 淸正於兀良哈捕獲一人, 名世琉兆宇湏, 元日本松前人也. 嘗乘漁舟, 所風飄在濟州一十年. 淸正悅, 爲鄕導, 改名後滕次郎. 次郎云, 此地天霽可見富士山, 甚近. 下文天皇宮內裏國王殿指室町殿, 與足利氏所居武衛細川島. 所謂三管領, 山名. 京極四職之列, 皆足利之臣也. **其外郡鄕島之名, 多傳聞之訛**. 『異稱日本傳』 下之四, 「海東諸國記」
권43-50	太宗貞觀二年, 高麗王建武遣使奉賀, 幷上封域圖. 『舊唐書』
	貞**觀二年**, 破突厥頡利可汗, **建武遣使奉賀, 幷上封域**(武英殿重校本:城)圖. 『舊唐書』 권199, 『列傳』 제149, 「東夷」
권43-52	聖宗統和三年秋七月辛丑, 高麗使來貢本國地理圖. 『遼史』
	聖宗統和三年秋七月甲申...二十年春二月丁丑, **高麗**遣使來賀伐宋捷. 秋七月**辛丑**復遣**使來**獻**本國地理圖**. 『遼史紀事本末』 권7
권43-56	『朝鮮志』二卷, 朝鮮蘇贊成所撰. 嘉靖間侍讀華察奉使時, 其國令贊成爲此册以獻, 備載國中山川、古蹟、風俗, 卷末有姚咨跋. 『浙江書目』 按蘇贊成, 卽蘇世讓也.
	『朝鮮志』二卷, 寫本. 右明**朝鮮蘇贊成**所**撰**. **嘉靖間侍讀華察奉使時, 其國令贊成爲此册以獻, 備載國中山川、古蹟、風俗, 末有姚咨跋**. 『浙江採集遺書總錄』 丁集, 『史部』, 「地理類」 4, 「異域」
권43-57	『朝鮮志』二卷, 浙江范懋柱家天一閣藏本, 不著撰人名氏. 書中稱『大明一統志』, 則成於明代也. 卷首略敍疆域沿革 , 而不標其目 , 以下分六大綱爲經, 曰京都, 曰風俗 , 曰古都 , 曰古跡 , 曰山川 , 曰樓臺. 以所屬八道爲緯, 中曰京畿 , 西南曰忠淸 , 東南曰慶尙 , 南曰全羅 , 西曰黃海 , 東曰江源 , 按當作原, 西北曰平安 , 東北曰咸鏡, 皆略如中國地志. 惟'京都'但載宮殿、曹署 , 而不及城市風俗, 多載其國典制與故事, 混而爲一. 又諸道, 皆無四至八到 , 古跡多雜以神怪 , 頗同小說. 於體例皆爲未協. 然遺聞瑣事 , 爲中國史書所未詳者 , 往往而在 , 頗足以資考證. 其敍述亦皆雅潔 , 較諸州郡輿圖冗漫無緖者 , 轉爲勝之. 宋王雲嘗撰『雞林志』, 其書不傳. 徐兢『高麗圖經』於山川古跡亦略. 此書出其國人所述 , 當不失眞也. 『四庫全書總目』
	『朝鮮志』二卷, 浙江范懋柱家天一閣藏本, 不著撰人名氏. 書中稱『大明一統志』, 則成於明代也. 卷首略敍疆域沿革 , 而不標其目 , 以下分六大綱爲經, 曰京都, 曰風俗 , 曰古都 , 曰古跡 , 曰山川 , 曰樓臺. 以所屬八道爲緯, 中曰京畿 , 西南曰

순번	[상란] 『해동역사』, 『예문지』의 제요와 주해 [하란] 인용한 원전과의 대조 및 출처
	忠淸，東南曰慶尙，南曰全羅，西曰黃海，東曰江源，西北曰平安，東北曰咸鏡, 皆略如中國地志. 惟'京都'但載宮殿､曹署，而不及城市風俗, 多載其國典制與故事, 混而爲一. 又諸道, 皆無四至八到，古跡多雜以神怪，頗同小說. 於體例皆爲未協. 然遺聞瑣事，爲中國史書所未詳者，往往而在，頗足以資考證. 其敍述亦皆雅潔，較諸州郡輿圖冗漫無緖者，轉爲勝之. 宋王雲嘗撰『雞林志』，其書不傳. 徐兢『高麗圖經』於山川古跡亦略. 此書出其國人所述，當不失眞我. 國家威德覃敷八紘砥屬, 朝鮮一國道里旣近, 歸化尤先, 雖號藩封, 實同郡縣, 其山川疆域皆宜隸籍於職方, 錄而存之, 亦足備輿記之一種也. 『四庫全書總目提要』 권71, 「史部」 27, 「朝鮮志二卷」
권43-58	朝鮮國志, 范氏天一閣藏本, 不著撰人名氏, 所存惟京都､風俗､山川､古都､古跡五門. 中稱'我康獻王', 知爲朝鮮人作. 引明『一統志』, 稱'大明', 知爲作於明時. 又多稱王氏諸王爲'高麗王', 知爲明之中葉李氏有國改稱朝鮮之後也. 『四庫全書總目』
	朝鮮國志一卷, 浙江**范**懋柱家**天一閣藏本, 不著撰人名氏, 所存惟京都､風俗､山川､古都､古跡五門. 中稱'我康獻王', 知爲朝鮮人作. 引明『一統志』, 稱'大明', 知爲作於明時. 又多稱王氏諸王爲'高麗王', 知爲明之中葉李氏有國改稱朝鮮之後也**. 『四庫全書總目提要』 권78, 「史部」 34, 「朝鮮國志一卷」
권43-61	樂浪挈令, 織從糸式, 臣鉉等曰, "挈令, 盖律令之書也." 『說文』
	絨: **樂浪挈令，織從糸**從**式**. 『註』**臣鉉等曰: "挈令，蓋律令之書也.**"『說文解字』 권14 絨: 『說文』 **樂浪挈令, 織從式**. 『註』**臣鉉等曰: "挈令，蓋律令之書也.**" 『康熙字典』
권43-70	南袞, 官吏曺參判, 正德九年, 重輯『三綱行實』. 『列朝詩集』
	南袞二首 **吏曺參判**兼同知書筵事五衛都總管. **正德九年, 重輯『三綱行實』**. 壬午年, 以議政府左議政爲讀卷官. 『列朝詩集』 第六, 「朝鮮」
권43-74	高麗金富軾『奉使語錄』, 一卷. 『宋史』
	金富軾『奉使語錄』, 一卷. 『宋史』, 『志』 156, 「藝文」 2.
권43-78	『高麗史』: 權近, 字思叔, 辛禑時, 左司議大夫, 著『入學圖說』. 『經義考』
	『高麗史』: 近, 初名晉, 字可遠, **一字思叔. 辛禑時, 左司議大夫**, 禑曰 :"此人爲諫官, 使予不得游幸, 何可近侍?" 合令防倭耳. **著『入學圖說』**､『五經淺見錄』. 『經義考』 권251, 『群經』 13, 「權氏近五經淺見錄」
권43-80	周世宗水部郎韓彦卿使高麗. 卿有一書曰『博學記』, 偸抄之得三百餘事. 今抄天部七事: 迷空步障霧, 威屑霜, 敎水露, 冰子雹, 氣母虹, 屑金星, 秋明大老天河. 『淸異錄』
	(周世宗→ 世宗時) 『淸異錄』 권1, 「天文」

순번	[상란] 『해동역사』, 『예문지』의 제요와 주해 [하란] 인용한 원전과의 대조 및 출처
권43-82	朝鮮『梅月堂詩卷』, 不知何人作, 有『游金鰲錄』、『關東日錄』, 多記新羅故事. 『列朝詩集』
	朝鮮『梅月堂詩』二卷, 不知何人所**作, 有『游金鰲錄』、『關東日錄』, 多記新羅故事,** 而詩殊非淺不足觀. 其詩云: 十年流落, 瞻望神都. 又云: 李陵豈欲終投虜伍員何期竟死吳. 又有被孝寧大君拘留于京, 乞請還山之作. 『列朝詩集』 第六, 「朝鮮」
권43-87	『星曜書』, 高麗國師所撰, 從國師得之. 『湛然居士集』
	(미상)
권43-89	數術家類有高麗日曆一卷. 『遂初堂書目』
	高麗日曆一卷. 『遂初堂書目』 「數術家類」
권43-91	韓先文靖公, 諱繼禧「重刊神應經序」曰①: 恭惟我 主上殿下之六年②, 命禮曺申嚴醫敎設鍼灸專門法, 擇其精於術者爲師, 而資性明敏者爲弟子, 勸勵之法甚悉焉. 適有日本釋良心, 以『神應經』來獻, 兼傳其本國神醫和介氏、丹波氏治癰疽八穴法. 其八穴雖未試用, 『神應經』其傳授遠有所自, 而所論折量補瀉法, 皆古賢所未發者. 其取穴, 又多有起發古人所未盡處. 其所著穴, 皆撮其功要而得效多者. 文簡而事周, 令人披閱, 晷刻間證與穴瞭然在目. 聖上嘉歎, 命以八穴法付於『神應經』之末, 鋟梓廣布, 且以永其傳焉. 臣竊惟醫療之方, 藥餌鍼灸, 不可偏廢, 但藥非本國所産者頗多, 大槩皆求之中國, 而又非盡出於中國也. 轉轉市易, 得之甚難, 豈眞贋陳新之可擇, 而貧窮下賤與遠方之人, 亦未易遍及也. 唯砭焫之方, 無費財遠求之勞, 採暴合和之難, 一鍼一艾, 備應無方, 運於指掌, 辨於談笑, 貧富貴賤, 遠近緩急, 無適不宜. 況於取效, 常在藥力所不及攷處, 而其功用神妙, 難以備述. 庸醫不知, 以爲卑辱, 至相諱病而不肯爲故. 世之病者, 生死壽夭, 率皆付之巫覡淫祀, 豈不哀哉? 聖上愍其然, 乃設專門, 盖嚴課督. 適有遐方之獻, 不以珍奇可玩之異物, 而以此救民濟世之神方不期而至, 以孚我 聖上仁民愛物之盛德. 夫豈偶然哉? 成化十年十一月二十一日, 推忠定難翊戴純誠明亮經濟佐理功臣崇祿大夫西平君臣韓某③謹序. 『異稱日本傳』
	(밑줄 친 ①이 없음. ②에 '也'자가 있음. 밑줄 친③에 '繼禧'로 되어 있음.) 『異稱日本傳』 下之四, 「重刊神應經序」
권43-92	見林曰:"明憲宗成化九年, 當日本後土御門院文明五年. 此時能登國刺史畠山義統遣信濃國人良心奉使朝鮮. 良心, 釋氏而醫也. 和介氏, 和氣氏也. 和氣時雨、丹波康賴, 皆以醫鳴. 子孫繼其業, 其術尤精也. 盖如三藏之方, 八處灸法, 皆神代遺法乎." 『異稱日本傳』
	今按成化明憲宗純皇帝年號**成化九年, 當日本後土御門院文明五年. 此時能登國刺史畠山義統**爲足利老也. 良心信濃國人**釋氏而醫也**. 爲畠山奉使也. 新續古今和歌集, 載良心法師河上落葉和歌, 蓋此人**和介氏, 和氣氏也**. 介與氣音近, 和氣

순번	[상란]『해동역사』,『예문지』의 제요와 주해 [하란] 인용한 원전과의 대조 및 출처
	氏出自垂仁天皇, 皇子鐸石別命至村上天皇, 時其後, **和氣時雨**有醫譽故任典藥頭, 自此子孫多良醫. 丹波氏出自後漢, 靈帝子孫來住丹波國, 故及圓融院. 永觀中, 賜其後康賴丹波氏. **丹波康賴**, 皆**以醫鳴**. **子孫繼其業**, 凡兩家之傳, 誠有所由矣. 昔神代大巳貴命少彦名命二神定療病之方, 後世蒙其恩, 兩家祖述之幷參考中華醫書, 故**其術尤精也**. **蓋如三藏之方**, **八處灸法**, **皆神代遺法乎**...『異稱日本傳』下之四,「八穴灸法」
권43-94	『東醫寶鑒』者, 乃明時朝鮮陽平君許浚所撰也. 按朝鮮俗, 素知文字喜讀書. 許又世族, 萬應間, 篈筬筠兄弟三人俱以文鳴, 女弟景樊才名復出厥兄之右, 九邊諸國最爲傑出者也. 其言東醫者何? 國在東故醫言東也. 昔李東垣著十書, 以北醫而行於江湖, 朱丹溪著心法, 以南醫而顯于關中. 今陽平君, 僻介外藩, 乃能著書, 行於華夏, 言期足傳, 不以地限也. 言寶鑑者何?日光穿漏, 宿陰解駮, 分肌劈腠, 使人開卷瞭然, 光明似鑑也. 昔羅益之著『衛生寶鑑』, 龔信著『古今醫鑑』, 皆以鑑名, 不嫌夸也. 竊嘗論之, 人惟五臟病止七情. 其間禀受有偏全, 漸染有淺深, 證度(『熱』: 變)有通塞, 兩侯脉動有浮中沈三部, 諦而察之, 如晦斯劃, 莫可越也; 如燎斯晰, 莫可蔽也. 知大黃可以導滯, 而不知其寒中; 知附子可以補虛, 而不知其遺毒, 罔攸濟矣. 是以至人, 治病於未起之前, 不治於既成之後. 病既成, 而始治, 策斯下矣. 而後委決於庸醫, 豈有瘳哉? 甚而懷於利者, 以無疾人爲功; 初從事者, 至於費人爲學. 大易勿藥之占, 南人無恒之戒, 若早爲此輩發覆也. 扁鵲有言, 人之所病, 病疾多; 醫之所病, 病道少. 然自軒岐而後, 代有名醫, 迄今著述之繁, 幾於汗牛充棟, 不患其少①, 而術有驗､有不驗. 豈古人各以所見爲說歟. 擇不精者, 語不詳, 執於一者, 賊乎道. 欲療人之病, 而不療人之心, 欲療人之心, 而不通人之意故也. 今觀是編, 先之以內景, 泝其原(『熱』:源)也. 次之以外形, 疏其委也. 次之以雜病, 辨其證也. 終之以湯炙, 定其方也. 中所援引, 自天元玉冊, ②暨醫方集略, 計八十餘種, 率吾中土之書. 其東國所撰書③, 不過三種而已. 循古人之成法, 而能神而明之, 補缺憾于兩間, 播熙陽於四大, 業已上獻闕庭, 見推國手矣. 顧書藏秘閣, 世罕得窺. 前<u>鹺</u>④使山左王公, 建節臨粵, 憫時醫多悞⑤, 專人赴都鈔錄, 未及梓行, 隨以事去. 順德明經左君翰文, 予總角交也. 慨然思寢版廣其傳, 約費三百餘緡, 略無吝色. 盖心則濟人利物之心, 事則調陽燮陰之事, 天下之寶, 當與天下共之, 左君之仁大矣. 刻成, 屬予爲序, 遂喜而書其端. <u>原任湖南邵陽醴陵興寧桂陽縣事番禺凌魚撰</u>⑥.「東醫寶鑑序」
	①矣; ②以; ③者; ④鹺→鹾; ⑤悞→誤; ⑥原任湖南邵陽醴陵興寧桂陽縣事番禺凌魚撰→ 時乾隆三十一年, 歲在丙戌蘭秋上浣, 原任湖南邵陽醴陵興寧桂陽縣事, 充庚午壬申癸酉丙子四科, 湖廣鄉試同考官, 番禺凌魚撰)朴趾源,『熱河日記』,「口外異聞」,「東醫寶鑑」과 중국본『東醫寶鑑』「序文」
권43-97	高宗總章元年, 李勣伐高麗. 賈言忠曰:"高麗『秘記』曰: 不及九百年, 當有八十大

순번	[상란] 『해동역사』, 『예문지』의 제요와 주해 [하란] 인용한 원전과의 대조 및 출처
	將滅之. 高氏自漢有國, 今九百年. 勣八十矣. 是行不再擧矣." 『唐書』
	乾封元年...三年二月, 勣率仁貴拔扶餘城...侍禦史**賈言忠**計事還, 帝問軍中云何, 對曰:"必克, 昔先帝問罪, 所以不得志者, 虜未有釁也. 諺曰: 軍無媒, 中道回. 今男生兄弟鬩很, 爲我鄕導, 虜之情僞, 我盡知之, 將忠士力, 臣故曰必克. 且**高麗『秘記』曰: 不及九百年, 當有八十大將滅之. 高氏自漢有國, 今九百年. 勣八十矣.** 虜仍荐饑, 人相掠賣, 地震裂, 狼狐入城, 蚡穴於門, 人心危駭, 是行不再擧矣."...『新唐書』 권220, 『列傳』 145, 「東夷」
권43-100	崔致遠, 高麗人, 賓貢及第, 高駢淮南從事. 著四六一卷, 又『桂苑筆畊』二十卷. 『新唐書』
	崔致遠, 四六一卷, 又『桂苑筆畊』二十卷. 高麗人, 賓貢及第, 高駢淮南從事. 『新唐書』 권60, 「藝文志」 50, 「別集類」
권43-106	高麗詩三卷. 晁氏曰:"元豊中, 高麗遣崔思齊、李子威、高號、康壽平、李穗入貢. 上元, 宴之於東闕下. 神宗製詩賜館伴畢仲行. 仲行與五人者及兩府皆和進. 其後使人金稊、朴寅亮、裵□、李絳孫、盧柳、金化珍等, 途中唱和七十餘篇, 自編之爲『西上雜咏』, 絳孫爲之序." 『文獻通考』
	(전재) 『文獻通考』 권248, 「經籍考」 75, 「集」
권43-108	『高麗史』: 朴寅亮, 文宗三十四年, 與戶部尙書柳洪奉使如宋, 有金覲者, 亦在是行. 宋人見寅亮及覲所著尺牘、表狀、題詠, 稱歎不置, 至刊二人詩文, 號『小華集』. 『宋詩紀事』 詳見「人物考」
	鄭麟趾『**高麗史**』:**朴寅亮**, 字代天, 竹州人或云平州人, 累遷右副承宣轉禮部侍郎. **文宗三十四年, 與戶部尙書柳洪奉使如宋, 有金覲者, 亦在是行. 宋人見寅亮及覲所著尺牘、表狀、題詠, 稱嘆不置, 至刊二人詩文, 號『小華集』.** 『宋詩紀事』 권95, 「朴寅亮」
권43-110	偰遜, 回鶻人. 家世仕元. 順帝時中進士, 歷翰林, 選爲端本堂正字. 恭愍王七年, 避兵東來, 封富原侯. 有『近思齋逸藁』. 『明詩綜』
	遜, 回鶻人, 初名百遼, 世居偰輦河, 因以爲氏. **家世仕元, 順帝時中進士, 歷翰林,** 應奉文字宣政院斷事官, **選爲端本堂正字. 恭愍王七年, 避兵東來,** 賜第封高昌伯, 改**封富原侯, 有『近思齋逸稿』.** 『明詩綜』 권94, 「高麗」, 「偰遜一首」
권43-112	鄭夢周, 字達可, 高麗迎日縣人. 恭愍王九年, 應擧擢第一人. 累官政堂文學、進賢館大提學. 有『圃隱集』. 『明詩綜』 此下諸人爵里事實, 詳見「人物考」.
	夢周, 字達可, 高麗迎日縣人, 初名夢蘭, 又名夢龍, 既長改今名. **恭愍王九年, 應擧擢第一人, 累官政堂文學**進三司左使改**進賢舘大提學**知經筵春秋舘事兼成均大司成領書雲觀事初封永原君, 加封益陽郡忠義君. 爲李成桂所殺, 梟其首於市, 籍

<table>
<tr><th rowspan="2">순번</th><th>[상란] 『해동역사』, 『예문지』의 제요와 주해</th></tr>
<tr><th>[하란] 인용한 원전과의 대조 및 출처</th></tr>
<tr><td></td><td>其家, 後贈大臣輔國崇祿大夫領議政府事修文殿大提學兼藝文春秋舘事益陽府院君, 謚文忠, 有『圃隱集』. 『明詩綜』 권94, 「高麗」, 「鄭夢周三首」</td></tr>
<tr><td rowspan="2">권43-117</td><td>李穡, 字潁叔, 征東省鄕試第一. 明年赴元廷試, 擢二甲進士. 累官政堂文學, 封韓山伯. 有『牧隱集』. 『明詩綜』</td></tr>
<tr><td>穡, 字穎叔, 中征東省鄕試第一. 明年赴元廷試, 擢二甲進士, 授應奉翰林文字, 累官政堂文學, 封韓山府院君進位門下侍中, 與鄭夢周同謀去李成桂, 放於韓州, 再放衿州徒驪興尋, 封韓山伯, 卒謚文靖. 有『牧隱集』. 『明詩綜』 권94, 「高麗」, 「李穡一首」</td></tr>
<tr><td rowspan="2">권43-119</td><td>李崇仁, 字子安, 京山府人. 恭愍王時登第, 官至簽書密直司事. 有『陶隱集』. 『明詩綜』</td></tr>
<tr><td>崇仁, 字子安, 京山府人, 恭湣王時登第, 官至簽書密直司事同知春秋舘事. 李成桂簒立, 以鄭夢周黨削職遠流. 有『陶隱集』. 『明詩綜』 권94, 「高麗」, 「李崇仁一首」</td></tr>
<tr><td rowspan="2">권43-122</td><td>朝鮮許琮曾祖父錦, 字在中, 有『野堂集』. 見龔吳兩公序. 『靜志居詩話』</td></tr>
<tr><td>(전재) 『靜志居詩話』 권24, 「許琮」</td></tr>
<tr><td rowspan="2">권43-124</td><td>金九容, 字敬之, 安東人. 中進士, 拜三司左尹. 有『惕若齋集』. 『明詩綜』</td></tr>
<tr><td>九容, 初名齊閔, 字敬之, 安東人. 中進士, 拜三司左尹, 與李崇仁、權近等上書都堂, 阻迎北元使竄竹州, 召爲左司議大夫, 終成均大司成, 尋流大理衛. 有『惕若齋集』 『明詩綜』 권94, 「高麗」, 「金九容一首」</td></tr>
<tr><td rowspan="2">권43-126</td><td>高麗文敎遠勝它邦, 自元以前詩, 曾經大司成鷄林崔瀣彦明父選錄, 目曰『東人之文』, 凡二十五卷. 度必有可觀, 惜無從訪求. 『靜志居詩話』</td></tr>
<tr><td>高麗文敎遠勝他邦, 自元以前詩, 曾經大司成鷄林崔瀣彦明父選錄, 目曰『東人之文』, 凡二十五卷. 度必有可觀, 惜無從訪求. 今之存者, 僅會稽吳明濟子魚『朝鮮詩選』而已. 愚山爲王氏諸臣白寃, 可謂發潛德之幽光矣. 予更證以『高麗史』、『東國通鑑』、『東國史略』, 殊域周咨錄『皇華集』、『輶軒錄』, 訂其異同, 補其疎漏, 論次稍加詳焉. 『靜志居詩話』 권24, 「屬國高麗」</td></tr>
<tr><td>권43-131</td><td>「高麗權秀才應制集跋」, 高麗秀才權近, 字思叔, 別字陽村. 洪武中至南京, 高皇優禮待之, 賜衣賜食, 爰命賦詩. 陽村先之以本國廢興之由, 道塗經過之所, 次之以本國離合之勢, 山河之勝與夫隣境之情形, 兼述東人感化之意. 旣成, 精華炳蔚, 音響鏗鏘. 帝覽之, 稱歎, 因命與劉公三吾、許公觀、景公淸、戴公德彝、張公信輩, 諧①游南北市、來賓、重譯、鶴鳴、醉仙諸樓. 帝又賜臣御製三詩. 此洪武丙子歲事. 建文四年春, 朝鮮 恭定王②, 令知申事朴錫, 下議政府鏤板以行, 於是嘉靖大夫藝文舘提學國人李詹暨奉使翰林史官兵部主事金陵端木孝思均爲作序, 而淮南陸顒, 番易祝孟獻, 題詩其後焉, 陽村賜游酒樓, 『實錄』未之載. 予所見『應制集』, 則天</td></tr>
</table>

순번	[상란] 『해동역사』, 『예문지』의 제요와 주해 [하란] 인용한 원전과의 대조 및 출처
	順元年朝鮮本也. 『曝書亭集』
	(**전재** ①諧→偕; ②李芳遠) 『曝書亭集』 권52, 「高麗權秀才應制集跋」
권43-132	恭題權近『應制集』. 御製詩並應制詩, 共一帙. 前輩題讚詳矣, 夫復何言? 况奎章宸翰, 照映古今, 轇輵宇宙, 近之辭語, 亦婉順得體, 讀之可喜, 宜為國之所什襲也. 然洪武至今, 世次已久, 不知朝鮮之詩果能皆如近否. 三百篇而下, 詩莫盛於唐. 楊伯謙所述, 分為三, 始音猶豐腴, 盛唐則沈著, 而晚唐遺響則漸流麗矣. 此非盡出於時治之所感召, 郡國鄉里之好尚差殊, 遂失初意者不能無耳. 故雖周盛之後, 鄭衛之音未能終變, 吳楚之詩刪述無及. 今天子以聖繼聖, 朝鮮之使職貢相望, 耳儒目染, 與初意不惟不渝, 世久道成, 疑必有益之者矣. 聲音之道, 與政通, 非小損益也. 尊其始而美其終, 抑惟侯度有光焉. 載拜莊誦, 復系以詩. 雲漢垂日星, 煌煌麗穹昊. 河圖與洛書, 千載承至道. 斥斥東國臣, 心聲契敷詔. 什襲矢弗諼, 邦土永為好. 歷年亦已久, 風雅日臻妙. 焉知地相①殊, 初意弗微眇. 古則貴敦柔, 中更多吽噪. 豈惟詞語間, 政治實樞要. 我行日逾邁, 觀風知蘊粤. 忠貞世彌篤, 文獻須繼紹. 歸當告天子, 陳詩補聲敎. 充然如有得, 稽首三舞蹈. 張寧『奉使錄』
	(**전재**, 단 ①相→尙) 『奉使錄』
권43-135	申叔舟, 字汎翁, 積官至領議政, 以功封高靈君, 有『汎翁集』. 『明詩綜』
	叔舟, 字汎翁, 自右弼善, 歷禮曹判書, **積官至**議政府**領議政**, **以功封高靈君, 有『汎翁集』**. 『明詩綜』 권94, 「申叔舟二首」
권43-136	申叔舟所著詩集二十卷, 孫從濩編, 寧都董尙書越使其國爲作序. 『靜志居詩話』
	申叔舟紀書日本代序及八道六十六州, 頗詳, **所著詩集二十卷, 孫從濩編, 寧都董尙書越使其國爲作序**...『靜志居詩話』 권24, 「申叔舟」
권43-142	徐居正, 字剛中, 議政府左參贊. 有文學, 所著有『北征藁』. 『列朝詩集』
	(**전재**, 원전 속의 注文) 『列朝詩集』, 「閏集」 권6
권43-143	『北征藁』者, 天順庚辰, 居正奉 王命入覲而作也. 祁主事順爲作序. 『靜志居詩話』
	成化丙申, **祁主事順**使朝鮮, 居正充遠迎使, 旣爲館伴, 因時與倡和爲序其『北征藁』, **『北征藁』者, 天順庚辰, 居正奉王命入覲而作也**. 順稱其博古通經,,, 『靜志居詩話』 권24, 「徐居正」
권43-145	朝鮮『梅月堂詩』二卷. 不知何人之作, 而詩殊淺非不足觀. □□云, 十年流落, 瞻望神都. 又云□□□□大君拘留于京, 乞請還山之作. 『列朝詩集』
	朝鮮『梅月堂詩』二卷, 不知何人所**作**, 有『游金鰲錄』, 『關東日錄』, 多記新羅故事, **而詩殊非淺不足觀**. 其詩云: **十年流落, 瞻望神都. 又云**: 李陵豈欲終投虜伍員何期竟死吳. 又有被孝寧**大君拘留于京, 乞請還山之作**. 『列朝詩集』 第六, 「朝鮮」
권43-147	朝鮮許琮祖惰, 字原德, 官奉, 嘗有『梅軒集』. 『靜志居詩話』

순번	[상란] 『해동역사』, 『예문지』의 제요와 주해
	[하란] 인용한 원전과의 대조 및 출처
	...**祖惰, 字原德, 官奉, 嘗有『梅軒集』**...『靜志居詩話』 권24, 「許琮」
권43-149	許琮, 字宗卿, 安興人. 由進士爲吏曺判書, 積官至參政府議政. 有『尙友堂詩集』. 『明詩綜』
	(전재) 『明詩綜』 권94, 「許琮六首」
권43-151	許洽與弟沆, 具有詩名, 嘗集其先世詩, 號『陽川世藁』. 沆官吏曺參判, 兄弟皆執國政. 『靜志居詩話』
	參政琮之孫, 官至議政府右參贊. **洽與弟沆, 具有時名, 嘗集其先世詩, 號『陽川世藁』. 沆官吏曺參判, 兄弟皆執國政**. 詩有"漁店日斜遙笛起, 海門風急曉帆開"之句, 亦覺爽氣殊倫. 『靜志居詩話』 권24, 「許洽」
권43-154	李希輔, 字和宗, 由禮賓寺副正歷官同知中樞府事, 有『安分堂集』. 『明詩綜』
	(전재) 『明詩綜』 권94, 「李希輔二首」
권43-156	蘇世讓, 字彦謙. 初官成均館大司成, 遷戶曺判書, 歷議政府左贊成. 有『淸心堂詩集』. 『明詩綜』
	(전재) 『明詩綜』 권94, 「蘇世讓八首」
권43-158	金安國, 字國卿, 號慕齋. 官刑曺判書, 至領議政. 有『慕齋集』. 『明詩綜』
	(전재) 『明詩綜』 권94, 「金安國一首」
권43-160	申光漢, 字漢之. 官議政府左參贊. 有『企齋集』. 『明詩綜』
	光漢, 字漢之, 由吏曹判書, 官至正憲大夫**議政府左參贊**兼知成均舘事弘文舘藝文舘大提學同知書筵春秋舘事. **有『企齋集』**『明詩綜』 권94, 「申光漢一首」
권43-162	徐敬德, 朝鮮生員. 有『花潭集』. 『明詩綜』
	(전재) 『明詩綜』 권94, 「徐敬德一首」
권43-163	『徐花潭集』二卷. 浙江巡撫採進本. 明嘉靖中, 朝鮮生員徐敬德撰. 敬德貧居講學, 年五十六, 其國提學金安國以遺逸薦, 授奉參, 力辭不就, 居於花潭, 因以為號. 是集雜文､雜詩共二卷. 其文「中原理氣」一篇, 末有附記, 稱曰"先生". 「鬼神生死論」一篇, 末亦有附記, 稱"以上四篇皆先生病亟時作". 詩中「次申企齋韻」一首, 附錄原作, 稱"企齋贈先生詩". 蓋其門人所編也. 敬德之學, 一以宋儒為宗, 而尤究心於『周子太極圖說』､『邵子皇極經世』, 集中雜著, 皆發揮二書之旨. 其「送沈教授序」, 全然邵子之學也. 其「論喪制疏」､「答朴枝華書」, 亦頗究心禮制. 蓋東士之務正學者. 詩則強為『擊壤集』派, 又多雜其國方音, 如所謂"窮秋盛節換, 木落天地瘦", 體近郊､島者不多見也. 他如「無弦琴銘」:"不用其弦, 用其弦弦, 律外宮商, 吾得其天. 非樂之以音, 樂其音音. 非聽之以耳, 聽之以心. 彼哉子期, 盍①耳吾琴." 稍得蘇､黃意者, 亦偶一遇之. 然朝鮮文士, 大抵以吟詠聞於上國, 其卓然傳濂､洛､關､閩之說, 以教其鄉者, 自敬德始. 亦可謂豪傑之士矣. 故詩文雖不入格, 特存其

순번	[상란]『해동역사』,『예문지』의 제요와 주해 [하란] 인용한 원전과의 대조 및 출처
	目, 以表其人焉.『四庫全書總目』
	(**전재**, 단 ①盍→曷)『四庫全書總目』 권178,『集部』 31,「別集類存目五」
권43-165	柳根, 字晦夫. 壯元自號隱屛居士. 有『西坰集』.『明詩綜』
	(**전재**)『明詩綜』 권94,「柳根一首」
권43-167	李好閔, 字孝彦. 探花樞相. 有『五峯書巢集』.『明詩綜』
	(**전재**)『明詩綜』 권94,「李好閔一首」
권43-169	許筠, 字端甫. 篈之弟, 與兄皆擧進士第一, 自號白月居士. 有集.『明詩綜』
	許筠, 字端甫. 篈之弟, 與兄皆擧進士第一, 自號白月居士.『明詩綜』 권94,「許筠三首」
권43-171	『蓀谷詩集』六卷. 不載姓氏. 觀其「憶昔行贈申正郎渫」詩, 知其爲萬曆間陪臣. 當神廟興復屬國之後, 而作詩以誦也. 天啓中, 毛總兵文龍守皮島, 屬訪求東國圖籍, 以此集見寄.『列朝詩集』
	朝鮮**『蓀谷詩集』六卷. 不載姓氏. 觀其「憶昔行贈申正郎渫」**雲"嗟嗟天子聖, 命將出東征. 首事箕王都, 破竹遊刃迎. 漢京賊先遁, 大駕隨公卿. 草創朝儀在, 庶見王都淸. 一旅復夏業, 簡策傳諸經. 無忘在 (艹+呂)心, 日日望聖名."**知其爲萬曆間陪臣. 當神廟興復屬國之後, 而作詩以誦也. 天啓中, 毛總兵文龍守皮島, 屬訪求東國圖籍**, 以此集見寄. 崇禎丁丑餘獄中有詩曰: 東國已非箕子國, 高麗今作下句驪. 俯仰今昔, 可爲流涕.『列朝詩集』,「閏集」 권6
권43-174	崔澱, 字彦沉, 海州人. 進士. 有『楊浦集』.『明詩綜』
	(**전재**)『明詩綜』권94,「崔澱二首」
권43-176	鄭士龍, 字雲卿, 鼎津人. 官吏曹判書, 有『湖陰草堂集』.『明詩綜』
	士龍, 字雲卿, 鼎津人. 由內資寺正遷刑曹判書, 歷漢城府判尹改戶曹判書, 再改**吏曹判書**, 階資憲大夫. **有『湖陰草堂詩集』**.『明詩綜』 권94,「鄭士龍一首」
권43-178	金安老, 字頤叔. 官議政府左議政. 有『明虛軒集』.『明詩綜』
	安老, 字頤叔, 歷官議政府左議政領書筵監春秋舘事兼弘文舘藝文舘大提學知成均舘事階崇祿大夫. 有『明虛軒集』.『明詩綜』 권94,「金安老二首」
권43-190	『皇華集』十三卷. 內府藏本. 明朝鮮國所刊使臣唱酬之作. 所錄惟天順元年、二年、三年、四年、八年、成化十二年、宏治元年、五年、正德十六年、嘉靖十六年之詩. 考明代遣使往朝鮮者, 不僅此十年, 似有闕佚. 然世所傳本竝同, 或使臣不盡能詩, 其成集者止此耶?『四庫全書總目』
	(**전재**)『四庫全書總目』 권192,『集部』 45,「總集類存目二」
권43-197	『皇華集』二卷、續集一卷. 安徽巡撫採進本. 明翰林院修撰唐皐、兵科給事中史道,

순번	[상란] 『해동역사』, 『예문지』의 제요와 주해
	[하란] 인용한 원전과의 대조 및 출처
	於正德十六年以頒世宗即位詔奉使朝鮮, 與其藩臣日有唱和. 國王特命書局編為此集. 『皇華集』卷首有嘉靖元年議政府左議政南袞序, 載二使初至國境及歸朝與議政府右議政李荇等唱和之作. 『皇華續集』卷首有嘉靖元年李荇序, 專載唐皐留別國王二律、議政府領議政金詮以下和韻之作. 考皐等奉使, 不見於『明史』·「本紀」及「朝鮮列傳」. 惟『世宗實錄』載其事於八月乙巳. 此書南袞序謂以十二月乙酉抵王京, 則趾奉命日幾五月也. 又南袞『皇華集』序, 謂初入境至出境, 僅浹三旬, 紀行之作, 登高之賦, 凡若干篇. 今考集中初入境之作, 有唐皐「登迎薰樓詩」標云"長至後十日". 考『實錄』, 是年十一月十四日長至, 則是作在二十四. 其出疆之作有唐皐「至頞山寄懷藩京諸君子詩」, 標云"臘月辛丑". 考『實錄』, 是年十二月, 己卯朔, 則辛丑乃是月二十三日, 與序所云唱和將浹三旬, 適相符合云. 『四庫全書總日』
	『皇華集』二卷、續集一卷. 安徽巡撫採進本. 明翰林院修撰唐皐、兵科給事中史道, 於正德十六年以頒世宗即位詔奉使朝鮮, 與其藩臣日有唱和. 國王李懌特命書局編為此集. 『皇華集』卷首有嘉靖元年議政府左議政南袞序, 載二使初至國境及歸朝與議政府右議政李荇等唱和之作. 『皇華續集』卷首有嘉靖元年李荇序, 專載唐皐留別國王二律及議政府領議政金詮以下和韻之作. 考皐等奉使, 不見於『明史』·「本紀」及「朝鮮列傳」. 惟『世宗實錄』載其事於八月乙巳. 此書南袞序(殿本:有袞序)**謂以十二月乙酉抵王京, 則距奉命日**(殿本:曰)**幾五月也. 又南袞『皇華集』序, 謂初入境至出**疆, **僅浹三旬, 紀行之作, 登高之賦, 凡若干篇. 今考集中初入境之作, 有唐皐「登迎薰樓詩」標云"長至後十日". 考『實錄』, 是年十一月十四日長至, 則是作在二十四. 其出疆之作有唐皐「至頞山寄懷藩京諸君子詩」, 標云"臘月辛丑". 考『實錄』, 是年十二月, 己卯朔, 則辛丑乃是月二十三日, 與序所云唱和將浹三旬, 適相符合云**. 『四庫全書總目』 권192, 『集部』 45, 「總集類存目二」
권43-199	「跋皇華集」: 本朝侍從之臣, 奉使高麗, 例有『皇華集』. 此則嘉靖十八年己亥, 上皇天上帝泰號、皇祖皇考聖號, 錫山華修撰察頒詔播諭而作也. 東國文體平衍, 詞林諸公不惜貶調就之, 以寓柔遠之意, 故絕少瑰麗之詞, 若陪臣篇什, 每二字含七字意, 如國內無戈坐一人者, 乃彼國所謂'東坡體'耳, 諸公勿與酧②和可也. 『有學集』
	(①此 ②酧 → 酬) 『有學集』 권46, 「題跋」
권44-14	武后垂拱二年二月, 新羅王金政明遣使請『禮記』一部. 令所司寫『吉凶要禮』賜之. 『舊唐書』
	垂拱二年二月十四日, **新羅王金政明遣使請『禮記』一部**幷雜文章. **令所司寫『吉凶要禮』**, 幷於文館詞林採其詞涉規誡者, 勒成五十卷**賜之**. *『唐會要』 권36, 「蕃夷請經史」*
권44-16	哲宗元祐元年, 高麗王遣使請市『開寶通禮』. 『宋史』

순번	[상란] 『해동역사』, 『예문지』의 제요와 주해 [하란] 인용한 원전과의 대조 및 출처
	高麗, 本曰高句驪...**哲**宗立, **遣使**金上琦奉慰, 林暨致賀, **請市**刑法之書、『太平御覽』、『**開寶通禮**』、『文苑英華』. 詔惟賜『文苑英華』一書, 以名馬、錦綺、金帛報其禮... 『宋史』 권487, 「列傳」 246, 「外國」 3, 「高麗」
권44-19	『高麗史』文宗十二年四月, 知南原府事試禮部員外郎李靖恭進新雕『三禮圖』五十四版. 詔置祕閣. 『經義考』
	『高麗史』文宗十年八月, 西京留守報, 京內進士明經等諸業, 擧人所業書籍, 率皆傳寫. 字多乖錯. 請分賜秘閣所藏九經、『論語』、『孝經』置於諸學院, 命有司各印一本, 送之. **十二年四月, 知南原府事試禮部員外郎李靖恭進新雕『三禮圖』五十四版, 詔置秘閣**. 肅宗六年三月, 制以秘書省經籍板本, 委積損毀, 命置書籍鋪於國子監, 移藏之, 以廣摹印. 按『高麗史』所稱, 文宗仁孝王徽也. 肅宗明孝王顒也. 文宗以宋仁宗慶曆七年立, 肅宗以哲宗紹聖二年立. 『經義考』 권293, 「鏤板」
권44-23	何氏休『春秋公羊墨守』. 『高麗史』云"十五卷". 『經義考』
	『隋志』十四卷, 『唐志』一卷, **『高麗史』十五卷**. 佚. 『經義考』 권172, 『春秋』 5, 「**何氏休春秋公羊墨守**」
권44-25	明永樂年間, 給朝鮮國王五經、四書、『春秋會通』、『大學衍義』等書. 『大明會典』
	永樂間, **給國王**冕服九章、圭玉、佩玉、**五經、四書、『春秋會通』、『大學衍義』等書**. 王父紵絲紗羅, 妃珠翠七翟冠、紅紵絲大衫、素紵絲圓領霞帔金墜. 又給綾絹茄藍香帽珠、鍍金銀匣象牙犀角、『通鑒綱目』、『列女傳』等書, 腦麝沈檀白花蛇等藥. 又賜編鐘編磬各十六、瑟笙各二、琴簫倍之. 『大明會典』 권110, 「禮部」 69, 「外夷」 上.
권44-38	周顯德六年八月, 高麗遣使進『孝經雌雄圖』三卷、『皇靈孝經』一卷. 雌圖者, 止說月之環暈, 星之彗孛, 災異之應, 乃讖緯之書也. 『五代會要』
	顯德三年十月, 復遣使王子大相王融來貢方物, 又遣廣評侍郎荀質來賀登極. 其年十二月, 授其國王王昭開府儀同三司檢校太師高麗國王...六年正月...其年**八月遣使進**『別序孝經』一卷、『越王孝經新義』八卷、**『皇靈孝經』一卷、『孝經雌圖』三卷**. 別序者, 記孔子所生及弟子從學之事. 新義者, 以越王爲問同以什疏文之是非. 皇靈者, 止說延年辟災之事及誌符文, 乃道書也. **雌圖者, 止說月之環, 暈星之彗孛, 災異之應, 乃讖緯之書也**. 其年十一月遣使貢銅五萬斤、紫白水精各二千顆. 『五代會要』 권30, 「高麗」 **(권44-39 민줄 친 부분)**
권44-39	『高麗史』光宗光德十年秋, 遣使如周, 進『皇靈孝經』一卷、『孝經雌雄圖』三卷. 『經義考』
	七錄三卷. 佚. 『五代會要』:周顯德六年八月, 高麗遣使進『孝經雌雄圖』三卷、『皇靈孝經』一卷. 雌圖者, 止說月之環暈, 星之彗孛, 災異之應, 乃讖緯之書也. 龐元英曰:"雌圖亦非奇書" 宋永亨曰:"『孝經雌雄圖』本京房易傳日星占相之書也."

<table>
<tr><th rowspan="2">순번</th><th>[상란] 『해동역사』, 『예문지』의 제요와 주해</th></tr>
<tr><th>[하란] 인용한 원전과의 대조 및 출처</th></tr>
<tr><td></td><td>『高麗史』光宗光德十年秋, 遣使如周, 進『皇靈孝經』一卷、『孝經雌雄圖』三卷. 『經義考』 권267, 『毖緯』 5, 「孝經雌雄圖」</td></tr>
<tr><td rowspan="2">권44-45</td><td>太宗淳化四年, 高麗王上書, 願賜板本九經書, 用敦儒敎, 許之. 『宋史』</td></tr>
<tr><td>太宗卽位...淳化元年...四年正月...治又上表謝曰...又上言願賜板本九經, 用敦儒敎, 許之. 『宋史』 권487, 「列傳」 246, 「外國」 3, 「高麗」</td></tr>
<tr><td rowspan="2">권44-49</td><td>高麗李穡爲大司成, 選鄭夢周爲學官. 時經書至東方, 只朱子『集註』. 夢周講論, 辨難縱橫, 引据往往超出其表, 穡歎服曰:"此東方理學之祖也." 『列朝詩集』</td></tr>
<tr><td>夢周, 高麗迎日縣人. 爲人豪邁絶倫, 負忠孝大節. 詩文奔放峻潔, 精硏性理之學. 李穡爲大司成, 選爲學官. 經書至東方, 只朱子『集註』. 夢周講論, 辨難縱橫, 引据往往超出其表, 穡歎服曰:"此東方理學之祖也."...『列朝詩集』, 「閏集」 第6.</td></tr>
<tr><td rowspan="2">권44-53</td><td>高麗書有『玉篇』、『字統』、『字林』. 『舊唐書』</td></tr>
<tr><td>高麗者, 出自扶餘別種也...其書有五經及『史記』、『漢書』、范曄『後漢書』、『三國志』、孫盛『晉春秋』、『玉篇』、『字統』、『字林』, 又有『文選』, 尤愛重之. 『舊唐書』 권199, 『列傳』 제149, 「東夷」</td></tr>
<tr><td rowspan="2">권44-55</td><td>高麗書有『史記』、『漢書』、范曄『後漢書』、『三國志』. 『舊唐書』</td></tr>
<tr><td>高麗者, 出自扶餘別種也...其書有五經及『史記』、『漢書』、范曄『後漢書』、『三國志』、孫盛『晉春秋』、『玉篇』、『字統』、『字林』, 又有『文選』, 尤愛重之. 『舊唐書』 권199, 『列傳』 제149, 「東夷」</td></tr>
<tr><td rowspan="2">권44-62</td><td>高麗書, 有孫盛『晉陽秋』. 『舊唐書』</td></tr>
<tr><td>高麗者, 出自扶餘別種也...其書有五經及『史記』、『漢書』、范曄『後漢書』、『三國志』、孫盛『晉春秋』、『玉篇』、『字統』、『字林』, 又有『文選』, 尤愛重之. 『舊唐書』 권199, 『列傳』 제149, 「東夷」</td></tr>
<tr><td rowspan="2">권44-64</td><td>玄宗開元二十六年, 渤海王大欽茂, 遣使入朝, 求『三國志』、『晉書』、『三十六國春秋』. 帝許之. 『舊唐書』</td></tr>
<tr><td>開元十九年正月二十四日...二十六年六月二十七日, 渤海遣使求寫『唐禮』及『三國志』、『晉書』、『三十六國春秋』, 許之. 『唐會要』 권36, 「蕃夷請經史」</td></tr>
<tr><td rowspan="2">권44-69</td><td>宣宗宣德元年, 遣使賜朝鮮國王『通鑑綱目』及諸書, 因謂禮臣"是書有國家所當知, 朕嘉惠遠人." 故賜之. 『武備志』</td></tr>
<tr><td>宣宗...宣德元年, 遣使賜裲五經四書及『性理大全』、『綱目通鑒』, 因謂禮臣"是書有國家所當知, 朕嘉惠遠人." 故賜之...『武備志』 권239, 「占度載度」 50, 「四夷」 17, 「朝鮮考」</td></tr>
<tr><td>권44-71</td><td>哲宗元祐元年, 高麗王遣使請市『太平御覽』. 『宋史』</td></tr>
</table>

순번	[상란] 『해동역사』, 『예문지』의 제요와 주해 [하란] 인용한 원전과의 대조 및 출처
	(권44-16 밑줄 친 부분 참조) 『宋史』 권487, 「列傳」 246, 「外國」 3, 「高麗」
권44-74	元祐七年, 高麗遣使黃宗慤, 請市書甚衆. 禮部尙書蘇軾請勿許, 然卒市『冊府元龜』以歸. 『宋史』
	元祐四年...**七年, 遣黃宗慤**來獻『黃帝鍼經』, **請市書甚衆. 禮部尙書蘇軾**言:"高麗入貢, 無絲髮利而有五害, 今請諸書與收買金箔, 皆宜勿許." 詔許買金箔, **然卒市『冊府元龜』以歸**. 『宋史』 권487, 「列傳」 246, 「外國」 3, 「高麗」
권44-76	永樂間, 給朝鮮國王『列女傳』. 『大明會典』
	(권44-25 밑줄 친 부분 참조) 『大明會典』 권110, 「禮部」 69, 「外夷」 上.
권44-78	眞宗大中祥符九年, 高麗使郭元還, 請錄『國朝登科記』以歸, 從之. 『宋史』
	大中祥符三年...八年...又遣御事民官侍郎郭元來貢...元辭貌恭恪, 每受宴賜, 必自爲謝表, 粗有文采, 朝廷待之亦厚. **九年**, 辭還, 賜詢詔書七函、襲衣、金帶、器幣、鞍馬及經史、曆日、『聖惠方』等. 元又**請錄『國朝登科記』**及所賜御詩**以歸, 從之**. 天禧元年...五年, 詢遣告奏使御事禮部侍郎韓祚等一百七十九人來謝恩, 且言與契丹修好, 又表乞陰陽地理書、『聖惠方』, 幷賜之. 『宋史』 권487, 「列傳」 246, 「外國」 3, 「高麗」
권44-84	哲宗元祐元年, 高麗遣使, 請市刑法之書以歸. 『宋史』
	(권44-16 밑줄 "_" 친 부분 참조) 『宋史』 권487, 「列傳」 246, 「外國」 3, 「高麗」
권44-106	①哲宗元祐七年, 高麗遣使黃宗慤來獻『黃帝鍼經』. ②八年春正月庚子, 詔頒高麗所獻『黃帝鍼經』于天下. 『宋史』
	(①부분은 권44-74 참조) 『宋史』 권487, 「列傳」 246, 「外國」 3, 「高麗」 ②부분: **八年春正月**己卯朔, 不受朝...**庚子, 詔頒高麗所獻『黃帝鍼經』於天下**. 『宋史』 권17, 「本紀」 17, 「哲宗」 1
권44-111	眞宗大中祥符九年, 高麗使郭元還, 賜『聖惠方』. 天禧五年, 高麗王遣韓祚等乞『聖惠方』, 賜之. 『宋史』
	(권44-78 밑줄 친 부분 참조) 『宋史』 권487, 「列傳」 246, 「外國」 3, 「高麗」
권44-118	太宗端拱二年, 高麗王遣僧如可賫表來請『大藏經』, 賜之. 『宋史』
	端拱元年, 加治檢校太尉...**二年**, 遣使來貢...先是, 治**遣僧如可賫表來**覲, **請『大藏經』**, 至是**賜之**, 仍賜如可紫衣, 令同歸本國. 『宋史』 권487, 「列傳」 246, 「外國」 3, 「高麗」
권44-119	淳化二年, 高麗遣使求印佛經, 詔以『藏經』賜之. 『宋史』
	淳化元年...**二年, 遣使**韓彦恭來貢. 彦恭表述治意, **求印佛經, 詔以『藏經』**幷御製『祕藏詮』、『逍遙詠』、『蓮華心輪』**賜之**. 『宋史』 권487, 「列傳」 246, 「外國」 3, 「高麗」

순번	[상란] 『해동역사』, 『예문지』의 제요와 주해 [하란] 인용한 원전과의 대조 및 출처
권44-123	太宗淳化二年, 高麗使韓彦恭表述其王意, 求印佛經. 詔以『藏經』并御製『秘藏詮』、『逍遙詠』、『蓮花心輪』賜之. 『宋史』
	(권44-119 밑줄 친 부분 참조) 『宋史』 권487, 「列傳」 246, 「外國」 3, 「高麗」
권44-135	高麗, 其書又有『文選』, 尤愛重之. 『舊唐書』
	高麗者, 出自扶餘別種也...**其書**有五經及『史記』、『漢書』、范曄『後漢書』、『三國志』、孫盛『晉春秋』、『玉篇』、『字統』、『字林』, **又有『文選』, 尤愛重之**. 『舊唐書』 권199, 『列傳』 제149, 「東夷」
권44-141	武后垂拱二年, 新羅王金政明遣使請雜文章. 令所司於文館詞林採其辭涉規諷者, 勒成五十篇, 賜之. 『舊唐書』
	...**垂拱二年, 政明遣使**來朝, 因上表請『唐禮』一部并**雜文章**, 則天**令所司**寫『吉凶要禮』并於文館詞林**採其詞涉規誡者**, **勒成五十卷**以**賜之**. 『舊唐書』 권199, 『列傳』 제149, 「東夷」
	垂拱二年二月十四日, **新羅王金政明遣使請**『禮記』一部并**雜文章**. **令所司**寫『吉凶要禮』, 并**於文館詞林採其詞涉規誡者**, **勒成五十卷賜之**. 『唐會要』 권36, 「蕃夷請經史」
권44-145	張鷟下筆敏速, 天下知名. 新羅、日本東夷諸蕃, 尤重其文, 每遣使入朝, 必重出金貝以購其文, 其才名遠播如此. 『舊唐書』
	張薦, 字孝擧, 深州陸澤人. 祖**鷟**, 字文成, 聰警絶倫, 無書不覽...鷟下筆敏速, 著述尤多, 言頗詼諧, 是時**天下知名**, 無賢不肖, 皆記誦其文. 天后朝中使馬仙童陷默啜, 默啜謂仙童曰:"張文成在否?"曰:"近自御史貶官."默啜曰:"國有此人而不用, 漢無能爲也."**新羅、日本東夷諸蕃, 尤重其文, 每遣使入朝, 必重出金貝以購其文**, 其才名遠播**如此**. 薦少精史傳...『舊唐書』 권149, 『列傳』 제99, 「張薦子又新、希復、希復子讀」
권44-151	長慶中, 源寂使新羅國, 見其國人傳寫諷念馮定所爲「黑水碑」、「畫鶴記」. 『舊唐書』
	馮宿, 東陽人...宿弟定, 字介夫, 儀貌壯偉, 與宿具有文學, 而定過之. 貞元中, 皆擧進士, 時人比之漢朝二馮君于頓牧姑蘇也...會昌六年, 改先工部尙書而卒. 先**長慶中, 源寂使新羅國, 見其國人傳寫諷念定所爲「黑水碑」、「畫鶴記」**. 韋休符之使西番也, 見其國人寫定「商山記」於屛障. 其文名馳於戎夷如此...『舊唐書』 권168, 『列傳』 제118, 「馮宿弟定、審」
권44-153	哲宗元祐元年, 高麗王遣使請市刑法之書『太平御覽』、『開寶通禮』、『文苑英華』, 詔惟賜『文苑英華』一書. 『宋史』
	(권44-16 밑줄 "_" 친 부분 참조) 『宋史』 권487, 「列傳」 246, 「外國」 3, 「高麗」
권44-155	『居士集』五十卷, 宋歐陽修撰, 前列蘇軾序, 此本取淳熙間孫益謙所校重鐫, 卷末

순번	[상란] 『해동역사』, 『예문지』의 제요와 주해 [하란] 인용한 원전과의 대조 및 출처
	列諸本字句異同, 極爲詳核, 又一本爲明代朝鮮所刊, 校正亦極精審.『四庫全書總目』
	『居士集』五十卷, 內府藏本, **宋歐陽修撰**, **前列蘇軾序**及年譜舊本, 每卷有熙寧五年子(殿本:予)發等編次數字, 而蘇序謂得於其子棐, 乃次而論之, 蓋序作於元祐六年, 時發已卒, 故序中不及耳. 慶元中, 周必大編次修集, 自『居士集』外有‘外集’等九種, 通一百五十三卷, 此編僅三之一, 然出自修所手輯.『文獻通考』引葉夢得之言曰:“歐陽文忠公晚年取平生所爲文, 自爲編次, 今所謂『居士集』者, 往往一篇閱至數十過, 有累日去取未決者, 則其選擇爲最審矣. **此本又取淳熙間孫盆謙所校重鐫, 卷末列諸本字句異同, 極爲詳核, 又一本爲明代朝鮮所刊, 校正亦極精審**. 以周必大所編『文忠集』已全部收入無庸復錄, 故今惟存其目焉.『四庫全書總目提要』권174,「集部」27,「居士集五十卷」
권45-28	呂祐之, 字元吉. 端拱元年, 以起居舍人副呂端使高麗, 及還, 獻『海外覃皇澤詩』十九首, 太宗嘉之.『宋史』
	呂祐之, 字元吉, 濟州鉅野人...祐之, 太平興國初, 擧進士...換右補闕直史館同判吏部南曹, 遷**起居舍人**. **端拱中**, **副呂端使高麗**, 假內庫錢五十萬以辦裝, **還**遇風濤, 舟欲覆, 祐之悉取所得貨沈之, 即止. 復**獻『海外覃皇澤詩』十九首**, **太宗嘉之**, 仍蠲其所貸.『宋史』권296 ,「列傳」55,「呂祐之」.
권45-30	宋球, 開封酸枣人. 以蔭幹當禮賓院. 元豐六年, 副錢勰使高麗, 密訪山川、形勢、風俗、好尙, 使還, 撰『圖紀』上之, 神宗稱善.『宋史』
	宋守約 , **開封酸棗人**...子球, **以蔭幹當禮賓院**. 條秦、川、券、馬四弊, 群牧使用其議, 馬商便之. **再使高麗**, **密訪山川、形勢、風俗、好尙**, **使還**, **圖紀上之**, **神宗稱善**, 進通事舍人...『宋史』권349 ,「列傳」108,「宋守約, 子球」
권45-32	元豐間,『高麗入貢儀式條令』三十卷.『宋史』
	『高麗入貢儀式條令』三十卷元豐間. 『高麗女眞排辨式』一卷元豐間.『宋史』권204,「志」157,「藝文」3.
권45-35	元豐間,『高麗女眞排辨式』一卷.『宋史』
	(권45-32 밑줄 친 부분 참조)『宋史』권204,「志」157,「藝文」3.
권45-47	王雲, 字子飛, 澤州人, 擧進士, 從使高麗, 撰『鷄林志』以進, 擢秘書省校書郞.『宋史』
	王雲, 字子飛, **澤州人**. 父獻可, 仕至英州刺史、知瀘州. 黃庭堅謫於涪, 獻可遇之甚厚, 時人稱之. 雲**擧進士**, **從使高麗**, **撰『雞林志』以進**, **擢秘書省校書郞**, 出知簡州, 遷陝西轉運副使.『宋史』권357,「列傳」116,「王雲」
권45-63	『使高麗事纂』一卷, 闕名.『宋史』

순번	[상란] 『해동역사』, 『예문지』의 제요와 주해 [하란] 인용한 원전과의 대조 및 출처
	『使高麗事纂』二卷. 『宋史』 권203, 「志」 156, 「藝文」 2.
권45-65	宣和初, 『接送高麗勅令格式』一部卷亡. 『宋史』
	『接送高麗勅令格式』一部宣和初, 卷亡. 『奉使高麗勅令格式』一部宣和初, 卷亡. 『宋史』 권204, 「志」 157, 「藝文」 3.
권45-67	宣和初, 奉使高麗勅令格式一部卷亡. 『宋史』
	(권45-65 밑줄 친 부분 참조) 『宋史』 권204, 「志」 157, 「藝文」 3.
권45-71	『高麗表章』一卷, 闕撰人名. 『宋史』
	『高麗表章』一卷. 『宋史』 권209, 「志」 162, 「藝文」 8.
권45-4	貞觀十八年秋七月, 帝將征高麗, 將擇人運糧, 馬周薦韋挺爲河北饋運使, 挺以父沖在隋時, 有經略高麗遺文, 因此奏之. 帝甚悅. 『舊唐書』
	貞觀初...**十九年**, 將有事於遼東, **擇人運糧**. **周又奏挺**才堪粗使, 太宗從之, **挺以父在隋**爲營州總管, **有經略高麗遺文, 因此奏之**. **太宗甚悅**...『舊唐書』 권77, 『列傳』 제27, 「韋挺子待價、弟萬石」
권45-15	文宗太和六年, 內養王宗禹渤海使, 回畫渤海左右神策軍、左右三軍、一百二十司圖以進. 『舊唐書』
	太和四年春...十二月...戊辰, **內養王宗禹渤海使**, **廻**言**渤海**置**左右神策軍、左右三軍、一百二十司**, **畫圖以進**. 『舊唐書』 권17, 『本紀』 17, 「文宗下」
권45-24	『海外行程記』者, 南唐章僚記其使高麗所經所見也. 中引保太初徐弼使事爲證, 即當是後主末年也. 僚之使也, 會女眞獻馬於麗, 其人僅百餘輩, 在市商物, 價不相中, 輒引弓擬人, 人莫敢向, 則其兇悍有素, 麗不能誰何矣. 麗主王建常資其馬萬匹, 以平百濟. 則諸家謂女眞犯遼初時, 力弱無器械者誤也. 予見舊史, 自平遼問陸趨高麗者, 多直東行, 意麗並海與平遼等處, 對東而出. 而明人登航, 商販於麗者, 乃皆微北並東而往耳. 今觀僚所書水程, 乃自海萊二州, 須得西南風乃行, 則麗地之與中國對者, 已在山東之東矣. 而麗之屬郡有康州者, 又在麗南五千里, 乃與明州相對. 康之鄰郡曰武州, 自產橘柚, 又明言其氣候正似餘姚, 則麗之與明, 其斜相對値. 蓋相爲東西而微並西北矣. 『演繁露·續集』
	(전재) 『演繁露』, 『續集』권1
권45-55	「宣和奉使高麗圖經」四十卷, 兩淮馬裕家藏本, 宋徐兢撰. 兢字明叔, 號自信居士. 是書末附其行狀, 稱甌寧人. 『文獻通考』則作和州歷陽人, 思陵『翰墨志』又作信州徐兢. 似當以行狀爲確. 『通考』又稱兢爲鉉之後, 自題保大騎省世家, 考王銍『默記』, 稱徐鉉無子, 惟鍇有後, 居攝山前開茶肆, 號徐十郎. 鉉、鍇誥敕尚存, 則『通考』亦誤傳也. 據兢行狀, 宣和六年高麗入貢, 遣給事中路允迪報聘. 兢以奉議郎爲國信使提轄人船禮物官, 因撰『高麗圖經』四十卷, 還朝後詔給筆札上之. 召對

순번	[상란] 『해동역사』, 『예문지』의 제요와 주해 [하란] 인용한 원전과의 대조 및 출처
	便殿, 賜同進士出身, 擢知大宗正事, 兼掌書學, 後遷尚書刑部員外郎. 其書分二十八門, 凡其國之山川、風俗、典章、制度, 以及接待之儀文、往來之道路, 無不詳載. 而其自序尤拳拳於所繪之圖. 此本但有書而無圖, 已非完本. 然前有其姪蔵題詞, 述兢之言, 謂世傳其書, 往往圖亡而經存. 欲追畫之, 不果就, 是宋時已無圖矣. 又張世南『遊宦記聞』曰 : 高麗是年有請於上, 願得能書者至國中, 於是以徐兢為國信使禮物官. 則兢之行, 特以工書遣, 而留心記載乃如是. 今其篆書無一字傳世, 惟此編僅存, 考魏了翁『鶴山集』, 稱兢篆於『說文解字』以外自爲一家, 雖其名兢字見於印文者, 亦與篆法不同云云. 則其篆乃滅裂古法者, 宜不爲後人所藏弆. 然此編已足以傳兢, 雖不傳其篆可也. 『四庫全書總目』
	「宣和奉使高麗圖經」四十卷, 兩淮馬裕家藏本, 宋徐兢撰. 兢字明叔, 號自信居士. 是書末附其行狀, 稱甌寧人. 『文獻通考』則作和州歷陽人, 思陵『翰墨志』又作信州徐兢. 似當以行狀爲確. 『通考』又稱兢爲鉉之裔, 自題保大騎省世家, 考王銍『默記』, 稱徐鉉無子, 惟鍇有後, 居攝山前開茶肆, 號徐十郎. 鉉、鍇誥敕尚存, 則『通考』亦誤傳也. 據兢行狀, 宣和六年高麗入貢, 遣給事中路允迪報聘. 兢以奉議郎爲國信使提轄人船禮物官, 因撰『高麗圖經』四十卷, 還朝後詔給札上之. 召對便殿, 賜同進士出身, 擢知大宗正事, 兼掌書學, 後遷尚書刑部員外郎. 其書分二十八門, 凡其國之山川、風俗、典章、制度, 以及接待之儀文、往來之道路, 無不詳載. 而其自序尤拳拳於所繪之圖. 此本但有書而無圖, 已非完本. 然前有其姪蔵題詞一首, 稱書上御府, 其副藏家. 靖康丁未, 兵亂失之. 後從醫者得其本, 惟『海道』二卷無恙. 又**述兢之言, 謂世傳其書, 往往圖亡而經存. 欲追畫之, 不果就,** 乃以所存者刻之澂江郡齋. 周煇『清波雜誌』亦稱兢仿元豐中王雲所撰『雞林志』爲『高麗圖經』, 物圖其形 , 事爲其說. 蓋徐素善丹青也. 宣和末, 老人在歷陽按此'老人'字疑爲先人之譌 , 蓋指其父邦也雖得見其書, 但能鈔其文 , 略其繪事. 乾道中刊於江陰郡齋者, 即家間所傳之本, 圖亡而經存. 蓋兵火後徐氏亦失元本云云. **是宋時已無圖矣. 又張世南『遊宦記聞』曰 : 高麗是年有請於上, 願得能書者至國中, 於是以徐兢為國信使禮物官. 則兢之行, 特以工書遣, 而留心記載乃如是. 今其篆書無一字傳世, 惟此編僅存, 考魏了翁『鶴山集』, 稱兢篆於『說文解字』以外自爲一家, 雖其名兢字見於印文者, 亦與篆法不同云云. 則其篆乃滅裂古法者, 宜不爲後人所藏弆. 然此編已足以傳兢, 雖不傳其篆可也.** 『四庫全書總目』 권71, 『史部』 27, 「宣和奉使高麗圖經四十卷」
권45-58	『奉使高麗記』, 宋朝散大夫尚書刑部員外郎歷陽徐兢撰. 兢奉使高麗時, 自記其所行典制及所過道里、風土、事實, 前序其國世系, 兢官署充國信提轄人船禮物官, 蓋當時出使之銜也. 『浙江書目』
	『**奉使高麗記**』四卷, 寫本. 右**宋朝散大夫尚書刑部員外郎歷陽徐兢撰. 兢奉使高麗時, 自記其所行典制及所過道里、風土、事實, 前序其國世系, 兢官署充國**史**提轄**

순번	[상란] 『해동역사』, 『예문지』의 제요와 주해 [하란] 인용한 원전과의 대조 및 출처
	人船禮物官, 蓋當時出使之銜也. 『浙江採集遺書總錄』 丁集, 『史部』, 「地理類」 4, 「異域」
권45-59	兢所撰圖經, 詳記其立國始末及制度、風俗, 於宣和間表進, 原書有圖, 在宋時已佚, 所存者其說也. 各著錄家, 兢所撰但有『圖經』四十卷, 並無兩書, 意流傳之本詳略互異, 或此編經後人刪節耳. 『浙江書目』
	『**高麗圖經**』四十卷, 寫本. 右前人撰. 此則**詳紀其立國始末及制度、風俗, 於宣和間表進, 原書有圖, 在宋時已佚, 所存者其說也. 按各著錄家, 兢所撰但有『圖經』四十卷, 並無兩書, 意流傳之本詳略互異, 或前編經後人刪節耳**. 『浙江採集遺書總錄』 丁集, 『史部』, 「地理類」 4, 「異域」
권45-60	『高麗記』, 浙江范氏天一閣藏本, 無卷數. 舊本題宋徐兢撰. 按兢別有『高麗圖經』四十卷, 已著於錄. 此本所載, 即從圖經中摘鈔而成, 非兩書也. 『四庫全書總目』
	『**高麗記**』, **無卷數, 浙江范**懋柱家**天一閣藏本. 舊本題宋徐兢撰. 案兢別有『高麗圖經』四十卷, 已著於錄. 此**(殿本: 此자 없음)**本所載, 即從圖經中摘鈔而成, 非兩書也**. 『四庫全書總目』 권78, 「史部」 34, 「地理類存目」 7, 「高麗記」
권45-87	『鯨背吟集』一卷. 據趙孟頫所作「宋无翠寒集序」,謂无至元中 , 其父領征東萬戶案牘, 當行病痿, 无丐以身代, 遂入海, 經高麗諸山, 未嘗廢吟咏, 『鯨背吟』正其時作. 有「自序」稱至元辛卯, 泛海至燕京, 舟中成七言絕句三十餘首. 『四庫全書總目』
	『**鯨背吟集**』**一卷**. 編修汪如藻家藏本. 舊本題元朱晞顏撰. 前有「自序」, 署其字曰 "名世", 末又有「自跋」. 序稱至元辛卯, 泛海至燕京, 舟中成七言絕句三十餘首, 詩尾各以古句足之. 其末章云:"早知鯨背推敲險, 悔不來時只跨牛." 因名『鯨(殿本: 鰜)背吟』. 曹學佺編入『十二代詩選』中, 長洲顧嗣立編『元百家詩』, **據趙孟頫所作「宋无翠寒集序」, 謂**无舊以晞顏字行. 先世自晉陵遷吳, 冒朱姓. **至元中, 其父領征東萬戶案牘, 當行病痿, 无匄以身代, 遂入海, 經高麗諸山, 未嘗廢吟咏, 『鯨背吟』正其時作**. 然序稱偶託迹於曹科, 未忘情於筆硯. 緣木求魚, 乘桴浮海, 與代父入征東幕府, 情事渺不相涉, 與孟頫序所稱, 西溪王公以茂才舉之, 辭不就者亦不合. 又不知其何故矣. 疑以傳疑可也. 『四庫全書總目』 권167, 「集部」 20, 「別集類」 20, 「鯨背吟集一卷」
권45-92	明代宗景泰元年, 禮部侍郎江東倪謙奉使朝鮮, 自鴨綠江至王城, 凡所經歷賓館二十八處, 詳爲之記. 『浙江書目』
	『朝鮮紀事』一冊, 寫本. 右明**禮部侍郎江東倪謙**撰. **景泰元年**, 謙**奉使朝鮮, 自鴨綠江至王城, 凡所經歷賓館二十八處, 詳爲之記**. 『浙江採集遺書總錄』 丁集, 『史部』, 「地理類」 4, 「異域」
권45-93	『朝鮮紀事』一卷. 浙江巡撫採進本. 明倪謙撰. 字克讓, 錢塘人, 正統己未進士, 官

순번	[상란]『해동역사』,『예문지』의 제요와 주해 [하란] 인용한 원전과의 대조 및 출처
	至南京禮部尚書, 謚文僖. 是編乃景泰元年謙奉使朝鮮頒詔紀行之作. 自鴨綠江至王城, 計一千一百七十里, 所歷賓館凡二十有八, 語意草略, 無足以資考證. 時朝鮮國王、世子並稱疾不迎詔, 謙爭之不得, 亦無如之何. 蓋新有'土木之變', 正國勢危疑之日也, 亦足見明之積弱, 雖至近而令亦不行矣.『四庫全書總目』
	『朝鮮紀事』一卷. 浙江巡撫採進本. 明倪謙撰. 字克讓, 錢塘人, 徙上元, 正統己未進士, 官至南京禮部尚書, 謚文僖. 是編乃景泰元年謙奉使朝鮮頒詔紀行之作, 自鴨綠江至王城, 計一千一百七十里, 所歷賓館凡二十有八, 語意草略, 無足以資考證. 時朝鮮國王、世子竝稱疾不迎詔, 謙爭之不得, 亦無如之何. 蓋新有'土木之變', 正國勢危疑之日也, 亦足見明之積弱, 雖至近而令亦不行矣.『四庫全書總目』 권53, 「史部」 9, 「雜史類存目」 2, 「朝鮮紀事一卷」
권45-96	『倪文僖集』, 明倪謙撰. 謙有『朝鮮紀事』已著錄. 集外又有奉使朝鮮之作, 爲『遼海編』, 別行於世.『四庫全書總目』
	『**倪文僖集**』三十二卷. 副都御史黃登賢家藏本. **明倪謙撰. 謙有『朝鮮紀事』, 已著錄**. 據李東陽序, 謙所著有『玉堂稾(殿本:稿)』一百卷、『上谷稾』八卷、『歸田稾』四十二卷、『南宮稾』二十卷, **又有奉使朝鮮之作, 爲『遼海編』, 別行於世**. 今皆未見. 此本凡賦辭、琴操、古今體詩、詩餘十一卷. 頌、贊、表、牋、箴、銘一卷, 文二十卷. 蓋謙所自編於生平著作, 汰存六之一者也. '三楊'臺閣之體, 至宏、正之間而極弊, 宂(殿本:冗)闒膚廓, 幾於萬喙一音. 謙當有明盛時, 去前輩典型未遠. 故其文步驟謹嚴, 朴而不俚, 簡而不陋, 體近'三楊'而無其末流之失, 雖不及李東陽之籠罩一時, 然有質有文, 亦彬彬然自成一家矣. 固未可以聲價之重輕爲文章之優劣也.『四庫全書總目』 권170, 「集部」 23, 「別集類」 23, 「倪文僖集三十二卷」
권45-102	『奉使錄』二卷. 浙江總督採進本. 明張寧撰. 寧有『方洲集』已著錄. 是集乃寧天順四年出使朝鮮所作, 已編入『方洲集』內, 此其初出別行之本也. 上卷首敘奉使召對及奏稿數篇, 餘皆途中留題之作. 下卷則至朝鮮以後篇什, 題曰『皇華集』, 註云"朝鮮刻本". 前有崔恒序, 乃奉國王命編次而序之者也. 朱彝尊『靜誌居詩話』載: 寧兩使朝鮮, 水館星郵, 留題殆遍. 館伴朴元亨詩篇唱和, 殊不相下. 及偕登太平館樓, 寧成七律六十韻, 元亨誦至'溪流殘白春前雪, 柳折新黃夜半風'之句, 乃閣筆曰:"不敢屬和矣". 然其詩縱調騁情, 才思雖捷, 而少沈思, 故王世貞謂:"寧詩如小櫂急流, 一瞬而過, 無復雅觀也."『四庫全書總目』
	『奉使錄』二卷. 浙江總督採進本. 明張寧撰. 寧有『方洲集』已著錄. 是集乃寧天順四年出使朝鮮所作, 已編入『方洲集』內, 此其初出別行之本也. 上卷首敘奉使召對及奏稾數篇, 餘皆途中留題之作. 下卷則至朝鮮以後篇什, 題曰『皇華集』, 註云"朝鮮刻本". 前有崔恒序, 乃奉國王李瑈命編次而序之者也. 朱彝尊『靜誌居詩話』載: 寧兩使朝鮮, 水館星郵, 留題殆遍. 館伴朴元亨詩篇唱和, 殊不相下. 及偕登太平館樓, 寧成七律六十韻, 元亨誦至'溪流殘白春前雪, 柳折新黃夜半風'之句, 乃

순번	[상란] 『해동역사』, 『예문지』의 제요와 주해 [하란] 인용한 원전과의 대조 및 출처
	閣筆曰:"不敢屬和矣". 然其詩縱調騁情, 才思雖捷, 而少沈思, 故王世貞謂:"寧詩如小櫂急流, 一瞬而過, 無復雅觀也." 『四庫全書總目』 권175, 「集部」 28, 「別集類存目」 2, 「奉使錄二卷」
	『朝鮮賦』一卷. 浙江范氏天一閣藏本. 明董越撰. 越字尙矩, 寧都人, 成化己丑進士, 官至南京工部尙書, 謚文僖. 孝宗即位, 越以右春坊右庶子兼翰林院侍講, 同刑部給事中王敞使朝鮮, 因述所見聞, 以作此賦. 又用謝靈運「山居賦」例, 自爲之註, 所言與『明史』·「朝鮮傳」皆合, 知其信而有徵, 非鑿空也. 考越自正月出使, 五月還朝, 留其地者, 僅一月有餘, 而凡其土地之沿革, 風俗之變易, 以及山川、亭館、人物、畜產, 無不詳錄. 自序所謂得於傳聞周覽, 與彼國所具風俗帖者, 恐不能如是之周匝. 其亦奉使之始, 預訪圖經, 還朝以後, 更徵典籍, 參以耳目所及, 以成是製乎? 越有『文僖集』四十二卷, 今未見其本. 又別有『使東日錄』一卷, 亦其往返所作詩文, 不及此賦之典核, 別本孤行, 此一卷固已足矣. 『四庫全書總目』
권45-105	**『朝鮮賦』一卷. 浙江范**懋柱家**天一閣藏本. 明董越撰. 越字尙矩, 寧都人, 成化己丑進士, 官至南京工部尙書, 謚文僖. 孝宗即位, 越以右春坊右庶子兼翰林院侍講, 同刑部給事中王敞使朝鮮, 因述所見聞, 以作此賦. 又用謝靈運「山居賦」例, 自爲之註, 所言與『明史』·「朝鮮傳」皆合, 知其信而有徵, 非鑿空也. 考越自正月出使, 五月還朝, 留其地者, 僅一月有餘, 而凡其土地之沿革, 風俗之變易, 以及山川、亭館、人物、畜產, 無不詳錄. 自序所謂得於傳聞周覽, 與彼國所具風俗帖者, 恐不能如是之周匝. 其亦奉使之始, 預訪圖經, 還朝以後, 更徵典籍, 參以耳目所及, 以成是製乎? 越有『文僖集』四十二卷, 今未見其本. 又別有『使東日錄』一卷, 亦其往返所作詩文, 不及此賦之典核, 別本孤行, 此一卷固已足矣**. 『四庫全書總目』 권71, 「史部」 27, 「地理類」 4, 「朝鮮賦一卷」
	張參議廷枚, 三韓人. 詩骨婉麗, 所刻『春暉堂詩』, 句予作序. 嘗奉使三往高麗, 景物之姸, 風土之異, 宴饗送迎之節, 各有詩紀事. 序稱:高麗人男子戴巾, 名折風, 則與梁、魏二書「高句麗傳」脗合. 予贈詩曰: 一參羽獵長楊乘, 三繪宣和奉使圖. 蓋記實也. 『榕城詩話』
권45-148	**張參議廷枚, 三韓人. 詩骨婉麗**, 在韓致堯吳子華間**所刻『春暉堂詩』, 句予**製**序**. 其瓶花絶句云: 垂簾莫放西風入, 留取秋光在草堂, 風致可想見也. **嘗奉使三往高麗, 景物之姸, 風土之異, 宴饗送迎之節, 各有詩紀事. 序稱:高麗人男子戴巾, 名折風, 則與梁、魏二書「高句驪傳」脗合**. 又多隨駕在西海子塞上, 山川珥筆吟寫咸歸娟美英. **予贈詩: 一參羽獵長楊乘, 三繪宣和奉使圖**. 戴斗威名馳絶域, 掞天才藻壓無諸. **蓋實**錄**也**. 錢塘詩人沈方舟用濟少時刻『荊花集』, 毛馳黃、陸拒石兩處士嘗重之. 晩益遒上貧, 老無子依. 參議終身遺稾數千篇, 託參議收弃, 予曾勸參議掇其尤者刊之, 竟亦未果. 吾鄕有三沈, 一爲香嚴, 無後客死, 集竟刻於淮上, 有楊太守次也, 諸人爲經營故也. 一爲碉房詩 名梵夾集 弟子趙昱刻傳之, 子嘉轍亦能

<table>
<tr><th rowspan="2">순번</th><th>[상란] 『해동역사』, 『예문지』의 제요와 주해</th></tr>
<tr><th>[하란] 인용한 원전과의 대조 및 출처</th></tr>
<tr><td></td><td>詩, 今『遊河東集』亦數千篇. 『榕城詩話』 卷上</td></tr>
<tr><td rowspan="2">권45-152</td><td>吳明濟「朝鮮詩選自序」: 萬曆丁酉之歲, 司馬公贊畫東援鮮朝, 明濟以客從. 戊戌春, 涉鴨綠, 軍于義州. 孟夏, 從司馬公獵於城南, 及坎馬敗, 值雨, 休于村舍. 遇李文學輩稍稍引見, 因訪東海名士崔致遠諸集, 辭曰:“小國喪亂, 君臣越在草莽既七載, 首領且不保, 況于此乎?” 然有能憶者, 輒書以進, 凡二百篇. 及抵王京, 館於許氏, 伯仲三人, 曰篈, 曰筬, 曰筠, 以文鳴東海. 筠敏甚, 能誦東詩數百篇, 復得其妹氏詩二百篇, 而尹判書根壽亦多搜殘篇, 所積盈篋. 己亥, 余自長安復征朝鮮, 館于李氏朝鮮議政德馨也, 雅善詩文, 益請搜諸名人集. 自新羅至今朝鮮, 共百餘家, 披覽之, 凡兩月, 得佳詩若干篇, 類而書之. 『列朝詩集』</td></tr>
<tr><td>丁酉之歲, 司馬公贊畫東援鮮朝, 明濟以客從. 戊戌春, 涉鴨綠, 軍于義州. 孟夏, 從司馬公獵於城南, 及坎馬敗, 值雨, 休于村舍. 遇李文學, 能詩, 解華語。次日, 訪我於龍灣之館, 賦詩相贈。於是文學輩稍稍引見, 因訪東海名士崔致遠諸集, 辭曰:“小國喪亂, 君臣越在草莽既七載, 首領且不保, 況于此乎?” 然有能憶者, 輒書以進, 凡二百篇. 及抵王京, 館於許氏, 伯仲三人, 曰篈, 曰筬, 曰筠, 以文鳴東海. 筠敏甚, 能誦東詩數百篇, 復得其妹氏詩二百篇, 而尹判書根壽亦多搜殘篇, 所積盈篋. 己亥, 余自長安復征朝鮮, 館于李氏朝鮮議政德馨也, 雅善詩文, 益請搜諸名人集. 自新羅至今朝鮮, 共百餘家, 披覽之, 凡兩月, 得佳詩若干篇, 類而書之. 許筠《後序》曰:「朝鮮承襲周太師禮義之教, 風化之美, 與中國稱。昔周官采詩, 夫子采詩, 三韓不及, 遠莫致乎? 夫遺於千載前, 而遇於千載後, 小國之音, 始與成周齒, 子魚之功盛矣哉!」明濟又撰《高麗世記》壹卷, 記朝鮮終始最詳, 蓋郤括東國史而為之也. 『列朝詩集』 閏集 第6</td></tr>
<tr><td rowspan="2">권45-156</td><td>康熙十七年, 命一等侍衛狼瞫頒孝昭皇后尊謚於朝鮮國①, 因令採東國詩歸奏, 吳人孫致彌副行撰『朝鮮採風錄』, 皆近體詩也. 今擇其可誦者, 粗載於此. 『池北偶談』</td></tr>
<tr><td>(①‘國’자 없음, 사고전서본)『池北偶談』 권18, 「談藝」 8, 「朝鮮採風錄」</td></tr>
</table>

참고문헌

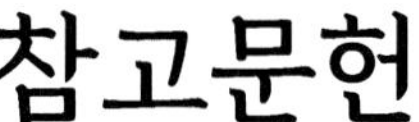

【자료】

* 『해동역사』「예문지」에서 참조한 원전에 대해 〈부록 3〉 참조
柳得恭, 『渤海考』, 朝鮮古書刊行會, 1911.
_____, 송기호 옮김, 『발해고』, 홍익출판사, 2000.
李圭景, 『국역분류 五洲衍文長箋散稿』, 한국고전번역원 한국고전종합DB.
李德懋, 『青莊館全書』, 민족문화추진회, 『한국문집총간』 257~258, 2000.
李書九, 『惕齋集』, 한국고전번역원 한국고전종합DB.
李睟光, 『芝峯集』, 한국고전번역원 한국고전종합DB.
李裕元, 『林下筆記』, 한국고전번역원 한국고전종합DB.
李瀷, 『星湖僿說』, 景仁文化社, 1970.
朴趾源, 『熱河日記』, 『燕巖集』, 박영철 편, 1932.
徐瀅修, 『明皐全集』, 한국고전번역원 한국고전종합DB.
成海應, 『硏經齋全集』, 한국고전번역원 한국고전종합DB.
申欽, 『象村先生文集』, 『韓國歷代文集叢書』 128, 景仁文化社, 1987.
正祖, 『弘齋全書』, 한국고전번역원 한국고전종합DB.
한치윤 편, 전선용 역, 『국역 해동역사』(1~9), 민족문화추진회, 2004.
韓致奫, 『海東繹史』, 景仁文化社, 1974.
韓致奫·韓鎭書, 『해동역사』, 국립중앙도서관 필사본.
__________, 『해동역사』, 서울대학교 규장각 필사본.
弘文館 纂輯校正, 『增補文獻備考』.
『同文彙考』, 『韓國史料叢書』 24, 국사편찬위원회, 1978.

朱彝尊 撰, 林庆彰 主编, 『經義考新校』, 上海: 上海古籍出版社, 2010.
_____, 『曝書亭集』, 臺北: 世界書局, 1989.
_____, 『明詩綜』, 『四庫文學總集選刊』, 上海: 上海古籍出版社, 1993.
沈初 等撰, 杜澤遜·何燦 點校, 『浙江採集遺書總錄』, 上海: 上海古籍出版社, 2010.
紀昀·永瑢 主編, 周仁 외 整理, 『四庫全書總目提要』, 海口: 海南出版社, 1999.

錢謙益 撰, 許逸民·林淑敏 點校,『列朝詩集』, 北京: 中華書局, 2007.
倪燦,『宋史藝文志補』, 廣雅書局刻本.
張世南 撰, 張茂鵬 點教,『遊宦紀聞』,『唐宋史料筆記叢刊』, 北京: 中華書局, 1997 (2쇄본).
周煇 撰, 劉永翔 校注,『淸波雜志校注』,『唐宋史料筆記叢刊』, 北京: 中華書局, 1997 (2쇄본).
脫脫 等撰,『宋史』, 北京: 中華書局, 1985.
葉夢得 撰, 宇文紹奕 考異, 侯忠義 點校,『石林燕語』,『唐宋史料筆記叢刊』, 北京: 中華書局, 1997 (2쇄본).
汪聖鐸 點校,『宋史全文』, 北京 : 中华书局, 2016.
王士禎 撰, 靳斯仁 點校,『池北偶談』, 北京: 中華書局, 1982.
王圻·王思義 輯,『三才圖會』,『續修四庫全書』(1232-1236 子部·類書類), 『續修四庫全書』編纂委員會, 上海: 上海古籍出版社, 1995-1999.
王應山,『閩大記』, 福建省地方志編纂委員會,『福建舊方志叢書』, 中國社會科學出版社, 2005.
馬驌,『繹史』, 王雲五 主編,『國學基本叢書』, 臺灣商務印書館, 1968.
周中孚 著, 黃曙輝·印曉峰 注釋,『鄭堂讀書記』, 上海: 上海書店出版社, 2009.
中國古籍善本書目編輯委員會 編.『中國古籍善本書目』, 上海: 上海古籍出版社, 1989.

松下見林,『異稱日本傳』, 東京: 國書刊行會, 1926.

『高麗史』, 북한사회과학원 민족고전연구소 번역, 누리미디어, 한국의 지식콘텐츠.
『正祖實錄』,『朝鮮王朝實錄』, 국사편찬위원회.
中國哲學書電子化計劃
中國基本古籍庫
文淵閣四庫全書(電子版)

【연구서】
김명호, 『환재 박규수 연구』, 창비, 2008.
_____, 『열하일기 연구』, 창작과 비평사, 1990.
_____ 외, 『19세기 필기류 소재 지식정보의 양상』, 학자원, 2011.
김미경, 『東華 李海應의 薊山紀程 연구』, 민속원, 2012.
김준석, 『조선후기 정치사상사 연구』, 지식산업사, 2003.
韓榮奎, 韓梅, 『18~19세기 한·중 문인 교류』, 이매진, 2013.
래이신샤 지음, 박정숙 번역, 『중국의 고전목록학』, 한국학술정보, 2009.
朴現圭, 『중국 명말 청초인 朝鮮詩選集 연구』, 태학사, 1998.
박희병, 『저항과 아만: 「호동거실」 평설』, 돌베개, 2009.
_____, 『범애와 평등: 홍대용의 사회사상』, 돌베개, 2013.
박인호, 『조선시기 역사가와 역사지리인식』, 이회문화사, 2003.
성범중, 박경신, 『한수와 그의 한시』, 국학자료원, 2004.
이종묵 편저, 『관암 홍경모와 19세기 학술사』, 경인문화사, 2011.
_____ 외, 『조선에 전해진 중국 문헌 해제』, 서울대학교 출판부, 2018 간행 예정.
조계영 외, 『동아시아의 문헌 교류: 16~18세기 한·중·일 서적의 전파와 수용』, 소망, 2014.
千惠鳳, 『韓國書誌學』(개정판), 민음사, 2004.

北京大學圖書館學系·武漢大學圖書館學系 合編, 『圖書館古籍編目』, 北京: 中華書局, 1985.
曹書杰, 『中國古籍輯佚學論稿』, 長春: 東北師範大學出版社, 1998.
高紅 編著, 『編目思想史』, 北京: 北京圖書館出版社, 2008.
郭康松, 『清代考據學研究』, 武漢: 崇文書局, 2001.
黃永年, 『古籍整理概論』, 上海: 上海書店出版社, 2001.
來新夏, 『古典目錄學』(修訂本), 北京: 中華書局, 2013.
梁啓超, 『中國近三百年學術史』, 北京: 商務印書館, 2011.
羅炳良, 『清代乾嘉歷史考證學研究』, 北京: 北京圖書館出版社, 2007.

馬春暉,『中國傳統方志藝文志研究』, 北京: 國家圖書館出版社, 2015.
漆永祥,『乾嘉考據學硏究』, 北京: 中國社會科學出版社, 1988.
孫衛國,『大明旗號與小中華意識』, 北京: 商務印書館, 2007.
伍媛媛,『淸代補史藝文志硏究』, 合肥: 時代出版傳媒股份有限公司·黃山書社, 2012.
楊緖敏,『明末淸初私家修史硏究』, 中國社會科學出版社, 2016.
余家錫,『目錄學發微 古書通例』, 上海: 上海世紀出版股份有限公司 上海古籍出版社, 2014.
章學誠,『文史通義』, 北京: 中華書局, 1985.
章學誠,『章學誠遺書』, 北京: 文物出版社, 1985.
張舜徽,『中國文獻學』, 上海: 上海世紀出版集團·上海古籍出版社, 2009.
張宗友,『經義考硏究』, 北京: 中華書局, 2009.

【연구논문】

강민구,「『星湖僿說』의 문헌 인용 양상에 대한 실증적 분석」,『동방한문학』 67, 2016.
강민식,「청주한씨의 연원과 시조 전승」,『장서각』 30, 2013.
강제훈,「조선 초기 勳戚 韓明澮의 관직 생활과 그 특징」,『역사과 실학』 43, 2010.
고영진,「17세기 초 禮學의 새로운 흐름 -韓百謙과 鄭逑의 禮說을 중심으로」,『한국학보』 18, 1992.
구슬아,「조선 후기 문인들이 明代 文壇 경향을 파악하는 한 방법: 明代 散文選集『明文奇賞』을 중심으로」,『관악어문연구』 38, 서울대학교 국어국문학과, 2013.
김경추,「한백겸의 동국지리지에 관한 연구」,『地理學硏究』 37, 2003.
김봉희, 최보람,「조선조 역사서의 평가를 위한 비교-『東國通鑑』,『東史綱目』,『海東繹史』를 중심으로」,『사회과학연구논총』 12, 이화사회과학원, 2004.
김종복,「조선후기 실학자들의 발해사 연구」,『한국고대사연구』 62, 한국고대 사학회, 2001.

_____, 「수정본『발해고』의 내용과 집필 시기」, 『泰東古典硏究』 26, 2010.

김종천, 「해동역사 예문지 연구-특히 經籍을 중심으로」, 중앙대학교 대학원, 도서관학과 석사학위논문, 1980.

김채식, 「李圭景의 『五洲衍文長箋散稿』 연구」, 성균관대학교 박사학위논문, 2008.

김태영, 「韓致奫의 『海東繹史』연구」, 『실학시대의 역사학 연구』, 사람의 무늬, 2015.

김호, 「『東醫寶鑑』의 중국전파와 간행에 관한 再論」, 『中國文學硏究』 66, 2016.

당윤희, 「韓國 所藏 『池北偶談』板本 小考」, 『中語中文學』 43, 韓國中語中文學會, 2008.

_____, 「朝鮮刊 蘇軾 詩文集 및 文集 板本 小考」, 『中國文學』 63, 2010.

리상용, 「青莊館 李德懋의 目錄論에 대한 고찰」, 『서지학연구』 46, 학국서지학회, 2010.

閔泰熙, 「『東國通志』 藝文志 硏究」, 『서지학연구』 5-6, 한국서지학회, 1990(6).

劉婧, 「十八世紀朝鮮文人的燕行及傳入到中國的朝鮮典籍」, 『한국학논집』 67, 2017.

박상휘, 「조선후기 일본에 대한 지식의 축적과 사고의 전환: 朝鮮使行의 記錄類를 중심으로」, 서울대학교 박사학위논문, 2015.

박옥걸, 「『宋史』 高麗傳에 대하여」, 『사학연구』 61, 한국사학회, 2000.

박인호, 「『풍암집화』의 편찬과 편사정신」, 한국사학사학회, 『韓國史學史學報』12, 2005.

박현규, 「조선 許浚『東醫寶鑑』의 중국판본 고찰」, 『中國學論叢』 43, 2014.

박희병, 「조선의 일본학 성립: 원중거와 이덕무」, 『한국문화』 61, 서울대학교 규장각한국학연구원, 2013.

徐坰遙, 「朝鮮朝 後期 學術의 考證學的 性格」, 『유교사상문화연구』 7, 1994.

서인범, 「조선의 宗系와 倭事를 曲筆한 중국 文獻 - 명·청시대에 간행된 문헌을 중심으로」, 『동국사학』, 2017.
손계영, 「『星湖僿說』의 형성 배경과 인용서목 분석」, 『한국도서관·정보학회지』 47, 2016.
송기호, 「조선시대 사서에 나타난 발해관」, 『한국사연구』 72, 1991.
_____, 「유득공의 『발해고』와 성해응」, 『조선의 정치와 사회』, 집문당, 2002.
심경호, 「성호의 僿說과 지식 구축 방식(1)」, 『民族文化』 49, 한국고전번역원, 2017.
_____, 「성호의 僿說과 지식 구축 방식(2)」, 『民族文化』 50, 한국고전번역원, 2017.
심재기, 「韓國의 名文巡禮(51): 韓百謙의 接木說」, 『한글한자문화』 97, 2007.
嚴志雄, 「試論錢謙益之論次麗末東國史及詩」, 『민족문화연구』 62, 고려대학교 민족문화연구원, 2014.
玉泳晸, 「조선 使臣의 중국서적 수집활동과 그 현존 자료에 대한 시론적 고찰」, 『서지학연구』 61, 한국서지학회, 2015.
유원재, 「『周書』 백제전 연구」, 『백제연구』 19, 충남대학교 백제연구소, 1988.
이종묵, 「17-18세기 中國에 전해진 朝鮮의 漢詩」, 『한국문화』 45, 2009.
_____, 「한시의 보편적 가치와 조선후기 중국 문인과의 시문 교류」, 『韓國詩歌硏究』 30, 2011.
이태진, 「해동역사의 학술사적 검토」, 『진단학보』 53·54합호, 1982.
임찬경, 「고려시대 한사군 인식에 대한 검토-『삼국사기』의 현토와 낙랑 인식을 중심으로」, 『국학연구』 20, 한국국학진흥원, 2016.
임형택, 「한문세계의 중심과 주변-『列朝詩集』·『明詩綜』과 朝鮮詩部」, 『大東文化硏究』 90, 성균관대학교 대동문화연구원, 2015.
鄭求福, 「한백겸의 사학과 그 영향」, 『진단학보』 63, 1987.
정용건, 「磻溪 柳馨遠의 역사의식과 東國史 서술 구상-『磻溪雜藁』 소재 기록을 중심으로」, 『韓國實學硏究』 34, 2017.
정생화, 「淸 康熙 연간 翰林學士의 朝鮮文化 인식 연구」, 서울대학교 박사학위논문, 2015.
정선용, 「해제」, 『국역 해동역사』 9(색인), 민족문화추진회, 2004
정진헌, 「영재 유득공의 역사의식」, 『大東漢文學』 27, 대동한문학회, 2007.
鄭在薰, 「조선후기 史書에 나타난 中華主義와 民族主義」, 『韓國實學研究』 8, 2004.
정혜경, 「조선시대 초기 실학파의 복식관 -한백겸, 유형원, 이익을 중심으로」, 『한국의류학회지』 20, 1996.
조성을, 「近畿學人의 退溪學 수용과 實學: 韓百謙과 柳馨遠을 중심으로」, 『국학연구』 21, 2012.
_____, 「조선후기 역사학의 발달과 사학사의 연구동향」, 『김용섭교수 정년 기념 학국사학논총 한국사인식과 역사이론』 1, 지식산업사, 1997.
조인성, 「실학자들의 한국고대사 연구의 의의」, 『한국고대사연구』 62, 한국고대 사학회, 2001.
池金莞, 「久菴 韓百謙의 方領 深衣說 研究 -조선시대 심의설과 대비하여」, 『한문고전연구』 29, 2014.
陳明鎬, 「『北江詩話』의 考證學 특색」, 『중국인문과학』 48, 2011.
崔溶澈, 「조선후기 中華사상과 華西학파의 『華東綱目』의 간행」, 『중국학논총』 54, 고려대학교 중국학연구소, 2016.
한영우, 「한국의 역사가 韓致奫」, 『한국사 시민강좌』 7, 1990.
_____, 「『해동역사』의 연구」, 『학국학보』 38, 1985.
한희숙, 「조선 초기 韓確의 생애와 정치활동」, 『한국인물사연구』 18, 한국인물사연구회, 2012.
黃元九, 「실학파의 사학이론」, 『延世論叢』 7, 1970.
_____, 「韓致奫의 사학사상 - 『海東繹史』를 中心으로」, 『人文科學』 7, 延世大學校 人文科學研究所, 1962.
_____, 「해동역사의 문화사적 이해」, 『진단학보』 53·54합호, 1982.

拜根興, 「大唐平百濟國碑銘關聯問題新探」, 『陝西師範大學學報(社會科學版)』, 2016, 第4期.

曹書杰,「清代補史藝文志述評」,『史學史硏究』, 1996 (2).
陳東,「馬驌其人及其著作」,『齊魯學刊』, 曲阜師範大學, 1987 (5).
____,「馬驌史學試評」,『齊魯學刊』, 曲阜師範大學, 1996 (4).
陳其泰,「近三百年歷史編撰上的一種重要趨勢--自馬驌至梁啓超對新綜合體的探索」,『史學硏究』, 1984 (2).
_____,「略論馬驌的史學成就」,『史學月刊』, 1985 (2).
崔秀韓,「『東醫寶鑑』版本考」,『延邊醫學院學報』 14, 1991.
杜云虹,「『隋書』「經籍志」硏究」, 山東大學 博士學位論文, 2012.
高平,「馬驌『繹史』的史學價値」,『淸史硏究』, 1996 (4).
韓繼章,「正史藝文志補注考略」,『圖書館』, 1983 (3).
何燦,「『浙江採集遺書總錄』硏究」, 중국 山東大學 碩士學位論文, 2010
黃威,「『四六談塵』的文學批評價値」,『求索』 10, 湖南省社會科學院, 2012.
黃鎭偉,「陳繼儒所輯叢書考」,『常熟高專學報』 17, 2003.
郟旭東,「『舊唐書·經籍志』和『新唐書·藝文志』比較硏究」, 株洲:『湖南工業大學學報(社會科學版)』 61, 2008.
賈素玲,「『册府元龟』的编纂、版本及对后世类书的影响」,『河南圖書館學刊』 33, 2013,
金榮官,「大唐平百濟國碑銘에 대한 고찰」, 호서사학회,『역사와 담론』, 2013 (4).
李建軍,「謝伋『四六談塵』考論」,『圖書館理論與實踐』 11, 寧夏回族自治區圖書館, 2012.
李健,「王辟之『澠水燕談錄』硏究」, 중국 山東師範大學 碩士學位論文, 2015.
李瑩石,「『三才圖會』中明代名臣像硏究」, 중국 東北師範大學 碩士學位論文, 2014.
連凡,「論『文獻通考·經籍考』的內容結構及其書目」, 南昌:『南昌師範學院學報(社會科學)』(38), 2017.
____,「『文獻通考·經籍考』的分類調整及其學術意義--兼論馬端臨的思想立場」,『圖書館硏究與工作』(159), 浙江圖書館, 2017(9).
劉仲華,「朱彝尊與孫承澤的交遊及其對撰述『經義考』、『日下舊聞』的影響」,『歷史文獻研究』 33, 華東師範大學出版社, 2014.
馬培潔, 「『知不足叢書』初印本與後印本研究」, 『古籍整理研究學刊』, 2018(2).
祁慶富, 「『宣和奉使高麗圖經』版本源流考」, 『社會科學戰線』, 1996(3).
全世玉, 「『東醫寶鑑』版本傳承新考」, 『中國中醫藥信息雜志』 15 (增刊), 2008.
商慶夫·陳虎, 「馬驌與淸代的史學和考據學」, 『東岳論叢』, 1997 (3).
王記錄, 「『繹史』的價値和馬驌的史學思想」, 『淮北煤炭師範學院學報(哲學社會科學版)』 29, 2008.
王全興, 「洪皓與『松漠紀聞』」, 『北方文物』 (1), 北方文物雜誌社, 1982.
王艷雯, 「『原始秘書』研究」, 중국 上海師範大學 碩士學位論文, 2015.
魏曉帥, 「尤袤卒年及『遂初堂書目』成書小考」, 『古籍整理研究學刊』 2, 東北師範大學古籍整理研究所, 2017.
肖夏, 「『繹史』研究」, 河南師範大學 碩士學位論文, 2014.
辛平, 「補正史藝文志揭示文獻的方法」, 『圖書與情報』, 2005(4).
徐進, 「『舊唐書·經籍志』和『新唐書·藝文志』小考」, 呼和浩特: 『內蒙古農業大學學報(社會科學版)』 44, 2009.
楊釗, 「馬驌與繹史」, 『史學月刊』, 1995 (2).
兪陽, 「『三才圖會』研究」, 중국 上海復旦大學 碩士學位論文, 2003.
張文, 「孫承澤史學研究」, 중국 淮北師範大學 碩士學位論文, 2016.
張希淸, 「中國館藏朝鮮時代官箴書瑣談」, 『韓國學論文集』 7, 北京大學韓國學研究中心, 1998.
趙濤, 「論『四庫全書總目』的史學考證方法」, 『西北大學學報(哲學社會科學版)』 44, 2014 (2).
鄒明軍, 「『文獻通考·經籍考』研究」, 중국 華中師範大學 博士學位論文, 2011.

ロナルド·トビ, 「松下見林の元祿型國際史學」, 『異文化理解の視座』, 東京大學出版會, 2003, 62면.
向井謙三, 「松下見林と朝鮮文獻」(上·中·下), 『文獻報國』 8권12號·9卷1號·9卷4號, 朝鮮總督府圖書館, 1942.

石原道博,「朝鮮史書日本關係記事の集錄について」,『朝鮮學報』48, 1968 (7).

| 저자 소개 |

김려화(金麗華)

중국 연변대학을 졸업하고 한국 서울대학교 국어국문학과에서 석·박사학위를 받았다. 현재 중국 광동외어외무대학 남국상학원 조선어학과 부교수로 재직 중이며 전근대 동아시아 한자문화권 문헌 교류에 깊은 관심을 가지고 연구를 진행하고 있다. 주요 논문으로는 「한치윤의 교유관계와 『해동역사』의 편찬배경」, 「『이칭일본전』(異稱日本傳) 속의 '조선'과 '일본'」, 「조선 후기 지식인의 '중국 동국기사류(東國記事類) 서목' 편찬」 등이 있다.

『해동역사』「예문지」의 문헌학적 연구

초판 인쇄 2024년 12월 15일
초판 발행 2025년 2월 20일

지 은 이 | 김려화
펴 낸 이 | 하운근
펴 낸 곳 | 學古房

주 소 | 경기도 고양시 덕양구 통일로 140 삼송테크노밸리 A동 B224
전 화 | (02)353-9908 편집부(02)356-9903
팩 스 | (02)6959-8234
홈페이지 | http://hakgobang.co.kr/
전자우편 | hakgobang@naver.com

등록번호 | 제311-1994-000001호

ISBN 979-11-6995-589-8 93910

값 : 36,000원

■ 파본은 교환해 드립니다.